由南开大学中外文明交叉科学中心资助出版
南开大学中外文明交叉科学中心文明互鉴系列

贻书堂史集
续编

A Sequel
in the Study

Wang Dunshu's Selected Essays

王敦书————著

江苏人民出版社

图书在版编目(CIP)数据

贻书堂史集续编 / 王敦书著. 一南京:江苏人民
出版社,2023.8

(南开大学世界古史论丛)

ISBN 978 - 7 - 214 - 27711 - 4

Ⅰ. ①贻… Ⅱ. ①王… Ⅲ. ①世界史一文集 Ⅳ.
①K107 - 53

中国版本图书馆 CIP 数据核字(2022)第 224070 号

书　　　名	贻书堂史集续编	
著　　　者	王敦书	
责 任 编 辑	于　辉　陈俊阳	
责 任 监 制	王　娟	
装 帧 设 计	刘　俊	
出 版 发 行	江苏人民出版社	
地　　　址	南京市湖南路1号A楼,邮编:210009	
照　　　排	江苏凤凰制版有限公司	
印　　　刷	南京新洲印刷有限公司	
开　　　本	652毫米×960毫米　1/16	
印　　　张	27　插页4	
字　　　数	342千字	
版　　　次	2023年8月第1版	
印　　　次	2023年8月第1次印刷	
标 准 书 号	ISBN 978 - 7 - 214 - 27711 - 4	
定　　　价	115.00元	

(江苏人民出版社图书凡印装错误可向承印厂调换)

.

"南开大学世界古史论丛"总序

　　南开大学历史学科即将迎来建立百年的日子,为纪念这一重要时刻,特推出"南开大学世界古史论丛"。作为南开大学世界史学科发展的重要学科领域,世界上古中古史学科方向经几代学者的不懈努力,不仅培养了大批学有专长的后备人才,而且取得了显著的科研成果。在世界上古中古史学科发展的历史上,涌现出蒋廷黻(曾开设欧洲文艺复兴史)、雷海宗、黎国彬、辜燮高、陈楠、王敦书、于可、李景云等蜚声国内外的老一辈学者群体,他们的弟子遍及海内外,也为其后以陈志强、杨巨平和王以欣等学者为代表的学科中坚力量的发展打下了坚实的学术基础。

　　改革开放以来,本学科优势持续发扬光大,呈现出令人可喜的局面,形成了西方古典史、拜占庭史、古代中西交流史、古埃及学等诸多国内领先的研究领域,在国内外学界的影响力持续增强。作为南开大学世界史学科重要的组成部分。世界上古中古史学科方向先后建立了南开大学希腊研究中心(教育部国别和区域研究备案中心)、西方古典文明研究中心、东欧拜占庭研究中心、丝路古代文明研究中心等学术机构,承担国家社科基金重大项目及以下各级别研究课题多项,培养了数以百计的硕士和博士生,他们已经成为国内各高校和科研机构的骨干力量。

为了继承和发扬传统、回顾和总结经验和成果、激励后学,在学院和学校各级领导大力支持下,我们决定共同努力,收集整理南开大学世界史老中青三代教师们的相关成果,编辑和出版"南开大学世界古史论丛"。该论丛以马克思主义历史唯物论为指导,突出学术性,展现南开大学世界上古中古史研究的实力,并向南开大学历史学科百年生日献上一束花,祝愿学科发展再上层楼。

目　录

第三编

第四编

第五编

前言

早年经风雨 盛世看晚晴
——我的人生轨迹和学术道路

光阴荏苒，岁月如流。一转眼，今年已 72 岁了。自己是一个平凡的读书人和教书匠，在人生的旅途上没有留下什么值得记忆的雪泥鸿爪。然而，在告老退休之后，回顾自己以前多半生所走过的道路，进行一些反思，作为今后余生的新起点，还是有意义的。

幼承庭训 长遇名师

1934 年 9 月，我出生于河南开封，因当时先父王世富（字善赏）为河南大学政治学系教授；但按原籍，我是福州人。在我刚懂事时，父亲就严肃地对我说：我们家族称西清王氏，在福州算是一个名门世家，又称王贻书堂。你之所以起名敦书，是因为在王家你这一辈排行"敦"字，而"书"字是希望你好好读书，王家号贻书堂明确说明无产业留给后人，只以书为传家宝。这就是我的名字的来历。

我的一生可以分为三个阶段。第一阶段从 1934 年 9 月出生到 1955 年 8 月，共 21 年。这是我的童年和上学读书至大学毕业的时期。1937 年抗日战争全面爆发后，举家从南京逃难到上海租界地区，之后定居下来。我先后入协进小学、协和小学、伯特利中学和圣芳济中学学习。可以说上海实际上是我童年的故乡。1946年末，全家迁天津，遂肄业入耀华中学，直至1951年7月高中毕业。

至此时为止，父亲对我的影响至关重要。他极重视家庭教育，对我寄希望最殷，要求亦最严。从我牙牙学语开始，父亲就十五年如一日，手把手地教我认字读书，学古文，背"四书"，念英文，乃至灌输各种知识。尤其是在我13岁读初中时，他用一年多的时间每天教我逐字逐句地朗读并口译美国著名史家海斯和穆恩所著《近代史》（Hayes and Moon, *Modern History*）全书，自始至终共908页完毕，从而给我打下了坚实的英语和世界史知识的基础。在父亲的教育下，我的人生座右铭是：热爱中国，做一个服务人群、有益于社会的人。具体的目标和道路，则是以祖父和父亲为榜样，入清华大学政治学系，然后赴美留学，回国后当大学教授或从事外交工作。1949年10月新中国成立后，父亲觉得以王家的家庭出身和所受的西方教育，爱子已不适于学政治学和从事外交工作，因此我就确定改学历史学，决定考清华大学历史学系，以世界史特别是世界近现代史与外交史为主攻方向。我进一步读古奇的《近代欧洲史》（Gooch, *History of Modern Europe*）和费伊的《世界大战之起源》（Fay, *The Origins of the World War*），甚至涉猎古奇主编之《关于大战起源的英国文献》（Gooch, *British Documents on the Origins of the War*）。

1951年10月，我以第一志愿考入清华大学历史学系，先后随丁则良师学宋元史（中国通史三），邵循正师学明清史（中国通史四），周一良、孙毓棠二师学中国历史文选，侯仁之师学中国历史地理，冯友兰师学历史唯物论，并开始学俄语（英语因全国大学入学统考获95分而免修）。由于世界史教师不足和参加土改，我们一年级学生不设世界史课程。雷海宗师与父亲相识，原为清华学堂同学，但他先参加土改不在学校，下学期只给二年级同学开世界中古史课。我曾旁听过几次，但未正式选课和向他请教。一年级末听说高校院系调整，雷师将调往南开，不禁为未能师从先生感到惋惜。不意 1952 年 10 月初由津买火车票返清华时，突然有人从后面拍我肩膀，回头一看竟是雷先生。他说来南开办些手续，现回清华，于是我们同车赴京。在火车上两个多小时中，雷师耐心细致而又高屋建瓴地给我讲如何读书治学，并如数家珍地具体告诉我从世界古代史到世界近现代史，乃至国别史应读哪些名家的代表作。如果说父亲为我打下了学习世界近现代史和外交史的基础，雷师则在三个小时内把我领进了整个世界史从古至今的殿堂，并画龙点睛地授我以打开这神圣殿堂大门的锁钥。

1952 年 10 月清华大学历史系并入北京大学，我也由荷塘月色的清华园来到了湖光塔影的未名湖畔。先后学习张政烺师殷周秦汉史（中国通史一）、余逊师魏晋南北朝史（中国通史二）、邵循正师中国近代史、荣天琳师中国现代史、胡钟达师世界古代史、齐思和师世界中古史、杨人楩和张芝联二师世界近代史、王力师世界现代史，以及周一良师三个学期的亚洲史。此外，系统学习马列主义基础、政治经济学以及辩证唯物主义与历史唯物主义的理论课程。语言学名家缪朗山（缪灵珠）师则教我俄文《联共党史》和一些原文俄罗斯文学作品。清华和北大四年期间，在众多名师教导下，我系统地学习了中国通史、世界通史和亚洲通史以及马克思列宁主义理论，对古今中外历史的基本知识、基本理论和基本技能打下了广阔、深厚、扎实的功底，这使我终身受用不尽，在从事任何专门史领域的工作和研究时能够得心应手，驾轻就熟。

经受风雨　努力不懈

从 1955 年 9 月到 1979 年 7 月是我人生的第二阶段，共 24 年。这是我由大学毕业，走向社会，历尽坎坷的时期。1955 年 9 月中旬，北京大学历史系分配我留在系里做苏联专家的苏联史研究生，但两个星期后突然祸起萧墙,被加上一些"莫须有"的罪名而取消研究生学籍,等待再分配工作。这是我有生以来受到的第一次挫折和打击。1955年11月,接受分配到武昌建筑工程学校,任政治教师教革命史,并曾给整个武汉市中等专业学校的教师讲辩证唯物主义政治大课,受到校领导的重视。但我内心深处仍想继续钻研世界近现代史和国际关系史,曾到武汉大学图书馆了解外文藏书情况。周一良师给我写过长信,以胡如雷学长为例鼓励我在中等学校工作之余继续攀登史学高峰。邵循正师则具体指点我说,武汉地区在中国近现代历史上十分重要,如下功夫系统地阅读当地几家重要的报纸杂志,必有所成。

1956年春,周恩来总理作了关于知识分子问题的报告,全国学术空气大为活跃浓厚起来,各高等学校的名教授纷纷招收四年制副博士研究生。1956年7月,南开大学历史系郑天挺先生之子、北大老同学郑克晟学长来信,告我南开雷海宗先生将招收世界上古中古史专业副博士研究生,希望我报考。佳音天降,喜出望外,遂征得建筑工程学校领导同意,8月初返天津,拜谒郑、雷二师。一别四年,雷先生对我亲切接待,将有关的苏联教材中译本与他编写的世界上古史讲义借我阅读,并让我开学后去南开旁听他按新体系讲授的世界上古史课程。11月中旬,在津参加了研究生的入学考试,世界上古中古史专业共考英语、哲学、世界上古史和世界中古史四门课程。考试结束后,告别雷师回武昌。

令我终生难忘的是,12月初意外地收到雷师亲笔长信。首先告我以特优成绩被南开大学录取,随后语重心长地嘱我之后当在他指导下刻苦读书,在哲学、社会科学、古今中外历史和外语各方面打下雄厚基础,数年后方能登堂入室,以便更上一层楼。由此,我深刻地体会到雷师对我关怀之深、期望之切、要求之严和做学问之不易,并将自己的志趣定位到世界上古、中古史领域。

1957年2月,我向南开历史系报到,正式成为雷师的世界上古中古史专业四年制副博士研究生。可是,不久全国开展助党整风运动,随后转入反右派斗争。是年 8 月,雷师受到批判,被定为全国史学界最大的右派分子。1958 年 2 月,在处理右派时,我被补划为右派,再次取消研究生资格。3 月末,随南开大学下放干部队伍先后在天津郊区和南开大学农场劳动。1960 年 10 月,摘掉右派帽子。1961 年 3 月下旬,由农场调回历史系任资料员。

1961 年 4 月,北京召开全国文科教材工作会议。吴于廑先生负责主编《外国史学名著选》全书。南开大学历史系承担了希罗多德《历史》和李维《罗马史》的选译任务,系领导将具体工作交付给我,并说可向雷师请教。于是,相隔又近四年,再登先生之门。在雷师的精心指点和仔细校改下,以六个星期的时间完成了李维《罗马史》的选译工作,赶在 7 月 1 日之前寄往北京,作为对中国共产党诞生四十周年的献礼。下半年,吴于廑先生主动来信,肯定了我们的成绩,并约见我亲自安排希罗多德《历史》的选译事宜。1962 年雷师先后开设外国史学名著选读和外国史学史二门课程,我随他做些资料翻译和教学辅助工作,后又负责陪他去医院看病。在此期间,我完成了希罗多德《历史》的选译任务,并将初稿呈请雷师校改。可惜,先生健康日差,忙于教课,无暇及此,不久即于年底逝世。蒙吴于廑先生厚爱,李维《罗马史》选和希罗多德《历史》选,于 1962 年和 1965 年由商务印书馆出版单行本,这是我的处女作。在当时"左"的气候下,让一个年轻的摘帽右派公开具名发表著作,是极其困难和要冒政治风险的。我永远感激和钦佩吴于廑先生作为一个大学者的开阔胸襟和恢宏气魄。

1963 年初,名著选译告一段落,雷先生去世课程中断,我暂时赋闲。承杨生茂先生垂青,我开始问津美国史,在他的指导下翻译关于美国内战的历史文献。这些译稿后经杨先生和查良铮先生校改,收入杨生茂编《美国南北战争资料选辑》一书,由上海人民出版社1978 年出版。

1963 年 7 月资料室的人员和工作有所调整。蒙吴廷璆先生器重,我以资料员身份担任他的助手。从此,我转向日本史研究,在吴先生领导下,与俞辛焞同志共同创建南开大学日本史研究室。由于"四清"、"五反"、半工半读等运动接连不断,日本史的科研工作未能顺利展开。1965 年 9 月,随南开大学历史系师生一起去盐山再次参加"四清"运动,直至 1966 年 6 月中旬返南开。

1966 年 6 月至 1970 年 9 月,在南开接受"文化大革命"的批判后又到农村、农场参加学农和疏散野营等活动。1970 年 9 月,分配到南开大学化工厂,在包装车间当工人整整二年。1972 年 9 月,调回历史系为工农兵学员教英语。1973 年日本史研究室恢复工作,与米庆余等同志去塘沽海关宣传"批林批孔",并就地调查了解日本海员的情况。不久,随吴廷璆先生配合"评法批儒"运动,收集探讨日本历史上儒法思想斗争的资料。之后由于国际上发生石油危机,进而考察日本 30 年代的经济危机和战争。接着,发挥自己精通英语和过去爱好国际关系史之所长,回过头来研究日本外交史。1974 年以来在南开大学日本史研究室主办的内部刊物《日本历史问题》上发表了一些不署名的文章和资料选编,如《日本大化改新时期的儒法斗争》《三十年代日本的经济危机和战争》《1941 年的日美谈判》等。最后,承担了吴廷璆主编《日本史》第 13 章关于太平洋战争的大部分撰写任务。从 1963 年 7 月起,经过"文革"十年,直到 1978 年 9 月,我若断若续地从事日本史研究长达 15 年之久。此外,1972 年后,还在黎国彬先生领导下,参加联合国资料翻译工作,并主要与冯承柏同志合作,编译了《尼加拉瓜史》,由天津人民出版社 1976 年出版。

1978 年 9 月,历史系世界古代史教研室人员缺乏,于可同志代表教研室希望我"归队",这样我重新回到了 22 年前报考南开研究生时确定的世界上古中古史专业的"本行"上来了。

改革开放　奋进发达

1979 年 7 月至今，又 27 年，是我一生的第三阶段。这是我摆脱逆境，苦尽甘来，教学科研事业得到发展的时期。1978 年末，党的十一届三中全会后，全中国人民在邓小平同志领导下，拨乱反正，改革开放，进行四个现代化建设，形势一片大好。历次冤假错案得到平反，右派问题加以改正。1979 年 7 月，我的右派头衔终于改正，职称由资料员改为讲师，工资恢复到 1956 年在武昌建筑工程学校时的待遇 69 元。我衷心感谢邓小平同志和党中央的正确路线。我一生的生活实践证明：没有小平同志的理论和路线，就没有自己后半生的发达和辉煌。

1979 年 5 月，我代表南开大学历史系世界古代史的同仁，出席在重庆召开的中国世界中世纪史研究会成立大会。8 月，中国世界古代史研究会在长春成立，于可同志代表南开参加，提交了与我合写的《试论"亚细亚生产方式"》一文［载《吉林师范大学学报》（人文社会科学版）1979 年第 4 期］。9 月，我有生第一次名正言顺地登上大学讲台讲授世界古代史课程。1980 年 10 月，首次参加中国世界古代史研究会在曲阜举行的关于古代城邦和希腊罗马史的学术讨论会，提交了与于可合作的《关于城邦研究的几个问题》一文（载《世界历史》1982 年第 5 期）。1981 年 5 月，受到魏宏运先生的信任，担任南开历史系副主任一职，直至 1991 年 10 月（最后二年主持全系工作）。1982 年 11 月，经南开大学推荐，被国家教委派往希腊研修一年，专攻希腊史。1983 年 5 月，中国世界古代史研究会在郑州召开第二届代表大会。我从雅典向大会遥寄《斯巴达早期土地制度考》一文（载《历史研究》1983 年第 6 期），并由林志纯、吴于廑二位先生提名，担任研究会秘书长。从此，在林志纯先生（笔名日知，福州人）的领导下，我负责中国世界古代史研究会以及 1991 年后中国世界古代中世纪史研究会的工作，至今20余年。林志纯先生是建设和发展中国世界古代史学科的元老和泰斗，从1979年以来对我的成长关怀备至，爱护有加。2003年5月，更以93岁的高龄，亲笔为拙著《贻书堂史集》题词"日知其所亡，月无忘其所能""苟日新，日日新，又日新"，勉励我活到老，学到老，不断创新前进。我没齿不忘林老的知遇之恩、提携之情和同乡之泽。

1983年和1987年，先后晋升副教授、教授。1990年，经国务院学位委员会通过为世界上古中古史专业博士生导师。与此同时，承吴于廑、齐世荣二位先生青睐，得附刘家和先生骥尾，担任吴于廑、齐世荣主编《世界史》全书《古代史编》上卷主编之一，后由高等教育出版社1994年出版。为庆祝林志纯先生九十华诞，主编了《中西古典文明研究》一书（吉林人民出版社1999年出版）。随后，编辑整理了《西洋文化史纲要》（上海古籍出版社2001年出版）、《伯伦史学集》（中华书局2002年出版）和《雷海宗与二十世纪中国史学——雷海宗先生百年诞辰纪念文集》（中华书局2005年出版）三本书，以缅怀雷海宗师，继承发扬他的治学精神。最后作为《南开史学家论丛》第二辑之一卷，《贻书堂史集》由中华书局2003年出版，这是自己一生日积月累的读书治史心得的结晶和文章汇编，并将鼓励我今后继续治学不懈，笔耕不辍。

我与国际史学界建立起较广泛的联系。自1982年以来，先后在希、荷、德、英、美、西、丹、加、瑞士、澳、奥等国20多所大学讲学、访问和出席国际学术会议。1990年和1995年，作为中国史学家代表团成员，参加了在西班牙马德里和加拿大蒙特利尔举行的第17、18届国际历史科学大会。1993、1997和2005年，先后在南开大学、东北师范大学和复旦大学主持召开了规模盛大的中国第一、二、三届世界古代史国际学术会议。1993年3月至2003年2月，担任中国人民政治协商会议全国委员会第八、九届委员，这是党和人民对自己的肯定和信任，是我一生最大的光荣。

人生感悟　读书体会

孔子说四十而不惑,五十而知命。在古稀之年,回首前尘往事,不胜感慨。这里,简略地谈一下在读书治学方面的个人体会。我觉得,要学有所成,必须具备主客观两方面的条件。先说客观的因素:结合自己的情况而言,那就是家学、师承和机遇三者。

家学,或曰家庭教育。我之所以能在学术上有一点成就,是与先父循循善诱的谆谆教导分不开的。可以说,除了马克思主义的理论,我的中外、文武各种知识技能的基础,都是父亲给我从小打下的。在中国传统社会里,家学十分重要。历史上无数名人学者多出身于书香门第和名门望族。新中国成立后,工农兵的子弟上大学,接受高等教育,似乎谈不到"家学"了。但是,换而言之,家学也就是家庭教育。从这个角度看,任何人都应该重视家庭教育,良好的家庭教育有利于优秀人才的培养。

师承,或曰学校教育。且不说中、小学,我先后在清华、北大和南开三个著名高等学府学习。前面已列过在清华、北大求学时的师长。在南开历史系,除雷海宗、郑天挺两位史学大师外,我还经常耳濡目染吴廷璆、杨生茂、王玉哲、杨志玖、黎国彬、辜燮高、杨翼骧、来新夏、魏宏运、谢国祯、巩绍英、查良铮、梁卓生、周基堃、林树惠、朱鼎荣、陈文林、李约瑟诸位前辈名家的教诲,获益匪浅。原清华大学校长梅贻琦先生有一句名言:"所谓大学者,非谓有大楼之谓也,有大师之谓也。"用心聆听名师讲课,随时注意接受他们的指导,包括不经意的身教和言教,这是促使我在学术上不断增长提高的一个重要的原因和条件。我想这一经验是有普遍性的。

机遇,这是指机会和境遇。机遇有多种多样,大到时代背景和时局变化,小到人生遇合和人事变迁。上面所说的家学和师承也是一种机遇。机遇是客观的存在,不随主观意志而转移。许多机遇是求之而不得，或不求而相遇的。但是，当机遇来到和面临机遇时，如何把握和对待机遇则是主观的事情了。例如，我受到父亲和良师的教导，这是很好的机遇，但如果自己不努力，仍会一事无成。我一生有两大转折点。1957年反右斗争，被划为右派，真是横祸飞来。1979年改革开放，右派改正，得到了新生，可谓福至无双。一祸一福，都是对自己的考验。若不发挥主观能动性，正确应对，前者就会一蹶不振，后者就会失去良机，浪费大好时光。因此，要学有所成，主观条件是更为重要的，也是自己能够把握和做到的。下面就谈主观的因素。

首先，必须勤奋读书，刻苦钻研，不要好高骛远，急功近利，即使身处逆境，也要锲而不舍，持之以恒。每个人的天资不尽相同，但差别不会太大，而勤能补拙，大智若愚。聪明人不努力，或想投机取巧，一步登天，没有不跌跟头的。只有刻苦学习，孜孜不倦，才能有所获。父亲对我的督促和管教十分严厉，稍有懈怠，便遭打骂。体罚不是好事，不足为训，但对鞭策我用功念书却是有效的。雷师对我的要求也很严格。报考南开历史系研究生时，自以为考得很好，成绩不错，颇为得意。但雷师信中指出，我必须在他的指导下刻苦读书，数年后方能登堂入室。这使我真正认识到做学问之不易，必须有坐冷板凳的精神，十年磨一剑，坚持不懈。从1958到1979年，我命运多舛，在农村、农场、工厂参加体力劳动，总共达八年之久。劳动时是不允许看业务书，读外语的。"文革"期间，批判"封资修"和一切"旧文化"，鼓吹"读书无用论"。但我虽处逆境，不气馁，不自暴自弃，总抓住机会和一切空余时间，读书自学，认真钻研，无论交给我任何历史领域的任务，都能够较好地完成，作出成绩。我深深体会到，自珍自强、勤奋刻苦、锲而不舍，这是成功的必要条件。

其次，必须打好广博、深厚的基础，有理论指导，熟悉多学科知识与跨学科研究方法，通晓古今中外的历史，才能登堂入室，精益求精，攀登科学高峰。这主要是谈广博和精深、基础和专门化的关系问题。雷师一贯主张，历史学家只有在广博的知识基础上才能对人类和各个国家民族的历史与文化有总的了解，才能对某些专门领域进行精深的研究，得出真正有意义的认识。他的多方面的著述和渊博的学识体现了这一主张，这是当年清华大学和西南联大历史系，以及今日南开大学历史系的学风和特色。父亲和雷师也是按照这一路子来培养和指导我学习的。正是由于打下了比较宽阔而扎实的基础，所以我1955年后在从事中外历史多方面的教学与研究时，能够迅速地适应和投入，并取得成就。自然，只有广博的知识基础还是不够的，必须进一步提高，展开专门的精深钻研，才能攀登科学高峰。在这里，必须强调理论指导的重要意义。进行科学研究，乃至做一切工作，都离不开理论的指导，这里有一个世界观的问题。自1949年以来，积半个多世纪读书治学的经验，我深刻地认识到马克思主义是最重要和最科学的理论。我愿说，自己是一直在努力成为一个马克思主义者。当然，对马克思主义决不能作教条式的理解，马克思主义的生命力和科学性就在于它从实践中来，到实践中去，求真务实，与时俱进，开拓创新。

再次，必须谦虚谨慎，严谨治学，一步一个脚印，既充分继承前人的研究成果，又追求真理，敢于创新，大胆怀疑，小心求证，由大处着眼，从小处着手。这主要是谈继承和创新、谦逊严谨和锐意进取的关系问题。做学问，必须谦虚谨慎，严谨踏实，循序渐进。知之为知之，不知为不知。不能浮躁夸张，一蹴而就，更不能抄袭剽窃。学问是逐步积累起来的，必须吸收和继承前人的研究成果，不能狂妄自大，目中无人。但学问是不断发展更新的，做学问，贵在创新。雷师的整个学术生涯始终显示出一种探索真理、打破传统、不断创新、敢于亮明自己独立观点的鲜明个性，这是极其难能可贵的。胡适提出治学要大胆假设、小心求证，过去受到批判。其实，真理不是一眼就能看出和不证自明的。在得到证实前，有关的看法和观点只能是一种假定、假设和假说。要创新地提出不同于前人的看法，或作出新的发现,要有勇气,必须大胆。自然,大胆假设不是胡思乱想,异想天开,而是已具有广博深厚的知识基础,对有关问题进行了比较深入的研究后才提出来的。而小心求证,不是主观任意地只找对自己观点有利的证明,而是小心谨慎地搜集资料和证据,通过试验和实践来对自己的假设进行证否、证实或修正。从这样的意义来理解,大胆假设、小心求证的方法还是科学的。一切事物都是相互联系的。因此,在观察思考问题时,应视野开阔,展开宏观的考察与综合。但在研究和解决问题时,则应作具体的分析,仔细地进行微观的探究与检讨。这就是吴于廑先生提出的由大处着眼,从小处着手的研究方法。

最后,最重要和根本的,无论是读书治学还是做任何工作,都应有热爱祖国的爱国精神和为人民服务的奉献精神。我不是共产党员,不敢说自己是一个共产主义者。但我的人生座右铭,如前所述,是热爱中国,做一个服务人群、有益于社会的人,这是我始终不渝的奋斗目标。愿与大家共勉之。

(原文载于《史学史研究》2007 年第 1 期)

第一编

略论世界史学科建设、
世界史观与世界史体系

一

进入 21 世纪,世界已更加紧密地联结成一个整体,或者形象地说,世界成为一个"地球村"。随着加入世界贸易组织、国民经济的蓬勃增长和国际地位的不断提高,中国作为世界的一个有机部分,将更加面向世界,参与国际事务,并作出更大的贡献。因此,中国人民首先必须更清楚、全面和深刻地认识世界。然而,今日的世界是由过去的世界发展而来的,所以必须学习和了解世界的历史。

胡锦涛总书记在 2003 年 11 月 24 日中共中央政治局第九次集体学习时强调,"在深刻变化的国际环境中,我们要更加重视学习历史知识","善于从中外历史上的成功失败、经验教训中进一步认识和把握历史发展和社会进步的规律,认识和把握时代发展大势"。他指出,"不仅要学习中国历史,还要学习世界历史,不仅要有深远的历史眼光,而且要有宽广的世界眼光"。并号召,"要认真研究和借鉴其他国家历史发展提供的经验教训,站在世界文明发展的历史高度,进一步认清当今世界风云变幻的规律性趋势"①。我充分相

①《进一步认识把握社会历史发展规律 增强推进改革发展的自觉性主动性》,《光明日报》,2003 年 11 月 26 日。

信,世界史学科在新世纪必须和必定会有巨大的发展,这是时代的需要,中国和世界人民的需要。

要发展世界史学科,首先必须建设一支坚强有力的世界史研究队伍,其培养工作至少应从高等学校本科生做起。希望在 21 世纪,高等学校历史系设立更多的世界史专业,甚至建立世界史系。为提高世界史专业本科生的自学能力和业务水平,希望他们从大学一年级开始,就精读一本较好的外文世界史教科书。如果能在二年级结束时,认真地逐字逐句逐页读完一本千页以上的英语(或其他语言)的世界史教材,相信该生的世界史专业知识和外语水平将有长足的进步,从而为三、四年级上选修课和撰写论文打下坚实的基础。

培养世界史领域的硕士、博士研究生,是建设世界史学科队伍的关键。根据教育部关于硕士博士点的学科与专业设置,历史学是一级学科,下设与史学有关的各专业为二级学科。在 20 世纪 80 年代,世界史领域设有世界上古中古史、世界近代现代史和地区国别史三个专业,与中国史领域的中国古代史、中国近代现代史和专门史三个专业旗鼓相当地皆列为二级学科。但 90 年代中期后,世界史范围的三个专业合并为世界史一个专业,成为一个二级学科。这样,世界史学科就下降为只与中国史学科内的一个方面如中国古代史,或中国近现代史,或专门史专业相并列。因之,世界史学科的招生数目、教师岗位设置、晋升名额、经费分配和物资设备都相对减少,世界史学科的发展出现了萎缩现象,这是不符合时代潮流的。希望今后能提高世界史学科的级别,即将世界史学设为一级学科,或者恢复世界上古中古史、世界近代现代史和地区国别史三个专业的二级学科地位。

建设世界史学科,必须加强国内外世界史学工作者之间的交流与合作。中国国内已有世界古代中世纪史、世界近代现代史和不同地区国别史的全国性学术团体,希望在不久的将来能成立一个总的层次更高的世界史学会。至于国外,国际历史科学委员会是国际史学界权威性的学术组织,每五年召开一次国际历史科学大会,2005年将在澳大利亚悉尼举行第20届大会。中国史学会是该委员会委员,自1980年以来都组团参加各届大会,希望2010年的第21届国际历史科学大会能争取在中国北京召开①。此外,国际上如在美国,还有专门的世界史学会,该会每两年在美国以外的地方召开一次国际学术研讨会。希望我国世界史学界加强与该组织的联系,争取2010年之前在中国召开一次大规模的高水平的关于世界史学科的国际学术研讨会。

二

建设世界史学科,最重要的任务是展开世界史研究。世界史范围极其广泛,几乎无所不包,但首要的应树立起科学的世界史观和世界史体系。据个人浅见所及,国内目前大概通行以下几种各有侧重的世界史观和世界史体系。

首先是持五种生产方式说的社会经济形态史观。新中国成立后,中国世界史学界根据马克思列宁主义的唯物史观,接受苏联学术界的观点,将世界历史按五种生产方式和社会形态更迭划分为上古(古代)、中古(中世纪)、近代、现代各个历史阶段。上古包括原始社会和奴隶制社会的历史,中古相当于封建社会阶段,近代是资本主义的时代,现代则是资本主义衰亡和社会主义、共产主义时代的历史。同时以重大政治事件特别是革命运动,如5世纪西罗马帝国的衰亡、1640年英国资产阶级革命和1917年俄国社会主义革命及1918年第一次世界大战结束,作为上古、中古、近代、现代各阶段之间的分界线。可以周一良、吴于廑主编的《世界通史》(四卷本)作为

---

① 1995年在加拿大蒙特利尔召开第18届国际历史科学大会时,中国史学家代表团曾提出2000年在北京召开第19届大会的建议,未果。

这类世界史观和体系的代表。

其次是世界史纵横发展整体史观。20世纪80年代末,吴于廑先生在《中国大百科全书》外国历史卷所撰"世界历史"条目中开宗明义地指出:"世界史是历史学的一门重要分支学科,内容为对人类历史自原始、孤立、分散的人群发展为全世界成一密切联系整体的过程进行系统探讨和阐述。世界历史学科的主要任务是以世界全局的观点,综合考察各地区、各国、各民族的历史,运用相关学科如文化人类学、考古学的研究成果,研究和阐明人类历史的演变,揭示演变的规律和趋向。"①

吴先生进一步阐述其世界史纵向发展和横向发展的理论,指出纵向发展"是指人类物质生产史上不同生产方式的演变和由此引起的不同社会形态的更迭",而横向发展"是指历史由各地区间的相互闭塞到逐步开放,由彼此分散到逐步联系密切,终于发展成为整体的世界历史这一客观过程而言的"。他总结说:"历史的纵向发展和横向发展是历史发展为世界历史过程中的两个基本方面。它们共同的基础和最终的推动力量是物质生产的进步。……物质生活资料生产的发展,是决定历史纵向和横向发展的最根本的因素,它把历史的这两个方面结合在一个统一的世界历史发展过程之中。"②

在谈到世界历史上划分奴隶制和封建制阶段时,吴先生认为,古代世界物质财富直接生产者被奴役、被剥削的方式,生产资料的占有制,包括残存的原始公社共有制,不同地区存在着明显的差别。完全丧失自由的奴隶、半自由的处于依附地位的劳动者以及自由劳动者在各自社会经济上所占的比重,各地也不一致。这就使在世界历史上区分奴隶制社会和封建社会成为十分复杂的问题。因此,"前资本主义的两个阶级社会,即奴隶制社会与封建制社会,都很难

---

① 吴于廑:《吴于廑学术论著自选集》,首都师范大学出版社,1995年,第52页。
② 吴于廑:《吴于廑学术论著自选集》,第62—66页。

以某一地区历史实例作为典型,也很难以某一实例所达到的发展阶段作为世界历史上划分两个社会形态的标准"①。

按照上述的世界史纵横发展的观点,吴于廑和齐世荣主编的《世界史》(六卷本)将公元3—5世纪、1500年(实际上是15、16世纪)和1900年(实际上是20世纪)作为世界上古、中古、近代、现代史之间的历史分期时段。

再次是现代化史观。罗荣渠先生是在中国开辟和进行现代化理论研究的著名世界史学家。在《现代化新论》专著中,他以生产力的发展和变革为立足点,认识到人类社会和文明发展的复杂性和多样性,称斯大林的五种生产方式理论为"一元单线说",认为这种理论过度简单化、机械化,既不符合马克思、恩格斯的原意,也不符合人类历史的实际。他宏观地架构起一元多线的历史发展框架,提出人类社会生产力经历了三次大变革。第一次大变革是工具的制造与火的使用,从而产生了采集-渔猎文明和原始社会诸形态与发展阶段。第二次大变革是农业文明,相应产生了农业文明社会诸形态与发展阶段。第三次大变革是工业革命,因之产生了工业文明社会诸形态与发展阶段。

罗先生主张,自有文字以来的历史时期,文明的演进大约经过四个阶段:原始农业文明、古典农业文明、原始工业文明和发达工业文明。生产力发展是各文明发展阶段推动社会财富增长的根本动因。生产方式与交换方式的发展构成社会经济结构发展的基础。大致相同的生产方式与交换方式和其他因素相结合,在世界不同地区形成各种不同的经济结构,包括各种过渡形态的变异形态。政治结构在世界不同地区呈现更大的多样性,其发展落后于经济结构的变化。基本文化模式在世界不同地区又比基本政治结构呈现更大的多样性,文化传统具有更大的稳定性,成为影响历史动向的潜在

---

① 吴于廑:《吴于廑学术论著自选集》,第69—70页。

的深层结构,人类从原始文明向发达工业文明演进的总趋势是:经济组织和社会组织由简单趋于复杂;各民族对自然力的支配由被动适应趋于主动支配;在每个社会系统,社会由一元趋于多元;在世界范围内则是由多元趋于一元,农业文明是地方性的,工业文明则是世界性的;归根到底生产力愈发展,经济因素的能动作用愈大,人的能动作用也愈大,社会进步与经济发展的步伐就会愈加快。①

最后是文明史观。最近,马克垚先生主编的《世界文明史》(三卷本)②问世。在导言中,马克垚对全书的观点和体系作了提纲挈领的阐述。他指出:文明是人类所创造的全部物质和精神成果,从这个意义上说,文明史也就是世界通史。但另一方面,文明史又不同于世界史,即它所研究的单位是各个文明,是在历史长河中各文明的流动、发展、变化。把文明作为单位,就要区分不同的文明,划分不同类型的文明。文明是比较稳定的人类集体,有一个长期的发展过程,在发展过程中表现出阶段性。本书根据各文明生产力的发展变化和历史学界的习惯做法,将世界文明史划分为农业文明时代和工业文明时代。

农业文明时代各文明的共同点是农业成为文明社会发展的主要动力。人类生产使用的能源,主要是人力、畜力、风力和水力等可再生能源。农民是人口中的大多数。这一时代可再划分为初级农业文明阶段和发达的农业文明阶段,而以生产工具的铜器和铁器为划分的标志。全书第一卷即论述农业文明时代的历史,包括古代西亚文明、古代埃及文明、古代印度文明、古代中华文明、古代希腊文明、古代罗马文明,发达的中华农业文明——唐宋时期、中古伊斯兰文明、中古西欧的基督教文明、农业文明的相互交流等共十章。

工业文明时代的生产力开始以蒸汽机的使用为标志。能源多

---

① 罗荣渠:《现代化新论》,北京大学出版社,1993年,第53—80页。
② 马克垚主编:《世界文明史》(上、中、下),北京大学出版社,2004年。

为煤炭、石油、天然气等不可再生能源。科学技术在生产力中的作用日益重要。工商业逐渐取代农业成为人类文明发展的主要支柱，并改变了农业的面貌和性质。人口快速增长，城市成为文明的中心。工业文明时代以18世纪下半期英国开始的工业革命为开端，又可分为工业文明的兴起和工业文明在全球的扩张两大阶段。

工业文明时代的到来，有一个长达几个世纪的酝酿时期，亦即原工业化时期，大约从16世纪至18世纪下半期英国工业革命爆发。全书第二卷即探讨包括原工业化时期在内的工业文明的兴起阶段，直至19世纪末，共分原工业化时期亚欧诸农业文明的嬗变、科学革命与科学思想传统的确立、现代民主政治的兴起、工业革命、早期工业化时期西欧的文化、俄罗斯文化的主要特征、伊斯兰文明对西欧工业文明的吸收和冲突、印度教文明对西欧工业文明的吸收和冲突、中华文明同西欧工业文明的融会和碰撞、日本文明对西欧工业文明的吸收和冲突等十章。

工业文明在全球的扩张阶段从19世纪末、20世纪初开始，迄今不过一百年，其间人类经历了空前的变化。这是全书第三卷的内容，由科技进步与持续的工业革命、欧美工业文明的新变化、俄罗斯的新文明——苏维埃文明、拉丁美洲向工业文明的过渡、工业文明在南亚东南亚的演进、东亚文明的演变、世界现代化进程中的中东伊斯兰世界、非洲争取文明复兴的努力等八章构成。

三

2000年北京大学出版社出版了潘润涵、林承节二位先生新著的《世界近代史》。该书从1640年的英国革命写到1918年第一次世界大战结束，论述了资本主义在此期间成长、发展的历史。俞金尧先生随即在《世界历史》2000年第6期发表《世界近代史是资本主义时代的历史》一文，明确提出潘、林重申"世界近代史是资本主义时代的历史"这个命题,"是与我国世界史学界目前流行的认为世界历史是从分散向整体发展,1500 年前后的地理大发现是世界历史横向发展的转折点,它导致了资本主义在西方上升发展的一系列变化和事件,从而被视为世界近代史的开端的那种观点针锋相对的"①。俞先生进而就世界近代史姓"资"、资本主义是怎样被宣布为最高权力的和资本主义进入垄断阶段变成帝国主义等三个方面展开论述,强调世界近代史的开端是 1640 年英国资产阶级革命,而不是"地理大发现"。

2003 年,钱乘旦先生在《世界历史》第 3 期发表《以现代化为主题构建世界近现代史新的学科体系》一文,以现代化为主题将世界近现代史分为五个阶段,作为新体系的基本构架。

第一个阶段是现代化的准备阶段,起源于中世纪晚期,离现在约六七百年,其基本特征是在相当程度上瓦解了农业文明,而民族国家的形成对现代化的起步具有关键性的意义。

第二个阶段是现代化的起动阶段,即现代化过程在西方国家发起,其第一步在政治领域首先迈出。从英国革命开始,一系列政治变革无非是争取一种合适的政治制度,为现代化构筑政治与社会空间。政治条件的成熟给经济发展创造了前提,工业革命起动。十八九世纪,工业革命全面铺开,现代化迅猛推进。由西欧的某一个角落开始现代化,整个世界都被推进了一个新时代。

第三个阶段是现代化在西方国家的成熟与发展阶段。工业革命深入进行,社会进入全方位变化,社会表现出更多的阶级色彩。经过种种的冲突与整合,"成熟的"现代社会逐渐在西方国家出现,这个过程大约经历了两百年。

第四个阶段是现代化的全球扩张。在西方国家向"成熟的"现

---

① 俞金尧:《世界近代史是资本主义时代的历史——读潘润涵、林承节的世界近代史》,《世界历史》2000 年第 6 期。

代社会迈进时,现代化也在全球扩散。在非西方国家现代化过程中很容易出现一种现象,即它们出于抗拒西方的动机,自觉或不自觉地扭转现代化的方向,把"现代化"转变成一种维护传统价值和社会结构的手段,而不再是改造传统社会、创建新社会的途径,这是一种反方向的"现代化",即"反现代化"。

第五个阶段是现代社会出现新的转型迹象,大致可以从第二次世界大战结束算起。在这个阶段,非西方国家仍在为实现现代化而伤透脑筋,西方国家则似乎已出现超现代化的新动向。西方社会是否正在向"后现代""后工业"社会发展? 也许,新的社会转型正在发生,"现代化"作为一个时代也将成为过去。

值得注意的是,一种新的关于环境和生态的史观与史学正在我国兴起。《史学理论研究》2003 年第 4 期和《世界历史》2004 年第 3 期分别组织了以"自然灾难史:思考与启示"为主题的圆桌会议笔谈和环境史学论坛。陈志强先生则在《历史研究》2003 年第 1 期发表《历史研究变革大趋势下的世界史重构》一文,强调世界史体系的重新构建是历史研究变革大趋势中的必然过程,其核心是关注人与环境和资源的关系。对于"以吴于廑为代表的中国世界史学者"所提出的"世界史纵横发展论",陈文批评说:"只是人们仍然无法从'世界史纵横发展论'里找到发展的动力何在,即人类世界发展到今天的动力是什么这个问题的答案。"①

陈先生认为,前人关于人类社会生活的研究大都关注人与人、人与社会的关系,以及衍生出来的多种制度和思想成果,而把人与自然资源、人与生存环境的关系置于次要地位,而实际上,人类世界的历史就是一部与生存环境和自然资源的关系以及由此引申出来的人与人、人与社会关系的发展史。从生存环境和自然环境的角度

---

① 陈志强:《历史研究变革大趋势下的世界史重构》,《历史研究》2003 年第 1 期,第136 页。

出发，陈文对人类发展史上经历的采集的、游牧的、农耕的和工业制造的各生产生活形态，以及在这些生产生活形态的基础上形成的前资本主义的、资本主义的和后资本主义的社会形态的演进，作出了系统的令人耳目一新的阐述和解释。

限于个人的水平、能力和时间，这里只对大致见到的几种世界史观和世界史体系进行简略的介绍，供学界同仁参考。科学的发展需要展开切磋讨论，甚至可以形成不同的学派。根据"百家争鸣"的方针，各种观点和看法通过讨论可以互动互补，相得益彰。我期望并相信，在 21 世纪，中国世界史学界在世界史观和世界史体系与结构方面，以及在世界史研究的广大领域，一定会取得新的突破，涌现出丰富多彩的研究成果，在国际范围内为世界史学科的发展，作出中国世界史学者的重要新贡献。

（原文载于《历史教学》2005 年第 4 期）

关于世界史观和世界史体系之我见

国内目前大概通行以下几种各有侧重的世界史观和世界史体系。首先是持五种生产方式说的社会经济形态史观的世界史体系，可以周一良、吴于廑主编的四卷本《世界通史》为代表。其次是世界史纵横发展整体史观的体系，可以吴于廑为《中国大百科全书》外国历史卷所撰"世界历史"条目和他与齐世荣主编的六卷本《世界史》为代表。再次是现代化史观的世界史体系，可以罗荣渠的《现代化新论》和钱乘旦在《世界历史》2003年第3期发表的《以现代化为主题构建世界近现代史新的学科体系》为代表。最后是文明史观的世界史体系，可以马克垚主编的三卷本《世界文明史》为代表。此外，一种新的关于环境和生态的史观与史学也正在兴起，由此出发，陈志强在《历史研究》2003年第1期发表了《历史研究变革大趋势下的世界史重构》一文。

科学的发展需要展开切磋讨论，各种观点和看法通过"百家争鸣"，可以互动互补相得益彰。这里略微谈一下个人对各家观点和体系的一些不成熟的想法。

关于五种生产方式中的奴隶社会说，我觉得从全人类的实际历史看来，奴隶制确实曾在世界各地存在过，但奴隶社会却未必如此。完全丧失自由的奴隶、半自由的处于依附地位的劳动者以及自由劳动者，在各种社会经济中所占的比重，各时各地并不一致。吴于廑先生说得好："前资本主义的两个阶级社会，即奴隶制社会与封建制社会,都很难以某一地区历史实例作为典型,也很难以某一实例所达到的发展阶段作为世界历史上的划分两个社会形态的标准。"

吴先生对世界史研究的最大贡献,是明确地提出并论述了以往受到忽视的世界史横向发展的理论,界定"世界史是历史学的一门重要分支学科,内容为对人类历史自原始、孤立、分散的人群发展为全世界成一密切联系整体的过程进行系统探讨和阐述"。至于他对"世界历史学科的主要任务"的表述,我以为似乎可以在全句末加上"及其具体表现的丰富多样性"等字,以表明世界历史本身是统一性和多样性的共同体现,是丰富多彩而非千篇一律的。

"现代化"是当前时代的最强音,是近五六百年来世界历史发展的大势所趋。现代化的内容是经济上的工业科技化、政治上的民主法制化、社会上的平等自由化、文化上的理性人性化,以及空间上的全球一体化和区域集团化。以现代化为主题来构建世界近现代史体系是适宜和恰当的。但是,对于世界上古中古史来说,现代化就有些"不搭界"了,于是学者们便使用"农业文明"和"工业文明"的名词和概念,将现代化体系和文明史体系联结起来。顺便提一下,钱乘旦先生在《以现代化为主题构建世界近现代史新的学科体系》一文中提出的世界近现代史五个阶段的起讫年代不够清楚,其中某些阶段的时间可能互相交错重叠,并不前后连续。至少,第三、四两个阶段似乎是平行并列的,更像是同一个阶段的两个方面。至于"后现代"一词,如果指经济和科学技术发展的某个阶段状态或某种思维方式和艺术风格,也许还容易理解。但对于历史来说,"后现代"是不存在的。历史是迄今为止的人类过去的活动,当前的时代作为一个时段只能是"现代"或"当代"(严格来说,"现代"是包括"当代"在内的),"后现代"只能是"未来",而"未来"是尚未到来和实现的时间,不能成为历史的一个时段。如果"后现代"到来或实现,那就立刻变成了"现代"。

关于文明和文明史,窃以为,文明是有文化和组成为社会的人类摆脱野蛮状态后的一种存在或生存的状态。文明起源于农业生产,但诞生于城市冶金革命及其他一些生产技术的变革之后。文明的特征包括:农业、手工业和商业,城市和乡村及其对立,社会组织和阶级分化,国家政权和法律、军队,文字和科学知识,宗教和精神文化,大型建筑和艺术,等等。

由于地理(生存)环境和历史条件的不同,不同地区的民族进入文明时代的时间不同;文明产生后,其生产、生活和思想的方式也各有特色,从而形成不同类型或形态的文明。在古代,大体说来包括:东亚以黄河、长江为中心的中国华夏文明;南亚以印度河、恒河为中心的印度文明;近东以两河流城为中心的西亚文明和以尼罗河为中心的北非埃及文明;南欧地中海北岸的希腊、罗马文明。这些都是农业文明,但某些地区在某段时间工商业可以比较发达。此外,还有中亚草原的游牧文明。各古代文明都属于存在着剥削和奴役的阶级社会,但具体的剥削奴役方式多有差别不尽相同。奴隶制社会未必是普遍的必经阶段。这种社会称之为古代社会或前资本主义阶级社会或封建社会都未尝不可,但必须注意其以土地占有为基础对劳动者人身进行剥削奴役的共同性和具体剥削奴役方式因时空而异的多样性。

各地区文明之间,在经济、社会、政治、军事、文化各个层面,通过和平乃至战争的方式不断进行交往。随着生产力的发展和交往的扩大与频繁,人类的文明进一步发展和传播。各地区国家的文明有盛有衰,有的甚至由于外力或内部的原因而中断。但新的文明在产生,老的文明也在前进,哪怕是极其缓慢艰难而曲折。人类的文明存在于各个地区的文明之中,各地区文明及其交往构成了整个人类的文明。随着世界各地区由分散孤立密切结合成为整体、工业革命和现代化的发生发展,以及资本主义工业文明和传统农业文明之间的相互作用,近500年来人类文明有了巨大的发展,世界经济日益全球化和一体化,各地区文明之间更紧密频繁地展开多方面的交流。虽然存在文明冲突,但更多的是进行文明对话。人类是有理性和人性的高级生物,在 21 世纪人类将根据理智和博爱精神通过对话增进相互理解,和平公正地解决多种冲突。人类的文明、各地区民族的文明将空前繁荣昌盛。

马克垚先生主编的《世界文明史》的整个体系颇有特色和优点,我大体赞同。但对农业文明之划分为初级和发达的两个阶段,该书在导言中先说"以生产工具的铜器和铁器为划分的标志",接着又说"本书并未严格采取这一划分"(上卷导言第 11 页),从而实际上否定了前者。在世界文明史上,铜器时代和铁器时代的分野大约在公元前 1000 年前后,而该书却将初级农业文明阶段和发达的农业文明阶段的分界线放在公元 4—5 世纪之后。建议马先生在修订此书时,或者将导言中"以生产工具的铜器和铁器为划分的标志"一句删去,要不将上卷的体系和各章内容按这个标准进行调整。

综合各家看法并略作调整,不知是否可以对世界历史的发展作如下的划分:

一、远古前文明时代:约公元前 3000 年以前

二、上古农业文明时代:约公元前 3000 年至公元 4—5 世纪

    1. 早期农业文明阶段:约公元前 3000 年至公元前 1000 年

    2. 古典农业文明阶段:约公元前 1000 年至公元 4—5 世纪

三、中古农业文明时代:4—5 世纪至 15—16 世纪

    1. 前期中古农业文明阶段:4—5 世纪至 10—11 世纪

    2. 后期中古农业文明阶段:10—11 世纪至 15—16 世纪

四、近代工业文明时代:15—16 世纪至 19 世纪末

    1. 现代化酝酿启动和原工业化阶段:15—16 世纪至 18 世纪后半叶

    2. 现代化展开和工业文明兴起阶段:18 世纪后半叶至 19 世纪末

五、现代工业文明和现代化成熟发展与全球扩张时代:20 世纪迄今

抛砖之言,不妥之处甚多,敬请方家指正。

（原文摘自《新世纪世界史学术前言问题研讨会撷萃》，
载于《世界历史》2005 年第 6 期）

略论古代世界的早期国家形态

——中国古史学界关于古代城邦问题的研究与讨论

　　1979年《世界上古史纲》上册出版后，中国世界古代史学界对古代城邦问题展开了连续不断、日益深入的研究和讨论。古代城邦问题的讨论实质上是对于古代世界早期国家形态的探索和考察，本文拟将中国学者关于这个问题的研究讨论情况作简单介绍，以增进国内外学者在古代城邦问题上的相互了解和学术交流。

一

　　早期国家形态问题，是世界古代史研究中的一个重要课题。在过去，西方学者认为城邦（Polis，City-state）是古代希腊、罗马所特有的一种国家形态，而"东方专制主义"则是包括中国在内的古代东方国家的政治特色。我国学者多半也持此说，或受其影响。然而，20世纪以来，随着考古学、人类学、历史学和古文字学的发展，国际学者们发现在古代两河流域以及其他地区最早都曾在相当长时期存在过不少以一个城市为中心结合周围地区而形成的小国，与古代希腊、罗马的城邦颇为相似，因而也将它们称为City-state（城邦或城市国家）。古史学者逐渐对古代城邦进行了多方面的研究和讨论。

　　在中国，情况亦然。林志纯先生（笔名：日知）对世界古代史和城邦问题进行了多年研究，在1979年与其他一些学者合作出版了

《世界上古史纲》上册一书,对世界古代史的一些重要问题展开系统的论述,特别是提出了古代城邦普遍说,建立起从城邦到帝国的古史体系。他认为:"最早的国家,就现在所知道的,都是城市公社,城市国家,或简称城邦……奴隶制城邦是古代一切奴隶制国家必经的阶段。"①《世界上古史纲》的发表把我国的世界古代史研究大大推向前进,特别是掀起了关于城邦问题的讨论热潮。在 1979 年成立的中国世界古代史研究会迅即于 1980 年、1982 年和 1983 年先后召开了关于城邦问题的全国性学术研讨会。孔令平高度评价《世界上古史纲》上册的新成就,特别是关于奴隶社会前期的普遍规律和关于古代城邦问题的新观点。② 但左文华不同意《世界上古史纲》编写组的观点,与之进行商榷。③《世界历史》则先后刊登了顾思作的《国外研究古代城邦的一些情况》,远方的《关于世界古代城邦的几个问题》,王敦书、于可的《关于城邦研究的几个问题》,陈隆波的《城市、城邦和古代西亚、北非的早期国家》和廖学盛的《试论城邦的历史地位和结构》等多篇文章。远方的文章是对世界古代史学界关于古代城邦问题各个方面的各家看法的综述。王敦书、于可、陈隆波的文章在肯定《世界上古史纲》一书的重大学术价值的同时,对古代城邦问题提出了一些自己的不同意见。此外,顾准的遗作《希腊城邦制度》为其在 1974 年前后的读书笔记,对古希腊城邦制度作出全面探讨,论述精详,但主张古代东方国家不存在城邦制度。④ 其后,王阁森发表《从古罗马城邦看古代城邦的结构与特征》一文,通过分析罗马城邦的三个组成部分,进而论述古代典型城邦的特征。⑤ 1985 年,中国世界古代史研究会由廖学盛和施治生组织国内一些学者,

① 《世界上古史纲》编写组编:《世界上古史纲》上册,人民出版社,1979 年,第 25 页。
② 孔令平:《世界古代史研究的新成果》,《历史研究》1980 年第 1 期。
③ 左文华:《关于奴隶社会史的几个问题》,《吉林大学社会科学学报》1980 年第 2 期。
④ 顾准:《希腊城邦制度》,中国社会科学出版社,1982 年。
⑤ 王阁森:《从古罗马城邦看古代城邦的结构与特征》,收于孔令平、冯国正编《世界古代史论文选》(未正式出版),第 124—132 页。

主编翻译了《古代世界城邦问题译文集》一书,向国内世界古代史学界介绍国外学者对古代城邦问题的研究成果。①

值得注意的是,林志纯还将其城邦普遍说应用于中国古代史的研究,接连在《历史研究》杂志发表《孔孟书中所反映的古代中国城市国家制度》和《从〈春秋〉称人之例再论亚洲古代民主政治》两篇论文,力主中国古代存在城邦制度和民主政治。中国古代城邦说最早由侯外庐先生在其《中国古代社会史论》一书中提出,其后台湾学者杜正胜先生更有《周代城邦》专著加以探讨。林志纯的著述则促进了研究中国古代史的学者们对这个问题的关注与讨论。有的学者采用了城邦说,但与林志纯的看法不同,如田昌五、林甘泉。有的学者不同意城邦说,如赵伯雄在《周代国家形态研究》一书中有"周代城市国家说驳议"专节。

为了将城邦研究更推进一步,林志纯又组织出版《古代城邦史研究》一书。② 这是继《世界上古史纲》之后,对古代世界各地区的城邦史进行综合考察和具体探讨的一部高水平的学术专著,但其中第14章"论周邦的建立及周王与多方的关系"的作者陈连庆不同意殷周城邦或城邦联盟说。此外,林志纯还编译《孔子的政治学——〈论语〉》一书③,发表《雅典帝国与周天下——兼论公卿执政制时代》和《中西古典民主政治》等文,更写成《中西古典文明千年史》④巨著,进一步阐明其观点。

1993 年 9 月,中国世界古代研究会在南开大学召开了中国第一届世界古代史国际学术会议,古代城邦是会议讨论的主题之一。杜正胜作了"中国古代城邦说"的主题报告,其他的有关论文和论文提要甚多,如何兹全的《中国古代的早期国家》、林甘泉的《中国古代城

---

① 中国世界古代史学会编:《古代世界城邦问题译文集》,时事出版社,1985 年。
② 林志纯主编:《古代城邦史研究》,人民出版社,1989 年。
③ 林志纯:《孔子的政治学——〈论语〉》,东北师范大学出版社,1990 年。
④ 林志纯:《中西古典文明千年史》,吉林文史出版社,1997 年。

邦的政治体制》、陈唯声的《城市与城邦的起源与演变》等。会议促进了中外古史学者之间的交流，推动了从全球的角度对古代世界的政治和文化进行综合考察和比较研究。

1996年，胡钟达先生系统论述古代中国和希腊乃至世界国家制度的发展，着重探讨专制王权和民主政治，提出了自己的观点和看法。[①]

最后，1993年和1997年，施治生与刘欣如和郭方以及其他一些学者合作，主持编写了《古代王权和专制主义》[②]和《古代民主和共和制度》[③]二部力作，对古代世界各国的国家形态特别是王权与专制主义和民主与共和制度，进行了全面系统而深入的研究和阐述。

二

以下我简单概述几家主要学者的观点。

1. 林志纯观点

林先生认为城邦或邦是最早的政治单位，产生于旧社会转入新社会之初。新旧交替，除旧布新是城邦时期的特点。城邦是自由民、公民的集体组织。自由民是城邦的主人和全权者，对于其他非全权者、无权者，尤其对于奴隶，是统治阶级。但公民内部逐渐分化，而有贵族与平民之分，富者与贫者之别。城邦的土地所有制是古典所有制，即公有和各家的私有并存，如中国的井田制。城邦的政治制度的出发点是民主政治。城邦首领邦君起初选任，后变世袭，由传贤而传子。城邦会议包括民众会和长老会议，原为民主机构，后有的变成贵族会议，在古代中国是诸大夫和国人的会议。城

---

① 胡钟达：《古典时代中国希腊政治制度的比较研究》，《内蒙古大学学报（哲学社会科学版）》1996年第6期。此文收入《胡钟达史学论文集》，内蒙古大学出版社，1997年，第293—321页。
② 施治生、刘欣如主编：《古代王权和专制主义》，中国社会科学出版社，1993年。
③ 施治生、郭方主编：《古代民主和共和制度》，中国社会科学出版社，2002年。

邦首领起初偏重执行宗教任务,后逐渐加强政治军事的比重,或者邦君一身而兼祀与戎之职,或另选执政之人分掌。大体上说,有偏重宗教方面的君,偏重军事方面的王和偏重政治方面的卿。城邦时代无专制君主,也不知专制政治为何物。城邦的政治形式经历了原始民主制、原始君主制、公卿执政制和向帝国过渡四个阶段。城邦发展中不时出现改革家和独裁者,有的是僭主式的人物,如乌鲁卡基那、伊尹和共伯和;有的为调停式人物,如梭伦、管仲和子产。孔子也曾是改革家和独裁者。城邦与城邦联盟并存,城邦联盟并不是国家,在中国古史上称"天下"。①

2. 王阁森观点

王先生认为,罗马城市有三种结构:公民公社、城市、国家机构。公民公社的经济基础是公民公社土地所有制,其主要内容是公民的权利和义务,其组织形式是兵民合一,公民皆兵,战士是人民大会的主体。罗马的公民公社组成为城市公社,城市是国家机构,政治集会,宗教事务,以及其他公共活动的中心。公民公社同时又是作为国家组织而存在。国家机构与公民城市公社相一致,但也有区别:公民公社只包括公民,城市包括城市居民中的公民和非公民,国家则包括国中全体城乡居民,其中也有异邦人和奴隶,而且国家机构的组成人员中包括原非公社公民的外来成分。城邦的三种结构组成对立统一的整体,既相互联系依赖,又相互对立排斥。公民公社是城邦的主体,城市是公民公社的形式和统治中心,国家机构则是城邦本质的标志。三者统一的基础是古典土地所有制。

雅典和罗马是典型城邦,但典型城邦绝不限于地中海世界。一切原生的具有上述三种结构的早期奴隶制国家都应列入典型城邦的范围。古代城邦最基本的特征,恰是这三种结构的对立统一,西亚、北非、印度、美洲等地的古代城邦都证明了这一点。但具体而

---

① 林志纯主编:《古代城邦史研究》,第1—6页。

言,城邦结构也有诸多类型和差异,并非只有单一模式。印度和美洲等地城邦中的公社是农村公社,不同于雅典罗马的城市公社,虽有城市,但其作为宗教祭祀和宫廷统治中心的意义更为重要,而建立在农村公社之上的政体往往是君主国。总之,可以通过解剖某一城邦来了解其他城邦,但不能用某一城邦的模式作为衡量其他城邦的标准。①

3. 廖学盛观点

廖先生认为,城邦是人类社会最早自行瓦解的原始共产公社演化出来的一种公民集体的经济,政治,社会,意识形态的统一体系。原始社会的普遍性决定了城邦的普遍性。只有由于自身发展而趋于瓦解的原始公社才会转化为城邦,这在亚洲、非洲、欧洲和美洲都能发生。最早产生的国家多由一个设防中心结合周围农业地区构成,这个中心是整个国家公民防御外敌的堡垒和主要神庙与公民集体会议的所在地,周围构筑城墙,故称城邦。城邦是占有数量不等的私有财产的公民的集合体。氏族贵族掠夺公有财产,剥削奴隶和外来人,奴役普通氏族成员,使原始公社转化为城邦。但是,由于城邦脱胎于原始共产公社并承袭其血缘关系的印记,它必须同时对公民集体内部私有财产的发展作一定的监督限制,这是城邦区别于其他类型国家的一大特点。城邦内部有三部分人:公民,没有公民权的自由人,以及奴隶。在公民内部往往是少数富有的奴隶主在各个方面起主导作用。共和政体绝不是欧洲城邦的特有物。由于私有制发展,人口增加,经济联系加强和阶级矛盾深化,小国林立的城邦时代在世界任何地区,终被地域比较广阔靠常备军和官僚机构进行统治的高一级的国家组织占主要地位的时代所取代。②

---

① 王阁森:《从古罗马城邦看古代城邦的结构与特征》。
② 廖学盛:《试论城邦的历史地位和结构》,《世界历史》1986年第6期。本文亦收入《廖学盛文集》,上海辞书出版社,2005年,第40—55页。

4. 杜正胜观点

杜先生主张城邦是一种国家形态,古今各地文明的发展颇多可见,中国也有过这种形态,而且时间甚久,与"三代"相始终。以城为中心连同附近农村而构成的寡民小国,基本上是古代城邦的普遍现象。希腊城邦的特质在于市民权,苏美尔城邦的特质在于城邦神的庙宇。中国古代城邦的特点在于国人,国人是住在城里的人,和希腊市民往往住在乡村不同,住在乡下的人为野人,身份较低。居住地对于中国古代城邦人民的地位具有绝对影响。国人分别隶属于不同宗族,基本身份为自由民,和苏美尔神殿城邦的人口之为神庙佃农者有异。国人的社会组织既是氏族共同体,也是里邑共同体。国人所以能发挥参政力量,在于宗族共同体和里邑共同体,而不是类似苏美尔的议会或希腊的市民权。占城邦人口多数的国人和野人也没有足够根据说明他们是奴隶。中国古代城邦中没有市民会议,也不是奴隶制社会。①

5. 林甘泉观点

林先生认为,城邦作为早期国家的一种形式,有一定的普遍性,但并非所有国家和民族都经过城邦阶段,例如,一些游牧民族所建立的早期国家就不具备城邦的特点。即使在定居的文明民族那里,恐怕也不能说最早的政治和社会组织都是城邦。城邦的基本特征是:(1)每个城邦都以城市为政治中心,城市统治农村。(2)城市居民的主体是具有一定政治权利的公民(包括贵族和平民)。(3)城邦所有制具有公有和私有的二重性。(4)城邦的公民是城邦的主要军事力量,也是城邦政治生活的重要角色。(5)城邦之间存在着不同形式的联盟。按此看来,中国商周时代的方国和封国也是属于城邦

---

① 杜正胜出席 1993 年 9 月南开大学召开的中国第一届世界古代史国际学术会议,提交《古代中国城邦》论文中、英文本各一,英文本"City-state in Ancient China"。收于《中西古典文明研究》编写组《中西古典文明研究》,吉林人民出版社,1999 年,第 425—441 页。

类型的国家形态,但其政治体制与古希腊的城邦则有很大差异。国人在春秋时代是一股强大的政治力量,国君和卿大夫不能不重视他们的向背,但在日常生活中国人并没有立法权也没有选举权。周代的政治制度与宗法制有密切关系,周天子和诸侯,既是国君,又是宗主,具有天然家长的身份。周王室和春秋列国有卿大夫朝议制度,但重大决策最后往往取决于国君本人的意志。中国古代城邦的政体是一种等级制度的君主专制,而不是民主制或共和制。这是决定中国较早建立封建专制主义中央集权国家的重要因素之一。中国封建社会只有开明专制和民本思想的传统,而缺乏民主共和的条件,这不能不说与古代城邦的君主专制政体也有一脉相承的关系。①

6. 田昌五观点

田先生认为,所有古代国家都是城市政治国家,由特定的享有政治自由的社会集团构成,也可简称为自由人的国家。他们不仅有人身自由,还享有政治自由,是国家的公民,在国家中享有特定的政治权利,有参与决定国家大事的权利。中国古代国家以家族和宗族为内涵,因而不是一般的城市国家,而是宗族的城市国家。中国古代的城邦不是像希腊、罗马那样的城邦,而是一种宗族城邦。中国古代社会结构表现为宗族和宗族谱系,因而国家形态表现为族邦。每个国家都由一个或几个宗族构成。作为国家的象征,一曰宗庙,二曰社稷。中国古代国家同样存在民主制。由于中国古代国家以族邦的形态而出现,其民主制也有自身的特点。最突出的是,国君就是宗主,宗主世袭,国人尽可以对立君发表意见,甚至可以废旧君而立新君,但不能改变宗主世袭制,更换国君不过是更换宗主而已。当政的贵族也从小宗的宗族中产生,照例由国君委任,国人可以议论、甚至推倒执政的贵族,但没有直接推举执政者的权利。由于存

① 林甘泉:《中国古代城邦的政治体制》,1993年9月中国第一届世界古代史国际学术会议论文提要。

在着宗主制,中国古代民主制度是有限的,是一种宗族民主制。总之,中国古代国家和宗族组织是合而为一的,因而是一种宗族城市政治国家。其国体曰族邦,其政体是贵族式的,而国家的隆衰兴替,人君的废立,贵族的存亡,则取决于国人的态度。[1]

7. 赵伯雄观点

赵先生从城市、国家、公民公社三方面将西周的邦与古希腊的城邦作出比较,认为西周的城还不是真正意义上的城市,与古希腊的城市有着质的差别。希腊每个城邦都是一个独立的主权国家,各城邦之间基本上是对等的国与国之关系,其上无一个特殊的、至高至尊的权威。而西周各邦并不是有独立主权的国家,周天子统治的周王朝(亦即天下)才是一个国家,尽管这个国家各个部分是十分松散的,天子与邦君之间的君臣关系十分明确。周室东迁后王室衰微,这时的邦逐渐具有真正的国家意义,但也同时具有了领土国家的雏形,距离一城即与一国的城市国家的形态相距甚远。至于所谓公民公社,希腊的公民按亚里士多德的定义,应是"凡得参加司法事务和治权机构的人们"。这样的公民不要说在西周,就是在中国有史可考的任何历史时期都不存在。西周国民和雅典公民有很大不同,其政治权利非常有限,受着君主政体的制约,参加政治一定要在专制君主可以接受的范围之内。国人的参与国事,只能看作原始民主制的遗存。国家的主权,无论如何也不能说是掌握在国人手中。总之,把西周的邦说成是城邦(或城市国家)是不合适的。[2]

8. 顾准观点

顾先生指出,城邦是以一个城市为中心的独立主权国家。理解希腊城邦,首先不要和我国春秋时代及其以前小国林立相混淆。春秋以前诸小国,从有史时代开始,就有一个凌驾它们之上的神授的

---

[1] 田昌五:《中国古代国家形态概说》,《中国古代社会发展史论》,齐鲁书社,1992年,第385—415页。
[2] 赵伯雄:《周代国家形态研究》,湖南教育出版社,1990年,第206—219、321—328页。

最高权威。希腊远古时代有过这样的最高政治权威,然而从多里安人征服以后,这样的最高政治权威不再存在。希腊城邦制实行主权在民与直接民主制度,城邦的政治主权属于它的公民,公民们直接参与城邦的治理,而不通过选举代表组成议会或代表大会来治理国家,这是我国古代从不知道的东西。公民,公民权,等等,不见于我国古代,也不见于埃及、两河流域等早于古希腊或与古希腊同时的"东方"各帝国。"主权在民"的希腊城邦的"官制",也具有自己的特点,和我国古代的官制有原则上的区别。从远古时代起,我国专制君主下就已经有十分发达的行政机构或官僚机构。从古代中国、埃及、两河流域、以色列、叙利亚、波斯、印度等的历史上,都找不到城邦制度的影子。城邦制度的希腊在世界史上是例外而不是通例,而在古代东方史中,政制的演变倒具有某种共同之处,即它们都存在过"神授王权";有一个身兼军事领袖和最高祭司的最高统治者,即君主。他的权力是绝对的,人民是他的"臣民"。远古希腊一直存在过"神授王权",城邦制度是"神授王权"在一种特殊环境下演变出来的东西,并不是直接从氏族民主递嬗过来。①

9. 左文华观点

左先生认为,希腊罗马无疑是城市国家,古代东方也有城市国家,如腓尼基的各城邦,小亚细亚沿岸的米利都等城邦。但最早的国家并不一定都是以城市为中心的城市国家。在古代东方,城市远未出现以前就已经出现了国家,国家的产生比城市的出现要早得多。古代苏美尔的拉格什、乌尔、基什等,还有埃及的州,并不是真正的城市。古代东方在进入阶级社会后,农村公社长期保存,成为社会的基层组织,把古代两河流域和埃及最初建立的国家称作村社国家是有道理的。

---

① 顾准:《希腊城邦制度》,第 8—24 页。亦见《顾准文集》,贵州人民出版社,1994 年,第 70—84 页。

希腊、罗马的城邦的确不是专制主义的,但其共和制度和民主政治并不是氏族制的残迹,而是奴隶主阶级的民主政治,是氏族制残迹消灭得最彻底的结果。古代东方的村社国家也有民主制,如早期的苏美尔国家,这些正好是氏族制度的残迹。不能把希腊、罗马的奴隶主民主政治和古代东方国家早期存在的氏族民主制残迹混为一谈。①

10. 陈隆波观点

陈先生认为,除希腊、罗马的城邦在多数情况下城市和国家的产生时间大体一致外,古代东方最古文明地区一些国家的诞生,并不和城市的产生同时。把古代东方这些最早国家和希腊、罗马的城邦等同起来,是否定了从作为防御的城到作为工商业经济集中地的城市还有一个发展过程,没看到城和市既相联系又有区别。古代东方早期国家与希腊、罗马城邦的区别在于各自建立在生产力和社会经济发展水平不同的基础上,从而使各自在生产资料所有制、社会阶级结构、政体形式和早期历史的发展上,表现出不同的特点。希腊罗马城邦是建立在古典所有制基础上,联合起来对抗外界的公民的集体。城邦是生产力和社会经济发展到城市形成阶段,农村公社瓦解,私有制和奴隶制发展,阶级斗争的结果;是一定地区历史发展的结果,不是原始公社解体后具有普遍性的、自发形成的原始国家形态。西亚、北非早期国家不仅开始没有达到城邦阶段,而且以后也没有发展为希腊式的城邦,而是向着广阔领域的王国和帝国发展。②

11. 胡钟达观点

胡先生认为中国的殷周时代和希腊的迈锡尼时代都可以说是列国林立、强者称王的时代,王权的发展可以认为大体上处于同一

---

① 左文华:《关于奴隶社会史的几个问题》,《吉林大学社会科学学报》1980 年第 2 期。
② 陈隆波:《城市、城邦和古代西亚北非的早期国家》,《世界历史》1984 年第 4 期。

水平。中国从周克殷到秦始皇统一六国,希腊从荷马时代开始到希腊城邦独立自由的终结,两者同归而殊途。在这一时代,中国西周春秋时期的封建王权向战国时期的专制王权发展,到秦统一中国,列国并存的专制王权更转化为大一统专制皇权。大体上同一时代的希腊,带有军事民主主义色彩的王权在其初生阶段就向贵族共和过渡,其中不少城邦经历过一段僭主统治以后,更进一步向民主政体过渡,雅典是最熟知的典型。两个社会发展阶段相若,在历史上又大体处于同一时代的文明古国,在政治制度的演变上却显出了鲜明的反差。

胡先生持中国古代社会乃至人类古代社会属封建社会说。他认为在封建领主经济的基础上,只可能保留着某些军事民主主义的残余,不可能产生民主政治。在地主经济和小农个体经济的基础上,只可能出现专制王权和大一统专制皇权,也不可能产生民主政治。只有在商品经济相当充分发展的基础上,才可能发生民主政治。民主是一种政治制度,又是一种观念形态。民主政治的细胞是具有自由、独立人格而且彼此处于平等地位的公民。这种政治上具有自由、独立人格而且彼此处于平等地位的公民,须以经济上具有自由独立人格而且彼此处于平等地位为前提。彼此处于平等地位、自由地从事生产并按等价交换的原则自由地交换其产品,是商品生产者的本质属性。所以,商品经济的发展是产生民主政治的前提。古典时代的希腊从总体来讲是以自然经济为主导的农业社会。但在爱琴海沿海地带,包括海中某些岛屿上的城邦,以雅典为代表,由于种种机缘的巧合,以手工劳动为基础的商品经济有了长足的发展。因而在人类历史上,这里便成为产生自由、平等观念的摇篮,成为民主政治的故乡(当然有其历史的、阶级的局限性)。

假如说先秦时代即古典时代,中国历史的演变体现了历史发展的规律性,古典时代希腊历史的演变则体现了历史发展的随机性。但是这种随机性的体现在世界历史上却具有重大的意义和影响。

因而在古代世界仅如惊鸿一瞥的希腊古典文明同在古代世界绵延不断、独领风骚的华夏文明遥相辉映,既各具特色,又各有千秋。从古代世界政治制度的发展史来看,由以少数城、邑为中心的小国的早期王权过渡到区域性领土国家的专制王权,再过渡到"大一统"专制皇权,这几乎是普遍规律;不仅以中国为典型的东方国家大体如此,希腊各邦最终仍统一于马其顿王国,地中海世界最终仍统一于罗马帝国,连古代希腊、罗马世界同样也没有逃脱这一规律。以雅典为代表的民主政治的出现,只是古代希腊罗马历史中的一段辉煌变奏,一支奇妙的插曲。①

12. 施治生观点

施先生认为,古代王权和国家同步产生,纵观古代历史,普遍存在王权统治形式。古代王权的发展可分为早期王权和专制主义两个发展阶段,专制主义并非自古有之,在它之前还存在着非专制性质的早期王权阶段。早期国家在一个相当长的历史时期内较为普遍地采用王制或称原始君主制的国家形态。不论是在古代两河流域的城市国家,古代中国和列国时代的印度以及其他一些古代亚洲国家,或者是在早期希腊和王政时代罗马以及其他一些古代欧洲国家,都可以找到君王存在的历史证据。早期国家的显著特点是小国寡民。随着社会的发展和经济联系的加强,以及政治上的结盟联合和军事上的征服兼并,早期国家逐渐结为邦联,或形成统一的地域国家,王权表现为邦联的共主和地域性统一王国的君主,萌发了专制主义和中央集权的倾向。②

从另一方面说,原始民主乃是人类社会民主历史发展长河的源头。原始社会末期氏族部落首领个人权力膨胀的结果,导致进入文明的古代国家普遍盛行君主制;只有极少数国家实行贵族制或共和

---

① 胡钟达:《古典时代中国希腊政治制度的比较研究》,《内蒙古大学学报(哲学社会科学版)》1996 年第 6 期。此文收入《胡钟达史学论文集》,第 293—321 页。
② 施治生、刘欣如主编:《古代王权和专制主义》,第 1—5 页。

制,但在这些国家早期历史发展阶段都或多或少地保存着原始民主传统。由于社会历史发展的具体情况不同,古代东方国家非专制性质的君主制和贵族制或共和制,不久便发展或并入专制主义体系。而在希腊罗马世界,经过作为次生的国家形式的贵族制之后,出现了古典民主,即在雅典等邦把民主制作为国家形式,在罗马的贵族制中掺和民主因素,形成共和制,并各自获得了充分的发展。但雅典民主制和罗马共和制存在数百年后也分别被君主专制所吞并或取代。从古代国家的历史发展趋向来说,无论是古代东方国家抑或希腊罗马,都最终归属于专制主义。在特殊的社会历史条件下,希腊罗马产生和发展了民主与共和,创造了光辉灿烂的政治、文化和艺术,其历史遗产经中世纪传到近代欧洲,对人类文明发展起了极为重要的影响和作用。[①]

三

最后简单地粗略谈一下个人对城邦问题的讨论,亦即古代世界早期国家形态问题的几点不成熟的想法。

首先,谈一下关于总的思路和研究方法的想法。

1. 人类历史发展有统一的规律性,但又有丰富的多样性。我们研究世界各国的历史时,既要看到其共性,也要看到其特征和差异,要异中求同,同中见异,不能削足适履、强求一律,也不能只见树木,不见森林。

2. 关于城邦问题的研究和讨论,实质是探讨人类原始国家或早期国家的形态问题。我们应不持成见,客观地认真考察世界各地的早期国家形态,寻求其本质的共同点,同时也要注意其各自的特点,由此得出认识和结论。如果将一个地区的早期国家形态作为模式

---

① 施治生、郭方主编:《古代民主和共和制度》,第19—20页。

或标准套向其他地方的早期国家,尽量寻找与其相似之处,难免有先入为主的偏颇。

3. 上古世界国家的历史很长,由公元前 4000 年代后期直到四五世纪,包括铜器时代和铁器时代,可以公元前 1000 年左右为界线,分为前后两个时期。后期的社会经济政治和文化较前期有很大的发展和变化。希腊城邦是公元前 1000 年代的国家形态,不宜以它为典型来考察前期的国家形态。

以下,再谈一下具体的一些想法。

1. 人类各地区的早期国家往往都是小国寡民,这可以说具有普遍性。

2. 相当多的早期小国以城为中心结合周围地区而成,这可以说有相当的普遍性。但是也有一些地区的早期国家,如游牧民族的国家,不以城为中心,由部落结合而成,这样的国家可称为部落国家。古希腊人也用 Ethnos 一词来称部落国家,以别于城邦和城市国家(City-state)。部落国家民可能寡,国可能不小。

3. 城与城市并不等同。最早的城往往是城寨和卫城,供军事防御之用,可以是宗教、行政的中心,但未必有市或不包括市,不是经济中心。城市则是城与市相结合的统一整体,既是宗教行政中心,也是工商业有所发展的经济中心。最初围绕城砦和卫城而建立的早期国家未必已有完整的城市,不如称为邦或邦国。

4. 城墙、城堡不过是物质建筑,不反映国家的本质和特征。不少早期国家以反映神权、王权和宗主之权的神庙、宫殿、宗庙、社稷为中心,不存在城市公社和市民(公民)公社,却存在农村公社。这样的国家似乎也可以称为神庙国家、宫廷国家、宗族国家或村社国家。古希腊、罗马的国家以城市为中心,并存在城市公社和公民共同体,故称为城邦(Polis)。

5. 神权统治是许多早期国家的共同特征,故也可称为神权政治国家。早期国家中有原始民主制残余,国民有一定程度的参政、议政权,并存在某种形式的民众会议和长老(贵族)议事会。国家的首领不是专制君主,但往往实行终身制和世袭制,有较大的宗教、行政和军事的权力,其身份应属于国君、王和君主的范畴。这样的邦国多半不是共和国,更不实行民主政治。原始民主制残余与民主政治不能混为一谈。

6. 两河流域最初小国林立,又有城或城市,这种状态存在的时间较长,外国学者现已习惯称其为 City-state,这未尝不可。

7. 古代埃及最早的小国称斯帕特(SPT),其象形文字符号为沟渠相通的,似乎不宜称为城邦或城市国家。古希腊语称其为诺姆(Nome),有的学者称埃及最早的小邦为诺姆国家。埃及国家发展的特色在于这些邦国(或称州和诺姆)很快在公元前 3000 年之前已结合为上、下埃及两个王国,在公元前 3000 年左右或其后不久就成为一个统一的中央集权的专制主义地域性王国,以后长期如此。研究古代埃及国家形态的发展,宜着眼这一特点,不必去强求希腊式城邦的影子。

8. 中国很早建立起有一定统一性的王朝国家。周天子与各邦国君之间有一定的君臣、上下的关系,周天下不宜看成简单的城邦联盟,各邦也与希腊的有独立主权的城邦不尽相同。国人有一定的参政权,但没有立法权,更不能通过抽签当政,不拥有统治权和治理权。周天子和各邦的国君实行世袭制,有较大的权力。这样的国家不是共和国,更不是民主政治。西周时代乃至春秋时代的周天下是一个有一定的统一性的中国或中华王国。

9. 上古城邦是阶级社会最早的一种国家形态,比较普遍地存在于古代世界的不少地区。小国寡民,以城为邦,是城邦的外在特征。城邦的本质特征是作为阶级统治的国家机关。它的另一个特征则是保留了较多的原始社会制度(如氏族制,公有制,军事民主制等)的残余。城邦的经济基础是贵族土地所有制和奴隶主所有制,同时存在城市公社的公有(国有)经济和以公民身份为前提的公民小土地所有(或占有)制。土地私有制逐渐发展起来,但或多或少仍受到某种限制。作为国家形态的上古城邦的国体是贵族和奴隶主专政,其政体采取多种形式,但多保有城邦首领,贵族会议和公民大会这三种政治机构,并重视公民身份和公民权,实行公民兵制。至于这三种政治机构各自权力的大小以及公民之间的相互关系与地位的差别,则随政体和历史条件而异,不可忽视。

10. 亚里士多德对希腊各城邦的政治体制及其发展作了比较研究,将城邦的政体归纳为三类六种:君主政体及其变形僭主政体;贵族政体及其变形寡头政体;立宪政体及其变形民主政体。恩格斯在《家庭私有制和国家的起源》中指出:"掠夺战争加强了最高军事首长以及下级军事首长的权力;习惯地由同一家庭选出他们的后继者的办法,特别是从父权制确立以来,就逐渐转变为世袭制,人们最初是容忍,后来是要求,最后便僭取这种世袭制了;世袭王权和世袭贵族的基础奠定下来了。"看来,在上古城邦建立时,掌握政权的有两股力量:世袭王权和世袭贵族。两者在统治平民和奴隶方面是一致的,同时又互相争权夺利。在王权占优势的地方和时候,君主政体就确立和巩固下来。在贵族占上风的地方和时候,城邦首领的世袭王权被剥夺,国家就实行了共和政体,这种共和政体主要是贵族寡头政体。随着社会经济和阶级斗争的发展,在商品经济和奴隶制高度发展的雅典等城邦,贵族寡头政体被推翻,最后建立起奴隶制城邦的最发达的政权形式——民主政体。

11. 古代城邦是一个以城市为中心,公民为主体,国家为本质的共同体。城邦内部存在着公民(又可分为全权公民和非全权公民或称次等公民),没有公民身份的自由人,依附或半依附民,以及奴隶。公民是城邦的主体,对于非公民来说,公民构成公民集体(或称公民公社)。公民在城邦中具有占有土地和参政当兵的权利和义务,在名义上互相平等。但实际上,公民之间并不真正平等,公民内部存在着阶级和等级的差别和划分,至少有贵族与平民乃至依附民以及富人与贫民之分。在实行君主政体和贵族政体的城邦中,政权主要掌握在贵族和富人的手中,只有在实行民主政体时,普通公民才有较大的参政治理权和立法司法权,但这时的城邦已是明显的奴隶制国家,而公民则属于奴隶主和自由民的范畴。因此,在考察城邦时,不宜过分强调公民集体的概念甚至使用"公民国家"的术语,以免可能模糊乃至掩盖城邦作为阶级压迫机构的国家组织的本质。

12. 城邦本身有一个发展过程,总体来说经过形成发展和衰落各个阶段,不同地区和民族的城邦制度也各有特色。古代世界的国家一般是由起始的小国寡民的邦国和城邦发展为地域性的王国,然后再建立起超越自然的地理界限、统治多民族的大帝国,而不是由小国寡民的城邦直接发展为帝国。

(原文载于《世界历史》2010 年第 5 期)

《矮子丕平加冕疏证》补正

2001 年,我曾给世界中世纪史年会提交了一篇短文《矮子丕平加冕疏证》,该文随后收入《中国世界中世纪史专业委员会会刊》第 9 期,并在《世界历史》2002 年第 1 期正式发表。[①] 文章不长,却存在着两处不确切的地方,现加以补正。

一、关于"膏油"和"加冕"的问题

在该文末,我根据《剑桥中古史》第 2 卷中的有关论述,作结论说:矮子丕平在公元 751 年 11 月经过选举,并由修道士美因兹主教圣布尼法斯行膏油礼,封为法兰克人国王。至 754 年,又由教皇斯蒂芬为丕平及其子查理和加洛曼膏油为法兰克王国国王。通过膏油来尊封国王的仪式来自古代以色列,被膏油的国王称为"耶和华的受膏者",成为"蒙上帝之恩"的神权国王,人身不可侵犯,载《旧约圣经》之《撒母耳记》上、下卷。可以说这种膏油礼相当于加冕礼。

由于我引用的《剑桥中古史》的原文中,只提到膏油,所以我在结论中主要谈膏油,仅在最后一句说,膏油礼相当于加冕礼。但是,膏油和加冕毕竟是两回事,膏油礼不等于加冕礼,不宜用"可以说这种膏油礼相当于加冕礼"这样一句话笼统带过。拙文的题目既然是

---

① 亦收入王敦书《贻书堂史集》,中华书局,2003 年,第 596—599 页。

"加冕疏证",人们不禁要问:丕平篡位登基时究竟加冕了没有?

关于记载丕平登基的原始史料很难找到,这里引证两部近代史学名著的有关记述。第一部是爱德华·吉本的《罗马帝国衰亡史》。他写道:"他(指罗马教皇扎迦利——笔者注)宣称,这个国家(指法兰克王国——笔者注)可以合法地将国王的称号和权威统一在同一个人的身上;不幸的丘德里克(法兰克王国墨洛温王朝末王——笔者注)作为公共安全的牺牲者,应该罢黜,削发,因禁在修道院中度过余生。一个如此符合他们的愿望的答复被法兰克人接受为一种独断者的意见,法官的判决,或者预言家的神谕:墨洛温家族从地球上消失了;而丕平通过自由臣民的选举在盾牌上擢升了,他们习惯于遵守他的法律和在他的军旗下挺进。他的加冕礼(coronation),在教皇们的核准下,经由他们的最忠实的仆人日耳曼的传道者圣布尼法斯,以及斯蒂芬三世的感恩的双手被两次履行,斯蒂芬三世在圣丹尼斯修道院将王冕放在他的施恩者的头上。以色列的国王们的君主膏油仪式被灵巧高明地采用,圣彼得的继承者僭取了神圣的特使的身份,一个日耳曼人的酋长被转变为耶和华的受膏者,这个犹太人的仪式通过近代欧洲的迷信和虚荣被推广和维持。"[1]

另一部是詹姆斯·布赖斯的《神圣罗马帝国》,其中论述:"于是采取了一个当时没有人能预见其危险的道路:罗马教廷现在第一次被当作一个国际的或超民族的权力而受到吁请,它宣布废黜懦弱的墨洛温国王丘德里克,并给予其继位者丕平王位一种前所未知的神圣性质;除古老的法兰克选举——选举包含在武器敲击声中将当选的领袖擎于盾牌之上外,增加了罗马的王冠和希伯来的涂油仪式。圣彼得的宝座和条顿王位之间的盟约几乎还未压上印玺,后者马上

---

[1] 〔英〕爱德华·吉本(Edward Gibbon):《罗马帝国衰亡史》(*The History of the Decline and Fall of the Roman Empire*)第5卷,伦敦,1891年,第387—388页。中译本为节略本,本段被删节。

就被吁请履行它分担的义务。"①

综上所引,可知丕平接受了两次加冕,一次是751年11月在苏瓦松由美因兹主教圣布尼法斯膏油加冕,一次是754年在圣丹尼斯修道院由罗马教皇斯蒂芬三世履行。751年丕平篡位时,实行了三种仪式:传统的法兰克国王的登基仪式(在武器敲击声中由武士举于盾上而立为王的选举仪式)、由圣布尼法斯施行的希伯来人的膏油仪式和罗马王冠的加冕仪式。这三种仪式的意义在于:(1)丕平与墨洛温朝国王不同,是通过选举产生的、受武士拥戴的、合法的法兰克人的国王;(2)加强了法兰克国王与罗马教皇和教会的关系,既给丕平的王权增添了神圣的性质,也提高了罗马教皇和教廷的地位,使他们开始在一定程度上具有了废黜、任命和批准法兰克国王的权力,并同时给丕平以某种保护罗马和罗马教皇与教会的权益的职责。

二、关于"罗马人的贵人"的含义和翻译问题

拙文在引用《剑桥中古史》第2卷第584页的论述时,将最后一句译为:"丕平及其子不仅被膏油为法兰克人的国王,而且是'罗马人的贵族'。"②"罗马人的贵族"(Patrician of the Romans)一词的译法是不够妥善和确切的。近代学者们对patrician和Patrician of the Romans的含义进行了探讨,现略加阐述。

英语patrician一词来自拉丁文patricius,在古罗马共和国时期,作"贵族"解,但随着历史的发展,patricius的含义在逐步变化之

---

① [英]詹姆斯・布赖斯(James Bryce):《神圣罗马帝国》(*The Holy Roman Empire*),纽约,1917年,第39页。中译本《神圣罗马帝国》(孙秉莹、谢德风、赵世瑜译,赵世瑜校),商务印书馆,1998年,第35—36页。此处引文从中译本,个别字有修改。中译本将英文本此段旁的边注"A. D. 750—51"删去,而将下面边注"754年丕平为罗马人的贵人"上移,不太恰当,容易引起将两次膏油加冕典礼混为一谈而定在754年的误会。
② 《贻书堂史集》,第598—599页。

中。据《牛津古典辞书》第3版"patricians"条目,patricians 主要指元老贵族,或氏族贵族,其身份世袭,只能通过出身获得。贵族氏族的数目逐步衰落。公元前5世纪时,大约有50个贵族氏族,到共和国末期只剩下14个。至罗马帝国早期,皇帝们给其宠幸者个人授予贵族(patrician)的身份,他们再将此身份传给后人。在3世纪,世袭的贵族职位(hereditary patriciate)似乎最后消失。但是,君士坦丁大帝将 *patricius* 称号恢复为一种个人的荣誉,以认可对帝国的忠诚服务。[①]

按照 A. H. M. 琼斯的《后期罗马帝国(284—602)》书中的论述,君士坦丁以新的形式恢复了古老的 patrician 的称号,它成为这个皇帝赐予他最亲密的朋友和最高的官员的一种个人的荣誉(distinction)。其地位很高,仅次于皇帝和执政官,人数极少,不世袭,在4世纪仅知6人。[②] 既然君士坦丁后的 patrician(*patricius*)不再是一种世袭的身份,而仅是个人的荣誉和称号,因此,patricia 一词就不宜再译作"贵族",似乎译为"贵人"更为恰当。

公元415年,实际统治西部罗马帝国的军事统帅君士坦提乌斯被授予贵人(patrician)称号。此后,享有贵人荣誉的范围扩大,人数增多。帝国西部的最高军事统领乃至第一等的行省总督,往往封为贵人。[③] 476年,蛮族雇佣兵将军日耳曼军人奥多亚克废黜西罗马帝国皇帝,授意元老院派使团赴东罗马朝廷,宣称西罗马不再需要一个自己的皇帝,奥多亚克有资格成为国家的保护人,请东罗马皇

---

① [英]霍恩布洛尔、[英]斯帕福思主编(Hornblower and Spawforth, eds.):《牛津古典辞书》(*The Oxford Classical Dictionary*),纽约,1999年,第1123页。

② [英]A. H. M. 琼斯(A. H. M. Jones):《后期罗马帝国(284—602)》(*The Later Roman Empire: 284-602*),巴尔的摩,1986年。参见第1卷,第106、528页;第2卷,第1225页,注28。

③ [英]A. H. M. 琼斯:《后期罗马帝国(284—602)》,参见第1卷,第176、343—344页;第2卷,第1225页,注28。亦见[英]詹姆斯·布赖斯《神圣罗马帝国》,第40页,中译本第36页。

帝芝诺授奥多亚克以贵人的称号和意大利诸省的政权。① 雷海宗先生将此处的贵人的称号译为"罗马主",他写道:"奥多亚克干脆决定不再立有名无实的皇帝。他通过元老院请求东帝承认他为'罗马主'(Patricius),实际上就是意大利王。"②雷海宗的看法很有见地和创意,"罗马主"一词也反映了奥多亚克此时的实际地位和权力。但是,考虑到 Patricius 一词作为荣誉称号而非职位称号的渊源与以后的发展,以及此时元老院和奥多亚克的要求在名义上仍是分开来的"贵人"的称号和意大利的政权,而且没有提到罗马,所以,我觉得似乎仍以保持原译"贵人"为宜,但在理解上可以认为它具有对罗马和意大利的实际统治权的含义。

之后,贵人的称号又由东罗马皇帝相继授予了奥多亚克后统治意大利的东哥特国王提奥多里克,以及勃艮第王西吉斯孟和法兰克王克洛维,而东哥特的国王和法兰克的国王还曾给自己的部下加上贵人的头衔。查士丁尼收复意大利和北非后,东罗马驻拉文纳的意大利总督一直享有贵人的称号,同时具有管辖罗马的权力和监督教皇、促进其世俗利益的职责。③

586 年伦巴德人进入意大利,在波河流域建立伦巴德王国,并侵袭意大利各地区。罗马和罗马教皇不堪其扰,向东罗马皇帝求援。但拉文纳总督软弱无力,拜占庭皇帝鞭长莫及。至 8 世纪上半叶,法兰克王国在宫相查理·马特及其子丕平治理下强大起来,并与罗马教皇保持良好关系。罗马教廷遂将保护教会、防止伦巴德人侵扰

---

① [英]A. H. M. 琼斯:《后期罗马帝国(284—602)》第 1 卷,第 245 页;[英]爱德华·吉本:《罗马帝国衰亡史》第 4 卷,第 98—99 页,中译本亦略去此段;[英]詹姆斯·布赖斯:《神圣罗马帝国》,第 24—25 页,中译本第 23 页,但中译本将此页中的 patrician 译为"行政官"和"执政官",显然有误。

② 雷海宗:《上古中晚期亚欧大草原的游牧世界与土著世界(公元前 1000—公元 570)》,收于王敦书编《伯伦史学集》,中华书局,2002 年,第 362 页。

③ [英]A. H. M. 琼斯:《后期罗马帝国(284—602)》第 1 卷,第 247、256、262 页;[英]詹姆斯·布赖斯:《神圣罗马帝国》,第 40—41 页,中译本第 36—37 页;[英]爱德华·吉本:《罗马帝国衰亡史》第 5 卷,第 388—389 页。

的目光投向法兰克王国。罗马教皇曾向查理·马特求援,甚至可能奉上贵人的称号,但查理·马特没有来得及动手援助,后去世。及至丕平企图篡位,向罗马发出吁请。罗马教廷喜出望外,不仅在 751 年派圣布尼法斯给丕平膏油加冕,废黜墨洛温朝末王,而且在 754 年由教皇斯蒂芬三世亲临法兰克王国,在圣丹尼斯修道院为丕平再次膏油加冕,并且特别奉上 Patrician of the Romans(拉丁文 *Patricius Romanorum*)的称号,同时呼吁丕平援助对付伦巴德人,保护罗马教廷的利益。①

　　值得注意的是:首先,本来只有罗马皇帝才有权赐予贵人的称号,而现在罗马教皇却僭取了这个权力或作为东罗马皇帝的特使的身份,从而提高了自己的地位。其次,Patrician 一词开始与"罗马人"连用,此后教皇与丕平通信,通常皆称其为 Patrician of the Romans,并与"捍卫者"和"保卫者"这些词联系在一起。考虑到 patrician 一词古代的"贵族"之意早已消失,自君士坦丁之后作"贵人"解,而享有 Patrician of the Romans 称号的人只有丕平父子,并非一批人和一些家族,不构成一个世袭特权等级,因此,拙文《矮子丕平加冕疏证》和《神圣罗马帝国》一书的中译本将这个专门称号译为"罗马的贵族"似乎不太恰当,我觉得可译为"罗马人的贵人",或直接译作"罗马人的保护者"亦可。此时,丕平只有"罗马保护人"的责任,尚未拥有统治罗马的权力,所以雷海宗的"罗马主"的译法尚时机未至。

　　及至丕平之子查理,亦即后来的查理曼或查理大帝,774 年生擒伦巴德国王,声威赫赫地进入罗马,他在罗马的地位和权力又大大超过其父丕平。《剑桥中古史》写得好:"丕平被教皇任命为贵人

---

① [英]詹姆斯·布赖斯:《神圣罗马帝国》,第 40—41 页,中译本第 36—37 页;[英]爱德华·吉本:《罗马帝国衰亡史》第 5 卷,第 388—389 页;格瓦特金等主编(Gwatkin, et al. eds.):《剑桥中古史》(*The Cambridge Medieval History*)第 2 卷,剑桥,1926 年,第 584—585 页。

(*Patricius*),并宣布为教会及其领域的保护者(Protector)。丕平从他的罗马人的贵人(Roman Patriciate)的身份地位推断出一种保护的职责,而不是统治的权利。反之,他的儿子查理却得以改变这种关系,将保护的义务转变为一种宗主权。"①它还进一步分析道:"查理不仅是法兰克人和伦巴德人的国王,他同时作为'贵人'(*Patricius*)是罗马国的保护者(protector of the Respublica Romana)。作为伦巴德国王们的继承者,他必须接受较窄的权限,而首先是使属于教皇的地区绝对自由。但是,作为'贵人'(*Patricius*)他也有资格对那些领域行使一种宗主权。这意味着教皇及其代理人享受有利可图的权利,而查理本人拥有最高的政治控制。"②按照这种分析,窃以为此时查理的 Patricius 的身份地位已可尊为雷海宗所使用的"罗马主"了。但是,踌躇满志、欲壑难填的查理已不以"罗马主"的称号为满足,而要觊觎罗马皇帝的尊荣了。

公元 800 年圣诞节,查理曼正式称皇帝。《剑桥中古史》写道:"教皇里奥将王冠放在他的头上,集合在那里的全体罗马人共同欢呼:'上帝加冕的查理奥古斯都,伟大的带来和平的罗马人的皇帝万岁。'在这种效忠的呼喊之后,教皇向他献上拜占庭皇帝们所应有的崇敬,而将贵人(*Patricius*,或译罗马主——笔者注)的称号放在一边,他被称为皇帝和奥古斯都了。"③

拙文《矮子丕平加冕疏证》发表后不久,我就感到有以上两点不妥之处,觉得应该加以匡正,但又以为先看看反应再说,不必急于动笔。告老退休以来,深感应该活到老,学到老,治学必须严谨谦逊,多做自我批评,故写此补正,敬请方家指教。

（原文载于《世界历史》2009 年第 5 期）

---

① 格瓦特金等主编:《剑桥中古史》第 2 卷,第 598 页。
② 同上书,第 603 页。
③ 同上书,第 620 页。

附录

英国马克思主义古史学家
德·圣·克鲁瓦访谈追记

　　德·圣·克鲁瓦（G. E. M. de Ste. Croix）是英国牛津大学著名的马克思主义古史学家，不列颠学院院士。1986 年 5 月 1 日上午，笔者初访牛津，冒昧地给他打电话，作了自我介绍。他听到后，十分高兴，说自己出生于中国，非常希望能与一个来自中国的马克思主义古史学者交谈，遂约好下午在圣体学院相见。见面时，他特将他的大部头专著《伯罗奔尼撒战争的起源》和《古代希腊世界的阶级斗争》以及几乎全部论文的抽印本带来赠送给我。此后，我们成为忘年之交，并在 1987、1991、1995 年多次见面。最后一次见到他，是在 1995 年 11 月上旬。我表示想与他进行一次正式访谈。他说，以前曾与希腊的 HOROS 杂志（作"界标""债石"解）的编辑部举行过学术座谈，经整理后刊载于该杂志 1988 年第 6 期第 123—133 页，可供我参考。后来，他将这个座谈纪要抽印本寄给了我，我读后又补充问了三个问题，请他答复。1998 年 2 月 26 日，88 岁高龄的克鲁瓦以重病之身，亲笔写下对这三个问题的比较简略的答复，分两封信寄来南开大学，令我深深感动，敬佩莫名。二年后，克鲁瓦于 2000 年 2 月 5 日去世。现将该座谈纪要和颇为珍贵的克鲁瓦的答复遗稿手迹追记译出，以飨读者，并求教于专家学者。座谈纪要略有删节，手稿中有我理解不够确切的地方或手迹辨认不清之处则附上原文或注出，请专家指正。

一、古代史在现代英国

问：想从古典学在英国当前的地位开始，请问这方面的学习研究近年来有一些可观的发展吗？

答：古典学在英国过去一直是公学教育的基础——如你所知，我们的公立学校实际是指私立学校，学费确实是很昂贵的——但是，在这些学校以外，没有多少这方面的学习。原因是古典学学习过去被认为是一种很好的统治阶级教育，即一种对于法律或政治或行政管理的训练。当在印度、非洲和其他地方为管理帝国需要大量人才时，特别是对罗马帝国的学习研究就被认为非常必要了。在我的生涯中，我认识一些人仍抱这样的想法。例如，我指休·拉斯特（Hugh Last），当我在50年代最初来到牛津时，他是那里罗马史方面的头面人物之一。我肯定，他相信罗马帝国对等级和阶级有一种惊人的感情——他不会正式使用"阶级"一词，但他感到如果学习罗马史，就会加强某人对现已相当摇摇欲坠的旧大英帝国的忠诚，而他就是从这个观念来研究罗马史的。

问：这种态度近年来变化了吗？

答：是的，我想它变化很大；部分是因为它不再是一种纯文学和法律的研究了。我想，碑铭学和纸草学意味着人们至少能够注视普通人民的生活，譬如说，你不只研究塔西佗笔下的人物了。我想，牛津的罗宾·莱恩·福克斯（Robin Lane Fox）在他最近的著作《异教徒和基督教徒》（*Pagans and Christians*）中这方面做得不错。所以，碑铭和纸草造成了巨大的不同。

问：但是，今天古典学是在衰落吗？既然不列颠不再处于帝国的荣耀中，对这个领域感兴趣的人少了吗？

答：的确，在总数的百分比中只有更少的人学习古典著作了。另一方面，有很强的活动，想维持古典学，人们正在努力试图不让希腊文和拉丁文在学校中消失——虽然古典学系已在一些英国大学中废除或与其他学科合并了。

问：如果古典著作失去了其曾经有过的用途，维持这类学习的目的是什么？也就是说，人们今天为什么学习古代史？

答：首先，因为希腊罗马史非常令人感兴趣，例如，修昔底德和希罗多德的材料，以及一些罗马作家的作品，读起来饶有兴味，而且，我想，在一定程度上，希腊城邦世界和罗马世界不像中世纪世界那样复杂和困难。中世纪欧洲史是很难学的，部分是因为它在每个地区各不相同。在英国封建主义和法国封建主义之间有巨大的不同。所以，我认为能在本科生一级讲授希腊罗马史，而且能够给学生读一些极好的文本。我认识的许多学生对我说，希腊的以及稍差一点的罗马的材料，与其他史家的作品相比，更耐人寻味和引人入胜。此外，你还有诸如钱币、铭文、纸草等东西，而其他学科没有这么多。

二、方法论和概念在历史学中的运用

问：我们知道你本人对古代史的阐释方法有一些很明确的思想。你是否相信通过了解古代世界人们对认识今天至少在一定程度上也有所启迪？

答：的确如此，但那意味着形成某些一般性的概念。我认为当前有两个主要的学派：有些人采取一种非常近似马克斯·韦伯（Max Weber）的态度——如已故摩西·芬利（Moses Finley），那个学派的首屈一指的学者，还有马克思主义者。有一个很有名的马克思主义古史学家，他在我之前做不列颠学院院士整 20 年，这就是 E. A. 汤普森（Thompson）。他写过关于后期罗马史方面的著作，很受人尊敬。但是，我想，如果你提到马克思主义古代史学，大多数人都会想那是乔治·汤姆森（George Thomson）的学派。不幸的是，他确实不理解希腊历史的事实,他关于阶级斗争由商人阶级兴起和推翻土地所有者阶级而形成的思想是没有任何根据的。他深受某个叫作帕西·尤耳(Percy Ure)所写的一本拙劣的书《僭主政治的起源》(*The Origin of Tyranny*,剑桥1922年)的影响。汤姆森认为希腊僭主是一种商人君主,他们使用了新发明的铸币等,从而把铸币的发明比我们知道其引进的年代提前100年——埃伊纳铸币引进在公元前7世纪末,然后雅典也许在公元前570年左右开始铸币。

问:恩格斯对古代史的某些误解。

答:我认为恩格斯的《家庭、私有制和国家的起源》当时是一本了不起的著作,非常有启发性,但它持一线说,认为人类的发展沿着一条路线发生,但显然不是这样。恩格斯也相信雅典在公元前4世纪后期约有40万奴隶。当时,那是对的,因为19世纪早期最优秀的希腊史大师奥古斯特·伯克(August Boeckh)接受该数字。恩格斯也如此。这不是一个关键性的错误,但我想现在几乎没有人会接受它了。因此,恩格斯的著作在一些观点上过时了。但是,在那时,我认为它是一本绝佳的著作,而且读起来有很大的趣味……

问:你是否认为乔治·汤姆森追随恩格斯,很受人类学方法的影响?

答:是的,他特别受法国人类学家布里福(Briffault)的影响,他写了一部叫作《母亲》(*The Mothers*)的三卷本巨著,其中发展出一种原始母权制(matriarchy)的思想。而德文 Matterrecht 一词的意思是母亲—权利(基本是母系继承 matrilineal descent),而不是译成英文的母权制(matriarchy),仿佛妇女是统治者。母系继承意义上的 Mutterrecht 偶尔在地中海世界的确发生过,但没有女性统治的真正证据。

问:法国的某些古典学者是否曾受到结构主义的影响?

答:我不太愿意谈这方面的问题。我确实感到,虽然结构主义对人类学作出了巨大贡献,但对历史学却有着我不太喜欢的很独特的影响。

问：在神话学研究中受热尔内(Gernet)影响的学者情况怎样？

答：热尔内的影响曾是好的，但我想，这个学派没有取得与法国中世纪学者相等的进展。没有人可与布罗代尔(Braudel)或勒胡瓦·拉杜里(Le Roy Ladurie)相比。

问：而德国学者呢？如布佐尔特(Busolt)或本特森(Bengtson)？

答：是的，他们对旧史学的贡献是无可估量的。我曾大量使用布佐尔特的《历史》(*History*，实际是《希腊史》)——你知道有的页面是 2 行正文 50 行附注。还有贝洛赫(Beloch)，他的著作比任何其他德国学者的更容易读。但至于马克思主义的研究方法，我认为在西德根本没有。我听说，如果你想在德国大学任职，你必须确实首先得到基督徒迈埃尔(Meier)的认可，他不是马克思主义者。东德有马克思主义史学，质量并不太好。但是，有一些人，如已故海因兹·克赖西希(Heinz Kreissig)做了好的工作——虽然我个人不同意克赖西希对希腊化时代历史的许多解释。不幸的是，在东德就如法国在这方面一样，马克思主义历史学者倾向于大谈"危机"(Krise)，而我认为对古代世界来说你不能在限定的年代意义上使用这个词。在一定程度上，一直存在着危机，但你不能说它发生于一个特定的时间，如你大概对欧洲中世纪世界的各个部分能做的那样。

问：还有意大利的马克思主义史家。

答：意大利有大量自称的马克思主义古史学者。已故莫米格利亚诺(Momigliano)经常是很反马克思主义的(他习惯于称那些对他持不同观点的人为马克思主义者)。他甚至——在与我的多次谈话中——称我自己的老师 A. H. M. 琼斯(A. H. M. Jones)为一个马克思主义者，虽然，据我所知，琼斯一生中从来没有读过马克思的一个字。我觉得，大多数意大利马克思主义历史学者的方法从整体来说并不真正对头，他们离马克思主义相去甚远。

问：英国学者在古代史领域做了许多工作，其中我们考虑到诸如戈姆（Gomme）、罗兹（Rhodes）、沃尔班克（Walbank）等注释家的工作。

答：我想，沃尔班克是最有价值的。他对波里比乌斯的注释非常有用，而且他也同情马克思主义——虽然他不是一个马克思主义者。戈姆对修昔底德的注释属于老式，由多弗（Dover）和安德鲁斯（Andrews）注释的最后两卷更好。我发现罗兹对亚里士多德的《雅典政制》（*Constitution of Athens*）的注释很老式，完全集中于细节琐事。虽然有了对古代文本的注释颇为方便，但总体说来，它们的用处较之同一领域的一般性著作有限得多。

问：诸如安德鲁斯和福里斯特（Forrest）等英国历史学家情况怎样？

答：我想，福里斯特主要沿着牛津古代史学家的传统路线写作，也许他的《希腊民主政治的出现》（*Emergence of Greek Democracy*，1966）除外。在某种程度上，安德鲁斯在他的《希腊社会》[*Greek Society*，最初书名《希腊人》（*The Greeks*），出版于 1967 年]一书中打破了那个传统，更多地注意人类学，等等。

问：史学很依赖考古学、钱币学、碑铭学和纸草学等方面做出的工作。你觉得在这些领域中有重要的进展吗？

答：考古学者近年来对希腊史的古风时代作出了巨大的贡献。文献已经被如此多次地仔细考察过，除非在铭文或纸草方面有某种新发现，不会获得更多的文字证据了。另一方面，考古学者正常地考察某个特定的遗址，然后再前往另一个特定的遗址，很难由此作出概括。如果你现在封闭遗址，十年后再打开工作，大概你会发现意见发生了变化，因为已经考察了许多相当不同的遗址。一些考古学家现在正试图进行概括。我想斯诺德格拉斯（Snodgrass）是最好的一位。

牛津的 E. S. G. 罗宾森（Robinson）以及仅几年前去世的科林·

克拉伊(Colin Kraay),确实在钱币方面研究得很好。但我想,那里大多数早期的铸币已被尽可能多地考察过,你会遇到收益递减律:你对它做的工作愈多,你从中得到的愈少。

铭文的研究当然非常重要。新的发现常常给旧发现以全新的信息。我认为,《纸草学和碑铭学杂志》(*Zeitschrift für Papyrologie und Epigraphic*)非常好,因为它使人们能更快地加以发表。有些碑铭学者坐在那里看着铭文十年或二十年,然后才予以发表,对纸草的情况亦同……

三、个人的新学术道路的历史

问:请谈谈你自己的背景。你最初是一个律师,对吗? 你怎么转向学习和研究古代史的呢?

答:1925 年我 15 岁的时候离开学校,之前我花了很多时间学习拉丁语和希腊语,但从来没有学习任何历史——只是古典文献。用老式的方法教文献,大致是逐行逐句教学。那时,翻译本很少,如果有的话,往往被古典语教师嘲笑为"牲口草料"。所以,我从来没有真正学习过任何古代历史。而后,1940 年代时,我读了乔治·汤姆森的著作以及其他的书,由于这与我以前所有的图景完全不同,我对此非常有兴趣。二战期间,我在中东的皇家空军(R. A. F.)服务,有一段时间驻在塞利尼(Cyrene),那里有许多希腊的遗址,部分由意大利人发掘。就在那时,我开始考虑离开法律界,我一离开学校就立刻进入那个行当,干了几年。正是在那个时候,我决定争取获得一个大学学位。由于以前所有的时间都花在古典著作方面,我想自己学古典学科目最为容易。我觉得教孩子没意思,但希望能在成人教育中找到某种东西。

那时,有许多财政来源供人们公费再受训练和上大学,如果他们以前没有上过大学的话。战后,工党政府做了大量的工作。它是唯一的真正创新或做了重要的事情的工党政府：他们给予印度独立，开始解散殖民帝国，建立国民健康保险，等等。

我特别有幸在伦敦大学学院受教于 A. H. M. 琼斯。我不喜欢牛津的景况，因为我知道有各种像休·拉斯特那样的人物在那里占支配地位，而且我听说学生必须学习一门涉及大量文学、语言和哲学的课程。然而，伦敦大学学院有一个严格限定在古代史方面的学位，你从约公元前 3000 年的早王朝时期开始，一直到赫拉克琉斯（Heraclius）之死（公元 641 年），包括整个希腊罗马史。我发现那是绝妙的，而琼斯是最卓越的老师。第一年，只有两个人攻读这个学位，我们获得比在牛津多得多的个人资助金——我们经常大约每周有七八个小时跟琼斯在一起［另一人约翰·肯特（John Kent）现在是大英博物馆顶级罗马钱币学者］。第二年，又来了两三个人，他们都获得了教授或相等的职位……我必须说，我们是一个很好的集体。

虽然琼斯没有可以确认的意识形态，他一直坚持原始史料研究，很同情下层等级，这在古典学者中是很少见的。例如，如果你读他关于罗马隶农制的论述［已再印于他的《罗马经济》(The Roman Economy) 一书中］，或其《后期罗马帝国》(The Later Roman Empire)中关于土地和农业的极佳的那一章，你能看到他对受压迫的农民表现出极大的同情。我从他那里获益匪浅。

1949 年琼斯去剑桥大学担任古代史讲座教授，莫米格利亚诺替他的职位，我在他的指导下进行了一年的研究。1950 年，我在伦敦经济学院获得职位，任古代经济史讲师。实际上我根本不教课，因为那里没有人对古代世界感兴趣。因此，我跑遍各系去问："我能给你们的学生作任何讲演吗？"我的唯一积极的答复来自会计学教授威廉·巴克斯特（Willimn Baxter），他说："我们想了解古代的会计工作。他们有复式记账法吗？"我对此毫无所知，于是花了相当长的一段时间来研究它，读了全部有关书籍，并且发现根本没有人考虑过纸草，也几乎没有人费心研究铭文。于是，我作了几次讲演,由该教授、副教授和三四个讲师参加,没有本科生出席。我继续进行这方面研究,写了一篇有关的论文,我想它仍然被认为是这个课题的标准著作(那时肯定没有类似复式记账法的东西)。

然后,我转向商业贷款。在公元前5世纪后期和公元前4世纪,存在对商人根据商船或所载货物或二者兼有的贷款,它可以不归还,除非航行成功结束。如果船沉没,或被海盗或敌人等俘获,你甚至不必须归还贷款的本金(后来,我为巴克斯特的纪念文集写了一篇这方面的论文)。另外,我主要研究关于古典希腊、后期罗马帝国和早期基督教的历史。

突然,牛津大学新学院的一个职位找到了我。那时,他们不为这些事情刊登广告,只给他们认为适合的某些人写信——现在,一切事情都必须通过广告了。牛津和剑桥一直有来自公立学校的最好的古典学学生,他们已经既懂拉丁文又懂希腊文了。我有一些学生,他们甚至在来到大学前实际已能写好的拉丁文和希腊文的诗句了。

问:你跟你在牛津的学生愉快吗? 在他们的传统训练之外,你能教他们一些更接近你自己兴趣的科目吗?

答:我有很好的学生,事实上,我有大约60个学生,他们全都进入学术界教古代史或拉丁语或希腊语或其他。一人是会计学教授;其他人是哲学家、经济学家、艺术史家和教会史家,还包括第一个英国出生的希腊正教主教——蒂莫西·韦尔(Timothy Ware)。所以,我很幸运,有非常好的学生。

四、后期古代:一个具有丰富文献而很少研究过的时期

问:你除了对马克思主义方法论的兴趣之外,你的工作的主要

特点之一是你研究课题涵盖面之广泛。更令人敬畏的大概是你贯通社会经济发展史的时间之漫长——广泛地从古风时代直到公元7世纪。为什么是7世纪呢?

答:好,我所说的最广义的希腊史包括从公元前1世纪以下罗马统治的阶段,我想如果你打算为它找到一个方便的终点,那么,你能真正停止的第一个地方就是赫拉克琉斯统治期间及其后的阿拉伯人的征服。在此之后,情况变化很大。

问:那是为什么? 是因为阿拉伯人的征服吗?

答:我想正是因为阿拉伯人的征服。查士丁尼花了极大量的鲜血和金钱去征服阿非利加和意大利;他还与波斯作战,一直继续到其死后。所有这些战争都是代价十分昂贵和艰苦的,随后阿拉伯人占领了波斯、美索不达米亚、叙利亚和埃及。失去埃及对于拜占庭帝国必定损失巨大,因为它作为粮食供应地具有极大的价值。

我想把希腊史再继续下去,譬如说,到1204年第四次十字军东征劫掠君士坦丁堡,或者合乎理想地直到1453年,但对7世纪以后的史料我几乎毫无所知。

问:你宁愿按照社会的而不是政治的因素来区分各阶段吗? 让我们说,你是否认为奴隶制的衰落促成了古代和中世纪世界之间的断裂?

答:我愿意这样做。我想你可以说希腊罗马世界是一个奴隶社会,并不是因为奴隶从事大部分生产(他们并不这样),而是因为统治阶级主要通过奴隶劳动获得其剩余(在马克思主义的意义上)。不幸的是,苏联的历史学者,特别在斯大林之下,太注意奴隶的数量,公然说奴隶占人口的大多数。对我来说,问题在于我所说的有产阶级是以什么方法榨取剩余的。而大致从公元300年以下,剩余主要不是由奴隶而是从农业佃户那里榨出的,佃农处于非常依附的状况并主要束缚于土地。这些人是隶农(coloni),我想我们可以正当地称他们为农奴。我在通过奴隶的和通过农奴—隶农的剩余榨取之间作出区别。很难做到精确，一方面是因为证据不容易找到；另一方面因为罗马帝国的不同部分之间有巨大的差异。但是，我想我们能够把这两种剥削阶段之间的大致分界线放在公元 300 年左右戴克里先（Diocletian）及其同僚统治期间，那时发生了重要的变化。

五、教会史是古代史的一个部分

问：你现在宁愿集中研究晚期古代，有特别的理由吗？

答：这主要是因为那时期比古典时代有了更多的证据。古典时代的每一个文献都已被审视、分析和写出来了，早期基督教的许多材料主要由神学家研究和写出，而他们当中许多人对历史没有充分的知识，很少或没有受到作为历史学者的训练。有时他们对教会史中的一些插曲作了严重误导的叙述。我可以引第二次以弗所会议和卡尔西顿会议（公元 449 和 451 年）为例，我很快将发表关于这两次会议的历史分析。

问：自从你的学术生涯开始以来，早期基督教史一直吸引着你。除了那里有一直未被正当探讨过的丰富证据以外，还有某种令你着迷于这个题目的其他东西吗？

答：基督教会是一种组织。这是某种全新的东西——古代世界从来不知道任何像它那样的东西。我曾经写道，它对帝国公共生活的影响在一定程度上可以与现代美国的一位前总统艾森豪威尔所称的"军事—工业复合体"相比。它几乎是政府的对手。教会拥有广泛的权力——圣安布罗斯（St. Ambrose）甚至能够强迫狄奥多西一世（Theodosius Ⅰ）为塞萨洛尼卡的屠杀忏悔。简直没有任何像基督教那样的其他组织（在琼斯的《后期罗马帝国》关于"教会"的一章中有极好的描述。该章没有关于宗教的论述——该书的其他地方探讨宗教，本章全是关于教会如何获得和使用财物，教士是如何组织的)。

我愿向任何探讨土地问题的人推荐一件事,就是请研究一下格雷哥里大教皇(Gregory the Great)的书信。他那时的罗马教会是一个大土地所有者,他有许多关于教会如何收地租的描述。教会土地主要出租给相当富的人,他们再将小块土地租给隶农。有许多关于那类事情的记述,而且,关于土地上人们如何生活的信息,在法典之外,我不知道还有任何能与这些书信相等的其他材料。

顺便提一下,我认为我们今天能得到的由古代一个妇女写的有一定长度的唯一有用的作品,是关于 4 世纪后期某个时候朝拜圣地的一篇详细的记述。这个妇女的名字不很清楚,叫爱瑟里亚(Etheria,Aitheria)或爱格里亚(Egeria)。留存下来的妇女写的其他东西很少,如,普尔彻里亚(Pulcheria)写的一些信件,其所以得到保存,完全是因为她是皇后,是马西安(Marcian)之妻。一些教父,包括圣杰罗姆(St. Jerome)、圣奥古斯丁(St. Augustine)和圣约翰·赫里索斯托姆(St. Chrysostom),给妇女写过许多信,但它们的回信都没有保存下来。

六、妇女是人类的一半

问:古代的妇女是你研究的另一个课题。你在《古代希腊世界的阶级斗争》(*The Class Struggle in the Ancient Greek World*)中对妇女的探讨受到了一些女权主义者的好评。你观察到在学者当中有更普遍的趋势去探讨妇女的角色吗?你认为这个领域中有什么好的作品吗?

答:是的,这是某种相当新的东西,它首先是美国人的兴趣,我知道美国大学里实际上有一门叫作"妇女学"的科目,比我们英国更经常。你知道,直到近来,历史学者几乎对妇女毫无兴趣,而她们当然是人类的一半。对古代希腊妇女的最佳探讨是约翰·古尔德

(John Gould)的《法律习俗和神话:古代雅典妇女社会地位面面观》("Law,Custom and Myth:aspects of the social position of women in Classical Athens"),载《希腊研究杂志》(*Journal of Hellenic Studies*)第 100 周年 1980 年卷,该文表现出对人类学有很好的了解。其后,卡特里奇(Cartledge)在《古典学季刊》(*Classical Quarterly*)1981 年第 31 卷中发表了一篇题为《斯巴达的妻子》(*Spartan Wifes*)的很好的文章,其中他也很好地使用了有深度的人类学证据。

我最近读了女作家科伊尔斯(Keuls)写的一本奇妙的书,其中有数以百计的图片强调男性生殖器(phallus)。有的时候,她相当离奇……另一方面,她主张社会中的阳性因素在雅典表现最强,我想这并无大错。妇女的地位在雅典,特别在法律上,比在大多数其他希腊城邦中更低下。她们几乎根本没有财产。如果你注意文学作品和铭文的话,你绝不会发现一个妇女拥有任何足够数量的财产,而如果有的话,也是一名外籍妓女。

问:你对罗马的妇女作了很多的研究,能否谈一谈这方面的情况?

答:是的,因为对罗马人我们拥有他们全都写得很好的法律。但在希腊世界很少有涉及妇女的法律。克里特岛的戈尔提纳(Gortyna)铭文,少量的梭伦法典,以及演说家吕西亚(Lysias)和德莫斯提尼(Demosthenes)宣读的法律——多少就这么一些。前些时候,我重读了罗宾·哈里森(Robin Harrison)的关于雅典法律的书,在这类著作中,它写得很好。他严格探讨公元前 5 至前 4 世纪,只是雅典,没有其他,很准确和缜密。我在读的中间,第一次觉察到几乎没有关于妇女的事情;几乎不提到妇女——除了"女继承人"外,这本书中就未出现过妇女。然后,我注意铭文,例如那些"采矿铭文",其中往往提到矿产附近拥有财产的人,没有一个妇女,只有一两次,那是某某人之妻的嫁妆——绝不提到该妇女的名字。

现在,牛津在彼得·弗雷泽(Peter Fraser)的领导下,正在大量收集古代希腊个人的名字,弗雷泽是一个很好的碑铭学家。不列颠学院已为此花了数以万计的英镑。它将会在今后几年出版。弗雷泽是一个希腊化时代史学家,我肯定他会继续到公元前1世纪。

七、亚里士多德和马克思

问:亚里士多德似乎是你喜欢的古代作家之一。我们能在多大的程度上依赖他的《政治学》(*Politics*)来了解希腊的城邦世界?

答:我想你能从该书比我能想到的其他任何事物更多地了解到希腊城邦的政治生活。我来到牛津时,发现几乎没有人读《政治学》,感到非常失望。《政治学》是一部关于实际事实的伟大的著作,亚里士多德一直在描述希腊城市的实际生活状况。

马克思的博士学位论文是关于德谟克利特(Demecretus)和伊壁鸠鲁(Epicurus)的比较。那时,还没有后来出版的较后作家如亚里士多德等探讨前苏格拉底作家作品(包括德谟克利特在内)的残篇集成。因此,为了发现相关材料,马克思必须读比在今天要读的书更加广泛得多的著作。他实际上至少翻译了一本亚里士多德《论空气》(De anima)的书,并显然读了大量的亚里士多德的著作。他谈到亚里士多德时,使用了不受限制的赞美词,我想超过了任何人,也许甚至超过黑格尔。他非常敬仰亚里士多德,我觉得自己也如此。我发现在思想上最引人入胜的两个希腊作家是亚里士多德和修昔底德。

问:《政治学》现在已更多地吸引了历史学者的注意。

答:牛津学者广泛研究并产生了罗兹的注释著作的是《雅典政制》,而这部书与《政治学》相比实际是很贫乏之作。罗兹相信它不是由亚里士多德而是由一名学生所写,尽管在古代每个人都认为它是亚里士多德的著作,而我认为我们必须说它是亚氏所著,即使他的一些学生参加了协作。至于《雅典政制》，其内容愈接近作者的时代，写得愈差。关于梭伦的部分写得很好，因为它引用了实际的诗歌证据，关于克里斯提尼（Kleisthenes）部分也很好——举例来说，我想比希罗多德更好——但到公元前 5 世纪时，它大概受到公元前 4 世纪史学家忒奥旁布斯（Theopombus）很大的影响，而忒氏是一个很不可靠的人，并且恶意中伤雅典民主政治的代表人物。

问：你认为亚里士多德对历史研究的主要贡献是什么？

答：我想，显然最大的贡献是他理解到，在探讨城邦时，你必须研究政治状况，即"政制"（constitution，宪法）。我想正是伊索克拉底（Isocrates）说，"政制"是"城邦的生命"，但我肯定亚里士多德会表示同意，重要的是政制。在《雅典政制》中，他简述政制发展的历史，然后描述当时的政制状况。大多数人认为，我也同意，所有或接近所有的关于其他城邦政制的著述（相传超过 150 部）都遵循这一体例。我想，许多人不了解的是，他及其门生忒奥弗拉士特斯（Theophrastus）开始了一项了不起的工作，这最后由忒氏完成，并列在他的名下，此书名为《法律》，共 24 卷。这部书的长度大约为《政治学》的三倍，很不幸我们只有它的少数残篇。在该书中，亚里士多德不探讨每个城邦的宪法，而是根据专题按照不同城邦中的表现情况来考虑各个法律。因此，你得到这种双重研究方法，它最终产生了《政治学》和各个城邦的《政制》。顺便说一下，我相信毫无疑问亚里士多德是第一个使用档案材料的历史学家。

问：你还强调这个事实，即亚里士多德几乎给我们作出了社会阶级分析。

答：是的。他明确地讲到"少数人"和"多数人"，但也谈及穷人和富人，等等。我想，少数人和多数人的划分是一种极好的方法。因为他理解这是很普遍的，并将之应用于每一个国家。他一直认为，在每一个国家中主要的划分线是在少数富人和多数穷人之间。当他谈到"中间的"等时,他并不是如通常翻译的那样指"middle class"("中间阶级"或"中等阶级"),而实际是指那些适度富裕的人。他正在思考从拥有财产的角度来划分。我想那是真正了不起的。在柏拉图著作中实际上也有这种迹象,他理解一个寡头政体实际是两个城,一个富人城和一个穷人城,以及富人压迫穷人等。亚里士多德举出了许多专门的实例。我确信亚里士多德有助于马克思在思想中树立阶级的概念,虽然亚氏本人没有作出如此的概括。

问:请你简略地界定一下亚里士多德的理想的国家好吗?

答:很清楚,他赞成"混合宪法"。他并不否定一个基本的公民民主政治,但在雅典他不喜欢其所称的"极端"形式的民主政治。他说,当你有所谓的"极端民主政治"时,穷人就会没收富人的财产——当然这在雅典并没有发生,即使偶然有某个富人根据一项犯罪指控被判罪并没收财产,亚里士多德认为也是很不公平的。显然,梭伦宪法更接近他的理想。对他来说,如果实行寡头政治,富人就会压迫穷人;如果实行民主政治,穷人就会压榨富人并剥夺他们的财产,等等。我想,能够证明,他基本上相信民主政治——至少他肯定宁可要民主政治,而不要寡头政治。另一方面,因为民主政治意味着多数人的统治,他想要有一种方法使少数富人能有某种额外的分量,以便多数人(他们的票数会一直超过少数富人)不能完全把他们打倒。他建议的这种东西就是他在《政治学》中说的某种东西,即如果你为穷人出席法庭付报酬,你就应为富人不出席罚款,等等。

八、其他

问:请您谈一谈您与中国的关系。

答:我现在88岁了。1910年我出生于澳门,因为我的父亲当时在中国的海关工作——我期望你了解帝国主义列强通过"赔偿"强加给中国的这一术语。他们的海关是由一个欧洲共同融资团支配的，我想这个融资团一直由一个称为"总监"之类的英国人为首〔我的伯父海利·贝尔（Hayley Bell），著名的女影星之父，后来竟当上了总监〕。我的父亲只是一个低级的公务员，1914 年去世。这时，我正患着严重的痢疾，几乎丧命，痢疾当时在中国是很常见的。当然，我对中国只有最模糊的记忆（我想主要是上海），因为我的母亲在1914 年或 1915 年初就带我回英国了——那时世界大战已经爆发。我一直对中国具有特别的兴趣，并且在 1914 年后的一段时间里，还有亲戚在那里，如我的伯父，而且我的外祖父约翰·麦高恩（John Macgowan）在中国当传教士，待了整 50 年，直至退休。我的父母实际上都出生于中国！我的外祖父约翰·麦高恩虽然在北爱尔兰出身卑微（他是一个狂热的基督新教徒），但在中国却严肃地生活。尽管也写了一些恶劣的"传教的书籍"，他研究中国的历史，并撰写了一部《中国史》（我想大约在 1900 年），现存于牛津的波德里安图书馆。我敢说我的外祖父的《中国史》一定存在于中国一些城市的一个或两个图书馆中——尽管他当然认为基督教的传入是中国历史上最为重要的事件。但是，他攻读大量中国历史，而且我想这本书不会像他为虔诚的基督徒读者所写的大多数通俗"拙劣作品"（stuff）那样可怕讨厌。我记得他对鸦片战争有一段时间很感为难。

问：请问您正在做哪些研究工作？

答：我正在试图完成两本书：《早期基督教对妇女、性和婚姻的态度》（*Early Christian Attitudes to Women*, *Sex and Marriage*），主要是 1988 年初我在康奈尔大学所做汤森系列讲演（Townsend Lectures）的新文本，以及一本关于由早期基督徒实行的宗教迫害的论文集，大概称为《晚期罗马帝国中的异端、教派分裂和宗教迫害》（*Heresy*, *Schism and Persecution in the Later Roman Empire*）。在基督教国家中关于对基督徒的迫害写了很多，而关于由基督徒实行的迫害却很少。本书中的两或三篇论文已经完成,但我希望再增加一或两篇,如果我活得足够长的话!我想《早期基督教对妇女、性和婚姻的态度》是非常重要的,因为它包含了对由耶稣和保罗创建的基督教婚姻的一种根本的抨击(我期望我曾告诉你,我喜欢把自己描述为"一个有礼貌的战斗的无神论者"。我对基督教的批评严格地以确凿的史料为根据,但我不假装说自己不是深深地敌视基督教)。这本书尚未最后定型,但我希望今年能将它的大部分完成,而且我已安排由我的朋友季米特里斯·基尔塔塔斯(Dimitris Kyrtatas)来完成这部书,如果我活得不够长的话。他是一个希腊人,英语说写俱佳,也是一个彻底的马克思主义者,是雷西姆农(Rethymno)的克里特大学古代史讲师。他的思想与我非常相似。在这里我找不到任何人可以委托他做这项工作,因为他们的工作都很繁重,要教和写他们自己的东西。

问:您可否谈一下苏联解体后您对马克思主义的看法?

答:自从我撰写了《古代希腊世界的阶级斗争》以来,我的立场和思想丝毫没有改变。现在,顺便提一下,此书已由达克沃思(Duckworth)出版社及其在美国的代理人康奈尔大学出版社再次印刷(作为第三次印刷,而不是"新版")。本书已译成西班牙语和现代希腊语(后者于 1997 年),两书皆为 800 页以上的纸封面平装本。

我仍然是一个彻底的马克思主义者,而且对我来说,作为剥削之体现的阶级是对马克思主义分析的重大关键。这已经不断地在当代英国强烈地显露出来。在这里,可憎的"新工党"政府从来不称自己为"社会主义者",却具有对"市场"的经常发狂的崇拜,尽可能地到处抄袭和追随美国的民主党人。

(原文载于《史学理论研究》2007 年第 2 期)

第二编

雷海宗与 20 世纪中国史学

雷海宗(1902—1962),字伯伦,是扬名中外的历史学家,一生在高等学校从事历史教学和研究工作,是清华大学和南开大学的名教授,以博闻强记、自成体系、贯通古今中外著称,名列《中国大百科全书·外国历史卷》专设条目。

少年壮志　远游异国
讲学宁汉　声名鹊起

1902 年,雷海宗生于河北省永清县,出身于具有书香门第气息的中农家庭,父亲雷鸣夏为当地基督教中华圣公会牧师。雷海宗勤奋好学,自幼在旧学和新学两方面都打下了相当扎实的基础。1917年,入北京崇德中学,1919 年转入清华学堂高等科学习。在五四运动和新文化思潮的影响下,雷海宗树立起强烈的爱国思想和献身科学的志向。1922 年清华毕业后,公费留美,在芝加哥大学主修历史学,副科学习哲学。1924 年,入该校研究院历史研究所深造,撰写博士学位论文《杜尔阁的政治思想》。1927 年,获哲学博士学位,深受导师美国著名史学家詹姆斯·汤普逊的器重,时年 25 岁。与外国学生相比,中国留学生自然以中国学问见长,雷海宗以纯外国历史为研究对象而获得优秀成绩,这是难能可贵的。

1927 年,雷海宗返国任南京中央大学史学系副教授、教授和系主任，兼任金陵女子大学历史系教授和中国文化研究所研究员，发表《评汉译〈世界史纲〉》《克罗奇的史学论——历史与记事》和《孔子以前的哲学》等文章。雷海宗在美国专攻世界史，返国在中央大学不仅讲授西洋史，迅又研究和讲授中国史，以身体力行其史学家应贯通中外、改造中国传统史学的主张。

《评汉译〈世界史纲〉》一文最先刊载于 1928 年 3 月 4 日《时事新报》，后又转登于中央大学文学院历史系主办的《史学》第 1 期（1930）。雷海宗在文中认为，时间上和空间上人类史都不是一息相通的，人类史实际上是好几个文化区域各个独自地发展演变，因此世界通史根本无法写出，若勉强写成，要么是"一部结构精密不合事实的小说"，要么是"前后不相连贯的数本民族专门史勉强合成的一本所谓世界通史"。由此出发，他批评《史纲》是威尔斯"鼓吹世界大同的一本小说杰作"，而作为世界通史，"此书本身无史学价值，我们不可把它当作史书介绍与比较易欺的国人"①。《克罗奇的史学论——历史与记事》亦刊登于《史学》第 1 期，该文实际为意大利著名哲学家克罗奇的名著《历史学的理论与实际》第 1 章《历史与记事》的翻译。雷海宗在译文前说明，"克氏的议论虽不免有过度处，但以大体言之，他的学说颇足以调剂我们中国传统史学偏于'记事'的弊病"。他觉得"中国真正史学不发达"，因而介绍克氏的史学理论，以促进中国史学的发展。

《孔子以前的哲学》发表于《金陵学报》第 2 卷第 1 期（1932），是一篇功力深厚、具有开拓性质的长篇学术论文。雷海宗对《尚书》与《周易》中的有关篇章（《周书》《虞书》和《彖传》《象传》《系辞传》）的思想与年代进行了分析考订，然后据以勾勒探讨西周时代初兴的哲学和春秋时代发展了的哲学，最后得出结论：

孔子是史官思想的承继者，所以他言必称尧舜（《虞书》）、周公

---

① 雷海宗：《伯伦史学集》，第 611—620 页。

（《周书》）。他是专注意治国之道的，与《尚书》的作者一样。老子或《老子》的作者是筮人思想的承继者，他是偏重玄学的。后日中国哲学界最占势力的儒道二家是直接由孔子与老子传下来的，间接由无数无名的史官与筮人传下来的。

应该指出，雷海宗不仅密切注意国内学者的研究状况，而且吸取西方汉学家的研究方法与成果。他特别提出法国学者马斯伯劳"1927 年出版的《中国古代史》是一本空前杰作"，"本文得此书暗示的帮助很多"①。

1931 年，雷海宗转任武汉大学史学系和哲学系合聘教授，发表《殷周年代考》一文，载武汉大学《文哲季刊》第 2 卷第 1 期（1931）。他采取了新的研究方法，吸取相关学科的研究成果，根据温带人类的生理和平均寿命来推断殷周的年代。他提出"按温带人类生理，普通四世当合百年。中国古今朝代，皆不逃此原则"的观点，先对已确知的中国历朝各世君主在位的总年代作出统计，以证明"四世当合百年"，亦即"每世平均二十五年"的看法基本无误，然后根据已知周代君主的世数而推定周室元年当为公元前 1027 年，并进一步推断盘庚迁殷适为公元前 1300 年，汤定中原当在公元前 1600 年左右。②

雷海宗在武汉大学讲授欧洲通史。武汉大学图书馆善本室现藏其《欧洲通史》（二）一课的铅印详细提纲，由之可看出雷海宗在世界史方面的渊博学识和深湛造诣。该提纲共 300 页（600 面），分 49 章，每章末开列外文参考书目，合计约 300 余种。《欧洲通史》（二）包括时间约从公元 5 世纪到 20 世纪初，雷海宗将其分为：（1）黑暗时代（西洋文化酝酿时期，476—911 年）；（2）封建时代（"中古""中世纪"时代，911—1517 年），其中又分为封建文化之极盛（911—1321

---

① 《伯伦史学集》，第 13—37 页。
② 同上书，第 3—12 页。

年)和封建文化之破裂(1321—1517 年)两个阶段;(3) 旧制度时代
(1517—1815 年),其中又分为旧制度及其文化之成立(1517—1648
年)、旧制度之极盛(1648—1789 年)和旧制度之末运(1789—1815
年)三个阶段;(4) 欧美文明时代(1815 年以下)。全部提纲体系完
整,层次鲜明,子目详尽细致,覆盖面极广而条理一目了然。其特点
在于:(1) 打破国别界限和王朝体系,以全局的眼光,抓住重大的历
史事件和社会变革来讲述整个欧洲特别是西欧的历史;(2) 着重探
讨阐发西方宗教、哲学、科学、文学和社会科学的嬗变发展和各个流
派,19 世纪尤详。整个提纲实际是一部绝好的西洋文化史,内容极
其丰富,至今仍有重要的学术参考价值,可惜只是一部提纲,未能窥
其全貌,但已足以启人深思,仔细玩味。①

重返清华　独树一帜
坚决抗日　誉满中华

　　1928 年,清华学堂完成了从八年制留美预备学校改为四年制正
规大学的体制转变。1929 年春,蒋廷黻离开南开大学,被聘为清华
大学历史学系教授兼系主任。蒋廷黻在美国留学长达 11 年之久,
精通中外历史,掌握多门社会科学专业知识。担任清华大学历史系
主任职务后,励精图治,大刀阔斧地推行"历史学和社会科学并重,
历史之中西方史与中国史并重,中国史内综合与考据并重"的方针,
力求使清华历史系与国际一流大学接轨。为此,他在 1932 年聘请
雷海宗返回清华大学历史系任教。

　　1932 年秋,年方而立的雷海宗一领青衫,文雅朴素地回到了阔
别十年的清华园,决心与蒋廷黻相配合,开拓创新,努力建设独具特
色的清华历史学系。1935 年后,蒋廷黻离教从政,赴南京国民政府

---

① 此提纲已经过笔者整理,定名《西洋文化史纲要》,由上海古籍出版社 2001 年出版。

行政院任职。雷海宗独挑重担,继任清华大学历史学系主任,直到 1949 年。清华历史学系的发展与建树,是和雷海宗的贡献分不开的。

雷海宗到清华后,重点从事中国史的教学和研究。他面向全校学生,开设"中国通史"课程,并编选大量史料,以《中国通史选读》为名,作为铅印讲义发给学生,共 7 册 43 章 769 节 930 页(1860 面)。全书内容从史前石器时代一直编到溥仪退位,材料选自各方面文献,系统完整,极其丰富。值得注意的是,雷海宗打破了传统的王朝体系,以时代的特征为标准,结合重大历史事件和整个中国历史发展的进程与演变,来划分中国历史的各个阶段。他还讲授"殷周史"和"秦汉史"两门专门断代史,供历史系高年级学生选修。为了引进西方史学理论和研究方法,介绍外国史学名著,雷海宗又开设"史学方法"一课,采取 19 世纪西方史学大师兰克创办"研讨班"的教学方法,由教师总体指导,学生重点读书定期报告,全班展开讨论,使课堂既生动活泼,又深入研讨,学生眼界大开,很有所获。另外,当教外国史的教师休假时,他还不时讲授西洋中古史、近古史等课程以补空缺。

在教课之外,雷海宗更潜心进行历史研究。作为一个受到西方教育和学术训练的爱国知识分子,雷海宗的研究方向和志趣在于从宏观的角度,以跨学科的研究方法,抓住若干根本性问题,对四千年来中国的传统社会与文化作系统的历史考察与解剖,并落实到中国的现状,找出弊端症结和解决办法。

1934 年,雷海宗在《清华学报》第 9 卷第 4 期发表《皇帝制度之成立》一文,指出在政治制度方面,中国四千年间,国君最初称王,下有诸侯;其后诸侯完全独立,自立称王;最后其中一王盛强,吞并列国,统一天下,改称皇帝,直到近代。皇帝视天下为私产,臣民亦承认天下为皇帝私产。寄生于皇帝私产上的人民则等同于皇帝的奴婢臣妾,丞相与小民在皇帝面前同样的卑微,皇帝制度是全民平等的独裁统治,由皇帝的积极建设和人民的消极拥护所造成。皇帝是唯一维系天下的势力,民众则是一盘散沙。经过辛亥革命,皇帝制度崩溃瓦解。当前的关键应确定一个固定的元首制度。①

1935 年,清华大学为加强人文社会科学的研究,在《清华学报》外又创办《社会科学》杂志,其创刊号第 1 卷第 1 期首篇刊登了雷海宗的力作《中国的兵》长文。该文认为中国春秋时代上等社会全体当兵。战国时代除少数文人外,全体文人当兵,近乎征兵制。汉代通过"更赋"制使上等社会不服兵役,终于实行募兵制,将卫国责任移到职业兵(大部为贫民、流民、外族兵、囚徒)肩上。由军民不分,经军民分立,到军民对立,专靠羌胡兵,这就使国势日衰,社会病弱,中原终于成了汉代那些属国的属国。东汉以下兵的问题总未解决,只有隋及盛唐百年间,曾实行半征兵的府兵制,这也是汉以后中国汉族自治的唯一强盛时代。中国两千年来社会上下各方面的卑鄙黑暗恐怕都是畸形发展文德的产物。只有振兴武德,实行征兵制,叫良民当兵,尤其是一般所谓的"士大夫"都人人知兵,人人当兵,才能使中国自主自立。②

1936 年,雷海宗接连在《社会科学》第 1 卷第 4 期和第 2 卷第 1 期,发表了《无兵的文化》和《断代问题与中国历史的分期》两篇论文。第一篇文章首先指出,秦以下为静的历史,只有治乱骚动,没有本质的变化。这样一个消极的文化的主要特征就是没有真正的兵,可称为"无兵的文化",但其轮回起伏,有一定法则。随后,从政治制度的凝结、中央与地方、文官与武官、士大夫与流氓、朝代交替、人口与治乱、中国与外族等七个方面对秦以下中国两千年的历史进行分析探讨。最后,提出中国地大物博,人口众多,有独特的语言文字,或可解救中国文化不致沦亡。第二篇文章一开头认为日常所谓"西

---

① 雷海宗:《伯伦史学集》,第 38—55 页。
② 同上书,第 56—101 页。

洋史"包括埃及、巴比伦、回教、希腊罗马、中古以下的欧西等五个文化。文化是个别的,断代当以每个独立的文化为对象,不能把几个不同的个体混为一谈而牵强分期。随后,以公元 383 年淝水之战为分界点,将中国文化四千年的历史分为古典的中国和综合的中国两大周,并进行了概述。最后,将中国史与世界史相比较,指出其他各个文化都经一周结束,而中国文化的发展却出现了第二周,这在人类史上是特殊的例外,中国是得天独厚,大有可为的。[①]

1937 年,《社会科学》第 2 卷第 3 期和第 4 期连续刊载了雷海宗的《世袭以外的大位承继法》和《中国的家族制度》两篇文章。前文以罗马帝国的皇帝和回教初期的教主为实例,说明人类史上政治元首亦即政治实权者在世袭以外的继承制度与方法,目的在于给中国乃至世界其他共和国家之政治实权领袖的更替承袭方式提供参考。后文则论述中国在春秋以上是大家族最盛的时期,战国时代大家族渐衰,但汉代恢复古制,大家族成为社会国家的基础,此后一直维持了 2000 年。近代以来,大家族制度遭受冲击,小家庭渐兴,如何建立新的适合中国国情的家族制度,甚为紧要,颇堪玩味。[②]

在宏观的综合性的论文外,雷海宗也进行微观的研究,写出考证性的文章。例如,他在 1936 年《清华学报》第 11 卷第 3 期发表《汉武帝建年号始于何年》的文章,将《史记·封禅书》同《汉书》的《武帝纪》和《郊祀志》中的有关记载列表排比,得出结论:武帝建年号是在当时的"三元"七年,即有司建议的元狩七年,即武帝最后决定的元鼎元年,即公元前 116 年。这是中国历史上年号制度创立的一年,值得大书特书。[③]

此外,雷海宗还在《清华学报》和《社会科学》各期发表多篇书评,对当时新出版的国内外重要学术著作作出评介。

---

① 雷海宗:《伯伦史学集》,第 102—124、132—158 页。
② 同上书,第 159—168、169—185 页。
③ 同上书,第 125—131 页。

1937 年 7 月 7 日，抗日战争全面爆发。卢沟桥的炮声将雷海宗从宁静的清华园震醒。不久，北京沦陷，清华大学、北京大学等校南迁。雷海宗对日寇侵华义愤填膺，随清华文学院师生经长沙、衡山、蒙自，最后抵达昆明。看到全国军民英勇抗战、浴血杀敌的情景，雷海宗精神振奋，一扫原来对中国的兵所持之悲观看法，在 1938 年 2 月 13 日汉口《扫荡报》发表《此次抗战在历史上的地位》一文，第一句即宣布，"此次抗战不只在中国历史上是空前的大事，甚至在整个人类历史上也是绝无仅有的奇迹"。接着热情歌颂"我们此次抗战的英勇，是友邦军事观察家所同声赞许的……我们最好的军队可与古今任何正在盛期的民族军队相比……我们只有募兵，而其效能已几乎与征兵相等，这又是人类历史上稀有的奇事"。随后，列表指出历史上其他民族的文化发展只经过由分裂到统一而后再分裂衰亡的一周过程，而中华民族的文化却经历了二周，其原因在于二千年来中国南方地区的大开发，保持并增强了中华民族的元气。也正因此，今日才能如此英勇抗战。"二千年来养成的元气，今日全部拿出，作为民族文化保卫战的力量。此次抗战的英勇，大半在此。"最后，雷海宗期望，通过抗日战争的胜利，中国文化将结束第二周，揭开第三周的帷幕。①

1938 年底，雷海宗将自《皇帝制度之成立》以下诸文的篇名及次序稍加变更，增加《建国——在望的第三周文化》一文，合编成《中国文化与中国的兵》一书，由商务印书馆 1940 年出版。全书分上下两编：上编为《传统文化之评价》，包括《中国的兵》《中国的家族》《中国的元首》《无兵的文化》《中国文化的两周》五章；下编为《抗战建国中的中国》，仅包括《此次抗战在历史上的地位》《建国——在望的第三周文化》二章。最后为附录，即《世袭以外的大位承继法》一文。《中国文化与中国的兵》篇幅不大，却是雷海宗的精心杰作，出版后在学

① 雷海宗：《伯伦史学集》，第 197—202 页。

术界乃至一般知识分子中产生巨大反响，令人耳目一新、精神振奋，
成为 20 世纪中国的史学名著。

在昆明，清华大学、北京大学和南开大学组成了西南联合大学。
雷海宗主持西南联大历史系行政工作，继续开设"中国通史"等中外
历史多门课程。抗日战争后期，美国有关方面曾邀请雷海宗等一批
名教授赴美讲学，以促进中美之间的文化交流和改善中国大后方穷
教授的清贫生活与工作条件。但雷海宗婉言谢绝，决心坚守岗位，
与全国军民一同奋斗，为赢得抗日战争的胜利而贡献全部力量。

雷海宗将大量的精力投入文章写作。其中有学术论文，如《雅
乐与新声：一段音乐革命史》《全体主义与个体主义与中古哲学》《古
代中国外交》《司马迁的史学》《中国古代制度》等，分别发表于昆明
《中央日报》《清华学报》《社会科学》《人文科学学报》等报纸杂志。
但更多的文章，则是史论结合，古为今用，将古今中外的历史与现状
贯通起来，为宣传抗日和进行世界反法西斯战争服务。刊登在昆明
《今日评论》1939 年第 1 卷第 4 期的《君子与伪君子——一个史的观
察》和昆明《中央日报》(1942 年 7 月)的《近代战争中的人力与武器》
等文就是这样的实例。

1940 年 4 月，雷海宗和林同济、陈佺等在昆明创办《战国策》半
月刊，先后出版了 17 期。1941 年 12 月 3 日又在重庆《大公报》开辟
《战国》副刊，至 1942 年 7 月为止，共出版了 31 期。雷海宗在《战国
策》和《战国》副刊发表了《张伯伦与楚怀王》《历史警觉性的时限》
《中外的春秋时代》《战国时代的怨女旷夫》《历史形态》《三个文化体
系的形态》《独具二周的中国文化》等文章。由于创办《战国策》和
《战国》副刊，林同济、雷海宗、陈佺等人当时被称为"战国策派"。所
谓"战国策派"的基本观点和主要思路，是用"文化形态史观"的理论
来考察历史和文化，分析当前的世界形势，认为西方欧美文化现在
正处在相当于古代中国的"战国时代"，第一次和第二次世界大战正
是"战国时代"所独有的国际战争特征的表现，中国面对这样的局

势,必须找出应对之策,自主、自立、自强地建国和战胜日本侵略者。

1945 年 8 月 15 日,日本军国主义宣布无条件投降。1946 年下半年,清华大学在北平复校。复校后,雷海宗仍担任历史学系主任,继续讲授中外历史多门课程,并前后发表多篇学术论文,如《历史过去的释义》《春秋时代的政治与社会》《东周秦汉间重农抑商的理论与政策》《史实、现实与意义》《人生的境界(一)——释大我》等。

综上所列,雷海宗自 1939 年至 1948 年所发表的学术论文大致如此。限于篇幅,对各文内容不赘述。其历史观、史学体系和学术成就将在本文第四节中专门论述。

迎接解放　移座南开
光明磊落　鞠躬尽瘁

1948 年后期,全国解放的形势日益明朗。尽管有关当局给雷海宗提供机票动员他"南飞",但他认为国民党大势已去,不得人心。出于对祖国的热爱,雷海宗不愿到失去独立的异国他乡生活,毅然决定留在北平清华园,迎接解放,与人民同呼吸、共命运。新中国成立后,在党的关怀教育下,他积极参加土改、抗美援朝和思想改造等运动,转变政治立场和世界观。他开始系统学习马克思主义,感到发现了一个新的世界,似乎恢复了青年时期的热情,进一步加强了建设社会主义新中国的决心。

新中国成立之初,雷海宗在清华任教,讲授世界史,并发表《古今华北气候与农事》的论文。他探讨古书中所见古代华北的气候与农业,指出其后逐渐发生的变化,并对今后华北的气候状况和农业发展提出了自己的意见。[①] 1951—1952 年间,他在《大公报》《进步日报》和《历史教学》发表了一系列学术性批判文章,对罗马教廷和

---

① 雷海宗:《伯伦史学集》,第 295—311 页。

美帝国主义展开口诛笔伐,并将稿费捐献。这些文章是:《美帝"中国门户开放政策"的背景》《耶稣会——罗马教廷的别动队》《耶稣会的别动队活动》《中国近代史上宗教与梵蒂冈》《20 世纪的罗马教廷与帝国主义》和《近代史上梵蒂冈与世界罗马教》等。

1952 年秋,雷海宗调南开大学历史系任教,主要从事世界史学科建设,讲授世界上古史,兼及世界近代史和物质文明史。为了培养青年教师,还特别在家给他们讲中国上古史和专业英语。雷海宗编写的《世界上古史讲义》一书,教育部定为全国高等学校交流讲义,并决定正式铅印出版。在这部著作中,雷海宗按照马克思主义的观点,运用丰富的材料,对世界上古史作了系统的阐述。其特色在于有自己的体系,既摆脱了他原来发挥的斯宾格勒文化形态史观的框架,也不完全沿用苏联教科书的一般结构。尤其是:

第一,把中国史放在世界史之中,打通了中国史和世界史之间的界限。以世界史为背景,概述了上古中国的历史,并通过对比从经济、政治、文化、人民性、民族性各方面说明古代中国在世界历史上所占的地位。强调中国人学习世界史,要从中国的角度来看世界。

第二,重视各地区、各种族之间的相互关系和影响,从总体上来把握世界史。首先,在第 5 章"埃及、巴比伦的边区殖民地与边外诸族"中,以埃及、巴比伦与周围地区的交往和文化影响为线索,贯穿叙述那些地区国家的历史,并探讨了世界上古史上第一次和第二次游牧民族大迁徙及其影响。其次,在第 13 章"上古中晚期亚欧大陆之游牧世界与土著世界"中,集中论述了公元前 1000 年至公元 570 年亚欧大草原的游牧部落与中国、希腊和罗马等地区国家的关系与第三次迁徙。这一部分,以后扩大充实为学术论文,以《上古中晚期亚欧大草原的游牧世界与土著世界》为题,在 1956 年《南开学报》发表,具有很高的学术价值和拓荒意义。①

———————————

① 雷海宗:《伯伦史学集》,第 342—373 页。

第三,结合奴隶制度和奴隶社会的整个历史,分析了家庭奴隶制和生产奴隶制这两种不同类型的奴隶制度,在游牧地区、大陆农业区和临近海洋地区三种不同地区的发展,认为海洋区是唯一奴隶社会为时较长、奴隶制度发展较高的地区,工商业一直是维持并发展奴隶制度的基础。并就从奴隶社会转入封建社会的总问题提出了上古史上这方面的三个疑难问题:奴隶社会与封建社会之间的差别远不如氏族社会与奴隶社会或封建社会与资本主义社会之间的差别那么巨大;奴隶社会与封建社会之间多有交错,各地情况也多歧异;奴隶社会转入封建社会时缺乏生产工具和生产力的明显进步,没有发生新兴阶级打倒旧阶级的革命,各地区转入封建社会时间的迟早亦大不相同。[①]

此外,诸如对物质文明和精神文化的重视,将希腊、罗马的历史合起来分章节叙述,具体到关于金属器的使用与作用、希腊哲学的兴起与发展、罗马皇帝制度以及东方宗教与基督教的兴起等问题,也都有创见。

1956 年,雷海宗在世界上古史课程中对整个体系作了新的调整,将分区教学法改为分段教学法,并对上古时期各阶段社会形态的性质与名称作了新的探讨。1957 年,发表了《世界史分期与上古中古史的一些问题》一文,载于《历史教学》第 7 期。他强调生产力,特别是生产工具的作用,认为人类迄今的历史,依生产工具而论,可分为石器时代、铜器时代、铁器时代和机器时代。从社会性质来说,石器时代属于原始社会,铜器时代属于部民社会,铁器时代包括古典社会和封建社会,机器时代包括资本主义社会和社会主义社会。奴隶制在雅典和罗马的短期特殊发展,只能看作封建社会的变种发展。这种变种,并不限于封建社会,到资本主义社会,只要条件合适,也可出现。马克思所说的亚细亚生产方式属于铜器时代,是普

---

① 雷海宗:《伯伦史学集》,第 600—607 页。

遍于世界的一个大时代,并非亚洲所特有,可考虑使用中国和日本历史上指半自由民身份的"部民"一词来称这个时代为"部民社会"。铁器时代的前一阶段,马克思称为古典社会,"古典时代"的意识是有世界性的。古典社会和封建社会属于同一铁器时代的前后两个阶段,实际都是封建社会而稍有不同。①

在南开期间,雷海宗还为《历史教学》杂志撰写了一系列比较通俗易懂、深入浅出的教学参考性文章,如《关于世界上古史一些问题及名词的简释》《世界史上一些论断和概念的商榷》《欧洲人的"教名"及一般取名的问题》《读高中课本〈世界近现代史〉上册》《历法的起源和先秦的历法》《基督教的宗派及其性质》等。这些文章充分体现了一位史学大师对普通中学历史教学事业的关注,而且在简明扼要的阐述中显示了渊博学识与真知灼见。

1957 年春,全国开始助党整风运动,知识分子展开了"鸣""放"活动。雷海宗在 4 月间先后参加了两次关于"百家争鸣"的座谈会,主要谈发展社会科学问题。他认为,中国的社会科学,无论是新中国成立前还是后都很薄弱。社会科学是随资本主义产生而产生的,是到资本主义社会才成为一种严格的真正的科学的。中国的社会科学没有资本主义的阶段,因为中国历史上没有经历资本主义。马克思、恩格斯是在资产阶级社会科学的基础上,用新方法和新观点为无产阶级建立了新的社会科学。1895 年恩格斯去世后,各国工人运动和社会主义革命运动积累了很多的革命经验,丰富了马克思主义。在这一方面,马克思主义是一直不停地在发展的,新的社会科学是不断地在增加内容的。但社会科学还有另一面,在这另外一面,在不断深入地、日渐具体地总结人类全部历史进程中的经验教训这一方面,这 60 年来几乎完全处在停滞状态之中。②

---

① 雷海宗:《伯伦史学集》,第 379—397 页。
② 同上书,第 639—646 页。

1957年秋，雷海宗被错划为右派（1979年得到改正）。此后，他健康急剧恶化，患慢性肾脏炎不治之症，严重贫血，全身浮肿，步履艰难，停止了教学活动。但雷海宗虽身处逆境，仍关心国家大事，精心译注斯宾格勒《西方的没落》一书的有关章节，其译文和注释有许多独创精到之处。此外，亲自指导和校改拙译《李维〈罗马史〉选》，认真负责，关怀备至，使我学到许多东西，终生受用不尽。1961年4月，苏联载人宇宙飞船上天，加加林成为人类第一个宇航员。雷海宗知道这消息后，受到极大鼓舞，心潮澎湃，情不自禁地用英文写下了歌颂人类征服宇宙的这一伟大成就的长诗。雷海宗英文极佳，此诗当为文学精品，并能充分体现他的内心思想与宇宙观。可惜，笔者只在他的案头看到手稿，未能细阅，而此后诗佚人亡了。

1961年末，雷海宗被摘掉右派帽子。为了把有限余生和满腹学识献给人民，他马上于1962年克服病痛，毅然乘着三轮车来到教室门口，拖着沉重的步伐重上讲台，精神抖擞地为一百多个学生先后讲授外国史学名著选读和外国史学史两门课程，一直到当年11月难以行动时为止。雷海宗有惊人的记忆力，讲课从不写讲稿，但在讲外国史学史课程时，却以颤抖的手亲笔写下了讲稿，可见他在一生最后时刻认真的献身精神和负责的教学态度。此时，他还让笔者从南开图书馆借出全套《诸子集成》，显然他还想研究先秦诸子，写有关的著述。可怜他已身心交瘁，油尽灯枯，天不假年。1962年12月25日，雷海宗因患尿毒症和心力衰竭病故，过早地离开了人世，年60岁。

学贯中西　创建体系
热爱祖国　锐意创新

以上大致介绍了雷海宗的生平及其重要著述。总起来看，雷海宗的学术思想和学术成就主要有以下四个特点。

第一，博古通今、学贯中西，擅长人文社会科学的整体把握和跨学科研究方法的交叉运用。

雷海宗一贯主张,历史学家只有在广博的知识基础上才能对人类和各个国家民族的历史与文化有总的了解,才能对某些专门领域进行精深的研究,得出真正有意义的认识。他的多方面的著述体现了这一主张。他一生读书孜孜不倦,精通多种外语,不仅贯通古今中外的历史,而且在哲学、宗教、文学、艺术、地理、军事、政治、气象、生物和科技等领域都有渊博的知识和精辟的见解。在数十年的教学实践中,他曾先后讲授史学方法、中国通史、中国上古史、殷周史、秦汉史、西洋通史、世界上古史、世界中古史、世界近代史、世界现代史、西洋近古史、西洋文化史、外国史学史、外国史学名著选读、物质文明史等各种课程。

雷海宗在《西洋文化史纲要》第 48 章中,首先对 18 世纪到 20 世纪初西方社会科学的研究方法从演绎方法经浪漫主义之历史方法和天演论之生物学方法,直至心理学方法与统计学方法的演变作了清晰的阐述。然后,又分门别类地对 19 世纪时期的心理学、社会学、人类学、经济学、法理学、政治学和历史学各个学科的各个学派及其代表人物与代表作品进行了条分缕析的说明。[①] 这充分显示出他对人文社会科学的总体把握和深刻了解。在此基础上,他把各学科的研究成果与研究方法应用于研究历史,《殷周年代考》和《中国文化与中国的兵》正是这种跨学科研究方法运用的体现和结晶。不仅如此,雷海宗又反过来以历史研究的成果与方法应用于其他学科领域的研究,写出了《雅乐与新声:一段音乐革命史》和《古今华北的气候与农业》等高水平的论文。[②]

很明显,雷海宗是我国总体把握人文社会科学和交叉运用跨学科研究方法的先行者,是值得我们今天加以学习的。

---

① 雷海宗:《西洋文化史纲要》,王敦书整理导读,上海古籍出版社,2001 年,第329—342 页。
② 雷海宗:《伯伦史学集》,第 209—212、295—311 页。

第二，以一定的哲学观点来消化史料，解释历史，努力打破欧洲中心论和王朝体系传统，建立起独树一帜的囊括世界、光耀中华的历史体系。

雷海宗治学严谨，掌握丰富的史料，重视史实的准确性，对乾嘉学派的考据训诂和 19 世纪德国兰克学派的档案研究均颇推崇。但是，他强调真正的史学不是烦琐的考证或事实的堆砌，于事实之外须求道理，要有哲学的眼光，对历史作深刻透彻的了解。有价值的史学著作应为科学、哲学和艺术的统一：要做审查、鉴别与整理材料的科学分析工作；以一贯的概念与理论来贯穿说明史实的哲学综合工作；用艺术的手段以叙述历史的文学表现工作。三者之间，分析是必要的历史基础，有如选择地点，准备建筑材料；综合为史学的主体，乃修建房屋本身；艺术则是装饰而已。

在历史认识论方面，雷海宗认为，历史学研究的对象普遍称为"过去"，而过去有二：一为绝对的，一为相对的。把过去的事实看为某时某地曾发生的独特事实，这个过去是绝对的和固定不变的。但是，史学的过去是相对的。历史学应研究清楚一件事实的前因后果，在当时的地位，对今日的意义，使之成为活的历史事实。历史的了解虽凭借传统的事实记载，但了解程序的本身是一种人心内在的活动，一种时代精神的表现，一种宇宙人生观用于过去事实的思想反应。所以，同一的过去没有两个时代对它的看法完全相同。他以孔子为例，认为孔子之为孔子，已经过去，万古不变，但这个绝对的孔子，人们永远不能知道。不仅史料漏载的孔子言行已不可知，即使有文献可征，其当时的心情、背景和目的，大部也永不能知。历史上和今日所"知"的孔子，是不同时代的后世对上述"不可知"的孔子的主观认识。由此，他提出了主观相对主义的认识论："绝对的真实永难求得，即或求得也无意义。有意义的过去，真正的历史知识，是因时而异的对于过去的活动的认识。这个认识当然是主观的。"（参见《历史警觉性的时限》和《历史过去的释义》)。①

雷海宗的历史认识论是与他的宇宙观和人生观分不开的,具有"天人合一"的思想和一定的宗教色彩。他采用佛家语"大我""小我"作为哲学名词来观察人生的境界,把个人看成是宇宙的缩影,个人就是小我;把宇宙看为个人的扩形,宇宙就是大我。他认为:宇,空间,整个的太空,在物质方面是因果的世界。宙,时间,有机的发展,在心灵方面,是复杂的意志,无穷的希望,整个是有意义的。时空无限的宇宙之能有意义,是人类给予它的。上下四方古往今来的一切,都在人的方寸之中。人类总想在方寸所造的宇宙中求得解脱和出路。可以勉强猜想,宇宙中大概有不知是一个什么的力量,要自知自觉,生命就是这种力量的表面化。人类,表现一种相当高的知力和觉力,但绝不代表最高可能的知力和觉力。人生中偶然会因过度悲喜和过度奇异的遭遇,而出现某一种一纵即逝的心境和经验,突感超过普通人生,好似与宇宙化而为一,明白了宇宙最后的真理。伟大的诗品,不朽的艺术,超绝的音乐,都是此种心境下的产物。然而,于此种心境最浓厚深刻的,是真正的宗教家,如耶稣、释迦、庄周之类的创教圣者。禅定修行,杂念全消,一片光明,内不见身心,外不见世界,最后达到无碍自在、不生不灭的永恒境界。雷海宗觉得,最好将此种经验视为宇宙中的自我表现力可能高于今日的预示。他由此展望:或进步不已的今日人类,或高于人类的新的灵物,对于宇宙必有大于我们的了解,终有一天能彻底明了宇宙,与宇宙化一,小我真正成了大我,大我就是小我[参见《人生的境界(一)——释大我》]。②

就历史观和整个历史体系而言,雷海宗深受德国历史哲学家斯宾格勒的文化形态史观的影响。他认为有特殊哲学意义的历史,在

① 雷海宗:《伯伦史学集》,第 213—216、259—263 页。
② 同上书,第 289—294 页。

时间上以最近的五千年为限,历史是多元的,是一个个处于不同时间和地域的高等文化独自产生和自由发展的历史。迄今可确知七个高等文化,即埃及、巴比伦、印度、中国、希腊罗马、回教和欧西。这些时间和空间都不相同的历史单位,虽各有特点,但发展的节奏、时限和周期大致相同,都经过封建时代、贵族国家时代、帝国主义时代、大一统时代和政治破裂与文化灭绝的末世这五个阶段,最后趋于毁灭。在人类历史上,欧西文化与埃及、中国等其他六个文化相并列,并无高与下、中心与非中心之分,这就有力地破除了西欧中心论的谬论。雷海宗还多次批驳欧洲学者对阿拉伯的历史与文化的歪曲和诬蔑。

与斯宾格勒不同,雷海宗认为,中国文化的发展有其独特之点。其他文化,除欧西因历史起步晚尚未结束外,皆按照上述五个阶段的进展,经形成、发展、兴盛、衰败一周而亡。唯独中国文化四千年来却经历了两个周期。以公元383年淝水之战为分界线,由殷商到"五胡乱华"为第一周。这是纯粹的华夏民族创造中国传统文化的古典中国时期。它经历了殷商西周封建时代、春秋贵族国家时代、战国帝国主义时代、秦汉帝国大一统时代(公元前221至公元88年)和帝国衰亡与古典文化没落时代(公元89至383年)。但中国文化与其他文化不同,至此并未灭亡,经淝水之战胜利后,返老还童直至20世纪又经历了第二周。第二周的中国,无论民族血统还是思想文化,都有很大变化。胡人不断与汉人混合为一,印度佛教与中国原有文化发生化学作用,这是一个"胡汉混合、梵华同化"的综合中国时期。第二周的中国文化在政治和社会上并无更多的新的进展,大致墨守秦汉已定的规模;但在思想文艺上,却代代都有新的活动,可与第一周相比——共经五个时期,即宗教时代、哲学时代、哲学派别化与开始退化时代、哲学消灭与学术化时代、文化破灭时代。另一方面,南方的开发与发展则是中国第二周文化的一项伟大的事业与成就。中国文化之所以能有第二周,这是与吸收融合胡人的血统和印度的文化,以及由民族优秀分子大力发展南方分不开的(参见《断代问题与中国历史的分期》和《历史的形态与例证》)。①

雷海宗在新中国成立前的历史观和历史体系大致如此,从根本上看来,这与马克思主义的唯物史观是不相同的。但是,他的贯通古今中外的渊博学识,打破欧洲中心论和传统王朝体系的努力,独树一帜的囊括世界的历史体系,以及强调中国历史和文化的特色,重视胡人血统、印度佛教和南方开发对中国文化的贡献的看法,在当时学术界是颇为难得和有显著影响的,对我们今天研究中国和世界历史也甚具教益和启发意义。有的学者以他的名字来形容其学术成就:声音如雷,学问如海,史学之宗。

第三,热爱祖国,坚决抗日,热情歌颂中国的历史,积极弘扬中华文化。

雷海宗之所以不同于斯宾格勒,提出了中国文化二周乃至三周说,是由他的爱国抗日思想决定的。辽阔的祖国大地,灿烂的中华文明,雷海宗生于斯,育于斯,他具有强烈的爱国心,热爱中国的历史和文化,不能接受中国文化已经一周而亡的洋人论调。面对祖国积弱和文化衰老的现实,他着重从当前的时代出发,对中国和世界各地区国家的历史与文化进行比较研究,探讨中国历史发展的特点,评价中国传统文化的积极和消极方面,谋求在 20 世纪建设中国的途径。抗日战争爆发前,雷海宗对中国旧文化提出了较多的批评和非议,因为他觉得"若要创造新生,对于旧文化的长处与短处,尤其是短处,我们必须先行了解"②。

雷海宗从军队、家庭和皇帝制度三个方面来考察和评价中国的传统文化。他认为文武兼备的人有比较坦白光明的人格,兼文武的社会也是光明坦白的社会,这是武德的特征。东汉以下,兵的问题

---

① 雷海宗:《伯伦史学集》,第 132—158、243—258 页。
② 雷海宗:《中国文化与中国的兵》,第 1 页。

总未解决,乃是中国长期积弱的一个重要原因。① 就家族而言,汉代恢复古制,大家庭成为社会国家的基础,此后维持了两千年。大家族是社会一个牢固的安定势力,中国经"五胡之乱"而能创造新文化,至少一部分要归功于汉代大家族制度的重建。但大家族与国家似乎不能并立,近代在西洋文化冲击下,大家族制遭到破坏。大、小家族制度,各有利弊,当去弊趋利,采中庸之道加以调和,建立一个平衡的家族制度。② 在政治制度方面,秦汉以来,皇帝制度统治中国,直至近代。在西方势力摇撼下,经辛亥革命,这个战国诸子所预想,秦始皇所创立,西汉所完成,曾经维系中国 2000 余年的皇帝制度,以及曾笼罩中国三四千年的天子理想,一股脑儿结束了。废旧容易,建新困难,在未来中国的建设中,新的元首制度是一个不能避免的大问题。③ 一个固定的元首制度是最为重要的,因为政局的稳定与否,就由元首产生时的平静与否而定。古代罗马帝国的制度,或可供将来的参考。④

从"一二·九"运动到卢沟桥事变,这是雷海宗一生中的一个重大转折点。前此,他是一个基本上不参与政治的学者,中国文化二周乃至三周说的体系尚未最后完成。抗日战争的烽火,燃起了他满腔的爱国热情。雷海宗开始积极议政,将学术与政治联结起来,不仅确立中国文化二周说,并进一步提出第三周文化的前景。他强调中国之有二周文化是其他民族历史上所绝无的现象,是我们大可自豪于天地间的。他检讨自己前此的注意力集中于传统文化的弱点,对中华民族的坚强生命力,只略为提及,但抗战开始后,这种缄默已不能继续维持了。当前,欧西文化发展到帝国主义时代(相当于中国古代战国中期阶段),其时代特征是大规模的战争和强权政治,发

---

① 雷海宗:《伯伦史学集》,第 101 页。
② 同上书,第 184—185 页。
③ 同上书,第 55 页。
④ 雷海宗:《中国文化与中国的兵》,第 220 页。

展趋势是走向大一统帝国的建立,而中国文化已发展到第二周的末期,面临建设第三周崭新文化的伟大局面。抗日战争不只在中国历史上是空前的大事,其至在整个人类历史上也是绝无仅有的奇迹,它比淝水之战更严峻、更重要,中国文化第二周的结束和第三周的开幕,全部在此一战。中国前后方应各忠职责,打破自己的非常记录,通过取得抗日战争的胜利,使第三周文化的伟业得以实现。雷海宗慷慨激昂地写道:生逢二千年来所未有的乱世,身经四千年来所仅见的外患,担起拨乱反正、抗敌复国、更旧创新的重任——那是何等难得的机会! 何等伟大的权利! 何等光荣的使命![①]

新中国成立后,他热爱新中国,积极参加各项运动,改造思想,他说自己从思想感情上体会到了"为人民服务"的丰富内容和真正意义。此后,他在南开大学的全部教学实践、政治活动和学术生涯,直至 1962 年抱病重上讲台,都深深地体现着他的爱国热情和奉献精神。

第四,学习西方的科学与文化,追求真理,锐意创新,不断前进,勇于提出自己的独立见解。

雷海宗生活成长于中学与西学、新文化与旧文化相互冲击激荡的时代,又远赴美国留学,决心吸取西方的理论和思想来研究中国与世界的历史,改造旧史学,创建新史学。从美国回来后不久,年轻的雷海宗就向中国史学界介绍意大利著名哲学家克罗奇的史学理论,翻译克氏名著《历史学的理论与实际》的第 1 章"历史与记事",认为"他的学说颇足以调剂我们中国传统史学偏于'记事'的弊病"。同时,他又发表对汉译《世界史纲》的书评。该书原著者韦尔斯是西方著名作家,中译本的校译者多是中国学术界的前辈名人和崭露头角的青年学者。然而,雷海宗却对《世界史纲》原书和中译本的出版,提出了十分尖锐的批评,充分显露出不畏权威、敢于阐发个人意

[①] 雷海宗:《中国文化与中国的兵》,第 168—185 页。

见的精神。其后,他撰写《殷周年代考》,根据温带人类的生理和平均寿命来推断殷周的年代。这种采取其他学科的研究成果应用于史学领域的方法,是十分新颖的。《中国的兵》是雷海宗的成名作。关于中国的兵制,历代学者都有研究,但雷海宗另辟蹊径,研究"兵的精神",从当兵的成分、兵的纪律、兵的风气和兵的心理等方面来考察中国的兵,由之探究中华民族盛衰的轨迹和原因。至于他接受斯宾格勒的文化形态史观,建立中国文化二周说的体系,也是其锐意创新的表现。对于马克思主义,他亦给予注意。在武汉大学讲授欧洲史的提纲中,他确认马克思主义是劳工阶级的学说,属于科学社会主义,持经济的唯物史观,寻求历史变化之定律。①

新中国成立后,雷海宗开始认真学习马克思主义,觉得找到了真理,感到自己"发现了一个新的世界;辩证唯物主义和历史唯物主义的世界观使我好似恢复了青年时期的热情"。他在《历史教学》1953 年第 5 期发表《有关马克思的两篇文件》,介绍和翻译了当时国内尚未刊载过的《达尔文致马克思书》和《恩格斯致索盖书》。

1952 年,雷海宗调到南开大学后,主要讲授世界上古史。与以前根本不同,他开始接受并按照马克思主义的理论来研究历史。但是,当一般人都原封不动地照搬苏联教科书的体系、观点和材料时,雷海宗却根据自己对唯物史观的理解和所掌握的大量史料与具体史实,编写出独具特色的《世界上古史讲义》,特别对古代游牧世界与农耕世界之间的关系和奴隶制与奴隶社会的问题进行了专门探讨。1956 年后,响应"百花齐放、百家争鸣"方针的号召,他对自己过去讲授的世界上古史体系作出原则性的调整,并发表《世界史分期与上古中古史中的一些问题》一文,提出了新的部民社会的概念,并认为奴隶社会不是人类历史必经的一个普遍性的社会形态与历史阶段。至于所谓"马克思主义基本停留在 1895 年"的说法,他原来

---

① 雷海宗:《西洋文化史纲要》,第 284、305、339 页。

的主要思想是想说明社会主义阵营的社会科学应该掌握和根据大量的新材料,吸取西方资产阶级在社会科学方面新的研究成果,在了解、整理、总结几千年来人类的历史经验上要前进发展,得出新的认识,不要教条式地对待 62 年前马克思、恩格斯在这方面的论述。

总括上述,不难看出雷海宗的整个学术生涯始终显示出一种探索真理、打破传统、不断创新、敢于亮明自己独立观点的鲜明个性,这是极其难能可贵的。

雷海宗一生收入靠大学教书薪俸,勤奋读书,别无他好,律己甚严,俭以养廉。因父早逝,作为大哥负起了将弟弟、妹妹抚养成人,供应他们上学成家的重担。雷师母张景茀,毕业于南京中央大学生物系,为了照顾雷先生,放弃工作,操持家务,伉俪情深,伯伦师所取得的成就是与雷师母的支持帮助分不开的。凡到过雷师家的学生,无不从雷师母的亲切接待中体会到了温暖和关怀。

总之,雷海宗为发展祖国教育事业和建设历史科学献出了毕生的力量,作出了巨大的贡献,鞠躬尽瘁,桃李满天下。1992 年 12 月 28 日,南开大学历史系举行了"纪念雷海宗诞辰九十周年暨逝世三十周年"的会议。2002 年 12 月 15 日,南开大学历史学院和《史学理论研究》编辑部、《世界历史》编辑部联合召开更大规模的"雷海宗与 20 世纪中国史学"学术研讨会,隆重纪念雷海宗先生诞辰一百周年。会议一致认为应发扬他的热爱祖国、诲人不倦、襟怀坦白、光明磊落的献身精神;学习他的刻苦读书,勤奋探索,敢于否定过去,不断创新前进的严谨学风;贯彻他主张的从中国现实出发,继承人类优秀的文化遗产,比较研究中外历史,弘扬中华文化,积极建设新中国的治学宗旨。大家深信,在新的 21 世纪,雷海宗所倡导的优良学风和治学精神将得到进一步的发扬,他为之献身的祖国的教育事业和历史科学将取得更加辉煌的成就和发展。

（原文载于《史学理论与史学史学刊》2003 年）

雷海宗的环境史观和环境史学

一

　　雷海宗的环境史观和环境史学可以 1951 年为分界线,分为前、后两个时期。在前期,他在这方面的代表作是《无兵的文化》和《古今华北的气候与农事》两篇论文。

　　《无兵的文化》刊载于清华大学《社会科学》1936 年第 1 卷第 4期。① 雷海宗在文章一开头就开门见山地明确提出:"秦以上为自主、自动的历史,人民能当兵,肯当兵,对国家负责任。秦以下人民不能当兵,不肯当兵,对国家不负责任,因而一切都不能自主,完全受自然环境(如气候,饥荒等等)与人事环境(如人口多少,人才有无,与外族强弱等等)的支配。"他接着写道:"秦以上为动的历史,历代有政治社会的演化更革。秦以下为静的历史,只有治乱骚动,没有本质的变化,在固定的环境之下,轮回式的政治史一幕一幕地更迭排演,演来演去总是同一出戏,大致可说是汉史的循环发展。"②

　　值得注意的是:(1)雷海宗所说的环境,包括自然环境和人事环境两个方面。他指明,气候、饥荒等属于自然环境,而人事环境则有

---

① 亦收入雷海宗:《中国文化与中国的兵》,第 101—130 页;《伯伦史学集》,第 102—124 页。

② 雷海宗:《中国文化与中国的兵》,第 101—102 页;《伯伦史学集》,第 102 页。

人口多少、人才有无和外族强弱等因素。（2）他认为秦以下的历史，是静的历史，一切不能自主，受固定的环境的支配。应当指出，雷海宗的这种观点是不正确的。但本文的重点是介绍，而不是批驳，故不再深入展开批评，以下亦同。

雷海宗在随后的"朝代交替""人口与治乱"和"中国与外族"三节中进一步阐发了环境对秦以后中国历史的支配作用。他说，朝代交替的原因主要不外三种，即皇族的颓废、人口的增长与外族的迁徙。他首先分析皇族的颓废，认为这是一个自然的趋势，由其血统环境和宫廷环境所决定。任何世袭的阶级，早晚必遇血统退化的难关。皇族的退化不只限于血统，更重要的是皇帝与实际的人生和社会日益隔离。创业的皇帝总老经世故，明了社会情况。后代的皇帝生长在深宫之中，对人民的生活全不了解。

雷海宗进一步指出，皇族的退化只是天下大乱的一个次要的原因。由中国内部言，人口的增长与生活的困难是主要原因。由外部言，气候的变化与游牧民族的内侵是中国朝代更换的主要原因。大地上的气候变化总是潮湿期与干燥期轮流当位。潮湿期农产比较丰裕，生活易于维持，世界各民族间不致有惊人的变动。干燥期土著地带出产减少，民生日困。而在相当长的潮湿期与太平世之后，人口已往往达到饱和状态，即使农收丰裕也难维生，气候若再突然干旱，各地必闹饥荒，趋向混乱。同时，沙漠或半沙漠地带的游牧民族因气候骤变，牛羊大批饿死，生活更难维持。游牧民族平时已羡嫉土著地带的优裕生活，到非常时期当然要大批冲入其心目中的乐国。自古以来中国的一部或全部被西北或东北的外族征服，几乎都在大地气候的干燥期，绝非偶然。

关于人口环境和治乱的关系，雷海宗设专节进行讨论。他开宗明义地宣称，食料的增加有限，人口的增加无穷。中国不只人口增加得特别快，并且人口中的不健全分子所占的比例恐怕也历代增加。这大概是二千年来中国民族的实力与文化日益退步的一个主要理由。以中国传统极低的生活程度为标准,三亿人口是中国土地的生产能力所能养的最高限度。历代最高六千万人的人口统计,是大打折扣的结果,平均每五人只肯上报一人。历代人口过剩时的淘汰方法,大概不出三种,就是饥荒、瘟疫与流寇的屠杀。人口过多,丰收时已只能勉强维持;收成略减,就要闹饥荒。饥荒实际有绝对的与相对的两种。广大的区域连年不雨或大雨河决,造成绝对的饥荒。但中国每逢乱世必有的饥荒不见得全属此类,最少一部分是人口过剩时,收成稍微减少,人民就成千累万地饿死。瘟疫与饥荒往往有连带关系。食料缺乏,大多数人日常的营养不足,与病菌相逢都无抵抗的能力,因而易演成大规模的传播性瘟疫。灾荒与瘟疫可说是自然的淘汰因素,人为的因素就是流寇。民不聊生,流寇四起,全体饥民都起来夺食,因而互相残杀。赤眉、黄巾、黄巢、李自成、张献忠是最出名的例子。[①] 但流寇不见得都是汉人,西晋末的五胡乱华也可看作外族饥民的流寇之祸。

历代人口的增减有一个公式,可称为大增大减律。增加时就增到饱和点甚至超过饱和点,减少时就减少到有地无人种、有饭无人吃的状态。人口增多到无办法时,上下都感到生活困难,于是天下生乱。大乱之后,人口锐减,土地食料供过于求,在相当限度之内,人口可再增加而无饥荒的危险。所以,历史上才有少则数十年,多则百年的太平盛世。但这种局面难以持久,数十年或百年后,人口又过剩,旧的惨剧就再演一遍。

至于外族环境与中国盛衰的关系,雷海宗认为,在原则上,中国盛强就征服四夷,边境无事;中国衰弱时或气候骤变时游牧民族就入侵扰乱,甚或创立朝代。中国虽屡被征服,但始终未曾消灭,因为游牧民族的文化程度低于中国,进入中国后大都汉化。鸦片战争以下,完全是一个新的局面。新外族是一个高等文化民族,不只不肯

---

① 雷海宗此处称农民起义军为流寇,显然是错误的。

汉化,并且要同化中国,这是中国有史以来所未曾遇过的紧急关头。古国埃及、巴比伦最终都被阿拉伯人征服同化。中国是否也要遭遇相同的命运?但中国有两个特点。首先,中国地面广大,人口众多,与古埃及、巴比伦的一隅之地绝不可同日而语。如此广大的特殊文化完全消灭,似非易事。其次,中国的语言文字与其他语文的系统都不相合,似非西洋任何语言所能同化。民族文化创造语言文字,同时语言文字又为民族文化所寄托。语言文字若不失掉,民族必不至全亡,文化也不至消灭。西洋文化中国不妨尽量吸收,只要语言文字不贸然废弃,将来终有消化新养料而复兴的一天。

如果说《无兵的文化》主要是宏观地考察自然环境和人事环境对秦以下历史的作用,那么雷海宗的《古今华北的气候与农事》①一文,则从生态环境与人类的生产、生活之间的相互关系着眼,具体地探讨了古书中所见的殷周时期华北的气候和农业生产状况,揭示出其后人为的砍伐林木破坏生态和开阡陌填沟洫所造成的气候与农事的变化,并对此后植树造林保护生态和开沟洫发展农业提出了自己的意见。雷海宗在南开大学的弟子冯尔康先生在《重温与新习伯伦师的学术宏论》②一文中,从生态环境史研究的角度对《古今华北的气候与农事》的主要内容和重要价值作出了精辟的概括和评论,我完全赞成他的看法,兹将有关部分全文转录,不再另述。他写道:

> 对于生态环境史,可以说我这一代人,以及现在的中青年,是刚从陌生状态中走出来,而在五十年前,伯伦师(雷海宗字伯伦——笔者)就作出研究贡献。伯伦师在《古今华北的气候与农事》文中关注生态环境与生产、生活。他从历史上生态环境的变化,看到人为的破坏作用,主张有节制地利用自然资源,重

---

① 该文发表于清华大学《社会科学》1936年第1卷第4期,亦收入雷海宗《中国文化与中国的兵》(第226—248页)和《伯伦史学集》(第295—311页)。
② 收于南开大学历史学院编《雷海宗与20世纪中国史学》,中华书局,2005年,第90—96页。

建沟洫,植树造林,期望并认为"用科学方法大事建设与改造自然之后,整个环境应当远优于殷周之际听其自然的局面"。

具体地说,伯伦师从野生象的有无观察生态环境的变化。他从甲骨文中获知,殷商时期中原地区有大象,西周初年因战争的缘故,将中原的象驱赶到江南,到汉代,在浙江、福建、两广有象的生存,而江南象已绝迹。他指出象的生存自然条件是:一需较多的林木;二需较大的雨量;三需较暖的天气。象在北方的绝迹,是失去了这样的生存条件。

伯伦师从古代农事季节早于后世来看生态环境的恶化。他研究《吕氏春秋·十二纪》和《礼纪·月令篇》,发现先秦时代,夏历三月谷子出穗,四月收麦子,比现在早一个月收获,由此而认为这是气候微有不同造成的。伯伦师从商鞅变法的"开阡陌"、"填沟洫"了解生态环境的恶化。所谓"开阡陌",是用田间堤防的土把沟洫填满,耕地面积增加不少,当时这么做,也是因为战国时期林木被摧毁,雨量不足,可以不用沟洫。他认为战国时代的林木减少是农事变化的一大关键,致使麦子的收获季节推迟一个月,而且从此以往,林木摧毁日益严重,旱象成为"正常"的事。

对于森林的减少,气候的变迁,伯伦师敏锐地看到人为的破坏力的作用,他说"人力对于自然的摧毁,实在可怕"。抗战时期他生活在近乎亚热带的昆明,听到"前山炭,后山炭"的说法,即昆明的燃料为木炭,五十年前所烧的是前山木材制成的炭,如今前山已成童山,只有烧后山的炭了。这种破坏性的掠夺,只会造成半沙漠的后果,所以他又分析西北生态环境恶化的状况与原因:"关中之地,直到唐代仍称沃土,但自中唐以下逐渐枯干,演成后日西北的近乎半沙漠状态。今日的西北,山上不只无树,少数的山连草也不能生。因为树已烧光之后,只有烧草。草也不济,冬天就到山上挖土中的草根,作为燃料。

至此山坡的浮土全无保障,转年雨降,把浮土冲刷净光,剩下的岂仅是童山,简直是百分之百的石山,除青苔外,任何植物也不再生长。"他看得是多么透彻,如同亲历一般。我在河北农村两次参加"社教",眼见农民到地里挖草根,做饭取暖,当时深深感到燃料缺乏的严重性,农民不这样做,别无他途,没有像伯伦师思考的——破坏生态环境,造成恶性循环。

伯伦师不只是揭露生态环境的破坏,更重要的,也是他的着眼点,是在设法改善生态环境,使它恢复到比上古时代还要好的状况。他的办法有两个,一是造林,二是开沟渠。他痛心地讲到昆明"前山炭,后山炭"的破坏山村现状之后,认为"只知伐林而不知造林"会有不堪设想的恶果。他认为中央政府"计划在中国的北边种植防沙林带,在内地也计划大规模植林,两种计划实现后,华北应当不难恢复三千年前的温湿环境。我们纵然不能希望再在此地猎象,其他的三千年前景物可能都再出现,华北的外观很可能要接近于今日的江南"。伯伦师热切地希望,通过植树造林,改善华北地区的生态环境。至于开沟洫,是针对商鞅变法"开阡陌"、"填沟洫"的。伯伦师看到沟洫填平,雨水无处宣泄,造成"立潦"的灾害,因而提出开挖沟洫,"为平坦的田,尤其是低洼的田,解除立潦的威胁"。

对于伯伦师的生态环境史研究,我体会到两点:一是需要大量开展生态环境史的研究。这种研究一度为学术界所忽视,90 年代以来已经重新开展,因为有所中断,今日研究者容易忽略先行者的研究成果,这是我们极应注意避免的。伯伦师的研究已相当深入,看他由大象的有无认识到气象的变化,农作物收获季节的推述,不能不佩服他洞察历史的敏锐性和深邃性。至于生态环境史研究的有所中断,当与其时学习斯大林理论,批判地理环境论有关,今日得以重新开始研究,是我们的幸运。另一个是感到伯伦师史学研究中的时代关怀和社会关怀,他绝对不是为史学而史学，他是为改善人们的生存环境而治学，是真正的知识分子。

二

1952 年秋，雷海宗调往南开大学历史系任教，主要讲授世界古代史，其代表作是《世界上古史讲义》一书。① 这时，他已接受马克思主义，在《讲义》第 1 章"总论"第 3 节"上古世界之文明古国"中着重肯定："决定社会历史发展的绝不是自然环境，自然环境仅只是在一定限度之内影响着社会历史的发展，加速或延缓历史发展的过程。但这种影响又随着社会生产的提高和人对自然控制、利用能力的增强而逐渐减弱。推动社会历史向前发展的唯一决定力量是社会生产方式。"②

然而，雷海宗仍重视自然环境与生产发展和国家形成之间的互动关系。他指出，上古世界有五个重要的文明地区，即中国、印度、巴比伦、埃及与希腊罗马。前四个地区有别于希腊罗马的特征是，它们都是"河流文化"，在公元前 3000 年左右大致同时进入阶级社会，出现国家机构，其文明都是在一个或两个大河流域之间发展起来。最初，这些河流地带人口聚居并不太多，因为河流附近多沼泽，不易开发，且河流常决口，威胁居民生命。直到公元前 3000 年左右，始有大量外来人口集中到河流地带，进行大规模开发，这表明生产工具和生产技术已有很大进步。红铜工具的出现和生产的提高，增多了剩余产品，因而出现了阶级、国家。随着工具的进步，河流地带的开发更加迅速顺利。同时，国家出现后，统治阶级有可能以政治强力联合或强迫其他部族与本国人民集中劳动，兴修水利，防治

---

① 雷海宗：《世界上古史讲义》，1953 年油印交流本，未正式出版。其第 1 章"总论"和最末第 14 章"世界上古史总结"，收入雷海宗《伯伦史学集》，第 571—607 页。
② 雷海宗：《伯伦史学集》，第 578 页。

洪水,灌溉农田,充分利用河流地区的肥沃土地,使农业生产大为提高。而统一管理用水和组织劳动力共同治水的结果又强化了国家机构。因此,自公元前3000年前后起,在黄河、印度河、两河和尼罗河流域出现了四个世界上最早的文化中心。

雷海宗接着在此后各章节中分别阐述地理环境对古代中国、印度、巴比伦、埃及、希腊、罗马和亚欧草原等地区居民的生产生活方式与思想文化的影响。他认为,上古中国的地理环境可以黄河、长江和珠江三大河作中心分别讲述。黄河流域应包括辽河流域,是黄土地带,特点是没有森林,因而开发较易,很早就发展起农业。但黄河时常决口,造成严重水灾。该地区属大陆性气候,雨量缺乏,常致旱灾蝗祸,不利于农业生产。气候又较寒冷,农作物生长季节只有4至6个月,每年收成一次,多在秋季,主要农作物为麦、黍、稷。长江流域包括淮水与汉水流域,是茂林修竹地带,故开发晚于黄河流域。其气候与自然环境比黄河流域更有利于农业生产。土地肥沃,长江水灾亦轻于黄河,又受海洋气候影响,有太平洋吹来的季节风雨,因而少旱、蝗灾。天气较暖,农作物生长季节也较长,有6至9个月,可收获两次,甚至三次。农作物主要为稻。珠江流域已近半热带地区,多森林,开发最晚,是靠黄河、长江流域开发后发展的社会生产力来进行的。中国的特点是内陆国家,非海洋国家。这种特点影响了上古中国人海上活动的发展和对海的认识。

关于印度,雷海宗指出,印度为一个大半岛,北部又有喜马拉雅山与大陆隔阻,主要通过西北角的山隘与外界交通。印度处于热带半热带地区,有季节风雨。雨季多热带风暴,经常暴发洪水,引起河决水灾。雨季过后,旱灾蝗灾纷至沓来。地势复杂,遍布热带森林,多毒蛇猛兽。更流行热带疫病,特别是恶性疟疾。古代印度居民所感受到的大自然的可怖威力,较其他地区的人更为深刻,因而形成一种对自然的恐惧意识,这既流露于古代印度的文学作品中,更表现为宗教性的崇拜,将各种自然现象人格化、神奇化,想象为各种神,出现各种神话和传说。进入阶级社会,这种恐惧意识首先为统治阶级中的教士所利用,故意制造出种种鬼神故事和解免灾祸的办法。宗教迷信一向是统治阶级控制人民的有力武器,而在印度又因人们对自然现象的特殊恐惧,使印度的统治者有可能将这种由恐惧而发生的迷信有意识地发展得特别高,以至影响到以后印度的意识形态中。

对于巴比伦,雷海宗说明历史上所称的"巴比伦"就是指两河流域。底格里斯河和幼发拉底河在古代经常泛滥成灾,给予古代巴比伦居民以极为深刻的印象。这些印象经过世代的传说,逐渐集中形成一个完整的系统的关于洪水的故事流传下来,经犹太教的圣经和基督教的传播而散布到全世界。他着重指出,在公元前第三千纪,两河流域南部的苏美尔人为充分利用水源,以保证农业生产的顺利进行,修建了大规模的人工灌溉工程,依自然的区域划分,各自组成为一个大的灌溉系统,以调剂河水泛滥时期及其后的水量。该地区土质为一种胶性极大的肥沃土壤,极利于农业生产,但在无水干旱时,即变得坚硬如石,且发生龟裂,使农作物枯死,故必须经常保持一定湿度。但河水和雨水的来去与有无却与农业生产的需要不相一致。因此,必须在 3 月至 9 月的两河泛滥期间积极防洪和贮水,待进入 10 月,天气干旱无雨时,供正值农作物生长季节需水之用。这样,建立人工灌溉系统和组织大规模合作就具有重大意义,成为当时国家机构最重要的职能之一。

雷海宗强调尼罗河对埃及的重要性,认为可以说埃及就是尼罗河,没有尼罗河就没有埃及。尼罗河定期泛滥,退水后给两岸留下一层极其肥沃的可以耕种的黑色淤泥。埃及人称黑土为 kemi 或 kemet,并以之称自己居住的地方。Kemi 一字后来传到希腊,希腊文依其字法改写作 Aegyptos,是为埃及之名的由来。埃及实际为一蛇形国家,只有蛇头尼罗河三角洲和蛇身尼罗河两岸的狭长地带可以耕种和居住。除三角洲地区外,埃及终年无雨,水源全靠尼罗河。

埃及的农业生产与尼罗河密不可分。全年可分为三季:7月至10月为泛滥季节,10月底至11月初河水开始退却;11月至2月为播种季节;3月至6月为收获季节。尼罗河如此重要,因而必须兴修水利,集中管理尼罗河,集中支配全国的灌溉,以保障农业生产。在这样的自然和生产的条件影响下,埃及很早就形成了一个统一的国家,成为世界上最早出现的一个比较大的统一的国家。

至于希腊和罗马,雷海宗提出,古代希腊世界的地理范围,至少包括希腊半岛、爱琴海全部岛屿、克里特岛和小亚细亚西岸。山地、海岛和港湾可以说是希腊地理的基本形势,这对希腊社会的发展具有一定的影响。首先,由于山地、海岛、港湾之间的互相隔绝,形成了许多自然区域,各自独立发展,涌现出众多城邦。在古代希腊的历史上,较大国家的出现反倒成为例外。自然地理的形势,对人民的生产生活方式也有影响。由于土地贫瘠和山地不易垦殖,古代希腊农业不占重要地位。而沿海港湾曲折,海岛星罗棋布,希腊人民很早就注意向海外开拓。在发展国内手工业的基础上,对外贸易日渐频繁,促使日后不少城邦成为重要商业国家。意大利半岛北部主要为平原,有波河进行灌溉,南部狭长,山脉交错。意大利半岛海岸线比较平直,东部几乎无大的港口,少数港口分布在半岛的西部和南部,重要的国家大都建立在这些地区,罗马即在半岛西岸的中部。这样的自然条件,使意大利半岛经济发展的状况与希腊相反,农业很为重要,南部虽多山,仍有许多较大的原谷可以耕种。除农业外,畜牧业也甚发达,而商业并不重要,因为人民的注意力可集中于国内土地的开垦和畜牧业的发展。同时,海岸比较平直,不像希腊那样有向外发展的有利条件。西西里岛土地肥沃,为意大利与非洲航路间的天然桥梁,在意大利和古罗马的历史上占重要地位。

雷海宗重视亚欧大陆上游牧世界和土著世界之间的关系,设专章论述,后更写成《上古中晚期亚欧大草原的游牧世界与土著世界》

长文,刊登于《南开学报》(哲学社会科学版)1956 年第 1 期[1]。他强调大草原的自然环境对游牧世界居民的生产生活方式的影响和游牧部族对世界文化的贡献。首先是驯马术的传遍世界。马的使用,特别是马的乘骑,不仅根本解决了游牧世界的交通问题,也极大地改变了土著世界的交通面貌。游牧部族的骑马术,是推进土著世界历史发展的一个重大力量。第二个贡献是在服装方面。由于骑马的关系,游牧部族制成了合裆裤,这是服装领域的巨大成就。公元前 1000 年时,偏北的游牧世界是上衣下裤,偏南的土著世界是上衣下裳。经过此后一千年以上的发展,游牧世界的服装已成为世界服装的主要形式,整个温带的服装都已形成了游牧世界的风味。第三个贡献则是游牧部族作为亚欧大陆东西之间交通媒介的地位。

最后,雷海宗在全书最末章的"奴隶社会之总的分析"一节中探讨了地理环境对奴隶制度和奴隶社会的影响和作用。他分析说,有三种地区:(1) 草原沙漠地区,以畜牧或游牧为主要的生产生活方式;(2) 土地辽阔、农业为主的地区,中国、埃及、印度都属此类;(3) 可耕地有限,临海或近海,虽有农业,农业亦可能重要或相当重要,但商业自始即占一定重要地位的地区,如两河流域,希腊、罗马、以及整个地中海世界。奴隶制度有两种类型,即家长奴隶制或家庭奴隶制与生产奴隶制。在地广人稀的草原游牧地区,可有少量奴隶,多从事家庭服役。在该地区奴隶逃亡甚易,因而奴隶制度得不到发展,奴隶社会阶段很短,甚至可说根本没有奴隶社会阶段,阶级社会出现后,很快就进入封建社会。在地广人多的大陆农业区,奴隶制度也没有高度发展的可能。在阶级社会初期,生产力比较低下,农业方面的剩余劳动不多,如依靠奴隶劳动,奴隶必然发动的破坏及怠工一定使奴隶主无利可图,从而使奴隶转为农奴,或名为奴隶而实际等于农奴。所以,在广大的农业区,奴隶社会阶段必定甚

---

[1] 亦收入雷海宗《伯伦史学集》,第 342—373 页。

短,且无高度发展。在临近可航海洋的地区,大海为最经济最便利的通路,贸易、商品交换对于海洋国家的发展占有重要地位。因食粮缺乏,必发展手工业,以成品交换远方食粮及其他生活用品。工商业与奴隶制度关系密切,手工业作坊中的制作,往往大部靠奴工,也便于管理和监督,一般并不发生奴工生产不经济不合算的问题。因此,海洋区是唯一奴隶社会为时较长及奴隶制度发展较高的地区。

雷海宗的环境史观和环境史学大致如此。综上所述,可知他是一个在我国较早重视环境对人类社会历史的作用并加以研究的历史学家。他的研究成果对于我国今天方兴未艾的生态环境史研究也许有一定的参考意义。

(原文载于《史学理论研究》2009 年第 2 期)

雷海宗的世界历史上的中国观

　　雷海宗是 20 世纪中叶国际知名的中国历史学家,以学问渊博、贯通古今中外而著称。他 1922 年毕业于清华学堂,赴美留学,1927年获芝加哥大学哲学博士,随即返国在中央大学、武汉大学任教,1932 年回母校清华大学历史系为教授,1935 年任历史系主任,直至1949 年。抗日战争后期,美国政府曾邀请雷海宗等十几位中国知名教授赴美讲学,并稍改善生活,但雷海宗以西南联大教学需要婉辞,坚决留在大后方与全国军民共同艰苦抗战到底,从此未再赴美。1952 年雷海宗调南开大学任教,1962 年去世。他的学生著名史家何炳棣先生将雷海宗与斯宾格勒、汤因比、雅斯贝斯、麦克尼尔等国际大史学家并列。雷海宗的世界历史上的中国观,对于当代中国世界史研究是很有意义的。

一

　　雷海宗的世界历史上的中国观可分为历史观和当代观两个方面,其主要内容是中国在世界历史上的特点和地位,以及中国与其他国家民族的关系。

　　就历史观而言,雷海宗接受德国历史哲学家斯宾格勒的文化形态史观,认为人类有特殊哲学意义的历史,在时间上以最近五千年为限。世界历史是多元的,由一个个处于不同时间和地域的高等文化(或曰文明)之独自产生和自由发展构成。大而言之,迄今大体上可确知七个高等文化,即埃及、巴比伦、印度、中国、希腊罗马、回教和欧西(包括美国)。这些时间和空间都不相同的历史单位,虽各有特点,但发展的节奏、时限和周期大致相同,都经过封建时代(前后约 600 年)、贵族国家时代(前后约 300 年)、帝国主义时代(前后约 250 年)、大一统时代(前后约 300 年)和政治破裂与文化灭亡的末世(时间不定,可长可短)这五个阶段,最后趋于毁灭。

雷海宗以埃及文化、古希腊罗马文化和欧西文化为例证,指出埃及的封建时代即旧王国时代,亦称金字塔时代,由公元前 2800 至前 2150 年;贵族国家时代即中期王国时代,包括公元前 2150 至前 1850 年,当时王室衰微,诸侯独立,小国争衡;帝国主义时代称希克索斯时代,从公元前 1850 至前 1600 年,此时战事日烈,俨然一个具体而微的战国局面;大一统时代通称新王国时代或新帝国时代,由公元前 1600 至前 1250 年,这时埃及极盛,大拓疆土。公元前 13 世纪中期以下,埃及文化逐步衰微,渐趋末世。公元前 525 年后,相继被波斯和马其顿征服,逐渐希腊化,公元前 30 年更沦为罗马帝国的一个行省。公元 641 年后,埃及又被回教徒征服而完全阿拉伯化。雷海宗将古希腊罗马与欧西视为两个不同的文化,认为希腊罗马文化的封建时代称王制时代,由公元前 1200 至前 650 年;贵族国家时代包括公元前 650 至前 323 年,大致以雅典、斯巴达与罗马三国为中心,即历来史书所称道的希腊文化的极盛时代;帝国主义时代为公元前 323 至前 82 年,普通称作后期希腊和罗马时代,其间罗马采取各个击破的策略,先毁灭迦太基,后吞并东方各国;大一统时代是罗马帝国的盛期,从公元前 82 至公元 180 年,罗马疆土不只扩展到整个地中海沿岸,并且在许多方面深入内地。公元 180 年后,罗马帝国逐渐瓦解,趋于末世,人口减少,品质降低,颓风日盛,田地荒废。整个社会呈现坐以待毙的征象,最后日耳曼人入侵,不过是用手指弹倒一个行尸走肉而已。欧西文化的封建时代就是普通所误称的西洋中古时代的大部,由公元911至1517年;其贵族国家时代,历史上称旧制度时代,包括公元1517至1815年,此时内部统一的列国成立,伟大的思想家辈出,国际冲突都以维持均势为目的。1815年以下,欧西文化进到帝国主义阶段,美国的地位日趋重要,雷海宗称之为欧美文明时代。他指出,这个时代至今方逾百年,尚未结束,无从见其全貌,但大战国的景象已非常明显;若非例外,最后也必为一个大一统的帝国,不过这或者仍为百年以后的事。

与斯宾格勒不同,雷海宗认为中国文化的历史发展有其独特之处。其他文化,除欧西因历史起步晚尚未结束外,皆按上述五个阶段的进展,经形成、发展、兴盛、衰败一周而亡。唯独中国文化却以公元383年淝水之战为分界线经历了两个周期,并未灭亡。由殷商西周至"五胡乱华"为第一周,由"五胡乱华"至20世纪为第二周。

中国文化第一周的封建时代,就是殷商西周,由盘庚迁殷至平王东迁(公元前1300至前771年)。中央有王,又称天子,下有各地诸侯,再下有卿大夫与各级家臣。贵族与平民之间,等级森严。宗教是当时精神生活的中心。中国文化第一周的贵族国家时代,称春秋时代(公元前771至前473年)。诸侯多已统一境内,列国并立的局面成立,天子已成傀儡,只能承认最强的诸侯为霸主,大致维持着均势。在精神方面,宗教的形式仍然维持;但少数的哲士对宇宙人生的问题探索甚深,可分成三派。孔子代表保守派,邓析代表激进派,消极的隐士为第三派。其后的帝国主义时代,就是战国时代(公元前473至前221年)。初期百年间,发生政治社会大革命,贵族阶级被推翻,国君独裁,最后各自称王,正式否认天子的地位。战事激烈残酷。思想曾盛极一时,百家争鸣,趋于派别化,最后杂家出现。中国的大一统帝国时代,是秦、西汉与东汉中兴的300年,由公元前221年至公元88年。外表甚为辉煌,武功极盛,秦皇汉武奠定了2000年来中国疆域的规模,东北吞朝鲜,西北通西域,南达安南,西南并滇。但征兵制到汉武帝时已不能维持,东汉对外作战时已到了几乎只有胡兵可用的地步。独立的思想消灭，一种消极的宗教精神大盛。公元89年之后，中国进入帝国衰亡与文化没落时代。大汉帝国渐趋破裂，古代文化渐趋灭亡。接踵而起的内乱或边患，使帝国的机构瓦解，东汉终于灭亡。三国的群雄割据与西晋的粉饰太平，都不能挽回已去的大势。最后"五胡乱华"，中原沦丧，中国面对全部覆亡的严重危机。①

雷海宗认为，第一周的中国大致是纯粹的华夏民族创造中国文化的时期，外来的血统与文化没有重要的地位，这时期的中国可称为古典的中国。他从中国古代传说和史书记载上找不出任何"中国人种西来"的痕迹，中国新石器时代有一些土鬲、土鼎乃为中国所独有，以及汉族是世界上所有重要种族中唯一不食兽乳的人等方面，强调中国人和中国文化是中国土生土长的。中国位于欧亚大陆东部，在第一周时期主要与周边国家和民族建立正式关系，本土从未被外族征服过。只是到4世纪"五胡乱华"时，中国才面临被胡人完全统治的危险。公元383年，中国北部已被胡人征服，汉人东晋政权偏安江左，前秦王苻坚率大军南下，决意渡江灭晋，统一天下，但在淝水战败。淝水之战是一个决定历史命运的战争。当时汉族在南方的势力尚未根深蒂固，胡人若真胜利过江，南方脆弱的汉族势力实有完全消灭的危险。南北两失，汉族将来能否复兴，很成问题。淝水之战的胜利使汉人的政权和中国的传统文化在南方保全了下来，但是古典的中国已经衰落，胡人的冲击十分巨大。此后200年间，中国的面目无形改变。胡、汉两族要混合为一，成为一个新的汉族，佛教要与中国文化发生不可分的关系。中国文化已由古典的第一周进到胡人血统与印度宗教被大量吸收的第二周了。

雷海宗指出，中国文化的第二周，由公元383年至20世纪，是北方各胡族屡次入侵、印度的佛教深刻地影响中国文化的时期，无论

① 雷海宗：《历史的形态与例证》，收于《伯伦史学集》，第243—258页。

在血统上或文化上都起了大的变化。第二周的中国已不是当初华夏族的古典中国，而是胡汉混合、梵华同化的新中国，一个综合的中国。胡人的血统在第一周的末期开始浸入，在整个第二周的期间都不断地渗入。一批一批的北族向南推进，征服中国的一部或全部，但最后除蒙古族外都与汉人混一。北族入侵一次，汉族就大规模地渡江向南移殖一次。在第一周处在附属地位的江南与边疆地位的岭南，到第二周地位日见重要，政治上成了重要的区域，经济和文化上最后成了重心。佛教也是在第一周的末期进入中国，但到第二周才与中国文化发生了化学作用。中国文化原有的个性可说没有丧失，但所有第二周的中国人，无论口头上礼佛与否，实际上没有一个人在他的宇宙人生观上能完全逃脱佛教的影响。虽然无论在民族血统上或文化意识上中国的个性并没有丧失，但外来的成分却占很重要的地位。第二周也可分为五个时代，各代之间仍各有特点，但在政治社会方面，1500 年间可说没有什么本质的变化，大体上不过保守流传秦汉帝国所创设的制度而已。朝代的更换很多，但除强弱的不同外，规模总逃不出秦汉的范围。只是在思想文化方面，如宗教、哲学、文艺之类，才有真正的演变。最近百年来，西洋文化东渐，中国文化的各个方面受到了绝大的冲击，连固定不变的政治社会制度也开始动摇崩溃。

第二周的第一个时代，包括南北朝、隋、唐、五代（公元 383—960 年），是一个大的过渡、综合与创造的时代，在思想文化方面可称为宗教时代。南北朝的二百年间，北方的胡族渐与汉人同化，江南的蛮人也大半被汉族所同化。到隋唐统一宇内之时，天下已无严重的种族问题，所以这个新的汉族才能创造一个媲美并超过秦汉的、天子又称"天可汗"的、胡汉合作的二元大帝国。同时，在南北朝期间，新旧文化的竞争也在夷夏论辩与三教合一的口号下得到结束。到种族混一成功时，佛教已与旧有的文化打成一片。调和一切、包含一切的天台宗恰于此时成立，中国式佛教的最早创作《大乘起信论》

也于此时出现。其后,佛教各派尤其华严宗、法相宗、禅宗等高度发展,完全宗教化的净土宗泛滥于整个社会,尤其是平民的社会。在唐代文化结晶的唐诗中,也有丰富的释家色彩。第二个时代包括宋代三百年(公元 960—1279 年),是一个整理清算的时代,就思想文化言可称为哲学时代。在政治社会方面,自大唐二元帝国破裂后,中国总未能再树立健全的组织,国力总不能恢复。王安石变法代表一个面面俱到的整理计划,但完全失败。宋代理学也进行了整顿工作,要把中印合璧的佛教改头换面。宋代诸子最后调和了中国式的佛教、原有的道教与正统的儒教,结果产生了新儒教。第三个时代是元明和哲学派别化时代(公元 1279—1528 年)。最初九十年间,整个中国初次受制于外族。明是唐以后整个中国自治统一的时代,不只东北与西北的国防要地完全收复,并且塞外有军事价值的土地也被并入帝国的范围。但表面上的光荣不能掩盖内里的腐败,科举制度最后僵化为八股文的技术,廷杖朝臣和宦官当权是明代的绝大耻辱。在普遍黑暗之中有一线光明,即郑和下西洋和闽粤系的海外发展,证明四千年来唯一雄立东亚的民族尚未走到绝境,内在的潜力与生气仍能打开新的局面。此时哲学走向派别化,宋代理学或曰新儒教已分成程朱派和陆王派。王阳明是历史上少见的全才,一身而兼政治家、军事家、学者、文人、哲学家、神秘经验者多重人格,且面面独到。他死的 1528 年可定为划时代的一年,那正是明朝开始衰败、将来要推翻传统中国的西方魔星方登陆中土之时。第四个时代是晚明盛清时期(公元 1528—1839 年)。这是政治文化完全凝结和思想学术化的时代。明末的一百年间,海上的西洋人势力日大。北方前后有鞑靼、满洲的民族兴起,最后成功的是满洲,整个的中国第二次亡于异族。满人与蒙古人不同,并不想摧残中国的传统文化,自己也不反对汉化,一概追随明代的规模。清朝对汉族的一大贡献,就是西南边省的汉化运动。通过改土归流政策,云、贵才与中国本部完全打成一片。王阳明以后,理学没有新的发展。盛清时的智力都集中于训诂考据,虽有学术价值,但不能算为一种创造的运动。第五个时代是鸦片战争以下的清末中华民国时代(公元 1839年以下),至今还未结束,可称为传统政治文化总崩溃的时代。在此之前,异族虽曾征服中原,但不能同化汉人和中国,相反被汉人和中国所同化。但如今不同,侵入的西方列强与西方文化却要同化乃至分割中国,中国面临空前的危机。

雷海宗强调,与世界上其他古老文化相比,可惊人地发现:埃及文化由生到死,不过三千年,先希腊化,后阿拉伯化;巴比伦文化的寿命与埃及相同,也同时被希腊征服,后又阿拉伯化;希腊、罗马文化寿命更短,不过二千年。而中国文化,由夏、商之际到今日,将近四千年依然健在。其他文化发展只有一周,无第二周,都一衰而不能复振。只有中国文化前后有过两周,不只寿命长,各代还翻点新花样,大体能维持一个一统帝国的局面,保持文化的特性,并在文化方面能有新的进展与新的建设,这是人类史上绝无仅有的奇事,是我们大可自豪于天地的。中国文化的第二周也是南方的发展史,由中原地区发展到长江流域和珠江流域,覆盖闽、粤、云、贵。南方的经济文化日益重要,人口不断繁殖,最后远超中原之上。在别的民族已到老死之时,我们反倒开拓出这样一个伟大的新天地,这在人类历史上是无可比拟的例外。[①]

二

雷海宗关于世界历史上的中国的当代观,是其对这个问题的历史观的继续,而当代指的是 20 世纪的三四十年代,亦即抗日战争和第二次世界大战爆发与结束前后的时代。他一方面沿用斯宾格勒

---

① 雷海宗:《中国文化与中国的兵》,第 141—177 页;《伯伦史学集》,第 140—154、197—202页。

对西方文化的看法,另一方面又提出了中国文化第三周的口号。他认为,1815 年以下西洋文化进入了帝国主义时代,相当于中国古代的战国时代。百余年的战争中,歼灭战与屠杀战的形式日益显著。少数列强的激烈竞争与雄霸世界,以及多数弱小国家的失去自主的情形,显然是一个扩大的战国。第一次和第二次世界大战是战国时代大战的表现,现在西方正处于战国时代的中期阶段。无论由国内政治与国际形势言,或由精神状态言,今日的欧美显然是在另一种作风下重演商鞅变法以下的战国历史或罗马与迦太基第二次战争以下的地中海历史。

对于 20 世纪 30 年代的中国,雷海宗指出,第二周的中国文化已进入快要结束的总崩溃时期,最足代表传统文化的帝制与科举都已废除,孔子之道遭到清算声讨,西方文化冲击着中国,都市已大致西洋化。面对西方列强的侵略,尤其是东方日本妄图吞并中国的野心,中国必须自救和自强。中国文化既有了第二周,也可能出现第三周的奇迹。1937 年 7 月 7 日,日本发动全面侵华战争。卢沟桥的炮声将雷海宗从清华园惊醒。他坚决抗战,与清华师生南迁。最后清华大学在昆明与北京大学、南开大学组成西南联合大学,成为大后方抗日的中坚力量。雷海宗认为,按时间计算,中国第一周末期约三百年,因此开始于鸦片战争的第二周的结束与第三周的推进尚需一二百年。但日本的猛烈进攻使我们不得不把八字正步改为百码赛跑。第二周的结束与第三周的开幕,全都在此一战。抗日战争是我们第二周末的"淝水之战",但比淝水之战尤为严重。长久未来的远大前途都系于此次大战的结果。第二周文化已是人类史空前的奇迹;但愿前方后方各忠职责,打破自己的非常纪录,使第三周的伟业得以实现。

雷海宗阐发"推行建国运动,创造民族新生"的口号。他宣称,"新生"一词含意甚广,但最重要的意义就是"武德"。我们的理想是恢复战国以上文武并重的文化。每个国民,尤其是处在社会领导地位的人，必须文武兼备。初级教育与军事训练都应成为每个国民必有的义务与权利。义教是文化的起点，军训是武化的起点，两者都是基本的国民训练。这个目标达到之后，整个中国的面目就要改观。建国运动，创造新生，问题何止万千？但兵可说是民族文化基本精神的问题，家族可说是社会的基本问题，元首可说是政治的基本问题。三个问题若都能圆满地解决，建国运动就必可成功，第三周文化就必可实现。

至于中国与西方列强及西方文化的关系与态度，雷海宗指出，由实力言，今日的世界是一个欧美重心的世界，所以我们不能完全摆脱欧美的影响与势力而独创自己满意的新世界与文化。此后日益残酷的战争中，任何一次中国也无完全处身局外的可能。但由文化大势言，欧美已至开始下落的时期。目前西洋任何一种思想、主义或学问的潮流，虽在中国都不免引起波动，但对我们的同化力恐将日渐降低，我们对西洋文化中的一切不致再似过去的崇拜盲从，而是自动自主地选择学习。然而这绝不意味可以松懈对于欧美的研究。盲从时可以不深知而不害事，选择学习时却非认真研究与彻底了解不可。若对未来拟订一个比较具体的方案，似乎可说：在实力方面，我们必须努力建立一个能够独当一面的军事机构，将来在欧美重心的国际上最少可不至完全被动，只要能有相当可靠的实力，政治上可以完全自由，则在国际上自由自主的空气中，我们此代与今后几代的中华儿女必能建起第三周的中国文化。

1945 年 8 月 15 日，日本宣布无条件投降，第二次世界大战结束。中国取得抗日战争的胜利，成为世界五强之一，国际地位表面上大为提高。但国民党政府统治反动腐败，发动内战，国力软弱，民不聊生，更派特务暗杀雷海宗的同窗好友闻一多。失望痛心之余，雷海宗似乎不再使用过去热情呼唤的"中国文化第三周"的口号，而是比较实际和冷静地以地缘政治的眼光来分析世界的形势和中国的对策。1948 年 1 月 16 日，他在北平主办出版《周论》周刊。在《发刊词》中,雷海宗标榜本刊不"追随信仰的潮流",而是"采取科学的方法,保有客观的态度,维持冷静的精神",来探讨政治以及人生其他方面的问题;宣称:"我们的武器是思想,是概念,不是名词,不是口号。在一切名词都已经变成口号的今天,千篇一律的话我们不愿再说一遍。我们只以科学、客观、冷静自勉。"在《周论》创刊号上,他同时执笔发表专论《如此世界,如何中国》和社论《政治的学习》两篇文章。

在《如此世界,如何中国》中,雷海宗首先指出,世界各国可分为三类:强国、自保之国与殖民地。强国为"力"的中心,其力的自然趋势为向外发展。殖民地为强国"力"的发展对象,许多名义上仍有独立主权的弱小国家实际也属此类。自保之国介乎二者之间。但任何一国都不是注定永属三类中固定的一类。强国可因内在的销蚀或外来的打击而成自保之国,甚至降为殖民地。自保之国如努力不辍又善于利用机会,可成为强国,相反也可能堕为殖民地。殖民地如奋斗不懈,抓紧机会,有时也可跃为自保之国。我们应由此立场去观察,以明了世界与认识中国。

二战前,强国有美、英、苏、法、德、意、日等七国。中国处于殖民地地位,日本坚要中国永为殖民地,中国决心要进为自保之国。二战后,德、意、日失败投降,可说已成殖民地。美、苏、英、法、中成为联合国安理会五个常任理事国。今日法国只能说是一个自保国。战后的英国,与法国所差无几,好像还是强国,但元气大伤,"日不没"帝国已经崩溃。胜利者只有美苏两国。雷海宗问道,在英法仅能自保、美苏到处对立的今天,中国居于何种地位? 他认为,今日诚然已无像日本那样彰明昭著的非致中国死命不可的侵略者,但同时也绝无人会善意地赞助推进中国自强自保的运动。我们最多只能希望,在我们自求上进时,没有再像日本那样的外力出来蛮横干涉。求人不如求己,被日本中途打断的建国运动,我们如要继续完成,只有依靠自力。"自力更生"并非空的口号,而是我们求生的唯一途径。国际局面一张一弛,随时可以完全破裂,中国谋求自保的机会恐怕甚为短暂,只有全国人士痛下决心,紧抓机会,发展自力,方能应付未来的大难,中国才有永远自保的希望。

民主政治是中国必须面对并解决的一个根本性的问题,雷海宗在《政治的学习》一文中对此进行了论述。他说,民主政治是今日政治的主流,每一个人对于民主政治都当设法有比较切实的认识。他根据美英等已有历史根底,并且今日仍把民主政治维持不坠的国家的实际情势,对于实际民主政治的特色作以概括的说明。

第一,民主政治与人民知识程度的关系。要实行民主,人民知识的水准必须相当的高,并且相当的整齐。人民若知识程度太低或太高低不齐,民主政治就难以谈起。但所谓知识,并非专指识字而言。在识字之外,一般人民必须有切实的知识,有自由判断的能力,有辨别是非的训练。必须如此,一个人才能算是一个民主国家的公民;否则,即或一切的外表与名义都是民主的,那个国家的实际情形也必与民主政治毫不相干。

第二,民主政治与人民修养的关系。知识是理智的问题,可以学习。修养是做人态度与整个人格的问题,不是从书本中学来,必须由日常的处世为人与实际经验中练习得来,它比知识或者还重要。民主政治所需要的人格修养,就是心地开阔,互相容忍,每个人都能尊重他人不同的意见与主张。凡自以为绝对的是、看别人绝对的非的人,即或终日民主不离口,实际是一个极权主义者,与古今的专制帝王及各形各色的独裁者是同类的人。这种人只在自己势力小的时候才讲民主,一旦得势,极权的原形立刻毕露。所谓容忍别人并不是对自己的主张缺乏信心,而是每个人都当承认政治以及人世问题的复杂性,人都必有所偏,只能认识真理的一面,很难认识全面。这是民主政治的根本态度,无此态度的人或民族必不能实行民主政治。

第三,民主政治的方法。民主的方法就是妥协,在互相让步下求一切问题的解决。这与上述的容忍态度密切相关。既然任何重大问题难求各方意见完全一致,而又非解决不可,最合理的办法就是在讨论中尽所欲言,同时接受异见之可采纳之点,在互相妥协让步下最后求得一个客观合理的解决方案。为可能的事求得最合理满意的办法,就是最高的政治艺术。具体说来,实现民主的妥协政治要靠代议制度,议会是民主政治的实施场所。议会政治是一种政党政治,正常情形是一党代表人民在朝主政,其他党代替人民在野监政。两者缺一不可,缺一就不是民主。在一个民主国家,从事政治的人不只能够主政,并且也要练习真能代替人民监政。

第四,民主政治的根本性质。民主政治是一种变的政治,变而不乱的政治;换言之,就是一种和平革命的政治。民主国家每隔几年大选一次,各政党提出政纲,请人民选择,人民多数所拥护的一党就上台执行自己的政纲。所谓革命,是对现状不满的人用武力推翻现状,另立一种新的现状。民主国家通过大选经常给人们一种改变现状的机会,是时常在变的,但变而不乱,是用和平的、合法的方式,按部就班地去改变。我们都要民主,但要民主并非就可以民主,民主政治并不是呼之即来的。"要民主"只是"可以民主"的初步,前面的路途还远得很。我们只要虚心学习,终有达到目的之时。

1949 年 10 月 1 日,中华人民共和国成立,雷海宗接受了中国共产党的领导和马克思列宁主义,认为世界历史的发展经过氏族社会、奴隶社会、封建社会、资本主义社会和共产主义社会五个阶段,社会主义社会是共产主义社会的初期阶段。中国是社会主义国家,正在进行社会主义革命和社会主义建设。1957 年,雷海宗主张:古代奴隶社会不是古代世界各地区普遍必经的一个历史阶段,只在特定时间与特定条件下,在雅典、罗马等特定地区存在过;原始社会以后,资本主义社会以前,依生产工具而论,有铜器和铁器两大时代,依社会性质这两大时代可分为两个或三个阶段,即部民社会、古典社会、封建社会,后两者就是铁器时代,实际都是封建社会而稍有不同。

历史的潮流滚滚向前,20世纪中期离现在已至少五六十年。世界历史发生了翻天覆地的变化,斯宾格勒的理论早已过时。说古代的民族和文明都发展一周而亡,未免过头。但中国历史源远流长,一脉相承,五千年不断;中国文化辉煌发达,兼包并蓄,推陈出新。中华民族吸收同化,融合凝聚,团结和谐;中国国家统一,地广人众,民心向上,奋斗爱国。这些正是中国在世界历史上的特点,也是我们可以自豪的。如果将"周"改成"阶段",可以说,中国历史经历了三个阶段。第一阶段从远古到公元383年淝水之战,是古典的中国时期。第二阶段从公元383到1949年,是综合的中国时期。胡汉混合、梵华同化和南方发展是第二阶段的重要成就和特色。抗日战争特别是解放战争的胜利结束了第二阶段。1949年中华人民共和国的诞生,开创了中国历史第三阶段的新纪元。长远看来,第三阶段的中国是一个国际的中国。她屹立在亚洲的东方,繁荣昌盛,改革开放,既继承发扬中国传统文化的精华,又充分吸收消化外国文化的优良因素,并使之中国化而中外结合。她将比过去承担起更重大的国际责任,对人类作出更多的贡献,为世界历史谱写更美好的新篇章。

（原文载于《史学理论研究》2011年第4期）

雷海宗《世界上古史讲义》前言

  雷海宗(1902—1962)是 20 世纪我国中外驰名的史学大家,以博闻强记、自成体系、贯通古今中外著称。他 1922 年毕业于清华学堂,随即赴美留学,在芝加哥大学历史系主修历史学,副科学习哲学,撰写博士论文《杜尔阁的政治思想》。1927 年荣获哲学博士学位后回国,任南京中央大学史学系副教授、教授,兼任金陵女子大学历史学系教授和中国文化研究所研究员。1931 年为武汉大学史学系和哲学系合聘教授。1932 年后返任母校清华大学和抗日战争时期西南联合大学历史学系教授,直至 1952 年。雷海宗在美国研究世界史,回国后最初也讲授西洋史,但不久就进一步研究中国史,发表《孔子以前的哲学》和《殷周年代考》等论文。在清华大学期间,雷海宗主要开设中国通史、殷周史、秦汉史、史学方法等课程,间或也接替其他教师讲授西洋史方面的课程。当时,在清华主讲西洋上古史的教授是一位白俄噶邦福先生,他是国际著名的世界古代史大师罗斯托夫采夫的学生。

  1952 年秋,根据中央教育改革和高校院系调整,雷海宗调任天津南开大学历史学系教授和世界史教研组主任,主要开设和讲授世界上古史课程。此课为一学年课,完全由雷海宗主讲,经过青年助教陈柟、喻松青记录整理,再由雷海宗审阅修改后油印成为教育部定的全国高校交流讲义,讲义末并附有上古时代中外历史对照表和世界上古史人名地名类名中外对照表。该讲义原已由高等教育出版社排版,准备正式出版发行,但因雷海宗1957年被划为右派而撤销。

雷海宗在新中国成立前主张的是德国历史哲学家斯宾格勒的形态学史观,与马克思主义大相径庭。新中国成立后,他系统学习和接受了马克思主义,在自传中说感到自己"发现了一个新的世界;辩证唯物主义和历史唯物主义的世界观使我好似恢复了青年时期的热情"。在《世界上古史讲义》(以下简称《讲义》)一书中,雷海宗按照马克思主义的唯物史观,运用丰富的材料,对世界上古史作了系统的阐述。其特色在于有自己的体系,既摆脱了他原来发挥的斯宾格勒文化形态史观的框架,也不完全沿用苏联世界上古史教科书的一般结构。这突出地表现在:

第一,设第1章"总论——中国与世界",下分五节。第1节"世界史的分期及其意义"开宗明义地根据唯物史观说明,人类社会的发展过程按生产方式亦即社会性质的不同,划分为氏族社会、奴隶社会、封建社会、资本主义社会与共产主义社会五个不同的历史阶段。世界历史则相应地分为氏族社会(公元前3000年以前)、上古(公元前3000年至公元5—6世纪间,以奴隶社会为主)、中古(公元5—6世纪间至17世纪,以封建社会为主)、近代(1640年至1918年,以资本主义为主)与现代(自1917年十月革命至现在,社会主义与资本主义之间的斗争时期)五个时期。第2节"世界上的人种和语言"对从古至今世界上存在的各个种族及其所属的语言系统作出系统而清晰的分类,并指出人种不能决定甚至也不能影响历史的发展。这一分类为一般历史教科书所缺乏,但却是同学所需要了解的。第3节"上古世界之文明古国"论述了文明古国的历史发展与大河流域之间的互动关系;同时指出决定社会历史发展的绝不是自然环境,自然环境仅在一定限度内影响着社会历史的发展,加速或延缓历史发展的过程,推动社会历史向前发展的唯一决定力量是社会生产方式。第4节"上古的中国"把中国史放在世界史之中,打通了中国史和世界史之间的界限。该节以世界史为背景,概述了上古中国的历史,并通过对比从经济、政治、文化、人民性、民族性各方面说明古代中国在世界历史上所占的地位。同时强调中国人学习世界史,要从中国的角度来看世界,要注意中国与世界其他地区的联系和彼此间的相互影响以及中国对世界人类文明发展的贡献。

第二,基本上采取分区教学法,即按地区分别讲述各重要国家在整个上古时代(公元前 3000 年至公元五六世纪)的历史过程,但同时又重视各地区、各种族之间的相互关系和影响,从整体上来把握世界史。全书共 14 章,除第 1 章为总纲并概述中国上古历史以及第 14 章为世界上古史总结外,第 2、3、4 章分别阐述印度、巴比伦与埃及的古代历史;但第 5 章则别出心裁地以"埃及、巴比伦的边区殖民地与边外诸族"为题,将埃及、巴比伦与周围地区的交往和文化影响作为线索,贯穿叙述在它们文化范围内的那些地区的国家与部族的历史,并探讨了世界上古史上第一次和第二次游牧民族大迁徙及其影响。然后,从第 6 章到第 12 章将同为西方古典文明两个重要组成部分的希腊和罗马合成一体,分为七个时段进行论述。这些时段是:王制时代(公元前 1200—前 750 年)、城邦时代(上)——殖民与僭政(公元前 750—前 500 年)、城邦时代(中)——雅典、斯巴达、罗马(公元前 500—前 362 年)、城邦时代(下)——马其顿之兴起与罗马之开始强大(公元前 362—前 323 年)、希腊化与罗马帝国成立时代(公元前 323—前 31 年)、罗马帝国(公元前 31 年—公元 192 年)、波斯之再兴与罗马帝国之衰乱(公元 192 年至 4 世纪)。这种安排显然是独具匠心的。最后,特别设第 13 章"上古中晚期亚欧大陆之游牧世界与土著世界",集中探讨了公元前 1000 年至公元 570 年亚欧大草原的游牧部落与中国、希腊和罗马的关系与第三次游牧民族大迁徙。这一部分,后来扩大充实为学术论文,以《上古中晚期亚欧大草原的游牧世界与土著世界》为题,在《南开学报》(哲学社会科学版)1956 年第 1 期发表,具有很高的学术价值和开拓创新意义。

第三,肯定了奴隶社会,但对奴隶制与奴隶社会的发展以及奴隶社会之转入封建社会发表了自己的见解,并提出了疑问。在第14章"世界上古史总结"的第1节"奴隶社会之总的分析"中,雷海宗认为奴隶制度有家庭奴隶制和生产奴隶制两种类型,前者在阶级社会初期是奴隶制度的一般类型,后者是个别地区奴隶制度的发展形式。奴隶制度和奴隶社会存在于以畜牧或游牧为主的草原沙漠地区、以农业为主的大陆地区和商业自始即占一定重要地位的临海或近海地区。在游牧地区,奴隶逃亡甚易,奴隶制度得不到发展,奴隶社会阶段甚短,很快就进入封建社会。在地广人稀的大陆农业区,如中国、印度、埃及,奴隶制度也没有高度发展的可能,奴隶社会阶段必定甚短。如以奴隶劳动为农业的主要劳动,很快就会发现其不经济合算,奴隶很早就会转为农奴,或虽名为奴隶而实际等于农奴。以全世界而论,奴隶身份的农奴在封建社会阶段是相当普遍的现象。在临近海洋的地区,如腓尼基、雅典和罗马,贸易和商品交换具有重要地位。工商业与奴隶制度关系密切,手工业作坊的制作、海上航行的摇桨乃至商人的商业经营往往依靠奴工,一般不发生奴工生产不经济或不合算的问题。因此,海洋区是唯一奴隶社会为时较长及奴隶制度发展较高的地区,工商业一直为维持与发展奴隶制度的基础。而且,奴隶社会与封建社会之间的差别远不如氏族社会与奴隶社会之间或封建社会与资本主义社会之间的差别那么巨大,奴隶社会与封建社会之间多有交错,各地情况也多歧异。在第2节"三大疑难问题"中,雷海宗进一步就奴隶社会之转入封建社会提出三个疑问:第一,地中海世界于三至五世纪间由奴隶社会转入封建社会的具体情况不清,这个问题现在尚不能解决。第二,生产力、生产关系与社会转化问题。与氏族社会转入奴隶社会、封建社会转入资本主义社会和资本主义社会转入社会主义社会不同,奴隶社会转入封建社会时缺乏生产工具和生产力的明显进步,没有发生新兴阶级打倒旧阶级的革命。第三,奴隶社会转入封建社会早迟的问题。

世界各国从奴隶社会转入封建社会的时间大不相同,情况不明,早迟相差太大。

此外,《讲义》高度重视物质文明和精神文化的发展,具体到关于金属器的使用与作用、希腊哲学的兴起与发展、罗马皇帝制度的演变以及东方宗教与基督教的兴起等都有精辟的论述,不一一列举。

1953年,雷海宗还配合世界上古史课程教学专门写出《关于世界上古史一些问题及名词的简释》(以下简称《简释》)长文,分三次在《历史教学》1953年第10—12期连载。《简释》分埃及、两河流域、两河流域以外的亚洲西部国家、印度、希腊和罗马六个地区,包括84个名词和问题,涉及世界上古史上这些地区的地理、种族、国家、人物、制度、政治、经济、社会、文化等各个方面。大部分名词解释比较简短,但都概念明确,一语中的,清晰易懂,便于掌握,解决问题,颇为实用。有的问题则作较详细的解说,联系古今中外,既说明问题的来龙去脉,又帮助纠正误解和偏见,显示出大学者的真知灼见。

1956年,经过四年来讲授世界古代史的经验总结与思考研究,在"百花齐放,百家争鸣"方针的指引下,根据周恩来总理关于知识分子问题报告的精神和向科学进军的号召,雷海宗开始对世界上古史的体系和奴隶社会的问题提出新的认识,发表新的见解。1956年秋至1957年夏,他以崭新的姿态来讲授世界古代史课程。

首先,雷海宗对课程的整个体系作了新的调整和安排,将分区分国教学法改为分时段教学法,即不再一国一国地讲述,而是用综合年代法把整个上古分为几个阶段,在每个阶段中讲授世界各国该时期的历史。整个课程开头为"总论"及"上古前期前论",然后分为"上古前期(上)(公元前2900—前2000)""上古前期(下)(公元前2000—前1100)""上古后期(上)(公元前1100—前500):亚非国家""上古后期(上)(公元前1100—前500):希腊""上古后期(中):早期帝国(公元前500—前200)""上古后期(中):后期帝国(公元前

200—0)""上古后期(下):总危机(0—300)""上古后期(下):总崩溃
(300—570)""上古晚期之东亚新兴诸国——朝鲜、日本、越南"和
"上古中晚期亚欧大陆之游牧世界与土著世界"共十章。显然,这样
的按时段再结合地区分章的体系在当时是颇为新颖的。

其次,对上古时期各时代的社会形态的名称和性质作了新的阐
述。雷海宗自创"部民社会"的名词和概念,称上古前期建立最初古
国的铜器时代为部民社会。所谓部民社会,生产力低,剩余生产品
极有限,村社各成独立小天地,守望相助,自成局面,满足现状,闭塞
保守,保留氏族社会之"太古"遗风。最基本生产资料——土地理论
上属于神或国家及其化身与代表王所有,实际上归公社和各家族占
有使用,广大劳动者——部民通过向神或国家和王提供劳役、实物
地租而遭受王、神庙和贵族等统治阶级剥削。由于剩余有限,因而
剥削就有限,必须大量集中,也就出现政治集中即专制主义,而村社
之闭塞保守有利于专制主义的成立与维持,村社之原始平等的外衣
也使阶级斗争不易表面化。一般人民全无政治生活,君主如神,神
权思想即政治专制主义之意识反映,神意信仰必然排除进步发展观
念,造成二千年间生产进步缓慢,社会思想普遍安于现状。至于上
古后期,这是文明地区得到扩展的铁器时代,此时奴隶社会条件成
熟,大陆国家可能继续维持部民社会,而临近海洋的国家和商品生
产比较发达的地区则进入奴隶社会。

可惜,这次1956—1957年的新世界上古史讲授,因雷海宗被划
为右派而未能编成讲义。但授课时雷海宗编写出非常详细的教学
大纲,共96页,约5万字,可比较清楚地显示此次讲课的整个体系、
脉络与细目。此外,随教学大纲还附有多幅历史地图和《世界上古
史参考资料》(下简称《参考资料》)一本。该《参考资料》内容相当丰
富,外文皆译成中文。其中包括《创世记》的"洪水故事",《吠陀经》
的《卢德剌颂》《尼罗河颂》,希罗多德著《希波大战史》的"埃及风土
记""金字塔"和"温泉门之战",《汉谟拉比法典》(选录),《一个劳心

者对于一切劳力者的一篇讽刺文章》(第十九王朝纸草底本),《哈梯王与埃及王的攻守同盟条约》,屠其第底著《丕娄波尼索大战史》卷一第二节的"人口移动",《汉书》的《西域传序》,《文献通考》卷三三八"天竺""大月氏",法显著《佛国记》的"法显在印度",《辛阿尔巴刻石》,亚里士多德著《雅典宪法》的"梭伦变法",《十二铜表法》,《马可福音》的"耶稣事迹",塔其屠著《日耳曼》的"公元一世纪的日耳曼社会"及其《纪年》的"罗马对基督徒之初次镇压"等选自中外各类历史文献的节录和碑刻 62 篇。

1957 年 6 月,雷海宗在天津各社会科学学会学术讲座作了题为《世界史分期与上古中古史中的一些问题》的报告,随后全文即在《历史教学》1957 年第 7 期发表。他强调生产力特别是生产工具的作用,认为人类迄今的历史,依生产工具而论,可分为石器时代、铜器时代、铁器时代和机器时代。从社会性质来说,石器时代属于原始社会,铜器时代属于部民社会,铁器时代包括古典社会和封建社会,机器时代包括资本主义社会和社会主义社会。奴隶社会在雅典和罗马的短期特殊发展,只能看作封建社会的变种发展。这种变种,并不限于封建社会,到资本主义社会,只要条件合适,也可出现。马克思所说的亚细亚生产方式属于铜器时代,是普遍于世界的一个大时代,并非亚洲所特有,可考虑使用中国和日本历史上指半自由民身份的"部民"一词来称这个时代为"部民社会"。铁器时代的前一阶段,马克思称为古典社会,"古典时代"的意识是有世界性的。古典社会和封建社会属于同一铁器时代的前后两个阶段,实际都是封建社会而稍有不同。

1957 年后,雷海宗不再讲课。1962 年时,曾先后讲过外国史学名著和外国史学史两门课程,该年底即去世。因此,可以说他晚年在南开十年期间所从事的教学研究工作主要都在世界上古史领域,而前面所列举和概括的诸著述则基本上是他 1952—1957 年间在这方面的全部成果。现将它们编集成《世界上古史讲义》及其诸附录出版,以飨读者,并纪念雷海宗先生诞辰 110 周年。

最后,应该指出,《讲义》编写于 1952—1953 年,因而未能将 20世纪下半叶以来世界上古史领域的考古新发现与研究新成果如线形文字 B 的释读等概括进去和反映出来,个别年代可能有待修正。雷海宗对外国古代人名、地名的汉译有自己的译法,与现在通用的译名不尽相同,不清之处读者可以利用附录中的中外译名对照表查找。本书包括内容极广,而讲义、译名对照表、教学大纲和参考资料皆为油印本,有不少错误,尤其外文字拼法错误极多,我虽加以改正,恐仍有遗漏与失误,请方家指正。全书最后附有八幅地图,是根据油印讲义和教学大纲附录的地图改绘而成。原油印资料只有"欧洲蛮族迁徙图(一)",未见标有"(二)"或"(三)"的地图,特此说明。

(原文载于《世界上古史讲义》,中华书局,2012 年)

雷海宗《历史·时势·人心》前言

　　雷海宗治学的根本特色是将史学研究与当代的政治现实结合起来,通过宏观地考察比较中国与外国的历史,评价中国传统文化的消极与积极方面,寻求抗战建国的途径。他不仅撰写学术性的历史论文,而且自抗日战争全面爆发后直至 1948 年底,发表了大量分析时势、评论政局的文章。何兆武先生在《缅怀雷先生》的文章中,特别指出雷海宗与林同济"两人开我国近代地缘政治学的先河",提到"雷先生所写的一些分析国际形势的文章"。我以前编的《伯伦史学集》中只收入了很少量的这方面的文章,这对于全面地了解研究雷海宗的思想,特别是他对当代时局的看法显然是不够的。因此,这里将雷海宗所写的着眼于现实的历史论文以及各种政论性文章,按发表时间顺序编辑成集,取名《历史·时势·人心》。"历史"和"时势"之意十分清楚,表示本文集内容多为有关历史与时势的文章,读者一看自明。"人心"之意,需要略说几句。"心"含有"心灵""精神""思想"之意。雷海宗非常重视"心"的问题。他研究中国的兵的精神,强调光明磊落的人格与史学家的主体意识,主张历史的了解虽凭借传统的事实记载,但了解程序的本身是一种人心内在的活动,一种时代精神的表现,一种宇宙人生观用于过去事实的思想反映。所以,"人心"二字,既表示本文集所收的文章涉及抗日战争和二次大战后人心的问题,如《两次大战后的世界人心》《近代化中的脑与心》《时代的悲哀》等文,更表示所有这些文章是作为历史家和政论家的雷海宗的拳拳爱国忧世之心的体现与结晶。

以下对本文集所包括的雷海宗的文章的类别、出处、发表时间及其意义略作说明。这里选编的文章主要分为两大类：与现实相联系的史学研究的学术性论文和针对国际国内形势的政论性文章。这些历史论文是：《皇帝制度之成立》《中国的兵》《无兵的文化》《断代问题与中国历史的分期》《世袭以外的大位承继法》《中外的春秋时代》《古代中国的外交》《历史过去的释义》《历史的形态与例证》等。它们大多发表于《清华学报》、《社会科学》、《战国策》半月刊、《大公报》之《战国》副刊等报纸杂志，后编入《中国文化与中国的兵》和《文化形态史观》二书中。为避免与商务印书馆出版的《中国文化与中国的兵》完全雷同而有囊括攫取之嫌，有几篇文章保留原来最初发表时的题目（《中国文化与中国的兵》书中这些题目有所修改），并且未收入《中国的家族制度》一文。对这些文章我以前已作过评介，读者也比较熟悉，不赘述。

除前列的历史论文外，本文集收集了大量的雷海宗所写的政论性文章（其中有个别是介于历史与时论之间的杂文或随笔），长短不等，共 50 多篇。这些文章都写于抗日战争与第二次世界大战时期以及二战结束至北平解放时期，主要发表于《战国策》《当代评论》《独立时论》《观察》《周论》等期刊以及一些报纸。由于数量太多，不可能也不必须一一列举，对文章的内容与意义读者一看自明。这里，仅择数端要者略述一二。

1937 年 7 月 7 日，抗日战争全面爆发，卢沟桥的炮声将雷海宗从宁静的清华园震醒。不久，他随清华师生南迁，最后到达昆明。雷海宗对日寇侵华义愤填膺，开始直接写政论性文章，号召全国军民坚决抗战，通过艰苦卓绝的战争考验，打败日本侵略者，使中国文化进入第三周。他在 1938 年 2 月 13 日汉口《扫荡报》发表《此次抗战在历史上的地位》一文，第一句即宣布："此次抗战不只在中国历史上是空前的大事，甚至在整个人类历史上也是绝无仅有的奇迹。"

接着热情歌颂,"我们此次抗战的英勇,是友邦军事观察家所同声赞许的","我们最好的军队可与古今任何正在盛期的民族相比郊人"。随后,列表指出人类历史上其他民族的文化发展只经过由分裂到统一而后再分裂衰亡的一周过程,而中华民族的文化却经历了二周,其原因在于两千年来中国南方地区的大开发,保持并增强了中华民族的元气。也正因此,今日才能如此英勇抗战。最后,他宣称:"第二周文化已是人类史上空前的奇迹;但愿前方后方各忠职责,打破自己的非常纪录,使第三周文化的伟业得以实现!"半年多后,雷海宗又写出《建国——在望的第三周文化》一文,进一步说明目前中国是在抗战中建国,正在结束第二周的传统文化,建设第三周的崭新文化。主张抗战建国应是持久的,整个中华民族必须经过悲壮惨烈的磨炼,才能洗净过去的一切肮脏污浊,创造民族的新生。他慷慨激昂地写道:"生逢二千年来所未有的乱世,身经四千年来所仅见的外患,担起拨乱反正、抗敌复国、变旧创新的重任——那是何等难得的机会!何等伟大的权利!何等光荣的使命!"这两篇文章后构成1940年商务印书馆出版的雷海宗的名著《中国文化与中国的兵》一书的下编。雷海宗的抗战建国的激情与中国文化二周三周说的理论在当时的知识界产生巨大反响,令人耳目一断,精神振奋。例如,胡钟达先生就是如此。当时,他还是正在武夷山大王峰下苏皖政治学院学习的青年学生,读到《中国文化与中国的兵》一书时,深感兴味盎然。胡先生之女胡月龙在回忆其父的《学园平生——女儿眼中的父亲》一书中说,"雷先生的中国文化二周论、三周论在爸爸看来更具吸引力","雷先生这一新颖的论点,足以鼓舞国人抗日战争的士气,坚定取得最后胜利的信心,对爸爸也有极大的吸引力"。①

　　1941年12月8日,日本偷袭珍珠港,太平洋战争爆发。20天后雷海宗在当年12月29日的《当代评论》第1卷第25期发表《海战常

---

① 胡月龙:《学园平生——女儿眼中的父亲》,内蒙古大学出版社,2004年,第35页。

识与太平洋大战》一文,说明随着太平洋大战的爆发与发展,海战日
益重要,引人关注,但海战与陆战大不相同,一般人对海战很不熟悉
了解,因而写此文向国人介绍海军与海战的常识,以便大家可以清
楚国际的形势与海战的情况。雷海宗以平实明快的笔触,极有条理
地对海军的各类舰种(主力舰、巡洋舰、驱逐舰、航空母舰、潜水艇、
鱼雷艇、铁甲舰、炮艇等)的构造与性能、舰上大炮的口径与射程、海
军根据地的作用与意义、海战的类别、进攻要塞登陆战的困难、海上
正面决战的方式,以及海军统帅在决战中的地位、责任与作用,深入
浅出地作了全面系统而详细清晰的分析和解说。半年后,雷海宗在
1942 年 7 月 24 日的《当代评论》第 2 卷第 5 期发表的《战后世界与
战后中国》一文中,强调中国要发展海军。他着重指出,"今后的中
国必须兼顾海洋,否则就只有永作他人所封闭的内地国。无海军而
成强国,是不可能的事";"将来我们必须认真地自造海军。制造军
舰,尤其是主力舰,只有高度工业化的国家才能胜任。谈到'力'的
建设,由始至终都离不开工业化"。他进一步将海军建设与面向南
洋联系起来,写道:"以二千年来的自然趋势而论,南洋与中国的关
系可说是有必然性的。我们将来要建设海军,除一般的作用外,主
要的着眼处就是南洋。"1943 年 12 月 26 日,德国主力舰沙恩霍斯特
号被英舰队击沉。雷海宗在 1944 年 2 月 1 日的《当代评论》第四卷
第七期撰写《德舰"沙恩霍斯特号"沉没》短评,除分析此事的重要战
略意义外,再次号召国人重视海防、海战与海军建设。他强调,"中
国如不图强则已,如果想要名实相符的独立,最少要有足以自卫的
海军。我们是一个温水海线特别长的国家,海门大开,如无最低限
度的可用的海军,就等于没有国防。要建海军,今日虽然不是开始
的时候,但应当是准备的时候,一个重要的心理准备就是一般社会
对于海防的注意与研究"。在今日南海风云激荡、我国大力加强海
军建设的时刻,重读雷海宗约 70 年前发表的这些文章,我不能不深
深钦佩他学识的渊博和目光的敏锐与前瞻。

1942 年 10 月下旬,英军偕同友军在东北非埃及发动反攻,大败德、意联军,向利比亚地中海沿岸进军。11 月 7 日,美军在英国空军的协助下,调动大批舰队,由大西洋及地中海向西北非法属摩洛哥与阿尔及利亚大举进攻,纷纷登陆占领莫卡多尔、卡萨布兰卡、阿兰、阿尔及尔、布基等港口。雷海宗欢欣鼓舞,在该年 11 月 22 日的《当代评论》第 3 卷第 2 期上同时发表社评《埃及战争》与专文《法属非洲——西方的第二战场》。在前文中,他称盟军在埃及的胜利是"有把握的胜利",其影响甚大,"埃境的德军肃清之后,轴心对于苏伊士运河的威胁就可彻底解除";而由于美军在法属非洲的登陆,"埃及的战事已与盟军的登陆行动打成一片,战事的范围与意义更加扩大"。在后文中,他称美、英在摩洛哥与阿尔及利亚的登陆是盟军在非洲开辟了"酝酿将近一年之久的第二战场",认为此次进攻统一指挥,布置周密,"对轴心的精神是一种莫大的打击"。非洲第二战场的开辟具有重要的战略意义,在埃及的英军与在阿尔及利亚的美军分别沿地中海海岸西进和东进,必将"肃清整个北非的轴心势力",在利比亚和突尼西亚胜利会师。"若果如此,整个的地中海即在盟军的控制之下,意大利的海军等于无形被困",不但可以减轻苏联所受的压力,而且"盟国对于南斯拉夫与希腊的轴心势力可以时常由空中予以打击,而对两国的抗德势力则可予以秘密的甚至公开的援助"。一个月后,1942 年 12 月 27 日的《当代评论》第 3 卷第 7 期刊登了雷海宗主持的世界战局的总检讨座谈会的全部记录。雷海宗先在序论中就军需品生产和海上交通线运输线的维持与控制两个问题,对二次大战开始时与当前的同盟国与轴心国双方的状况作出对比,指出目前同盟国的态势逐渐超过轴心国,"但距离足以取胜的目标尚远"。最后,他分别由西太平洋及东亚大陆的远东战场与西亚北非及欧洲大陆的欧非战场,按日本有否再度进攻的计划、同盟国何时方能反攻、苏联是否要加入远东战场、北非战局的未来、苏德前线之前瞻、东西两大战场何者先见和平或同时结束等问题,对到会各专家学者的发言作了条分缕析的总结,认为各位专家的意见

"都特别指出盟国的困难情形与目前仍有的缺点,可以纠正许多错觉的看法与盲目的乐观,但这绝非对于战事没有把握"。他指出轴心国的困难肯定更大,而且同盟国的空军已明显处于优势,"在双方海陆的力量约略相等的局面下,占有空中绝对优势的一方,就很有取得早期胜利的可能"。雷海宗的这些文章与发言,显然有助于国人进一步认清当前的战局与形势,保持最终取得胜利但不盲目乐观的信心与情绪。

1945年8月15日,日本侵略者宣布无条件投降,第二次世界大战终于结束。战后的国际国内局势风云变幻,错综复杂。雷海宗以"力"与"利"为重心,用地缘政治学的眼光来看待国内外政治,观察国际形势,寻求中国的对策。

雷海宗在1947年6月发表的《理想与现实——政治兴趣浓厚时代的两个世界》一文(《独立时论》第1集第39—40页)中认为,人生最现实的莫过政治,离开现实,根本无政治可言。就对内而言,政治,即或是最上乘的政治,也不过是勉强调和大多数人之间的兴趣矛盾与利益冲突;如能使矛盾不太严重,使冲突不表面化,就已是政治尽善尽美的境界。就对外而言,只要有列国的局面存在,国际的政治必为尔虞我诈互相排挤的世界,诈虞排挤的最后结果总是战争。若极端地讲,和平时期不过是两段战争期间的休战状态而已。"政治的对内争夺与对外欺诈,古今相同,绝无二致。战争的频繁,今日与二千年前无异。人性的难测,今与古同。所不同的,只是知道耶稣或苏格拉底的政治家,有时可多有一些响亮的名词供他们利用而已。"看来,雷海宗的政治观是有一定的"强权政治"的色彩的。

1948年1月,雷海宗在北平主办《周论》周刊,于《发刊词》中标榜本刊不"追随信仰的潮流",而是"采取科学的方法,保有客观的态度,维持冷静的精神"来探讨政治以及人生其他方面的问题;宣称:"我们的武器是思想,是概念,不是名词,不是口号。在一切名词都已经变成口号的今日,千篇一律的话我们不愿再说一遍。我们只以科学、客观、冷静自勉"。在《周论》创刊号上，他执笔撰写专论《如此世界，如何中国》和社论《政治的学习》两篇文章。

在《如此世界，如何中国》中，雷海宗首先指出，世界各国可分为三类：强国、自保之国与殖民地。强国为"力"的中心，其力的自然趋势为向外发展。殖民地为强国"力"的发展对象，许多名义上仍有独立主权的弱小国家实际也属此类。自保之国介乎二者之间。但任何一国都不是注定永属三类中固定的一类。二次大战前，强国有美、英、苏、法、德、意日等七国。中国处于殖民地地位，日本坚要中国永为殖民地，中国决心要进为自保之国。二战后，德、意、日失败投降，可说已成殖民地。美、苏、英、法、中成为联合国安理会五个常任理事国。今日法国只能说是一个自保国。战后的英国，与法国所差无几，好像还是强国，但元气大伤，"日不没"帝国已经崩溃。胜利者只有美苏两国。"战后的美国，除照旧控制整个的拉丁美洲外，接收了不列颠帝国的大部，接收了日本帝国的大部，包括日本本部在内，接收了纳粹帝国的一部，此外并无形间承表了法国与荷兰的南洋帝国。整个的大西洋，整个的地中海，整个的近东与中东，都是美国的天下，太平洋与南洋也是清一色的美国世界。战后的苏联，接收了纳粹帝国的大部，就是东欧与中欧，只把西欧留给美国；又接收了日本帝国的一部，就是中国的东北与太平洋边缘的南库页岛与千岛群岛。此外苏联想要进入地中海，插足近东与中东，但都为美国所阻。在最后还有一个全新的地带成为美苏的争夺对象，就是北极圈内外的冰天雪地世界。"

雷海宗问道："在英法仅能自保，美苏到处对立的今日世界，中国居于何种地位？"他认为，今日诚然已无像日本那样臭名昭著的非致中国死命不可的侵略者，但同时也绝无人会善意地赞助推进中国自强自保的运动。美国既已握有太平洋，占领日本，安能不进一步迈上东亚大陆？我们最多只能希望，在我们自求上进时，没有再像日本那样的外力出来蛮横干涉。求人不如求己，被日本中途打断的建国运动,我们如要继续完成,只有依靠自力。"自力更生"并非空的口号,而是我们求生的唯一途径。"国际局面一张一弛,随时可以完全破裂,我们中国谋求自保的机会恐怕甚为短暂,只有全国人士痛下决心,紧抓机会,发展自力,方能应付未来的大难,中国才有永远自保的希望。"

民主政治是中国必须面对并解决的一个根本性的问题,雷海宗在《政治的学习》中对此进行了论述。他说,民主政治是今日政治的主流,每一个人对于民主政治都当设法有比较切实的认识。现根据美英等已有历史根底,并且今日仍把民主政治维持不坠的国家的实际情势,对于实际民主政治的特色,作概括的说明。

第一,民主政治与人民知识程度的关系。要实行民主,人民知识的水准必须相当的高,并且相当的整齐。人民若知识程度太低或太高低不齐,民主政治就难以谈起。但所谓知识,并非专指识字而言。在识字之外,一般人民必须有切实的知识,有自由判断的能力,有辨别是非的训练。必须如此,一个人才算是一个民主国家的公民,民主政治才能实现。

第二,民主政治与人民修养的关系。知识是理智的问题,可以学习。修养是做人态度与整个人格的问题,不是从书本中学来,必须由日常的处世为人与实际经验中练习得来,它比知识或者还要重要。民主政治所需要的人格修养,就是心地开阔,互相容忍,每个人都能尊重他人不同的意见与主张。凡是以自己为绝对的是,看别人为绝对的非的人,他即或终日民主不离口,实际却是一个极权主义者。此种人只在自己势力小的时候才讲民主,一旦得势,极权的原形立刻毕露。所谓容忍别人并不是对自己的主张缺乏信心,而是每个人都当承认政治以及人世问题的复杂性,任何人都必有所偏,都只能认识真理的一面,很难认识全面。这是民主政治的根本态度。

第三,民主政治的方法。民主的方法就是妥协,在互相让步下求一切问题的解决。这与上述的容忍态度,密切相关。既然任何重大问题难求各方意见完全一致,而又非解决不可,最合理的办法就是在讨论中尽所欲言,同时接受异见之可采纳之点,在互相妥协让步下最后求得一个客观合理的解决方案。为可能的事求得最合理满意的办法,就是最高的政治艺术。具体说来,实现民主的妥协政治,要靠代议制度,议会是民主政治的实施场所。在一个民主国家,从事政治的人不只能够主政,并且也要练习真能代替人民监政。

第四,民主政治的根本性质。民主政治是一种变的政治,变而不乱的政治。民主国家每隔几年大选一次,各政党提出政纲,请人民选择,人民多数所拥护的一党就上台执行自己的政纲。民主国家通过大选经常的给人们一种改变现状的机会,是时常在变的,但变而不乱,是用和平的、合法的方式,按部就班地去改变。

雷海宗最后说:"我们都要民主,但要民主并非就可以民主,民主政治并不是呼之即来的。'要民主'只是'可以民主'的初步,前面的路途还远得很。但行远自迩,我们只要虚心学习,终有达到目的的一天。"以上,可以说是雷海宗的民主政治观,这对于国人也许有一定的参考意义。

雷海宗的政治理想是什么?他喜欢从哲学的高度看问题,在1941年3月10日昆明《中央日报》第4版"人文科学"第10期上发表《全体主义个体主义与中古哲学》一文,后略加修改,以《全体主义与个体主义——中古哲学中与今日意识中的一个根本问题》为题,再刊载于1948年4月23日的《周论》1卷15期,可见对此文的重视。他在文章一开头,就提出人类自群居以来,时常遇到一个很难满意解决的问题,就是个人与团体的关系的问题:是个人的利益高于团体的利益,还是团体的利益高于个人的利益?"团体高于一切的说法,可称为全体主义;个人高于一切的说法,可称为个体主义。两种主义的竞争,在各国之内与国际之间,都是人类目前的切肤问题。共产主义与各形各色的社会主义,都是有全体性的;民主主义,自由主义,个人主义,都是有个体性的"。

雷海宗进一步指出,欧洲中古经院哲学采取一个非常抽象的方式,即"共相对特相的关系"来讨论全体与个体的关系的问题。"共相"亦即"全体",是指每个器物成其为这种器物的共同的道理;"特相"亦即"个体",是指每种器物的具体的特殊的形态与表现。一派哲学家特别注意共相,认为形而上的道是唯一的实在,形而下的器只是偶然的外相,是共相的临时表现,是为"唯实主义":唯有共相是实在的。对立的一派恰恰相反,特别注意特相,认为具体的当然就是实在的,只有具体的才能称为实在;共相只是人们为方便起见找到一些特相的共同点,而给这类特相所定的"名",是为"唯名主义":一切所谓共相都是人定的名称,只有每个特相才是实在的。

两派争论不休,相持不下,都不妥当,就出来第三派,提出调和折中的说法。先是 12 世纪巴黎大学的阿贝拉,他认为特相与共相都是实在的,但特相是具体而存在的,共相只存在于特相中。但教会方面不满意,认为他的思想是一种变相的唯名论。13 世纪中期,意大利哲人圣多玛,吸收亚里士多德的哲学,认为共相与特相是相对的,而不是绝对的,两者都是实在的,并且是不可分的。他提出"畴范"与"物质"的概念,主张任何器物都有它所以成为器物之理,就是它的畴范,亦即过去的所谓共相;但每一器物又有它所依据的物质基础,所谓特相的"特"点就是由物质而来。畴范与物质的关系并非绝对的,物质为可能性,畴范为完成体;畴范是物质的目的,物质是畴范的依据。圣多玛的思想,不久被教会承认为正宗的哲学,史称其为折中唯实论。

雷海宗按照圣多玛的理论,主张:"物质与畴范,特相与共相,并不是对立的,可说是相依为命的。个体与全体是不可分的,个体主义与全体主义都不妥当。健全稳定的时代,个体不是全体的牺牲品,全体也不是个体的工具,两者相生相成,全体靠个体而成立,个体靠全体而实现。"他由此联系历史与现实,认为"十三世纪是封建文化的最高峰,美满的哲学系统也于此时成立。任何稳定美满的时代,有形无形间实际都是服膺此种折衷的哲学思想的。只有在变乱的时代,极端唯实的全体主义或极端唯名的个体主义才占上风"。看来,雷海宗的政治理想,或者说他所推崇的健全稳定美满的时代,是在全体主义与个体主义之间持折中的态度,认为个人与团体相依相成,个人不是团体的牺牲品,团体也不是个人的工具。团体靠个人而成立,个人靠团体而实现。不过,应该指出,他把苏联与东欧各国称为"极权国家"是不正确的。雷海宗的这些文章都写于1949年前,其中对苏联与共产主义有认识失当之处,希读者辨明。

雷海宗早年留学美国,接受西方的教育,但出于热爱祖国之情,对于二次世界大战后美国的全球扩张政策,特别其在亚洲的野心是有所警惕、反感与抵制的。在《认识美国对日政策的一贯性》的社论中(《周论》1卷13期),他揭露美国扶持日本的政策日益显著,"美国显然的是要将日本建为西太平洋的一个经济堡垒与军事重镇,用以控制北亚、东亚与东南亚的大陆"。大声疾呼:"我们必须头脑清醒,须知美国的扶持日本是在日本未败以前就已决定的政策,正如近年来在中国的一切举措是抗战未了前就已决定的政策一样。"在《对港九,望英伦》的社论中(《周论》1卷2期),雷海宗捍卫中国对香港、九龙的主权,对英国在九龙制造的拆屋事件表示愤慨,义正词严地谴责英国道:"在日本人之先而对中国推行鸦片政策的是英国,最早强迫中国接受不平等条约的待遇的是英国,在整个十九世纪领导列强向中国施行压迫的是英国。"而在二次大战中英并肩作战时期,两国邦交中一个"最不必需的不快回忆"是"一九四三年一月中英签订平等新约时英国的拒绝交还九龙租借地与退还香港征服地"。现在,1948年1月,大英帝国已呈土崩瓦解之势,处处收缩,处处撤退,大部权益被美国所接收,却偏偏在香港、九龙挑起事端,态度专横,声势逼人。他怀疑,在英国的背后有美国的黑手在活动,指摘英国说:"如果是一个已无自由意志的破落帝国,迫不得已而代人受过。岂不大可哀怜!"1948年7月,有所谓"西藏代表"六人,到华盛顿与美国探讨发展贸易的问题。雷海宗提出抗议,在《由西藏派代表赴美说起——美国接收大英帝国的又一例证》的社论中(《周论》2卷3期)痛斥美国所谓的"友谊",写道:"最近西藏的突发事件更加挑动了我们怀疑的心情。美国对于大英帝国的接收,似乎是有全面性的:自治领也好,殖民地也好,势力范围也好,只要其地稍有可取,美国直接的或间接的一股脑都接收过来。连西藏尚未被遗忘,世界上可被遗忘的地方也就微乎其微了。试思在大战期间,美国曾替我们把东北卖掉,现在它自己又对西藏打主意;我们很愿意知道,下一步友谊的表示,将在何地演出!"

《望农林部早日起行——谈拟议中防沙南侵的长城林带》(《周论》1卷10期)是雷海宗结合历史谈生态环境保护的一篇重要短文,是他的环境史观与环境史学的具体运用与体现。他指出,从西周到隋唐,前后两千年间关中之地是中国的政治重心所在,古代西北的政治文化地位绝不是建于半沙漠状态的基础之上的,"沃野千里"是战国盛唐间对于关中一致考语。五代以后,长安不再成为中国首都,绝非偶然,是西北逐渐破落半沙漠化所致。今日西北各省的枯干景象,主要是由于山林草地遭到砍伐破坏。"靠近沙漠的西北之地,山木一尽,等于是邀请流沙南移。"早在2200年前的孟子,就发出过"牛山濯濯"之叹,注意到人类行为对自然环境的破坏。"无情的砍伐林木,本是一个全国性的悲剧,西北的情形只不过最为严重而已。"他认为,防沙造林保护生态环境,是一个与民族长久生命密切攸关的重要实际问题;语重心长地敦促农林部早日首先在西北,推行沿蒙古新疆大沙漠东南边缘植造防沙南侵的长城林带规划。

最后,《〈史学方法〉课堂笔记》是讨论史学方法的纯学术性的作品,与本文集的基调并不相同,但考虑到学界一般关心而不清楚雷海宗史学方法课程讲授内容的情况,故作为附录收入以飨读者。

(原文载于《历史·时势·人心》,天津人民出版社,2012年,有删节)

《雷海宗世界史文集》前言

　　雷海宗学问渊博，著述甚丰，多以文章的形式问世，涉及面极广，既有中国史方面的论文，也有世界史领域的文章，更有数以百计的时事评论性的文章。其成名作与代表作是《中国文化与中国的兵》一书，篇幅不大，实际由八篇文章合成。进入 21 世纪，不仅《中国文化与中国的兵》再版，而且新出版了雷海宗的五部著作：《西洋文化史纲要》《伯伦史学集》《中国通史选读》《世界上古史讲义》和《历史·时势·人心》。其中，《西洋文化史纲要》《中国通史选读》与《世界上古史讲义》分别是雷海宗在武汉大学、清华大学与南开大学讲授欧洲通史（二）、中国通史及世界上古史课程时的铅印详细纲要、史料选读与油印讲义；《伯伦史学集》主要是雷海宗发表的中国史方面的作品合集；《历史·时势·人心》则是雷海宗写作的与政治联系比较密切的历史论文及政论性文章的选编。现在，再将雷海宗发表的世界史领域的文章集合成集出版，取名《雷海宗世界史文集》。这样，雷海宗在各方面的著述基本上都可以包括进去了。

　　本文集共分四编。第一编是雷海宗于 1927 年在美国芝加哥大学获博士学位的学位论文《杜尔阁的政治思想》。此论文从未发表过，存芝加哥大学档案馆，雷海宗家里也无此文稿。20 世纪 80 年代后期，雷海宗以前的弟子、已故著名美国中国史学者何炳棣先生，从芝加哥大学档案馆找到本论文，复印装订成册，寄给雷师母张景莜女士三本。雷师母自己保存一本，另两本分赠给我和清华大学图书馆。本文集的此文即是按我手头保存的复印文稿排印的。杜尔阁是18世纪中期法国大革命前的法国政治家与思想家。我对于杜尔阁没有研究,对于1927年时国际学术界研究杜尔阁的状况更不了解,无法对此文作出有分量的评价。从自己粗浅的认识看来,我觉得此学位论文虽篇幅不算大,却是根据翔实的史料,特别是杜尔阁的原著,参阅了大量的国际学者的专著,对杜尔阁的政治思想作了相当系统、全面、深刻的分析与论述,独立提出了雷海宗自己的见解,是有相当高的学术价值的。由于此文从未公开过,所以本文稿对于研究杜尔阁与了解雷海宗的学术思想来说,是颇为珍贵的。全文用英文写成,似乎应译成中文。但文中有不少杜尔阁法文原著的引文,我不会法语,无法翻译。而且,雷海宗的英文极佳,本英文论文的遣词造句,典雅多姿,既有他所推崇的18世纪英国文史大家爱德华·吉本的风格,又能传中国古文简洁凝练之神。现在,绝大多数有兴趣读学术著作的读者英文都很好,读此英文论文应没有多大问题。所以,这里就原汁原味地按英文原稿发表,请大家品尝。

第二编是基督教史研究。雷海宗对基督教史有精深的研究。何兆武先生在《缅怀雷先生》一文中说:"最后,想提到另一件令人遗憾不已的事:以雷先生这样一位如此之精娴于基督教史实的学者,竟然不曾为我们留下一部中国学者所写的基督教史,这应该说是我国史坛上一项无可弥补的损失。"①受何先生的启发,这里把雷海宗在基督教史领域所发表的文章与论述集合在一起作为第二编。从《近代史上的梵蒂冈与世界罗马教(一)》到《二十世纪的罗马教廷与帝国主义》诸篇是雷海宗配合镇压反革命与抗美援朝运动,1951年8月至12月在《历史教学》杂志、《大公报》与《进步日报》的《史学周刊》上接连刊登的揭露批判梵蒂冈教廷和耶稣会的实质与活动的系列文章,其稿费皆捐献。《基督教的宗源及其性质》是雷海宗1957年1月在《历史教学》单独发表的阐述基督教各主要流派在历史上

---

① 南开大学历史学院编:《雷海宗与20世纪中国史学》,中华书局,2005年,第62页。

演变发展的文章。《犹太国与犹太教》《东方宗教与基督教的兴起》《罗马帝国与教会之争及基督教之胜利》与《罗马帝国倾覆中之基督教会》诸篇皆摘自中华书局 2012 年出版的雷海宗著《世界上古史讲义》一书中有关早期基督教史的各章节。《五至二十世纪基督教史纲要》则摘自上海古籍出版社 2001 年出版的雷海宗撰《西洋文化史纲要》一书中有关基督教史的各章节。

第三编是世界史研究,其中包括雷海宗撰写的基督教史以外的世界史方面的文章,按发表时间先后的顺序排列。《世袭以外的大位承继法》《历史的形态与例证》与《全体主义与个体主义》三篇发表于 1949 年中华人民共和国成立之前。第一篇讲的是罗马帝国皇帝与回教兴起时早期教主的继承方法,意在供当代中国政治元首之更替继承参考。第二篇集中阐述了雷海宗的文化形态史观的观点及其对中外历史的运用。第三篇通过分析西方中古哲学中的唯实论与唯名论之争来探讨近现代政治中的全体主义与个体主义,表明雷海宗似乎倾向于折中,赞成温和的全体主义或温和的个体主义。此后诸篇都写于中华人民共和国诞生之后。其中,有关世界上古史的文章占相当大的比重,这是因为 1952 年雷海宗来到南开大学后主要讲述世界上古史。《上古中晚期亚欧大草原的游牧世界与土著世界(公元前 1000—公元 570)》一文发表于 1956 年《南开学报》,具有很高的学术价值与开拓创新的意义。《美帝"中国门户开放政策"的背景》一文连载于 1951 年 3 月 2 日、9 日《进步日报》的《史学周刊》,是雷海宗配合抗美援朝运动与批判亲美、崇美、恐美思想而写的批判美帝国主义的文章。《世界史上一些论断和概念的商榷》一文颇有新意与创见,批判西方的"欧洲中心论",有益于纠正世界史上流行的一些不恰当的论断与概念。从雷海宗 1949 年后发表的以上各篇文章的内容与观点看来,我觉得在中华人民共和国成立后,他与中国大多数高级知识分子一样,经历了土地改革、镇压反革命、抗美援朝、"三反""五反"和思想改造等运动,是愿意接受中国共产党的领导与马克思主义的理论的,并试图用唯物史观的观点来批判美帝国主义、欧洲中心论和梵蒂冈教廷与耶稣会的反动活动。但是,他主张独立思考,反对教条主义,所以,根据"百花齐放、百家争鸣"的方针在1957年《历史教学》第7期发表了《世界史分期与上古中古史中的一些问题》一文,强调生产力特别是生产工具的作用,提出部民社会的概念,认为奴隶制社会是在特定的条件下存在于某些特定的地区与时代,并不是世界上古史上人类普遍必经的一个社会发展阶段。

第四编是书评、论翻译和译文。雷海宗强调要读书尤其是读好书,因而重视写书评。他1927年回国后,在中央大学与清华大学写过多篇书评,主要发表于《清华学报》与《社会科学》,这里编入的是世界史方面的书评。中国史方面的书评见《伯伦史学集》。雷海宗也注意翻译工作,在新中国成立初期,写了一系列关于翻译的文章,刊载于《翻译通报》,皆与世界史有关,故收入。这里还包括了雷海宗亲笔翻译的两篇关于史学理论的译作。第一篇是《克罗奇的史学论——历史与记事》,这是意大利历史哲学家克罗奇的名著《历史学的理论与实践》第1章《历史与记事》的翻译,刊载于南京中央大学历史学系主编的《史学》1930年第1期。第二篇是德国历史哲学家斯宾格勒的名著《西方的没落》(第2卷部分章节)的译文,原是1960年前后雷海宗为批判斯宾格勒与进行自我批判而翻译的。西方现代的历史哲学可分为思辨的历史哲学与分析的(或曰批判的)历史哲学两派,斯宾格勒与克罗奇分别是这两派的代表人物,对雷海宗的史学思想与理论有重大的影响。雷海宗将他们的代表作译成中文,可见对他们的重视,其译笔与注释亦有独到之处。我国学术界都知道雷海宗对斯宾格勒的推崇,但对他与克罗奇的渊源较少注意。

本文集出版后,我对雷海宗著作的编选工作大体完成,敬请方家与广大读者指正。若有条件,当争取编辑出版一套较完整的《雷海宗文集》或甚至《雷海宗全集》。

(原文载于《雷海宗世界史文集》,天津人民出版社,2014年,有删节)

雷海宗和《中国文化与中国的兵》

一

1902 年 6 月 18 日,雷海宗诞生于河北省永清县一户具有书香门第气息的中农家庭,父亲雷鸣夏为当地基督教中华圣公会牧师。雷海宗自幼勤奋好学,天资聪颖,记忆力极佳,在旧学与新学两方面都打下相当扎实的基础。1917 年,他入北京崇德中学学习,1919 年转入清华学校高等科学习。在五四运动和新文化思潮的影响下,青年雷海宗树立起强烈的爱国思想和献身科学的志向。1922 年清华毕业后,他公费赴美留学,在芝加哥大学主修历史学,兼修哲学。1924 年,入该校研究院历史研究所深造,撰写博士学位论文《杜尔阁的政治思想》。1927 年获哲学博士学位,时年 25 岁。他深受导师美国著名史学家 J. W. 汤普逊的器重。与外国学生相比,中国留学生自以中国学问见长,雷海宗以纯外国历史为研究对象而获得优秀成绩,这是难能可贵的。

1927 年夏,雷海宗返国任南京中央大学史学系副教授,1929 年任历史学系主任。1931 年春任金陵女子大学历史学系教授,并在金陵大学中国文化研究所研究中国古代哲学。雷海宗虽在美国专攻外国史,但他主张中国的史学家应贯通中外,以改造中国传统史学为己任。因此,他回国后,在中央大学与金陵女子大学不仅讲授西洋史,而且研究与讲授中国上古史与中国哲学史。在此期间,雷海宗先后撰写三篇文章:《评汉译韦尔斯著〈世界史纲〉》《克罗奇的史学论——历史与记事》与《孔子以前的哲学》。雷海宗在《评汉译〈世界史纲〉》中运用德国历史哲学家斯宾格勒的文化形态学的观点,认为人类史实际是若干文化区域各自独立的发展演变,很难写出一部结构精密、前后连贯的世界通史。他就此对英国作家威尔斯的《世界史纲》提出了批评。《克罗奇的史学论》实际为意大利哲学家克罗奇的名著《历史学的理论与实际》第 1 章"历史与记事"的翻译,雷海宗在译文前说明,"克氏的议论虽不免有过度处,但以大体言之,他的学说颇足以调剂我们中国传统史学偏于'记事'的弊病"。《孔子以前的哲学》对《尚书》与《周易》中有关篇章的思想与年代进行分析考订,据以勾勒探讨西周时代初兴的哲学和春秋时代得以发展的哲学。最后认为:孔子是史官思想的承继者,与《尚书》的作者一样,专注于治国之道。老子或《老子》的作者是筮人思想的承继者,偏重玄学。日后中国哲学界最占势力的儒道二家是直接由孔子与老子传下来的,间接由无数无名的史官与筮人传下来的。另外,1931 年 7 月他还以英文发表了《评顾颉刚主编〈古史辨〉第二册》一文。

1931 年秋,雷海宗转任武汉大学历史学系与哲学教育系合聘教授,讲授西洋史与中国哲学史,其间他发表的《殷周年代考》一文采取新的研究方法,吸取相关学科的研究成果,提出"按温带人类生理,普通四世当合百年。中国古今朝代,皆不逃此原则"的观点。先对已确知的中国历朝各世君主在位的总年代作出统计,以证明"四世当合百年"亦即"每世平均二十五年"的看法基本无误,然后根据已知的西周与周代君主的世数而推定周室元年当为公元前 1027 年左右,并进一步推断盘庚迁殷适为公元前 1300 年,汤定中原当在公元前 1600 年左右。此文有高度学术价值与影响,已故美国著名中国史学家何炳棣主张应将武王伐纣之公元前 1027 年称为"雷海宗的年代"。①

雷海宗在武汉大学讲授欧洲通史期间,编写出极其详细的《欧洲通史二》(5—20世纪初)铅印纲要。该纲要内容丰富,体系完整,层次鲜明,覆盖面极广,条目一目了然。其特点在于:(1)打破国别界限与王朝体系,以全局的眼光,抓住重大的历史事件和社会变革来讲述欧洲的历史;(2)着重探讨阐发西方宗教、哲学、科学、文学与社会科学的嬗变发展及各个流派,19世纪尤详。此纲要至2001年始由上海古籍出版社以《西洋文化史纲要》书名正式出版。

1929年春,蒋廷黻被聘为清华大学历史学系教授兼系主任,他励精图治,大刀阔斧地推行"历史学和社会科学并重;历史之中西方史与中国史并重;中国史内考据与综合并重"的方针。为此,他在1932年聘请精通哲学社会科学、掌握古今中外历史、既重考据更重综合的雷海宗返回其母校清华大学历史系任教。雷海宗到清华后,与蒋廷黻相配合,开拓创新,努力建设独具特色的清华历史学系。1935年后,蒋廷黻离教从政,赴南京国民政府行政院任职。雷海宗独挑重担,继任清华大学历史学系系主任,直至1949年。清华历史学系的建树与发展,是与雷海宗的贡献分不开的。

雷海宗在清华重点从事中国史的教学研究。他面向全校学生,开设"中国通史"课程。他编选大量史料,以《中国通史选读》为名,作为铅印讲义发给学生,共7册43章769节930页(1860面)。全书从史前石器时代一直编到溥仪退位,材料选自各方面文献,系统完整,内容极其丰富。值得注意的是,他打破了传统的王朝体系,以时代特征为标准结合重大历史事件和整个中国历史发展的进程与演变,来划分中国历史的各个阶段。此《选读》至2006年始由北京大学出版社正式出版。雷海宗还讲授"殷周史"和"秦汉史"两门断代史课程,供历史系高年级同学选修。为了引进西方史学理论与研

---

① 何炳棣:《读史阅世六十年》,商务印书馆(香港),2004年,第124页。

究方法,介绍外国史学名著,并与中国传统史学相结合,他又开设"史学方法"一课,采取教师总体指导,学生重点读书、定期报告,全班展开讨论的教学方法,使课堂既生动活泼,又深入研讨,学生眼界大开,深有所获。此外,他也不时讲授外国史,包括西洋上古、中古、近代各个阶段。雷海宗声音洪亮,讲课极有条理,深入浅出,鞭辟入里。他讲解历史事件既材料翔实丰富,又说明前因后果,更揭示性质意义,使听者受用不尽。他记忆力极佳,走上讲台,只拿几支粉笔,但讲得井井有条,滔滔不绝,人名、地名、史实、年代准确无误。他学问渊博,口才好,思路清晰,教学认真负责,讲究教学方法,使讲课成为一门艺术,挥洒自如,引人入胜。

在教课之外,雷海宗潜心进行历史研究。作为一个受到西方教育和学术训练的爱国知识分子,他的研究方向与志趣在于从宏观的角度,以跨学科的研究方法,抓住若干根本性问题,对四千年来中国的传统社会与文化作系统的历史考察与解剖,并落实到中国的现状,找出弊端症结和解决办法。按照这一思路,从 1934 年至 1937 年,雷海宗连续撰写了一系列学术论文,其中有《皇帝制度之成立》《中国的兵》《无兵的文化》《断代问题与中国历史的分期》《世袭以外的大位承继法》和《中国的家族制度》。这些论文大都刊载于清华大学 1935 年创办的《社会科学》杂志。《社会科学》杂志是雷海宗倡议创办的,并由他任主编。在宏观的综合性的论文外,雷海宗也进行微观的研究,写出考证性的文章,如《汉武帝建年号始于何年》和《章学诚与蓝鼎元〈饿乡记〉》二文。《汉武帝建年号始于何年》将《史记》的《封禅书》同《汉书》的《武帝纪》与《郊祀志》中的有关记载列表排比,得出结论:武帝建年号是在当时的三元七年,即有司建议的元狩七年,即武帝最后决定的元鼎元年,也就是公元前 116 年。此外,雷海宗还在《清华学报》和《社会科学》各期发表多篇书评,对当时新出版的国内外重要学术著作进行评介。

1937 年 7 月 7 日,抗日战争全面爆发。卢沟桥的炮声将雷海宗从宁静的清华园震醒。不久,北平沦陷,清华大学、北京大学等校南迁。雷海宗对日寇侵华义愤填膺,随清华文学院师生经长沙、衡山、蒙自,最后抵达昆明。他在 1938 年 2 月发表《此次抗战在历史上的地位》一文,热情歌颂全国军民浴血抗战、奋勇杀敌的英雄气概与战斗精神;期望通过抗日战争的胜利,中国文化将结束第二周,揭开第三周的帷幕。1938 年底,雷海宗将前述《皇帝制度之成立》等六篇系列论文的篇名及次序稍加改变,加上《此次抗战在历史上的地位》及《建国——在望的第三周文化》二文,合编成《中国文化与中国的兵》一书,由商务印书馆于 1940 年出版。《中国文化与中国的兵》篇幅不大,却是雷海宗的精品力作,出版后在学术界乃至一般知识分子中产生巨大反响,令人耳目一新、精神振奋,成为 20 世纪中国史学名著。

在昆明,清华大学、北京大学和南开大学组成了西南联合大学,雷海宗任西南联大文学院历史学系主任,继续开设"中国通史"等中外历史多门课程。他将大量的精力投入文章写作。其中有学术论文,如《雅乐与新声:一段音乐革命史》《全体主义与个体主义与中古哲学》《古代中国外交》《司马迁的史学》《中国古代制度》等,但更多的文章,则是史论结合,古为今用,将古今中外的历史与现状贯通起来,为宣传抗日和进行世界反法西斯战争服务。例如,《君子与伪君子》《近代战争中的人力与武器》等多篇文章。1940 年 4 月,林同济创办《战国策》半月刊,后又在重庆《大公报》开辟《战国》副刊。雷海宗积极为之撰稿,因而与林同济等人被称为"战国策派"。他在《战国策》和《战国》副刊先后发表了《张伯伦与楚怀王》《历史警觉性的时限》《中外的春秋时代》《战国时代的怨女旷夫》《历史形态》《三个文化体系的形态》《独具二周的中国文化》等文章。所谓"战国策派"的基本观点和主要思路,是使用斯宾格勒的"文化形态史观"的理论来考察历史与文化,分析当前的世界形势。该派认为,欧美文化现在正处在相当于古代中国的"战国时代",第一次和第二次世界大战正是"战国时代"所独有的大规模国际战争特征的表现,中国面对这样的局势,必须找出应对之策,自主、自立、自强地建国和战胜日本侵略者。

此外,雷海宗还积极地为《当代评论》半月刊撰稿。从 1941 年末到 1944 年 3 月,他既为《当代评论》写过多篇社评,如《埃及战争》《法属非洲——西方的第二战场》《罗邱会议》《突尼西亚盟军大捷》《法国解放委员会与法兰西前途》《苏捷协定与波兰前途》《德舰沙恩霍斯特号沉没》《苏联采用新国歌》《阿根廷与轴心绝交》等;又在该杂志发表《海战常识与太平洋大战》《战后世界与战后中国》《平等的治外法权与不平等的治外法权》《欧洲战后人的问题》《战后的苏联》等专门文章;还主持了"世界战局的总检讨"的座谈会,作序论发言和总结发言。

1945 年 8 月 15 日,日本宣布无条件投降。1946 年下半年,清华大学在北平复校。雷海宗仍担任历史学系系主任,并在冯友兰赴美讲学期间代理文学院院长之职。他继续讲授中外历史多门课程,并发表《历史过去释义》《春秋时代的政治与社会》《东周秦汉间重农抑商的理论与政策》及《人生的境界(一)——释大我》等学术论文。此外,还与林同济合编《文化形态史观》一书(上海大东书局于 1946 年5 月出版)。

抗战胜利后,雷海宗仍然关心国内外形势与政局的发展,撰写大量时论性文章。1946 年,他发表了《欧美民族主义的前途》《时代的悲哀》《和平与太平》与《国都问题》等文章。1947 年,雷海宗发表了《妇女、女权》《航空时代、北极中心与世界大势》《理想与现实》《印度还政问题》《美国设国防部》《两次世界大战后的人心》《伊朗问题》《近代化中的脑与心》《报纸广告的分析》《史实、现实与意义》《转变中的逻辑》等文章。1948 年 1 月,雷海宗在北平主编《周论》杂志,每周一期,直到该年 11 月 19 日停刊,共出版了两卷 43 期。他几乎为每期写一篇以上的社论,还先后发表《如此世界,如何中国》《副总统问题——一个历史的探讨》《全体主义与个体主义——中古哲学中与今日意识中的一个根本问题》《论老》《弱国外交与外交人才》《纽芬兰自动并入加拿大》《论中国社会的特质》《锦州——古今的重镇》《人生的境界(一)——释大我》等专论。另外,他还为其他报刊撰写了专论《论美国在巴拿马受挫》《美苏两种世界主义比较》《南斯拉夫共产党大会》《促进耕者有其田,开征累进财产税》和《国际和平展望》等文。

1948年后期,全国解放形势日益明朗。尽管有关当局愿给雷海宗提供机票动员他"南飞",但他认为国民党大势已去,不得人心,毅然决定留在北平清华园,迎接解放,与人民同呼吸、共命运。新中国成立后,他积极参加土地改革、抗美援朝和思想改造等运动,热情学习马克思列宁主义和毛泽东思想。

新中国成立初期,雷海宗仍在清华历史系任教,但辞去系主任之职。1950年秋,他发表了《古今华北的气候与农事》学术论文,探讨古书中所见古代华北的气候与农业,指出其后逐渐发生的变化,并对今后华北的气候状况和农业发展提出了自己的意见。从1950年10月到1951年11月,雷海宗一方面连续发表了《翻译中的小问题一束》等七篇结合历史论翻译的文章,另一方面又接连发表一系列批判美国门户开放政策、天主教梵蒂冈教廷与耶稣会的文章,如《美帝"中国门户开放政策"的背景》《耶稣会——罗马教廷的别动队》《耶稣会的别动队活动》《中国近代史上的天主教与梵蒂冈》《20世纪的罗马教廷与帝国主义》《今日梵蒂冈与世界罗马教简介》及《近代史上的罗马教》。

1952年秋,雷海宗调南开大学历史系任教,为世界史教研组主任,主要从事世界史学科建设,讲授世界上古史,兼及世界近代史与物质文明史。他编写出的《世界上古史讲义》被教育部定为全国高等学校交流讲义。在这部著作中,雷海宗按照马克思主义唯物史观的观点,运用丰富的材料,对世界上古史作了系统的阐述。其特色在于有自己的体系,既摆脱了他原来发挥的斯宾格勒文化形态史观的框架,也不完全沿用苏联教科书的一般结构。主要特点有:(1)把中国史放在世界史之中,在第1章"总论"中以世界史为背景,概述了上古中国的历史,通过对比,从经济政治、文化、人民性、民族性各方面说明古代中国在世界历史上的地位,打破了中国史与世界史之间的界限,并强调中国人学习世界史应从中国的角度来看世界。(2)重视各地区、各民族之间的相互关系和影响,从总体上来把握世界史。专设第13章"上古中晚期亚欧大陆之游牧世界与土著世界",集中论述了公元前1000年至公元570年亚欧大草原的游牧部落与中国、希腊和罗马等地区国家的关系以及世界上古史上第三次游牧民族大迁徙。这一部分后扩大充实为学术论文,以《上古中晚期亚欧大草原的游牧世界与土著世界》为题发表,具有很高的学术价值与拓荒意义。(3)结合奴隶制度和奴隶社会的整个历史,分析了家庭奴隶制和生产奴隶制这两种不同类型的奴隶制度在游牧地区、大陆农业地区和靠近海洋地区三种不同地区的发展,认为海洋区是唯一一个奴隶社会为时较长、奴隶制度发展较高的地区,工商业一直是维持并发展奴隶制度的基础。《世界上古史讲义》直至2012年始由中华书局正式出版。

1956年,雷海宗在世界上古史课程中对整个体系作了新的调整,将分地区教学改为分时段教学,并对上古时期各阶段社会形态的性质与名称作了新的探讨。1957年,他发表了长文《世界史分期与上古中古史的一些问题》。雷海宗强调生产力,特别是生产工具的作用,认为人类迄今的历史依生产工具而论,可分为石器时代、铜器时代、铁器时代和机器时代。从社会性质来说,石器时代属于原始社会;铜器时代属于马克思所说的"亚细亚生产方式"的社会,可称之为"部民社会";铁器时代包括古典社会和封建社会;机器时代包括资本主义社会和社会主义社会。奴隶制在雅典与罗马的短期特殊发展,只能看作封建社会的变种发展。古典社会和封建社会属于同一铁器时代的前后两个阶段,实际都是封建社会而稍有不同。在此之前,从 1953 年起雷海宗作为编委在《历史教学》刊登了一系列文章,它们是:《有关马克思的两篇文件》、《关于世界上古史一些问题及名词的简释(一)、(二)、(三)》、《答"容克"两字的含义》、《世界史上一些论断和概念的商榷》、《欧洲人的"教名"及一般取名的问题》、《关于公元纪年各种西文名词的意义及中文译名问题》、《关于公元纪年问题的补充说明》、《读高级中学课本〈世界近代现代史〉上册》、《历法的起源和先秦的历法》以及《基督教的宗派及其性质》。

1957 年 8 月,雷海宗受到批判,被错划为右派分子。此后,他的健康状况急剧恶化,患慢性肾脏炎不治之症,严重贫血,全身浮肿,步履艰难,停止了教学活动。但雷海宗虽身处逆境,仍关心国家大事,精心译注斯宾格勒的《西方的没落》一书的有关章节;亲自指导王敦书翻译《李维〈罗马史〉选》,加以校改,该书由商务印书馆于 1962 年出版。

1961 年 10 月,雷海宗被摘掉右派分子的帽子。为了把有限余生和满腹学识献给人民,他于 1962 年克服病痛,在校内乘三轮车来到阶梯大教室门口,拖着沉重的步伐重上讲台,精神抖擞地为一百多个学生先后讲授"外国史学名著选读"和"外国史学史"两门课程,一直到当年 11 月难以行动时为止。1962 年 12 月 25 日,雷海宗因患尿毒症和心力衰竭病故,过早地离开了人世,享年 60 岁。1979 年 3 月,雷海宗的右派问题得到改正。2003 年 12 月与 2012 年 6 月,南开大学历史学院分别举行了规模盛大的纪念雷海宗百岁和 110 岁诞辰的大会。

二

《中国文化与中国的兵》是雷海宗的代表作,也是他的成名作,

集中体现了他的治学特点。该书完成于 1938 年,即抗日战争全面
爆发的第二年,出版于 1940 年。全书分上、下编。上编的主题是对
中国传统文化的评价,实际由他自 1934 年到 1937 年发表的五篇系
列学术论文合成。前三篇从军队、家族制度与政治首领三个不同的
方向探讨秦汉以上的中国——动的中国。第四篇专讲秦汉以下的
中国——比较静止的中国。第五篇合论整个的中国历史。当时抗
日战争尚未全面爆发,他对中国旧文化提出了较多的批评和非议,
因为他觉得"若要创造新生,对于旧文化的长处与短处,尤其是短
处,我们必须先行了解"。

　　第一篇是《中国的兵》,这原是雷海宗发表于 1935 年《社会科
学》创刊号首篇的力作。关于中国的兵制,历代学者都有研究,但雷
海宗另辟蹊径,运用社会学、心理学、军事学的眼光,研究"兵的精
神",从当兵的成分、兵的纪律、兵的风气和兵的心理等方面来考察
中国的兵,由之探究中华民族盛衰的轨迹与原因。他论述道:中国
春秋时代上等社会全体当兵。战国时代除少数文人外,全体人民当
兵,近乎征兵制。汉代通过"更赋"制度使上等社会不服兵役,终于
实行募兵制,将卫国责任移到职业兵(大部为贫民、流民、外族兵、囚
徒)肩上。由军民不分,经军民分立,到军民对立,专靠胡羌兵,这就
使国势日衰,社会病弱,中原终于成了汉代那些属国的属国。东汉
以下兵的问题总未解决,只有隋及盛唐承袭北朝外族的制度,百余
年间曾实行半征兵的府兵制度,这也是汉以后中国汉族自治的唯一
强盛时代。雷海宗认为,文武兼备的人有比较坦白光明的人格,兼
文武的社会也是光明坦白的社会,这是武德的特征。中国二千年来
社会上下各方面的卑鄙黑暗恐怕都是畸形发展的文德的产物。偏
重文德使人文弱,文弱的个人与文弱的社会难以有坦白光明的风
度,只知使用心计;虚伪、欺诈、不彻底的空气支配一切,使一切都无
办法。中国兵制的破裂与整个文化的不健全其实是同一件事。东
汉以下,兵的问题总未解决,乃是中国长期积弱的一个重要原因。

只有振兴武德,实行征兵制,叫良民当兵,尤其是一般所谓的"士大夫"都人人知兵,人人当兵,才能使中国自主自立。

第二篇是《中国的家族》(原名《中国的家族制度》)。文章一开头就提纲挈领地指出,中国的大家族制度曾经过一个极盛、转衰与复兴的变化;这个变化与整个政治社会的发展又有密切的关系。春秋以上是大家族最盛的时期,战国时代渐渐衰微。汉代把已衰的古制又重新恢复,此后一直维持了二千年。雷海宗随后论述,春秋以上的大族不只是社会的细胞与经济的集团,并且也是政治的机体。春秋时代大家族仍然盛行。宗法的大家族是维持封建制度下贵族阶级地位的一种方法,封建破裂,此制就难以独存。一到战国,各国贵族被推翻,宗法随着消灭,大家族根本动摇。商鞅变法的一个重要内容就是废大家族,规定二男以上的家庭必须分异,否则每人加倍纳赋。各国变法之后,家族制度没落,可由种种方面看出。丧服制与子孙繁衍的观念可说是旧日家族制度的两个台柱。清楚严明的丧服制是维持一个人口众多的家族的方法,子孙繁衍是使大家族继续存在的方法。但到战国大家族破裂之后,这两根台柱随之倒塌。小家庭的生活与子孙繁衍观念之淡薄也影响人口的增长。两汉时代的政府既设法提倡人口的增加,又不断设法恢复前此几近消灭的大家族制度。孝道的提倡与三年丧的宣传同时并进。至西汉末,经过百年间的提倡,三年丧制重建起来。到东汉时,可说孝的宗教已经成立,大家族重建的运动已经成功。此后,大家族是中国社会国家的基础,是社会的一个牢固的安定势力。不只五胡之乱不能把它打破;此后经过无数的大小变乱,社会仍不瓦解,就是因为有这个家族制度。但大家族与国家似乎根本不能并立,近百年来在西方文化强烈冲击下,大家族制度遭到破坏,小家庭兴起。家族制度,或大或小,是人类生活的必需条件。大小两制,各有利弊。未来的中国究竟采取如何形态的家族制度,甚为紧要,颇堪玩味。值得注意的是,雷海宗将人口论与节制生育的理论引进了对中国家族制度的研究之中。

第三篇是《中国的元首》(原名《皇帝制度的成立》)。文章开宗明义地说明,中国历史上四千年间国君的称号甚为简单。当初称王,王下有诸侯。其后诸侯完全独立,各自称王。最后其中一王盛强,吞并列国,统一天下,改称皇帝,直至清末。称号的演化虽甚简单,内含的意义却极重要。雷海宗随后论述,西周时期,周天子称王,周室为列国共主。春秋时代周王虽无实权,其天子地位未被否认。春秋列国由诸侯与世族合治,诸侯为地位最高的世族,任何一国或任何一国的世族无独吞天下的野心。战国时代世族被推倒或势力削弱,统治者是国君和一般无世族的传统与心理的出身贵贱不齐的文人。这些文人是国君的忠心拥护者,其权势荣位来自国君,也可被国君随时夺回。全国权柄都归国君一人一家,一般臣下皆仰给于君上。国君只谋求其一人一家的利益,列强都想独吞中国。公元前334年后,列国相继称王。列国称王的意义在于既向周室完全宣布独立,又暗示想吞并天下,因为"王"是自古所共认为天子的称号。公元前288年,最强大的秦、齐两国约定平分天下,秦王称西帝,齐王称东帝,除楚国外,天下由二帝分治。最后,公元前221年秦王政合并六国,开创了前古未有的大一统局面。他令丞相御史议称号,决定君称"皇帝",自称"朕"与"始皇帝",表示政权完全统一,操于皇帝一人之手。从此,皇帝就是国家,国家就是皇帝。汉室的成立是天下统一必然性的又一明证,统一是解决天下问题的唯一出路。汉袭秦制,汉室虽是平民出身,皇帝的尊严并不因之减少,反而日趋神秘,行封禅,按五德终始说自定受命之德。皇帝开始神化,立庙。皇帝的地位愈发崇高,不只是政治的独裁元首,并且天下公然变成其个人的私产,而寄生于皇帝私产上的人民则等同于皇帝的奴婢臣妾。皇帝是唯一维系天下的势力,民众则是一盘散沙。皇帝制度本身到西汉末年可说已经完全成立,此后二千年间皇帝制度的本质与特性始终未变,宋以下皇帝的地位更为尊崇。但近百年来西方势力的侵入动摇了清廷的统治。辛亥革命的爆发,使战国诸子所预想,秦始皇所创立,西汉所完成,曾经维系中国二千余年的皇帝制度,以及三四千年来曾笼罩中国的天子理想,一股脑结束。废旧容易,建新困难。在未来中国的建设中,新的元首制度也是一个不能避免的大问题。

第四篇是《无兵的文化》。此文是雷海宗应对《中国的兵》一文发表后学界有人认为该文三国以下所讲太简,似有补充之必要的意见而写的。他说,二千年来中国兵的本质的确没有变化,若按有关史料写篇长文不难,但这样勉强叙述一个空洞的格架去凑篇幅,殊觉无聊。反之,若从侧面研究,推敲二千年来的历史有何特征,却意味深长。他接着指出,秦以上为自主、自立的历史,人民能当兵,肯当兵,对国家负责任。秦以下人民不能当兵,不肯当兵,对国家不负责任,因而一切都不能自主,完全受自然环境(如气候、饥荒等)与人事环境(如人口多少、人才有无与外族强弱等)的支配。秦以上为动的历史,历代有政治社会的演化变革。秦以下为静的历史,只有治乱骚动,没有本质的变化,在固定的环境下,轮回式的政治史一幕一幕地更迭排演,大致可说是汉史的循环发展。这样一个完全消极的文化,没有真正的兵,也就是说没有国民与政治生活,可称为"无兵的文化"。但无兵的文化,轮回起伏,有一定的法则。于是,雷海宗从政治制度之凝结、中央与地方、文官与武官、士大夫与流氓、朝代交替、人口与治乱、中国与外族等七个方面,对中国秦汉以下比较静的二千年历史的特征与轮回起伏的法则展开论述,内容丰富,精彩纷呈。应当指出,雷海宗在这里并不对史实进行叙述和考证,而是运用政治学、社会学、心理学、生理学、优生论、人口论与环境观等学科的眼光及方法,对各个问题加以推敲探讨,他的研究分析深刻,见解精辟。最后,他提出,中国虽屡次被征服,却始终未消灭,因为游牧民族的文化程度低于中国,入主中国后大都汉化。但鸦片战争后,局面一新。新入侵的外族是一个高等文化的外族,不只不肯汉化,并且要同化中国。中国会否遭遇古代埃及与巴比伦国家文化灭亡的命运?雷海宗认为,中国地面广大,人口众多,远非古埃及、巴比伦一隅之地可比。另外,中国有独特的语言文字,汉文与其他语文的系统都不相合,不是西洋任何语文所能同化的。民族文化创造语言文字,同时语言文字又为民族文化所寄托,互不可分。语言文字若不失掉,民族必不全亡,文化也不至消灭。西洋文化中国不妨尽量吸收,只要语言文字不贸然废弃,将来终有消化新养料而复兴的一天。

第五篇是《中国文化的两周》(原名《断代问题与中国历史的分期》)。文章中,雷海宗先是指出,日常所谓的"西洋史"包括埃及、巴比伦、回教、希腊罗马、中古以下的欧西等五个文化;但人类历史不是一元的,文化是个别的,不能把几个不同的个体混为一谈而牵强分期。每个文化都有它自然发展消长的步骤,合起来讲,必讲不通。必须把每个文化的时间与空间的范围认清,明确其独立性,然后断代的问题以及一切的史学研究才能通行无阻。他随后以高屋建瓴的气势与简洁洗练的笔触,对新石器时代以下整个中国文化的历史作出全面系统的分期断代的概述。雷海宗认为,中国四千年来的历史可分为两大周。第一周,由最初至公元 383 年的淝水之战,大致是纯粹的华夏民族创造中国传统文化的时期,外来的血统与文化没有重要的地位,这时的中国可称为古典的中国。第一周,除所谓史前期外,可分为五个时代:封建时代(公元前 1300 年至前 771 年)、春秋时代(公元前 770 年至前 473 年)、战国时代(公元前 473 年至前 221 年)、帝国时代(公元前 221 年至公元 88 年)和帝国衰亡与古典文化没落时代(公元 88 年至 383 年)。淝水之战是一场决定历史命运的战争。此后,中国文化由古典的第一周进到胡人血统与印度宗教被大量吸收的第二周。第二周,由公元 383 年至今日,是北方各种胡族屡次入侵,印度的佛教深刻地影响中国文化的时期。这时的中国是一个胡汉混合、梵华同化的新中国,一个综合的中国。随着北族入侵,汉族就大规模地渡长江向南方移殖开发。江南与岭南到第二周地位日渐提高,政治上成为重要区域,文化上最后成了重心。第二周也分为五期:南北朝、隋、唐、五代(公元383年至960年);宋代(公元960年至1279年);元明(公元1279年至1528年);晚明盛清(公元1528年至1839年)和清末中华民国(公元1839年以下)。第二周的各代之间仍各有特点,但在政治社会方面没有本质的变化,不过保留秦汉时期的制度与规模;然而在文物方面,如宗教、哲学、文艺之类,却有真正的变化。近百年来,西学东渐,中国文化各方面受到绝大的冲击。现在第二周显然已快到结束之时,但何时结束,如何结束,尚很难说。与历史上其他文化相比,中国文化之有第二周是特殊的例外,得天独厚,大有可为。他最后问道:我们是否能创出尤其未闻的新纪录,去建设一个第三周的伟局?

《中国文化与中国的兵》一书下编的主题是探讨抗战建国中的中国,由雷海宗写于1938年的两篇文章《此次抗战在历史上的地位》与《建国——在望的第三周文化》构成。上编诸文完成于抗日战争全面爆发前,是研究历史、观照现实的长篇学术论文,注意力集中于传统文化的弱点,对于中华民族的坚强生命力只略微提及,未专门解释。中国文化第三周只在最后作为一个问题提出,打着问号,尚未作答。下编二文写作于抗日战争全面爆发之后,是联系历史、直接讨论现状的政论性文章,比较短小精悍。第一篇文章的主题在于解释此次抗战的意义与士兵之所以英勇,说明中华民族虽老而仍有朝气的原因。第二篇文章则直接以"在望的第三周文化"为题,表示雷海宗对于前途的希望与信仰。他呼应上编,从兵、家族与元首三个方面来讨论建国与新生的问题。

在《此次抗战在历史上的地位》一文中,雷海宗第一句即宣布,此次抗战不只在中国历史上是空前的大事,甚至在整个人类历史上也是绝无仅有的奇迹。中国军队的英勇获得了友邦军事观察家的同声赞扬,可与古今任何正在盛期的民族军队相比,值得大书特书。他随后列表指出,历史上其他民族的文化发展只经过由分裂到统一而后再分裂衰亡的一周过程,而中华民族的文化却经历了二周,其原因在于两千年来中国南方地区的大开发,保持并增强了中华民族的元气。在别的民族已到老死的时期,中国反倒开拓出这样一个伟大的新天地,这在人类历史上是无可比拟的例外。两千年来养成的元气,今日全部拿出,作为民族文化保卫战的力量。此次抗战的英勇,大半在此。雷海宗最后宣称,抗日战争是中国第二周末的"淝水之战",甚至比淝水战争尤为严重。成败利钝,长久未来的远大前途,都系于此次大战的结果。第二周的文化已是人类史上空前的奇迹;但愿前方后方各尽职责,打破自己的非常纪录,使第三周文化的伟业得以实现。

在《建国——在望的第三周文化》一文中,雷海宗首先指出,中国是在抗战中建国,正在结束第二周的传统文化,建设第三周的崭新文化。他接着说,二千年来中华民族所种的病根太深,非忍受一次彻底澄清的刀兵水火的洗礼,万难洗净过去的一切肮脏污浊,创造民族的新生。"新生"一词的一个最重要意义就是"武德"。"旧中国传统的污浊,因循、苟且、侥幸、欺诈、阴险、小器、不彻底,以及一切类似的特征,都是纯粹文德的劣根性",应该恢复战国以上文武并重的文化。每个国民,尤其是处在社会领导地位的人,必须文武兼备。非如此,不能有光明磊落的人格,不能创造光明磊落的文化,社会不能有光明磊落的风气。兵制与家族制度不能分开。旧的大家族必须废除,小家庭也不是绝对无疵。大家族与小家庭的调和不是绝不可能。一个平衡的家族制度是健全生活与民族长存的必不可缺的条件。建国运动,创造新生,问题万千。但兵是民族文化基本精神的问题,家族是社会的基本问题,元首是政治的基本问题。三个问题若都能圆满解决,建国运动就必可成功,第三周文化就必可实现。雷海宗最后慷慨激昂地大声疾呼:"生逢二千年来所未有的乱世,身经四千年来所仅见的外患,担起拨乱反正、抗敌救国、变旧创新的重任——那是何等难得的机会!何等伟大的权利!何等光荣的使命！"

雷海宗将《世袭以外的大位承继法》一文作为《中国文化与中国的兵》的附录。该文以罗马帝国的皇帝和回教初期的教主为实例，说明人类史上政治元首亦即政治实权者在世袭以外的继承制与方法，目的在于给中国乃至世界其他共和国家之政治实权领袖的更替承袭提供参考。

《中国文化与中国的兵》一书出版后，学界受到震动，大后方读者为之振奋。例如，中国世界史著名学者吴于廑先生当时是西南联大的南开大学经济研究所的研究生，他对中国历史分期的看法深受雷海宗的影响。1940 年 3 月，他以吴保安之名在《今日评论》第 5 卷第 12 期发表《第三期的浪漫时代》一文说，"从对中国历史的分期说，我们依傍于雷海宗教授的《断代问题与中国历史的分期》那篇大文。雷先生新著《中国文化与中国的兵》则因战时得书不易，至今仍未见着。但据我胡乱猜想，其基本立场或仍与上述一文相似"；"中国的历史，却是一个不算例外的例外。谓其为不算例外者，因中国历史也有这种生长谢灭的现象。谓其为例外者，因它于衰谢之际还能够镕铸新力，返老重生。这其中的道理，雷先生于他那篇大文里言之备悉"；"上面对于中国历史的分期略论，大部依据雷先生那篇《断代问题与中国历史的分期》缩写而就"。

又如，另一位世界古代史大家胡钟达先生，当时还是正在福建武夷山大王峰下苏皖政治学院学习的青年学生，读到《中国文化与中国的兵》一书时，深感兴味盎然，精神振奋。胡先生之女胡月龙在回忆其父的《学园生平——女儿眼中的父亲》一书中说，"雷先生的中国文化二周论、三周论在爸爸看来更具真知灼见"；"雷先生这一新颖的论点，足以鼓舞国人抗日战争的士气，坚定取得最后胜利的信心，对爸爸也有极大的吸引力"[1]。

---

[1] 胡月龙：《学园生平——女儿眼中的父亲》，第 35 页。

从根本上看来，雷海宗在《中国文化与中国的兵》一书中的历史观和历史体系与马克思主义的唯物史观并不相同。但是，他的贯通中外的渊博学识，打破欧洲中心论和传统王朝体系的努力，独树一帜的囊括世界、光耀中华的历史体系，以及强调中国历史与文化的特色，重视胡人血统、印度佛教和南方开发对中国文化的贡献的看法，在当时学术界是颇为难得和有显著影响的，对今天我们研究中外历史也甚具教益与启发意义。有学者以雷海宗的名字来概括其学术成就：声音如雷，学问似海，史学之宗。

（原文载于《中国文化与中国的兵》，商务印书馆，2014 年）

附录

为继承与阐扬恩师的史学
遗产而尽心竭力
——访王敦书教授

王敦书，1934 年生，福建福州人。南开大学历史学院教授，兼中国世界古代中世纪史研究会理事长。1951 年入清华大学历史系，1955 年北京大学历史系毕业。1957 年为南开大学历史系世界上古中古史专业四年制副博士研究生，师从雷海宗教授。后留系任职至今。主要研究世界史、古希腊罗马史、日本史，兼及中西史学与文化。多次赴希、荷、德、英、美、西、丹、加、瑞士、澳等国讲学和出席学术会议。著有《贻书堂史集》，担任《世界史》（吴于廑、齐世荣主编）《古代史编》上卷主编，编辑整理雷海宗的学术遗产《西洋文化史纲要》《伯伦史学集》，主编《雷海宗与二十世纪中国史学——雷海宗先生百年诞辰纪念文集》。

采访人：邹兆辰（简称"邹"）
受访人：王敦书（简称"王"）

邹：王先生，您是从事世界古代中世纪史教学与研究的著名学者，但是您也十分关心史学理论领域的问题，记得 2000 年在哈尔滨开史学理论讨论会时见过您，这次您又来到美丽的杭州，再次参加全国史学理论讨论会。我想借此机会向您请教一些问题，以便使年轻的史学工作者了解您的学术经历和您对一些问题的看法。

王:好啊! 我们在一起随便谈谈。

一

邹:我有一个问题想问您。您可以说是在新中国成立以后成长起来的一代史学家,您的老师辈的史学家比如雷海宗、吴于廑等先生新中国成立前有国外留学的经历,您的学生辈的学者很多都有改革开放后出国留学的经历,您是一直在国内读的书,但是您早在20世纪60年代就开始翻译西方史学名著,是什么条件让您在世界史领域中可以如此大显身手呢?

王:我谈不上"大显身手",不过我确实是在60年代初在雷海宗师的亲自指点和吴于廑先生的鼓励下,先后选译了李维的《罗马史》和希罗多德的《历史》,在1962年和1965年由商务印书馆出版了单行本。我所以能做这个事情主要是由于有较好的英语和世界史专业知识的基础。

这里我要回顾一下父亲对我的影响。按照原籍我应该是福州人,但我是1934年出生在河南开封,先父王世富当时是河南大学政治学系教授。在我刚刚懂事的时候,父亲就曾对我说:我们家族称西清王氏,又称王贻书堂。这个家号表明没有产业留给后人,只是以书为传家宝。他还告诉我,我这一辈排行"敦"字,而"书"字就是希望我能好好读书。我读小学和中学先是在上海,1946年后迁往天津,直到1951年高中毕业。在这一阶段,父亲对我的教育非常重视,他对我寄希望最殷,要求也非常严。从我咿呀学语开始,父亲就十五年如一日,手把手地教我认字读书,学古文,背"四书",念英文,并且还灌输各种知识。让我印象最深的是我在13岁读初中时,父亲用一年多的时间每天教我逐字逐句地朗读并口译美国著名史家海斯和穆恩的《近代史》全书。这部书一共908页,自始至终全部读

完,这就给我打下了坚实的英语和世界史的基础。在父亲的教育
下,我确立了人生的座右铭,就是热爱中国,做一个服务人群、有益
于社会的人。具体目标和道路,就是以祖父和父亲为榜样,入清华
大学政治学系,然后赴美留学,回国后当大学教授或从事外交工作。
在 1949 年新中国成立以后,父亲觉得以王家的家庭出身和所受的
西方教育,我已经不适于学政治学和从事外交工作,因此就确定我
改学历史学,决定考清华大学历史系,以世界史特别是世界近现代
史与外交史为主攻方向。就在此期间,我进一步阅读了几本英文的
历史书,例如,古奇的《近代欧洲史》、费伊的《世界大战之起源》,甚
至还涉猎了古奇主编的《关于大战起源的英国文献》等书。

邹:青少年时期就能够有这样的经历那真是您得天独厚的条
件,一般的人是不能相比的。这就是说,您的家庭教育在您一生的
成长过程中起了重要的作用,也可以说为您以后搞世界史打下了很
好的基础。

王:我想是这样的。我永远忘不了父亲对我的早期教育。但这
只是一个方面,我的成长是与恩师们,特别是雷海宗先生的教导分
不开的。

邹:那么后来您又是怎样与雷海宗先生结下了不解之缘的呢?

王:我师从雷海宗先生也是同我父亲有关系的。我父亲早就与
雷海宗师相识,他们都是清华学堂时的同学,后来,雷先生在清华大
学历史系任教。我是在 1951 年 10 月以第一志愿考入清华大学历史
系的。先后随丁则良师学宋元史,邵循正师学明清史,周一良、孙毓
棠二师学中国历史文选,侯仁之师学中国历史地理,冯友兰师学历
史唯物论。因为我的英语在全国大学入学统考中得了 95 分,可以
免修英语,所以这时候我又开始学习俄语。在我读一年级的时候,
由于世界史教师不足和参加土改,所以就没有开世界史课程。上学
期,雷先生去参加土改没有在学校,下学期他只给二年级同学开世
界中古史课,我曾经去旁听过几次,但没有正式选课向他请教。一

年级末的时候,听说高校进行院系调整,雷先生将调往南开,这样我就不能师从雷先生学习了,真是感到非常的惋惜。

说来也巧。1952年10月初我由天津买火车票返回清华时,突然有人从后边拍我肩膀,我回头一看竟是雷先生。他说来南开办一些手续,现在回清华,于是我们就一路回京。在火车上有两个多小时,这是一次难得的向雷先生学习的机会。他耐心细致又是高屋建瓴地给我讲如何读书治学,特别是如数家珍一般地具体告诉我学世界史应该读哪些书——从学古代史到近现代史乃至国别史,应该读哪些名家的著作,他都一一开列出来。例如,世界古代史应读罗斯托夫采夫所著的《古代世界史》二卷本,世界中古史应读汤普逊所著《中古史》二卷本,世界近现代史可读海斯的《近代欧洲政治文化史》二卷本和埃伯特的《欧洲的扩张》,等等。我想,如果说父亲为我打下了学习世界近代史和外交史的基础,雷师则在这宝贵的三个小时内把我领进了整个世界史从古至今的殿堂,他画龙点睛地给了我打开这神圣殿堂大门的钥匙。

1952年10月,清华大学历史系并入北京大学。在这里我先后师从张政烺、余逊、邵循正、荣天琳等先生学习中国史,师从胡钟达、齐思和、杨人楩、张芝联、王力等师学习世界史,跟周一良师学习了三个学期的亚洲史。此外,还有夏鼐先生的考古学通论,林耀华先生的原始社会史和人类学通论,以及林庚先生的中国文学史。在这些名师的指导下,我系统地学习了中外史学的基本知识、基本理论和基本技能,为我以后从事史学工作打下了广阔、深厚、扎实的基础。

1955年11月,我被分配到武昌建筑工程学校,任政治教师教革命史。但是我内心深处还是想继续钻研世界近现代史和国际关系史。没有多久机会就来了。1956年7月,南开大学历史系郑天挺先生之子、我的北大老同学郑克晟来信告诉我,南开大学雷海宗先生将招收世界上古中古史专业副博士研究生,希望我报考。得到这个消息我感到真是喜从天降，建筑工程学校的领导也同意我去报考。

1956 年 8 月初我返回天津，马上就去拜谒郑、雷二师。这时离那次火车上相遇雷先生已经四年了。雷先生非常亲切地接待了我，把有关的苏联教材中译本和他自己编写的世界上古史讲义借给我阅读，还让我在开学后去旁听他按新体系讲授的世界上古史课程。这年的 11 月，我在天津参加了研究生的入学考试。世界上古中古史专业共考英语、哲学、世界上古史、世界中古史四门课程。考试结束后，我就告别了雷师回武昌了。

邹：这次您就有机会跟雷先生学习世界史了吧？

王：是的，可以说我与雷先生有这个缘分吧！12 月初，我意外地收到了雷先生发来的亲笔长信。首先，他告诉我以特优成绩被南开大学录取；随后，他语重心长地嘱咐我之后在他的指导下刻苦读书，在哲学、社会科学、古今中外历史和外语各方面打下雄厚基础，数年之后方能登堂入室，以便更上一层楼。雷先生的来信让我终生难忘。我深切地体会到雷师对我关怀之深、期望之切、要求之严和做学问的不容易，并且由此把我的志趣定位到世界上古中古史领域。

邹：这样就和雷先生的专业一致了。

王：是的，我的专业和雷先生一致了。1957 年 2 月，我到南开大学历史系报到，正式成为雷师的世界上古中古史专业四年制副博士研究生。但是，就在这年春天，全国开展了助党整风运动，不久又转入反右派斗争，雷先生在运动中受到批判，8 月就被定为右派分子，而且是史学界最大的右派。这样，我再次失去了跟雷先生学习的机会。不仅如此，1958 年 2 月在处理右派时，我被补划为右派，取消了研究生的资格。到 3 月末，就随南开大学下放干部队伍先后在天津郊区和南开大学农场劳动。1960 年 10 月，我被摘掉了右派的帽子；1961 年 3 月下旬，我由农场调回历史系，到资料室担任资料员。

二

邹：这次您回资料室工作，可以有机会接触雷先生了吧？

王：确实是这样。遭到了一场灾难后回到资料室工作，可以说是我新的学术生活的开始。但是，一开始，我仍然不敢去看望雷先生，因为他尚戴着右派的帽子，以我的身份去见他，怕引起非议。可是很快就有机会了。1961 年 4 月，在北京召开了全国文科教材工作会议，决定吴于廑先生负责主编《外国史学名著选》全书。南开大学历史系承担了希罗多德《历史》和李维《罗马史》的选译任务，系领导把这个任务交给了我，并说翻译过程中可以向雷先生请教。这样，在相隔了四年之后，我再次登先生之门，重新得到了先生的指导。由于有雷先生的精心指点和仔细校改，我只用了六个星期的时间就完成了李维《罗马史》的选译工作，并且赶在 7 月 1 日以前寄往北京，作为对中国共产党诞生四十周年的献礼。

这次选译李维《罗马史》可以说旗开得胜。下半年吴于廑先生主动来信，肯定了我们翻译工作的成绩，并且约见了我，进一步安排希罗多德《历史》的选译事宜。在这个过程中，我与雷海宗先生接触的机会多了。他在 1962 年先后开设了外国史学名著选读和外国史学史两门课，我随他做一些资料翻译和教学辅助的工作，后来又负责陪他到医院去看病。同时，还进行《历史》的选译工作，初稿完成之后，就送给雷先生校改。但由于他的健康状况一天不如一天，而且又忙于教课，顾不上看我的选译稿。这年年底，他就病逝了。但承蒙吴于廑先生厚爱，肯定了我的翻译成果。继 1962 年商务印书馆出版了李维《罗马史》选译的单行本后，1965 年又出版了希罗多德《历史》选译的单行本。这两本书是我的处女作。能够出版这两本书，真得感谢吴于廑先生的胸襟和气魄，因为我当时只是一个年轻的"摘帽右派"，一个资料员，在那样一个"左"的环境下，能够让我公开署名发表著作,不知要冒多大的政治风险啊!

邹:在雷先生去世以后,您又有一些学术成果问世,比如您的文集中有一些关于日本史的研究,那是在什么情况下搞的?

王:先是在 1963 年初,我的名著选译工作告一段落,雷先生去世后课程辅导的工作也中断了。这样我就有一段的"赋闲"时间。这时,承杨生茂先生垂青,在他的指导之下翻译关于美国内战的历史文献,这样我就开始涉足美国史。这些译稿后来经过杨先生和查良铮先生的校改,在"文化大革命"后收入杨生茂编的《美国南北战争资料选辑》一书,1978 年由上海人民出版社出版。

后来,我的学术方向发生变化,这与吴廷璆先生有关。那是 1963 年的 7 月,我们资料室的人员和工作有所调整。我有幸得到吴先生的赏识,让我以资料员的身份担任他的助手。从此,我的学术方向转向日本史研究。在吴先生的领导下,我与俞辛焞同志共同组建了南开大学日本史研究室。不过当时由于"四清"、"五反"、半工半读等运动接连不断,日本史的科研并没有很好地展开。1966 年 6 月,"文化大革命"爆发。1968 年下半年,工宣队进校。一直到 1972 年 9 月以前,我先在农村、农场参加劳动,后在南开化工厂包装车间当了两年工人,直到后来调我回历史系为工农兵学员教英语,可以说都在接受"文化大革命"的批判和"洗礼"。1973 年,日本史研究室恢复工作。我曾随吴廷璆先生一起配合"评法批儒"运动,搜集探讨日本历史上的儒法思想的资料与斗争。后来,由于国际上发生石油危机,就去考察日本 30 年代的经济危机和战争。考察一段经济问题以后,我想要发挥自己精通英语和过去爱好国际关系史的长处,回过头来研究日本的外交史。从 1974 年以来,我在南开大学日本史研究室主办的内部刊物《日本历史问题》上发表了一些不署名的文章和资料选编,如《日本大化改新时期的儒法斗争》《三十年代日本的经济危机和战争》《1941 年的日美谈判》等。最后,还承担了吴廷璆主编《日本史》第 13 章关于太平洋战争的大部分撰写任务。

1972 年后，我还在黎国彬先生领导下，参加联合国资料翻译工作，并和冯承柏等同志合作，编译了《尼加拉瓜史》，由天津人民出版社在 1976 年出版。

邹：您搞了这么长时间的日本史研究，是不是还要学日语呢？

王：研究日本史，自然需要会日语，并使用日文的材料。说实在的，我没有正规地接受过日语的训练。小时候，日军占领上海的最后二年，要求小学生学日语。但校领导出于爱国心，表面上设日语课，实际上继续教英语，只有在教育局派督学来检查时，才拿出日语教科书装样子。所以，我一直不会日语。1963 年，吴廷璆先生选我做他的助手，我曾推辞说自己不会日语。吴先生说：不要紧，你可以学嘛。你精通英语、俄语，有语言才能。下半年，我就跟班听李约瑟先生给历史系本科生上的公共日语课。可惜不到三个月，就由于下乡"四清"中断了。以后，只能靠自学和在实际工作中提高。有不懂的地方，就向吴先生和俞辛焞、米庆余等同志请教。我和俞辛焞合作的《美国对日政策与太平洋战争的爆发》一文，使用了大量的日文和英文的材料，在《历史研究》发表后，受到了世界现代史和国际关系史著名学者齐世荣先生的重视和好评。不过，我的日语始终没学好，现在早都忘了。

邹：在 50 年代您就决心和雷先生学世界上古中古史专业，您是不是还是希望能搞这个专业呢？

王：那需要有机会。1978 年 9 月，南开大学历史系已经恢复招本科生，世界古代史教研室感到人手缺乏，于可同志代表教研室希望我"归队"，这样我在断断续续搞了 15 年的日本史研究之后，又回到了 22 年前我报考南开研究生时所确定的专业方向——世界上古中古史这个"本行"上来。

邹：世界上古中古史专业是雷先生为您确定的专业方向，现在您终于可以回到这个专业上来，看来真是不容易。不过总的看来，自雷先生去世后这十几年，您还是没有离开世界史这个领域。更重要的是,改革开放的大环境又给您带来了新的机遇吧!

王:是的。改革开放以后,是我彻底摆脱逆境,苦尽甘来,教学和科研事业得到发展的时期。1979 年 7 月,我的右派头衔终于改正,职称由资料员改为讲师,工资恢复到 1956 年在武昌建筑工程学校时的待遇 69 元。这是我要衷心感谢邓小平同志的,可以说没有邓小平的理论和路线,就没有我后半生的发达和辉煌。

邹:对。1979 年时您刚刚 45 岁,那还是中年教师,您有这样好的条件,还可以为世界上古中古史的专业做很多事情。

王:1979 年 5 月,我代表南开大学历史系的同仁出席了在重庆召开的世界中世纪史研究会成立大会;8 月,中国世界古代史研究会在长春成立,这次是于可同志去参加的,他提交了与我合作写的论文《试论"亚细亚生产方式"》。同年 9 月,我有生第一次名正言顺地登上大学的讲台,讲授世界古代史课程。1980 年 10 月,我参加了中国世界古代史研究会在曲阜举行的关于古代城邦和希腊罗马史的学术讨论会,提交了和于可合作的《关于城邦研究的几个问题》一文。1982 年 11 月,我经南开大学推荐,被国家教委派往希腊研修一年,专攻希腊史。1983 年 5 月,中国世界古代史研究会在郑州召开第二届代表大会,我在雅典向大会寄去《斯巴达早期土地制度考》一文,文章后来在《历史研究》发表了。这次会上,林志纯先生和吴于廑先生提名我担任研究会的秘书长。自此,我开始负责中国世界古代史研究会的工作,1991 年以后,又开始负责中国世界古代中世纪史研究会的工作。同时,我在南开历史系也承担着职务。1981 年 5 月,受到魏宏运先生的信任,我开始担任南开历史系副主任之职。工作一直干到 1991 年 10 月,最后两年是主持全系的工作。

邹:我看到吴于廑、齐世荣先生主编的六卷本《世界史》其中也有您主编的部分?

王:自从我"归队"以后,就在世界上古中古史这个专业领域从事教学和科研工作。1983 年和 1987 年,先后晋升为副教授、教授。

1990年,经国务院学位委员会通过为世界上古中古史专业的博士生导师。这个时期,国家教委委托吴于廑和齐世荣先生主编高校世界史教材,我承二位先生的青睐,和刘家和先生一起担任了《古代史编》上卷的主编。这部书1994年由高等教育出版社出版,成为全国高校普遍使用的教材。

另外,我还要说一下:1999年,为了庆祝林志纯先生九十华诞,我主编了《中西古典文明研究》一书,由吉林人民出版社出版。林志纯先生笔名日知,是建设和发展中国世界古代史学科的元老和泰斗。最初,我曾在亚细亚生产方式和从城邦到帝国的问题上与林先生进行过商榷。我私下觉得,与这样的大学者展开讨论,是"捻虎须",心里很是不安。没想到,1982年在北师大审评刘家和先生主编的《世界上古史》教科书时,林先生竟主动地到我的住屋来看我,对我说:敦书,我了解你,我们都是福州人。你们王家在福州很有名。你是状元的后人,要努力,好好干。这番话,使我感到无比亲切。二十多年来,他对我的成长关怀备至,爱护有加。2003年5月,林先生以93岁的高龄亲笔为我的《贻书堂史集》题词:"日知其所亡,月无忘其所能";"苟日新,日日新,又日新"。这是鼓励我活到老,学到老,不断创新,不断前进。他的这种知遇之恩、提携之情和同乡之泽,我是终生难忘的。我虽然没有上过他的课,但是把他当作恩师来对待的。

邹:这本《中西古典文明研究》我没有看到过,是别的学者写的庆祝林先生寿辰的文集吗?

王:这是一部庆祝林先生九十华诞的论文集,由我与刘文鹏先生合作编成,共收39篇文章。前两篇是我和涂厚善先生分别写的关于林先生的纪念文章,之后分上、下编。上编为中文的关于世界古代史的学术论文,作者主要是林先生的学生,共17篇。下编是英文的论文,作者大多为外国知名学者,共15篇,选自1993年9月在南开大学召开的中国第一届世界古代史国际学术会议。其中我写的《垦荒播种创学业,学贯中西通古今》一文,后以《林志纯和中国世界古代史学科的建设与发展》为题,发表于《世界历史》2000年第2期。

三

邹:从您的《贻书堂史集》来看,您所关注的学术问题范围是很广的。其中有关于世界上古中古史方面的问题,有日本史研究的问题,有像亚细亚生产方式问题、城邦研究问题等历史理论方面的问题。但是,在最近几年您在继承和阐扬雷海宗先生的学术遗产方面做了很多工作,在书中也可以反映出来。我们是否可以集中谈一下这个话题?

王:好。那我们就从《西洋文化史纲要》谈起吧!雷海宗先生是中外驰名的历史学家,他一生在高校从事历史教学和研究工作,特别是精通世界史。他博闻强记、自成体系、贯通古今中外,给听过他课的学生都留下十分深刻的印象。但是雷先生没有出版过大部头的世界史专著,也没有发表很多外国史方面的学术论文。他的博士论文《杜尔阁的政治思想》是在美国用英文写的,没有发表。在50年代初,曾经按照唯物史观编写了一部《世界上古史讲义》,但是在付印以前因他被划为右派而中止。他发表的学术论文有两篇比较重要,就是《上古中晚期欧亚大草原的游牧世界与土著世界》《世界史分期与上古中古史中的一些问题》。其余的文章大多带有学术批判和通俗普及的性质。真正能够代表他的学术观点的应该是他在三四十年代的作品。但世界史方面的学术论文也不是很多,一些时论性的文章可以反映雷海宗当时对世界历史发展的一些看法和思想,但毕竟不是正规的学术成果。所以,人们往往为这位世界史名家没能留下系统的世界史著作传给后人而感到遗憾。

雷海宗和很多名教授一样,把课堂讲学作为自己的主要职业和终身使命。他对世界史方面的精深的造诣和精辟的见解,都是在课堂上传授给学生的。但他讲课不写讲稿,往往准备一个详细的提纲发给学生,让学生作提纲挈领的了解和深入研究的指导。这里面倾注着他的心血,也体现了他的研究心得和成果。但当年听雷先生课的学生,现在都已是老年人了,有的已经去世,到哪里去找当年的笔记?幸好武汉大学图书馆保存着1931年雷师在武大历史系讲授《欧洲通史》(二)一课的详细的铅印提纲,另外上海师范大学历史系老教授季平子先生那里也珍藏着雷先生在30年代前后讲授西洋史课程的部分手抄提纲。这两份提纲能够反映雷先生当年在西洋史方面的观点和成就。所以,我就以武汉大学的《欧洲通史》(二)提纲为本,参照季平子先生的提纲,又增加了季先生提纲中的关于西洋美术史的两章,整理出一部提纲,定名为《西洋文化史纲要》,2001年已由上海古籍出版社出版。这部书博大精深、高瞻远瞩、内容丰富,是雷海宗在世界史方面留下的宝贵遗产。

邹:这个提纲原名是《欧洲通史》(二),您在整理以后以《西洋文化史纲要》来命名,这是出于什么考虑呢?

王:我觉得用《西洋文化史纲要》这个名称更能反映雷海宗先生的历史观和他的史学体系。原来保存的《欧洲通史》(二)提纲,是雷海宗1931年在武汉大学历史系讲授这门课的提纲。武汉大学历史系当时可能设欧洲通史课程,《欧洲通史》(一)的主要内容应该是古代希腊和罗马史。雷先生在武汉大学历史系只教了一年课,可能只教了《欧洲通史》(二),如果沿袭这个名称,就会显得很不完整。其实在我看来,按照雷先生的历史观,可能他都不一定赞成使用《欧洲通史》这个名称。他主张历史是多元的,是一个个处于不同时间和地区的高等文化独自产生和发展的历史,迄今可以确知的有埃及、巴比伦、印度、中国、希腊罗马、回教和欧西七个高等文化。他认为人类史在时间上和空间上都不是一息相通的,它实际上是好几个文化区域各自独立的发展演变的历史,因此世界通史根本无法写出来,若要勉强写成,要么是"一部结构精密不合事实的小说",或者是"前后不相连贯的数本民族专史的勉强合成的一本所谓的世界通史"。从这里可以看出他认为,欧西文化和希腊罗马文化是两个不同的个体。雷海宗认为,"西洋"有"泛义""广义""狭义"三种不同的意义,狭义的西洋,就专指欧西(19世纪后包括美洲),这也正是《西洋文化史纲要》所覆盖的空间范围,并且提纲中用"西洋文化第一期""西洋文化第二期"作为编名。从这个提纲的特点来看,也主要是对西方的宗教、哲学、文学等作了详细的讨论,都是属于文化史的范畴的。因此,我觉得用《西洋文化史纲要》来命名,可能比用《欧洲通史》(二)更醒目,更贴切。

邹:雷先生的论著很多都是20世纪三四十年代发表的,现在已经不容易找到,还有50年代编写的《世界上古史讲义》,根本就没有出版。所以,学术界很难看到雷先生的学术论述。中华书局2002年出版的《伯伦史学集》解决了这个问题,这部书是您整理的吧? 是不是包括了雷先生的全部学术文章呢?

王:这部书由我编辑整理,是"南开史学家论丛"第一辑中的一卷。全书共分五编,主要编选雷先生在中国史方面的著作,即使包括一些世界史方面的文章,也与中国史有关或涵盖中国史的内容。搜集编辑雷先生作品的工作,我在80年代就开始进行,受到了许多师友的关心和支持。这在《伯伦史学集》的前言和后记中都有说明。

应该指出,《伯伦史学集》第二编只包括雷先生编著的《中国通史选读》的纲要部分,绝大部分史料都不在内。现在,该书已经黄振萍同志整理由北京大学出版社出版。这是一件大好事。此外,我还想将雷先生的英文博士论文、世界上古史讲义、1956—1957年世界上古史讲授提纲与参考资料,以及其他的一些世界史文章整理出来出版,供学界参考。

邹:我在看您写的介绍雷先生的学术思想的文章中谈到雷先生是比较早地注意到运用跨学科方法来研究历史的,您能不能谈谈这方面的情况？

王：是这样的。雷先生博古通今、学贯中西，特别擅长人文社会科学的整体把握和跨学科研究方法的交叉运用。他认为，历史学家只有在广博的知识的基础上才能对人类和各个国家民族的历史与文化有总的了解，才能对某些专门领域进行精深的研究。他的很多著述体现了他的这个主张。他读书的范围非常广博，不仅贯通古今中外的历史，而且在哲学、宗教、文学、艺术、地理、军事、政治、气象、生物和科技等领域都有渊博的知识和精辟的见解。他讲中国通史包括殷周史、秦汉史，也讲世界通史包括上古、中古、近代、现代各部分和西洋文化史，也讲外国史学史、史学名著、史学方法，还讲过物质文明史。举一个例子，他在《西洋文化史纲要》第48章中，讲自18世纪到20世纪西方社会科学研究方法时，他从演绎方法讲到浪漫主义的历史方法、天演论的生物学方法直到心理学方法、统计学方法，对整个演变作了非常清晰的阐述。还对19世纪的心理学、社会学、人类学、经济学、法理学、政治学和历史学等各个学科的各学派的代表人物、作品进行了详细的说明。这可以表明他对人文社会科学的总体把握和深刻了解。他不仅从理论上介绍各种方法，还把各学科的研究成果与研究方法应用于研究历史。我们看《殷周年代考》《中国文化与中国的兵》正是这种跨学科方法运用的体现和结晶。同时，他还反过来用历史研究的成果和方法应用于其他学科领域的研究，写出了《雅乐与新声：一段音乐革命史》《古今华北的气候与农业》这样高水平的论文。应该说，他这种总体把握人文社会科学和交叉运用跨学科的方法是比较超前的，很值得我们今天的学者学习。

邹：这样看来雷先生不是主张烦琐考证的学者？

王：雷先生是治学非常严谨的学者，他重视掌握史料和史实的准确性，对德国的兰克学派和清代乾嘉学派的考据训诂也是非常推崇的。但是，他强调真正的史学不是烦琐的考证和事实的堆砌，而是要从事实之外寻求道理,要有哲学眼光,对历史做深刻透彻的了解。他认为,有价值的史学著作应为科学、哲学和艺术的统一。所以,写历史要做审查、鉴别与整理材料的科学分析工作,并以一以贯之的概念与理论来说明史实的哲学综合工作,还要以艺术的手段做叙述历史的文学表现工作。在这三者中,分析是必要的历史基础,就像建筑房屋首先要选择地点,准备建筑材料;综合是史学的主体,就是修建房屋本身;艺术就是建筑后的装饰。

邹:雷先生主张用哲学的眼光来对历史作深刻透彻的了解,那就意味着他有历史认识论的思想。

王:是啊!他认为,历史学研究的对象普遍称为"过去",而过去又分为绝对的和相对的两种。把过去的事实看为某时某地曾发生的独特事实,这个过去就是绝对的和固定不变的。但是,史学中的"过去"是相对的,历史学应研究清楚一件事实的前因后果,在当时的地位,对今日的意义,使它成为活的历史事实。他觉得,历史的了解虽然要凭借传统的事实记载,但了解程序的本身是一种人心内在的活动,一种时代精神的表现,一种宇宙人生观用于过去事实的思想反应。所以,同一的过去没有两个时代对它的看法完全相同。他曾经以孔子为例来说明这个问题。他说,孔子之为孔子,已经过去,万古不变,但这个绝对的孔子,人们永远不能知道。不仅史料漏载的孔子言行已不可知,即使有文献可征,他当时的心情、背景和目的,大部分也是永远不能知道的。历史上和今日所"知"的孔子,是不同时代的后世对这"不可知"的孔子的主观认识。在《伯伦史学集》中,收了两篇他谈历史认识论的文章,他提出了主观相对主义的认识论,就是"绝对的真实永难求得,即或求得也无意义。有意义的过去,真正的历史知识,是因时而异的对于过去活动的认识。这个认识当然是主观的。"

邹:听到这里我觉得有点像李大钊在《史学要论》中讲对孔子的认识。他说,实在的孔子死了,不能复生了,可是那历史的孔子,自从实在的孔子死去的那一天,便已活现于吾人的想象中。他说,汉唐时代的孔子,与宋明时代人们的想象不同,现代人想象的孔子与宋明时代又不同了。李大钊也讲这就是"历史事实"。

王:是有些相同的地方。但是,李大钊是马克思主义者,雷先生的历史认识论则受到意大利历史哲学家克罗奇的影响。早在1930年,雷先生就将克罗奇所著《历史学的理论与实际》一书的第1章《历史与记事》译出,以《克罗奇的史学论——历史与记事》为题,刊载于中央大学文学院历史系主办的《史学》第一期。此外,雷海宗的历史认识论还具有"天人合一"的思想和一定的宗教色彩。这里我们就不详细探讨了。

邹:大家知道雷海宗的史学思想是受了斯宾格勒的文化形态史观的影响的,您是怎样看待这种影响的?

王:我认为,就历史观和整个历史体系而言,雷海宗确实深受德国历史哲学家斯宾格勒的文化形态史观的影响。他认为有特殊哲学意义的历史,在时间上以最近的五千年为限,认为历史是多元的,是一个个处于不同时间和地域的高等文化独自产生和自由发展的历史。现在可以知道的高等文化有七个,就是埃及、巴比伦、印度、中国、希腊罗马、回教和欧西。这些时间和空间都不相同的历史单位,虽然各有特点,但是发展的节奏、时限和周期大致相同,都经历过封建时代、贵族国家时代、帝国主义时代、大一统时代和政治破裂与文化灭绝的末世这五个阶段,最后趋于毁灭。我觉得他的文化形态史观的意义在于,他把欧西文化与埃及、中国等其他六个文化相并列,它们并没有高与下、中心与非中心之分,这就有力地破除了西欧中心论的观点。他也曾多次批驳欧洲学者对阿拉伯历史与文化的歪曲与诬蔑,这也是有积极意义的。

邹:不过这种文化形态史观还是不太好理解的,一个文化形态是怎样走向政治破裂与文化灭绝的呢?比如,拿中国历史来说怎样说明这一点呢?

　　王：在对待中国的历史问题上，雷海宗毕竟比斯宾格勒更了解中国历史。他认为中国文化的发展有独特之点。其他文化，除欧西因历史起步晚尚未结束外，其余都是按照上面五个阶段的进展，经过形成、发展、兴盛、衰败这一个周期而灭亡。但是，中国是例外。他认为中国文化四千年来经历了两个周期。以公元 383 年的淝水之战为分界线，由殷商到"五胡乱华"为第一周。这是纯粹的华夏民族创造中国传统文化的古典中国时期。它经历了殷商西周封建时代、春秋贵族国家时代、战国帝国主义时代、秦汉帝国大一统时代（指公元前 221 至公元 88 年）和帝国衰亡与古典文化没落时代（公元 89 年至 383 年）。中国文化与其他文化不同之处在于它没有就此灭亡，在淝水之战胜利后它又返老还童一直到 20 世纪，又经历了第二周。在这第二周里，无论民族血统还是思想文化，都有很大变化。胡人不断与汉人混合为一，印度佛教与中国原有文化发生化学作用，形成一个"胡汉混合、梵华同化"的综合中国时期。第二周的中国文化在政治和社会上并没有更多的新进展，大致墨守秦汉已定的规模，但在思想文艺上却代代都有新的活动；同时，南方的开发与发展也是第二周文化的一项伟大的事业与成就。他强调，中国文化之所以能有第二周，这是与吸收融合胡人的血统和印度的文化分不开的，同时也和民族优秀分子大力发展南方分不开。

　　邹：雷海宗的这个历史观和对中国历史体系的看法，是在三四十年代就形成了吧？您是如何评价他的史学思想的呢？

　　王：这一点我曾经在文章中谈到过，我在《学贯中西、桃李天下——雷海宗先生的生平、学术成就和治学特点》一文中全面介绍了雷海宗先生的学术思想。我认为雷先生新中国成立前的历史观和历史体系，从根本上看是与马克思主义的唯物史观不相同的。但是，他的贯通古今中外的渊博学识，打破欧洲中心论和传统王朝体系的努力，独树一帜的囊括世界的历史体系，以及强调中国历史和文化的特色，重视胡人血统、印度佛教和南方开发对中国文化的贡献的看法,在当时学术界是颇为难得和有显著影响的,对我们今天研究中国和世界历史也甚具教益和启发意义。

邹:中华书局2005年出版了《雷海宗与二十世纪中国史学》一书,这是纪念雷海宗先生诞生一百周年的一部文集,许多当代著名史学家都写了纪念文章,从这本书里可以看到雷海宗先生对中国史学的影响。您为编辑这部文集花费了许多的心血吧?

王:从这部文集中确实可以看到雷海宗先生对20世纪中国史学的影响。在文集中有些学者是当年直接受到雷先生教导的学生,如年逾九十的天津社科院历史研究所的研究员卞僧慧先生,著名留美学者何炳棣先生,以及季平子、齐世荣、刘桂生等受业于雷先生的学者,也有像九十多岁高龄但没有直接受业于雷先生的何兹全先生这样德高望重的学者,再有就是活跃于当今史学园地的一大批著名学者。从他们的文章中可以看出当今学者对雷先生贯通古今的渊博学识、精深独特的教学技艺、独树一帜的史学思想、教书育人的道德风范等方面,都是有着高度的认同。这部文集对于研究雷海宗与20世纪中国史学的关系是有重要价值的。像《伯伦史学集》一样,筹备纪念雷先生文章的工作始于1982年。那时我应《中国历史年鉴》之约,为该年鉴"现代已故史学家"专栏写了雷海宗一文。此后,我陆续写了好几篇这方面的文章,也邀请雷师早年的学生参加这项工作。例如,蒋孟引、赵亚芬、朱延辉、章克生、丁则民等先生的文章都写于80年代。他们早已故去,现在遗作得到发表,泉下有知,当会感到欣慰。

邹:我看到这部文集中何兆武先生的文章中写到雷先生曾给学生题词:"前不见古人,历史可以复活古人;后不见来者,历史可以预示来者。"何先生说这两句格言正足以表现雷海宗先生的"历史学家的浪漫"的风格,您是怎样看呢?

王:这两句格言,我以前未曾见过,雷师生前也没有跟我谈过。看到何先生的文章,我深为震撼。"前不见古人,后不见来者",本是唐代诗人陈子昂的诗句。他独自一人,登上幽州台,极目远眺,念天地悠悠,世事渺茫,前不见古人,后不见来者,沧然而涕下。林庚先生在《中国文学简史》(第207—208页)中写道:诗歌要更有力地走向高峰去,就需要向历史寻求助力与根源。代表这一个要求而大声疾呼的就是陈子昂。那有名的《登幽州台歌》正是面向着无限时空的呼唤,预示着一个浪漫主义的高潮行将到来。可是,陈子昂只是发出了呼唤和感叹,没有正面答复问题,而雷先生作出了解答。他论到"唐诗中之哲学"时说:"大唐文化结晶品的唐诗中充满了时间无限,空间无限,人类渺小轻微的观念。但这并不是悲观。人虽然微小,却是宇宙所必不可无的;若无人,宇宙就不成其为宇宙。人与无限的宇宙不可离,甚至化而为一;这可说是诗人的明心见性与顿悟成佛。"(《伯伦史学集》,第460页)具体说来,就历史而言,作为历史学家的雷海宗气势磅礴地宣布:"前不见古人,历史可以复活古人;后不见来者,历史可以预示来者。"就宇宙而言,雷先生在《释大我》一文的最后一句预告:"或进步不已的今日人类,或高于人类的新的灵物,对于宇宙必有大于我们的了解,终有一天有物能彻底明了宇宙,与宇宙化一,小我真正成了大我,大我就是小我。"(《伯伦史学集》,第294页)这是何等的浪漫! 多么的乐观!

邹:感谢您对雷先生的格言作了深刻的解读。您对继承和阐扬雷先生的学术思想做了大量的工作,史学界的同仁们对您的这种精神和工作成果也都十分赞赏,这也是对当代中国史学的一个贡献。应该向您致敬!

（原文载于《历史教学问题》2007年第2期）

第三编

师恩重于山
——雷海宗的最后十年

　　雷海宗诞生于 1902 年。今年 6 月 18 日,将迎来他的 110 周年诞辰。出生于牧师家庭的他,自幼即打下良好的旧学与新学功底。1922 年,他从清华学堂毕业,公费留美,入芝加哥大学主修历史学,副修哲学。五年后,他获哲学博士学位并回国。其后,历聘于南京中央大学、金陵女子大学和武汉大学;1932 年,他回母校清华服务,后长期担任清华历史学系主任(1035—1949,中间因抗战间断),并统领大家云集的西南联合大学(抗战时期,由北京大学、清华、南开合并而成)史学系(1938—1946);1952 年,他因院系调整离开清华,来到天津南开大学,在那里,他一直工作到 1962 年病逝。作为一个成名很早的大学者,雷海宗早年就享有盛誉;后来,虽然他因为被错划为右派等原因,影响和名气曾一度衰落,但是,今天,"其声如雷,其学似海,史学之宗"这三句巧妙地将他的名字嵌入的评语,又一次得到众口传诵。

　　南开大学教授王敦书先生,是雷海宗先生的关门弟子。他 1955 年毕业于北京大学历史系,1957 年考入南开大学,师从雷海宗,攻读世界上古中古史专业的副博士研究生(当时向苏联学来的一种学位制度,大致与硕士相当,但实行四年制,有博士候选人之意)。1961 年王先生回系工作,又成为雷海宗的同事。师从雷先生,受其亲炙,并先后被打成右派,到在其指点下做翻译、做研究,再到为雷先生送终,这位高足,已经成为雷海宗先生的世界里不可或缺的一部分。

讲述雷海宗到南开后的晚年岁月,相信没有比王先生更合适的人选。

父亲之交　师生之恩

我与雷师的关系,用几句话来概括,很不容易。考虑再三,不知是否可用"父亲之交,师生之恩。受教恨短,勉承师学。凄凉送终,情同父子"。

雷师 1922 年毕业于清华学堂,我的父亲 1923 年清华毕业,他们是差一年的同学,彼此认识,但不很熟。之后美国留学和返国工作,都不在一个城市,可能未再见面。1947 年和 1948 年清华迁回北平后接连两年举行盛大校庆,父亲都带我(当时我上初中二年级和初中三年级)从天津去北平参加清华校庆,见到了潘光旦、刘崇乐等长辈,但没遇到雷先生。1950 年,我决定次年高中毕业后第一志愿报考清华历史系。父亲特告我,雷先生是著名的大史学家,嘱我考上清华后应好好向雷师请教学习。

1951 年 10 月,我考入清华历史系,在系开学典礼大会上见到了雷先生。当时,人很多,没有时间做自我介绍。从父亲的关系说,按过去的礼节,我应称雷师为"雷年伯"。但这时,我只能随大流,称他雷先生,此后也一直如此。

新中国成立后,雷师积极参加了各种政治运动。他在新中国成立前有过反苏反共的言行,作为战国策派的主要成员,曾遭到左派的批判,而且过去还是国民党员,在党内担任过一定职务,所以新中国成立后,他曾受到管制(后撤销),并且不再担任清华历史系主任之职。1952 年初思想改造运动时,他在全系范围内作了思想检查,对过去的反动言行、战国策派理论与斯宾格勒的历史哲学进行了自我批判,并接受大家的批评帮助。作为学生,我参加了大会,听到了雷师和其他教师的检查。我是新生,刚 17 岁,对这一切毫无所知,所以没有发言,听了检查和批判,只知道这些东西是洪水猛兽,反动透顶。据说,雷师的检查是检查得比较好的。我还有一个印象,1951 年前后,雷师曾在北京某一报上发表了一篇谈自己思想改造的短文,说开始懂得了为人民服务的丰富内容与真正意义。

对于 1952 年调往南开一事,雷师后来没有跟我谈过他的想法和心情,这里只能谈谈我个人的看法和感觉。当时三校三个历史系合并为一个北京大学历史系,人满为患,势必要调走一些人。问题是,调走谁和调往何处?我觉得,从业务水平来说,雷师学贯古今中外,自应留在北大历史系。但从政治状况来说,他调离北大是很自然乃至必然的。南开是全国著名的大学,抗战时期与清华、北大合组成西南联大,天津离北京很近,是全国第三大的直辖市,所以,能调往南开算是不错的了。雷师有自知之明,对于离开清华、北大前往南开,我想他应有心理准备,并且能够接受。

对于南开,雷师是有感情的,觉得自己与南开似乎有缘分。他知道自己将调南开的消息后,曾对清华的邻居张岱年教授说,25 年前留学回国时,南开曾向他发过聘书,当时未能成行,而现在终于要去了,看来晚年将在南开度过。我觉得,雷师说的是一个事实。当时他的心情,与其说是自嘲,不如说是感慨,或者说是"四分感慨,三分无奈,三分自嘲"。

到南开后,校里领导对雷师是尊重和重用的,生活上也尽可能给以照顾。从居住条件来说,当时南开没有较优良宽敞的教授住宅。听雷师母说起,雷师仅夫妇二人来南开,对居住条件要求不高,只希望厕所有能坐的抽水马桶,因雷师解大手的时间较长,甚至有时候坐在那里看书报。南开就把校门口新盖的二居室的平房拨给他们,有单独的厨房厕所和能坐的抽水马桶卫生设备,虽比清华时的条件差,但也就可以了。

当时和雷师一起来南开的,还有郑天挺先生。南开历史系突然增加两个大师级的著名史学家,实力和声望大增。该系原来的教师队伍的力量并不算弱,但缺乏大师级的名教授,而且世界史方面稍差一些,尤其杨生茂先生有一段时间被借调到北京去编历史教科书,世界史人手就感不足。雷师来后,大大充实提高了南开世界史的力量。从1952年至1957年,雷师在南开主要讲授世界古代史,他声音如雷,学问如海,口才好,讲课极有条理,深受学生欢迎,课讲得好是全国闻名。由于杨生茂先生暂离南开,他讲授的世界近现代史课就由新从燕京大学调来的林树惠先生任教。但林先生口才欠佳,原来也不是研究世界史的,因而不受学生欢迎,课讲不下去了,只好由作为世界史教研组主任的雷先生代教,林先生则随班听课。按一般情况说,林先生此时的心情肯定是不高兴的,甚至会发生误会,迁怒于雷师。然而,实际情况是,林先生不但没有埋怨雷先生,反而深深敬佩雷师的教学学问和道德为人。1957年我到南开后,一次与林先生聊天,他特别谈到此事,并赞叹说:"雷先生的课讲得太好了,他讲歌德的《浮士德》,讲得都玄了。"雷师母还在怀念雷师的文章中说,批判雷先生时,有一位教师为雷师不平,称"雷海宗是我最好的老师",这位教师就是林树惠先生。此外,雷师还开过物质文明史一课。他不但给学生正式讲课,还单独给青年教师讲专业英语和中国古代史。雷师不但世界史好,对中国史更有研究,在清华历史系20年间一直讲中国通史和殷周史与秦汉史。据雷师母说,雷师在家中给青年教师讲中国上古史时,甚至老先生也来旁听。雷师非常关心南开在哲学社会科学领域的外文藏书情况,与南开大学图书馆馆长冯文潜教授及其他专家合作,努力进行这方面的图书资料建设,大有成效。南开大学图书馆的教师阅览室的社会科学方面的外文工具书当时是全国一流的。在此期间,雷师写了多篇文章,主要都在他任编委的《历史教学》杂志发表。总之,雷师来南开后,对南开历史系的发展作出了巨大的贡献。

人们说,郑天挺和雷海宗调到南开是南开历史系的幸事,确实如此。

以上是我所知道的雷师到南开来之后的一些情况。这一时期我不在南开,与雷师也没有接触,对他的情况了解不多,而且多为间接听来的。

我自己与雷师的直接接触,始于1952年10月初。那一日我在天津火车站排队买火车票回清华,突然有人从后面拍我肩膀,回头一看没想到竟是雷先生。他说来南开办些手续,现返回清华,于是我们同车赴京。在火车上两个多小时中,雷师先仔细了解我的学习情况和中外文基础知识,然后耐心细致而又高屋建瓴地给我讲应如何读书治学,并如数家珍地具体告诉我从世界古代史到世界近现代史,乃至国别史应读哪些名家的代表作。这是我第一次单独聆听雷师的教诲,尤其是雷师主动对我耳提面命、言传身教。如果说父亲为我打下了学习世界近现代史和国际关系史的基础,雷师则在两三个小时内把我领进了整个世界史从古至今的殿堂,并画龙点睛地授我以打开这神圣殿堂大门的锁钥。真是听师一席谈,胜读十年书,师恩重于山。

之后的三年,我在北大历史系学习,没有再见过雷师。

1955年夏,我大学毕业,由历史系领导统一分配工作。当时,南开历史系需要进人,我是有心去南开做雷师的研究生或助教的,但一切应服从组织分配,而且之前也不知有去南开的名额,所以只能心向往之。后来,几经周折,我被分配到武昌建筑工程学校任教。据说南开方面曾想过要我,但我已去武汉,来不及了。

1956年春,周恩来总理作了关于知识分子问题的报告,全国学术空气大为活跃、浓厚起来,雷师开始招收世界上古中古史专业副博士研究生。在雷师的关怀下,我回到天津报考。11月中旬考完后,我告别雷师回武昌。令我终生难忘的是,12月初,我意外地收到雷师寄来的亲笔长信,他首先告诉我以特优成绩被南开大学录取,随后语重心长,嘱我之后当在他的指导下刻苦读书,在哲学社会科学、古今中外历史和古文外语各方面打下深厚的基础，几年后方能登堂入室，以便更上一层楼。由此，我深刻地体会到雷师对我关怀之深、期望之切、要求之严和做学问之不易，并把自己的学习志趣定位到世界上古中古史领域。

1957年2月，我向南开大学历史系报到，正式成为雷师1957年唯一招收的也是最后的一个副博士研究生。

受教恨短　勉承师学

（一）

入学后，雷师让我查录下图书馆内世界上古史方面的全部外文书目，然后逐一给我说明该书的主要内容和价值，指导我看最重要的书。并告诉我写文章最好深入浅出，即内容要深刻，但表达要浅显易懂。有时因问题太深奥不得不显得深入深出，但要尽可能讲清楚，让人看明白。最要不得的是浅入深出，即言而无物，没有价值，却咬文嚼字，故弄玄虚。雷师让我继续随堂听他给本科一年级同学讲的世界上古史课程以及给世界史青年教师讲的专业英语，并没有另外单独给我讲课。

1957年春，全国开展帮助党内整风运动，号召大家大鸣大放，夏季时即转为反右派斗争运动。雷师始终没有跟我谈过他对此运动和自己的表现与受到批判的看法与心情。当时，我只是系里的一个刚入学不久的非党团员的研究生，对此时校、系领导与雷师之间的关系与谈话皆不清楚。我只能谈一下自己对此的认识和感受。

一开始，雷师是和全国绝大多数的高级知识分子一样，心情振奋、知无不言地参加助党整风的。4月间，他先后两次参加关于"百家争鸣"的座谈会，主要谈发展社会科学的问题。有一次他这样说：

"对马克思和恩格斯树立的新的社会科学的看法，大家在理论上是一致的,承认马列主义应该发展,可是实际上是停止了发展,还停留在恩格斯死时1895年的地方。1895年以后,列宁、斯大林在个别问题上有新的提法,但他们主要谈当前革命问题。从了解整理几千年来人类历史经验、建立新的社会科学来说,基本上停留在1895年,教条主义者就是这样。马克思、恩格斯生平也是经常修改他们的学说,他们注意到当时每一个社会科学部门的发展情况,掌握社会科学研究的材料和成果。可是以后人们就以为他们已解决了一切问题,社会科学不能再发展了。事实上并不如此,1895年以后社会科学上新材料很多,对旧材料有很多新的认识,我们今天的任务,就是要把1895年到今天62年的课补上。"

雷师这段话,后来被错误地批判。6月,雷师在天津社会科学学会学术讲座上作《世界史分期与上古中古史中的一些问题》的报告,并在《历史教学》1957年第7期予以发表,认为奴隶社会并不是人类历史上原始社会后普遍、必经的一个社会形态与历史阶段。这样的观点也在当时受到不公正地对待。

在南开大礼堂的一次大会上,雷师在发言中指出,应该多读一点黑格尔的著作,并说中国是个大国,人口众多,贫困落后,要治理好必定会遇到许多困难,出现不少问题。他指着主席台两侧的标语牌说:我相信这两句话,那就是——领导我们事业的核心力量是中国共产党,指导我们思想的理论基础是马克思主义。话音一落,掌声满堂。

过了些日子,雷师在天津市九三学社(他是其市委委员之一)作了关于民主问题的长篇报告(后刊载于该学社的刊物),结合自己在美国留学时的感受和参加土改的亲身体会完全正面地批判美国的资产阶级民主,歌颂我国的社会主义民主。我想,这时他应该不仅有所警惕,而是已经预感到反右斗争风暴的气息了。

6月底,雷师给本科生讲的世界上古史课程结束。最末一堂课上,他最后说,宇宙无穷大,有无数的恒星,有的恒星有行星,可能有的行星的环境条件接近于地球,这种行星也可能出现像人类这样的高等生物,他们也可能组成为社会,这种社会也一定经过五种生产方式和奴隶社会吗? 讲完后宣布下课,大阶梯教室近 200 个听课者全体起立,热烈掌声不绝。上这门课的南开历史系 1956 级学生共90 人,其中很多是调干转业生,是新中国成立前后即参军或参加工作至 1956 年转考大学者。他们有头脑,有思想,有工作经验,读书用功,出右派也多,大概十好几个。

1957 年 6 月后,全国整风运动转入反右派斗争,南开大学反右斗争至 7 月底初步告一段落,放暑假。历史系教师和研究生中只划了两个右派,教师和研究生各一人,雷师和我当时都没有受到批判。我想,雷师之所以未受批判,可能是由于他的学术和政治地位都比较高,批判他要慎重一些;他的一些发言有学术性,与政治问题交织在一起,一时不易分清;而关于民主问题的报告却比较正确,站在党和人民的一边。我以为,天津市和南开大学学校及历史系的党的领导方面肯定对批不批判雷海宗的问题是有所考虑和研究的。8 月中下旬暑假尚未结束,忽接到系里召开全体教师批判雷海宗大会的通知。据说,是康生在北京召开的一次会上公开点的名。他问天津来参加会议的市委负责人,天津为什么不批判雷海宗? 因此,天津市和南开大学立刻多次召开了揭发批判雷师的大大小小的不同会议,整理和发表这方面的材料与文章。我参加了历史系两次由雷师做检查和大家进行批判的大会,另外还有雷师不出席的背靠背的多次会议。作为雷师所欣赏的弟子,我感到压力很大。但由于师生之情和有某种共鸣,并觉得别人已把言都发了,没什么可加的,我始终一言不发,没有讲过揭发批判雷师的话和写这方面的材料与文章。这大概也是我后来被划为右派的原因之一。

受到批判后,雷师停止了教学工作,他的心情肯定是痛苦的,健康急剧恶化。由于他受到批判,而我自己也处于很不利的地位,此后我没有再到他家去过,除了批判会与某些公开场合,也没有见过他和与他交谈。

1957 年 12 月初的一个傍晚,我在南开大学中央的道路上散步,在苍茫的暮色中看到远方蹒跚地走来了一个扶杖的老人。走近一看,发现竟是雷师。看四周无人,我就走向前去难过地叫了一声雷先生。雷师见是我,就关心地问我最近的学习情况如何? 听什么课? 在看什么书? 有什么问题? 我简单汇报了自己的学习情况,说在听世界中古史的课,看这方面的外文参考书,顺便向他请教问题。雷师说,天气冷,在道旁寒风中不便久谈,明后天将把问题的答复写下来,插在系里各人的信件袋中。然后,我们匆匆告别。两天后,我果然在我的信件袋中发现了雷师的亲笔答复。雷师在受到批判、健康恶化、心情沉痛之际,还如此关心我的学习,并迅速写出答复亲手放在我的信袋里,真使我感激涕零,永志不忘。现在想来,仍痛感师恩深重,恩重如山。

1958 年 2 月,南开进行反右派斗争补课和处理右派运动。我在历史系受到了批判,被补划为右派,接受的处分是:取消研究生资格,另行分配工作。雷师受到的是降职降薪处分,由二级教授降为五级,工资由 280 元降至 170 多元。3 月下旬,我即随队参加下放劳动,未敢向雷师告别。1960 年 10 月底,才在南开大学农场被摘掉右派分子的帽子。

总起来看,我真正正式作为雷师的副博士研究生或者说关门弟子,不过几个月,不到半年。所以,我用"受教恨短"四个字来形容。雷师是大学问家,"勉承师学"是说我想勉力继承雷师的衣钵,但只能勉强做到一点点。

(二)

虽然名义上不再做雷师的副博士研究生,但我后来仍有不少机会受教于雷师,可惜时间仍不长,不过一两年。

1961 年 3 月底我从农场回南开历史系,系领导让我做资料员。

我是"摘帽右派",而雷师是尚未摘帽的全国史学界最大的右派,因此,我不敢去看他。在农村农场劳动期间,我与他没有接触,对他的情况一无所知。回系后,听说他身体不好,在家养病,不担任教学科研工作。在过去的三年中,南开历史系甚至天津市可能开过批判雷师的大会,至少在全国性刊物上发表了多篇批判他的文章,南开历史系也铅印辑录了雷师以前写的部分文章供批判之用。由于当时我不在系里,详情不知。

该年5月初,郑天挺先生从北京参加全国文科教材会议回来,对我说:外国史学方面决定编译《外国史学名著选》,南开历史系承担了两件选译的任务,经商量决定,将具体的工作交给你完成,有问题可以向雷先生请教。于是,怀着兴奋的心情,相隔近四年,我再登雷师之门。

先生和师母见到我很高兴,但明显地憔悴衰老了,雷师近几年身患严重的慢性肾脏炎和贫血症,双腿浮肿,血色素甚低。我简单地汇报了自己三年多的情况,着重说明选译外国史学名著的任务,雷师欣然接受对我的指导和校改译稿的工作。

首先,选译李维的《罗马史》。雷师指导我选译该书最著名和精彩的关于高卢人攻入罗马的段落,并约好每周星期一至星期五我翻译一段,星期六晨将英译本与我的汉译稿送往雷师家中,由他在周末校改。几周后,选译工作完毕。雷师抱病在身,但仍紧张而认真地对我全部的译稿、注释与李维简介作了精心指点和仔细修改,使我在六周的时间内在英语理解、汉译文字、工具书使用和罗马史研究等方面大大提高一步,终生受用不尽。

1961年4月,苏联载人宇宙飞船发射成功,加加林成为人类第一个宇航员。五六月间,我到雷师家送《罗马史》译稿时,雷师正在如厕。等候中我无意地发现书桌上放着几页雷师亲笔写的英文长诗,拿起一看,原来是歌颂加加林上天的。未及细阅,雷师就出来了。我就放下诗稿,与先生谈有关选译之事。此后,我再没有见过这一诗稿,也没有与雷师谈过此事,因为"偷看"老师手写的东西,即使无意也是有些不礼貌和不好意思的。雷师英语极佳,写的英文长诗,当为文学精品。尤可注意者,雷师有浪漫的"天人合一"的思想,也曾写过关于人类进入"航空时代"的文章。在《人生的境界(一)——释大我》一文末,他展望:或进步不已的今日人类,或高于人类的新的灵物,终有一天能彻底明了宇宙,与宇宙化一,小我真正成了大我,大我就是小我。因此,当他知道加加林登上太空,人类开始由"航空时代"进入"航天时代"的消息后,受到极大鼓舞,心潮澎湃,情不自禁地用英文写此长诗,歌颂人类对宇宙的征服与前进。可惜,诗佚人亡,渺不可知。不然,由此诗中,我们可以进一步明了先生当时的内心情境和精神面貌。

至1961年底,全国又有一大批右派分子被摘掉右派帽子,雷师也在其中。既然摘掉了右派帽子,就有资格讲课了,而雷师又健康日差,系里就提出要"抢救遗产",希望雷师早日开课。这样,先生就在1962年春重登讲台,给历史系高年级本科生开设外国史学名著选读一课,由曹中屏同志任助教。我随班听课,在需要时为雷师选的名著有关段落从英文译成中文,由先生修改后油印发给同学参考。

教室在主楼一楼西侧大阶梯教室,可容纳二百多人。雷师家在校门口,离主楼甚远,先生身体衰弱,双腿浮肿,步履艰难,就扶着拐杖坐三轮车前往教室,由曹中屏接送。此课是一学期课,每周一次连上两节课。先生虽抱病讲课,依然"声音如雷,学问如海",精神抖擞,旁征博引,内容丰富。听课的人包括南开历史系高年级本科生,还有大批外系乃至校外的旁听者,整个阶梯教室坐得满满的,盛况仍与1956年时相同。上课时,大家用心听,认真记笔记,只是由于雷师是受到批判的人,就不再给他鼓掌了。

1962年9月,雷师为南开历史系高年级本科生讲外国史学史一课。不久,曹中屏同志赴朝鲜留学,系里让我接替他原来担任的协助雷师教课和陪伴他去医院看病的工作。雷师记忆力极好,几乎过目不忘,讲课备有大纲,从不写讲稿。但讲外国史学史课时,我在他家曾发现他亲笔写的此课的讲稿,可见他在一生最后时刻认真的献身精神与负责的教学态度。先生曾让我抽调检阅部分同学的听课笔记本,以了解他们听课的情况。到11月时,雷师病重,行走困难,此课中断,殊为可惜。

雷师平常每星期去看病,最后几次已上不去楼,是由我背他上二楼的。还有一次,曾陪他去一个老中医私人家中看病。由于经常陪他看病,最后几个月我们接触较多,等候看病时通过交谈聆听教诲,获益匪浅,也使我对先生有更多的认识和了解。谈话内容主要为学术问题,有时也涉及其他方面。

一次,偶然谈到国民党和蒋介石,先生说自己原来与蒋介石没有直接的接触,对其认识不深,抗日战争后期蒋介石曾见过雷师,直接谈过话,由此获得的对蒋的印象不佳,觉得他不够当国家领袖的资格与气魄。先生还说过,闻一多是自己的好友与老同学,对闻一多被暗杀感到非常悲痛,他保留着暗杀闻一多的子弹头,以表示对好友的怀念和对国民党杀人凶手的痛恨。

雷师知识面极广,几乎无所不知,还都有自己的看法。试举一例。一次聊天,我说,小时候觉得时间过得非常慢,等周末来到好出去玩,感到仿佛要等好久,而盼过年更觉得太漫长了。可长大后,就觉得日子过得快多了,而老年人感到时间过得更快,好像一转眼就过了一年,又老了一岁。这是否是个心理问题?雷师说:是这样,好像大家都有过如此的心理和感觉,不过也许背后还有更深一层的道理。时间是物质存在和运动过程的形式,是客观的,不以人的意志为转移的,仿佛是绝对的。但不同的物质或称物体的存在与运动过程的时间不同,时间可能有相对性。我们所称的时间与计时单位年月日,是分别指地球围绕太阳一周、月亮绕地球一周与地球自转一周的时间,这可以说是自然的时间,其快慢长短是固定不变的。而生物的时间可能有所不同,有所谓 biological time(生物学的时间)的说法。生命的生长与运动实质是新陈代谢的活动,新陈代谢过程的时间就是生物学的时间,是有快慢的。小时候生命在成长,生命力旺盛,新陈代谢活动得快,相对于固定不变的自然时间,就觉得日子过得慢和长。长大了,尤其是衰老了,新陈代谢活动就愈来愈慢,相对于不变的自然时间,就觉得日子过得愈来愈快和短了。这也许有点道理。我不禁深深佩服先生学问的广博。

凄凉送终　情同父子

1962 年 12 月初,雷师病情恶化,经诊断为由肾脏炎导致的尿毒症与并发的心力衰竭,于是住进总医院,这是天津市最好的医院。系里让我全天候陪伴,还派一些世界史方面的青年教师轮流照顾。系领导郑天挺主任和魏宏运党总支书记都来医院看过雷师。先生在天津家中只有雷师母一人,女儿女婿均在外地,他们在 12 月中旬都赶来天津伺候雷师。先生病况愈来愈重,最后三天,已昏迷不醒。

12 月 25 日亦即基督教圣诞节凌晨零点三十分,先生的心脏停止了跳动。一代"史学之宗",过早地与世长辞,年六十岁,身边只有雷师母、女儿、女婿和我四人。

两天后,系里让我告诉雷师母,总医院方面听说雷师是大学者,脑子特别好,希望能按惯例将先生的大脑留作标本,师母表示同意。所以,雷师的大脑当时是留在天津市总医院的。大约三天后,我一人代替系里和雷师母一家(他们因悲痛与需要相伴都留在家中)去总医院太平间,送先生遗体去天津市北仓火葬场火化。看遗体送入火化炉后,在场只有一个工作人员,我怀着崇敬而悲痛的心情向先生行了三鞠躬礼,然后让工作人员关炉门点火,送雷师在严寒的隆冬岁末驾鹤西行灵归道山。三天后,我一人前往北仓殡仪馆取回雷师的骨灰,骨灰盛放在雷师母特为此准备的一个景泰蓝的坛子中,师母等人由于伤心没有前去,并让我取回后暂存放在系里。系里开了追悼会,让我去校门口雷家接师母全家。师母给我系上已准备好的黑膀纱,到会场后发现别人没有戴黑纱,我就显得突出了。追悼会在南开大学主楼二楼历史系的一个教室中举行,系领导致了悼词,历史系教师约出席几十人,气氛是沉默和悲痛的。

因女儿在北大工作,雷师母准备迁往北京定居。一次,我去雷家,师母告诉我,有人跟她说,王敦书这么好地为雷师做一切的事,可惜你只有一个女儿而且早已结婚,那你就认他做干儿子吧。我想,雷师母这样说,就是有这个意思,于是就答应了,称她"干妈",以后在信中都如此称呼,而且在雷师母及其家人面前提到雷师时也称他"干爹"。这样,我就成为雷师自己不可能知道的去世后的义子,所以我用"凄凉送终,情同父子"来概括我与雷师最后的关系。

尾　声

雷师骨灰安葬于北京万安公墓。我曾两次去北京看望雷师母,并去雷师墓前行礼。"文革"期间,联系中断。

"文化大革命"结束后,1979年我和雷师的右派分子问题得到改正,与雷师母恢复联系。她过去曾来信说整理出雷师的遗稿。我问她,现在遗稿还有没有? 她说,"文化大革命"爆发,全家吓得不得了,抄家时雷师的遗稿、日记乃至照片都焚毁了,荡然无存。

1982年,《中国历史学年鉴》约我写雷海宗简介并加以刊登,这大概是自1957年批判雷师以来第一篇比较正面地介绍他生平的文章,也可以说有些开始为他恢复名誉吧。之后十年中,我先后发表多篇介绍与纪念雷师的文章。《史学理论》1988年第4期刊载我的《雷海宗关于文化形态、社会形态和历史分期的看法》一文后,一位澳大利亚学者阅后在文章中说此文意味着中国开始为雷海宗恢复名誉。1992年,南开大学历史系举行了雷师诞辰九十周年纪念会;

2002 年 12 月,又召开了雷师诞辰一百周年的大型纪念会。进入 21
世纪以后,雷师的旧著也纷纷出版或再版。

为纪念雷师诞辰 110 周年,南开大学历史学院将于 2012 年 6 月
16 日召开大型纪念会。

我有过写一本雷海宗传的想法,别人早就多次劝我这样做,但
我觉得自己对雷师尤其是早年与抗日战争时期的情况了解不足,掌
握的材料不够多,不敢当此重任。雷师有写日记的习惯,这是写他
的传记的极宝贵的史料与根据,可惜被销毁,荡然无存。我没有见
过他的日记本,只看到过他病危时在病床上潦草地写的几行字:南
开某某人来看我。

总起来说,雷师一生的浮沉与中国国家的命运紧密相连。新中
国成立后,因为"左"的路线,雷师受到了错误的批判。但南开历史
系领导对雷师还是比较温和宽容的。系主任郑天挺先生是雷师的
老友与同仁,对雷师关心照顾自不待言。历史系党的领导干部魏宏
运先生,按历史系刘泽华教授的提法,执行"中左"路线,即不"极左"
过分激烈。他对雷师执行党的统战政策和高级知识分子政策,虽不
得不批判雷师,但对雷师的人格与学问是尊重和佩服的。他说雷师
学问渊博,记忆力强,课讲得好,能用英语思维,1952 年初思想改造
运动时思想检查得比较好,并提出让雷师讲课以"抢救遗产"。"文
化大革命"时,被批为雷师的保护伞与黑后台。在雷师的两次纪念
会上都发了言,并写了纪念文章。

（原文载于《中国第四节世界古代史国际学术研讨会论文集》,
中华书局,2016 年,有删节）

泰山北斗　一代宗师
——林志纯和中国世界古代史学科的建设与发展

　　2007年11月14日,史学大师林志纯先生在福州与世长辞,享年97岁。

　　林先生学究天人,贯通古今中外,是中国世界古代史学界的元老和泰斗,为建设中国世界古代史学科,创建中国世界古代史研究会和东北师范大学世界古典文明史研究所建立了卓著的功勋,获得了全国世界古代史学界同仁的尊敬和爱戴。在此,谨代表中国世界古代中世纪史研究会向林先生表示崇高的敬意和深切的怀念。

　　世界古代史学科是一门比较年轻的新学科。自文艺复兴以来,西方学者对古代希腊和罗马的历史与文化展开研究,形成了西方古典学的传统,但直到19世纪在考古学和古文字学等领域取得长足的进展后,才可能对全世界古代的历史进行比较深入的整体研究。所以,世界古代史作为一门学科,实际上在西方也要到20世纪才真正建立起来。

　　在中国,世界古代史学科建立的时间更晚。新中国成立前,在某些高等学校的历史学系中有过关于这方面的课程,但称为西洋史或西洋上古史,主要讲授一些古希腊罗马的历史与文化,约略涉及古代埃及和巴比伦的历史,尚谈不上有关整个世界的上古史。1949年新中国成立后,在马克思主义的指导下,各高等学校历史系纷纷开设世界古代史课程,老一代知名的世界史学者,如周谷城、雷海宗、齐思和、陈同燮、吴于廑、郭圣铭、胡钟达、李雅书等，都为在中国创建世界古代史学科作出了重要的贡献。然而，林志纯先生近 60年来为建设和发展中国的世界古代史学科始终努力不懈，并取得了辉煌的成绩，不愧为中国世界古代史学科的奠基人和指导者。

一

林志纯先生（笔名日知）是福州人，生于 1910 年 11 月。自幼聪颖好学，具有强烈的爱国思想和献身科学的志向。他最初在私塾读书，打下了扎实的国学根底，后入中学接受西学和现代科学的教育。由于家贫，很早就半工半读，参加教学实习，先后在福州荆河小学、福商小学任教，投身教育事业至去世长达 80 年。

1939 年，林先生入上海大夏大学学习，并在上海圣约翰大学旁听，师从著名学者王成祖教授。1941 年毕业后，在国立上海临时大学和大夏大学任讲师，主要讲授中国史，也关心外国史，力求打通中外。林先生精通英语，曾多次在上海著名西文报刊如《字林西报》等发表英文文章，并开始在上海俄侨开办的俄语班学习俄语，更涉猎拉丁文。

1949 年新中国诞生。根据国家的需要，林先生于 1950 年离上海到长春东北师范大学任教，这是林先生一生中的重大转折点。他从一个旧中国的民主主义者，转变为新中国的马克思主义者，从主要从事中国史的教学研究，转为主要从事世界古代史的教学研究，最终成为中国世界古代史学科领域的一代宗师。

从 1950 年到 1966 年“文化大革命”开始，林先生在东北师大历史系讲授世界古代史，勤勤恳恳，教书育人，为社会主义祖国培育了一批又一批的人才。这里应特别指出 1955—1957 年的世界上古史研究班。1955 年，苏联派出第一批专家来华讲学，其中世界古代史方面的专家在东北师大授课。于是，东北师大历史系办起了全国性的世界上古史研究班,为期两年,学员来自全国一些重要高校从事世界古代史工作的青年教师。与苏联专家合作指导研究班的东北师大中方教师,就是林志纯先生。

林先生不是简单地以苏联专家为主,配合他做些工作,而是胸怀全局,独具慧眼,力图以研究班为基地,培养出一批年轻的史学英才,以开垦中国一片空白的世界上古史园地。林先生严格地指导和督促学员,要求他们既要领会马克思主义理论,又要学会至少俄语和英语两门外语;既要听好苏联专家讲课,熟读一般的教材和讲义,又要钻研和翻译外文的第一手史料和原始文献。他更因材施教,根据学员的不同兴趣和条件,鼓励他们不仅要掌握整个世界古代史的总体内容,而且要互相分工合作,对世界古代史领域内不同时期、地区和方面的专史进行更深层次的研究。例如,毛昭晰之于原始社会史,刘文鹏之于古代埃及史,周怡天之于古代西亚史,崔连仲之于古代印度史,刘家和之于古代希腊史,等等。

苏联专家来华讲学是短暂的,时间不过两年。林先生对研究班学员的指导都是长期的,乃至永恒的。50年来,原来研究班的学员们仍一直与林先生保持联系,继续在林先生的关怀下不断前进。可以说,通过研究班的培养,林先生在祖国大地各个角落播下了种子,造就出新中国第一代世界古代史方面的青年学者和精英人才。

林先生不仅指导学生研究世界上古史,而且以身作则,勇往直前地向世界古代史的科学高峰进行全方位的冲刺和攀登。

首先,林先生接受和宣传马克思主义的唯物史观,特别是世界古代史领域的马克思主义史学理论。最突出的是,他翻译了马克思的《资本主义生产以前各形态》长文,于1956年由人民出版社发表。众所周知,这是马克思在1857—1858年间所写关于政治经济学的巨大手稿的一部分,内容艰深难懂,翻译更为困难,我国学术界久闻此稿,渴望一读,苦无合适译文,为之扼腕。而林先生以一人之力,在较短的时期内将其译出问世,其胆识、功力和贡献都是非凡的。

其次,为推动我国的世界古代史教学研究,林先生译出了苏联学者狄雅可夫和尼科尔斯基 1952 年主编的《古代世界史》一书的原始社会、古代东方和古代希腊三编,在 1954 年春由中央教育部油印分发各校参考,后由高等教育出版社正式铅印刊行。其后林先生又与史亚民合写《古代世界史》一书,1958 年由高等教育出版社出版。这是我国较早的一本以马克思主义为指导写成的世界古代史教科书,其教学和学术价值自不待言。

再次,林先生又致力于编集和翻译世界古代史领域的原始史料,以填补我国在这方面的空白。他译出了亚里士多德的《雅典政制》一书,又编译了《古代埃及与古代两河流域》史料集,两书皆于 1957 年由三联书店出版。1962 年更主编《世界通史资料选辑》(上古部分)一书,由商务印书馆出版。

最后,林先生还运用马克思主义的观点,根据新资料发表多篇学术论文,对世界上古史领域中一些重要问题展开深入的探讨。例如:《摩尔根〈古代社会〉一书与原始社会史上一些问题》[载《东北师范大学科学集刊》(历史)1956 年第 1 期]、《我们在研究古代史中所存在的一些问题》(载《历史研究》1956 年第 12 期)和《谈谈古代东方专制国家》(载《历史教学》1957 年第 9 期),等等。

综上所述,不难看出,在 20 世纪五六十年代,林先生为我国世界古代史学科建设作出了巨大的多方面的贡献,其开拓、奠基,功不可没。林先生治学有两大特点:一个是掌握马克思主义,具有宏观的眼光,运用唯物史观来建构不同于西方学者的世界上古史体系;另一个是高度重视原始文献和第一手史料,尽力收集新资料,吸收新成果,来研究历史,发表自己的见解。

新中国成立后,“一边倒”和“学习苏联”是我国党和政府的国策,学习马克思主义更离不开苏联方面的观点和资料。因此,林先生这一时期关于世界上古史的观点和体系,例如对五种生产方式、亚细亚生产方式和古代东方专制主义等问题的看法,是深受苏联学者影响的,其著作也大量引用了苏联方面的资料和文章。但是,正由于林先生重视发现新材料,注意吸收新成果,又富有独立思考的精神,从 60 年代开始,林先生的学术研究已显示了跳出苏联窠臼的端倪。这主要表现在 1962 年他发表的三篇文章上,它们是:《关于新发现的古希腊波斯战争史的一段碑文》(载《光明日报》1962 年 5 月 14 日)、《荷马史诗若干问题》(载《历史教学》1962 年第 9 期)和《线文 B 的译读》(载《文史哲》1962 年第 5 期)。在这些文章里,林先生介绍了西方最新的考古发现和研究成果,并在此基础上提出了自己的看法,其附注大量引用了西方学者的专著,只有两处提到苏联学者卢里耶的著述。

二

1966 年 6 月,"文化大革命"爆发,既古且洋的世界古代史被打入冷宫,林先生也受到冲击。但是,林先生不受干扰,专心治学,在艰难环境里认真阅读马、恩原著,尽可能注意掌握国际学术界的新资料和新成果,对人类历史特别是古代世界史进行了深刻的反思、探索和钻研,取得了新的突破、超越和飞跃。

"文化大革命"结束和党的十一届三中全会后,全国实行改革开放,建设四个现代化,百废俱兴,气象万千,科学的春天来到了,史学界也不例外。林先生怀着满腔的热情,意气风发地以崭新的姿态投入战斗。

1979 年,在林先生的组织和指导下,中国世界古代史研究会在长春成立,林先生当选为研究会的理事长。28 年来,在林先生的直接领导、亲切关怀和大力支持下,研究会先后召开了 3 次国际学术盛会、6 次全国代表会议、7 次世界上古史、5 次原始社会史、5 次古西亚北非史、5 次古希腊罗马史和 1 次古南亚东亚史全国性学术研讨会,起到了组织全国世界古代史工作者展开交流讨论与合作研究的作用,并促进了中外学者之间的学术交流。

中国的世界古代史研究底子薄,基础弱,人才少,存在大量学术空白,尤其是多种古文字无人精通。林先生虽年届古稀,却发宏愿,立大志,决心以"愚公移山"的精神来克服困难,扭转这种状态。他联合周谷城和吴于廑二老,一再发出加强世界古典文明史研究的呼吁。1984 年教育部高教一司因之发出了(84)教高一司字 053 号和 054 号文件,决定在东北师大建立世界古典文明史研究所,创办世界古典文明史学习班,每年聘请 3—4 名外国专家给学习班讲授亚述学、埃及学、赫梯学、西方古典学以及各种古代语言文字。就这样,从 1985 年起,东北师大已办了多期世界古典文明史学习班,还每年招收亚述学、赫梯学、埃及学和西方古典学研究方向的硕士生和博士生,培养出了一批又一批世界古代史方面的人才。其中优秀者,更由于林先生的奔走和努力,得到了出国深造的机会,有的已获得博士学位回国,中国有了第一批熟悉乃至精通古代埃及象形文字、古代西亚楔形文字和古希腊、古拉丁语的中青年学者。

此外,林先生在东北师大的世界古典文明史研究所又创办了《世界古典文明史杂志》(*Journal of Ancient Civilizations*),从 1986 年起以外文版(英文为主)在国际上正式发行,每年一期,迄今已出版了 22 期。2007 年起,该杂志又以《古代文明》为名,出版中文版。这是我国唯一的世界上古史方面的期刊,在世界范围内赢得了声誉。为了促进中外古典文化交流和填补我国在世界古典文明史方面学术空白的百年大业,林先生更联合周谷城、吴于廑、张政烺、胡厚宣、周一良、任继愈、张忠培、刘家和等专家学者组成编委会,编印出版中外文对照印本的《世界古典文明丛书》,以近东古文献、西方古典文献和中国古典文献为主,已出版了《苏美尔王表》《孔子的政治学——〈论语〉》和李维《建城以来史》(前言、卷一)等多种著作。

1979 年以来,林先生不仅为中国的世界古代史学科发展在规划设计、组织建设、人才培养和书刊出版等方面尽心竭力,立下汗马功劳,而且进一步著书立说,笔耕不辍,发表了数以百万字计的著述,建立起了具有其人特色的世界上古史和中西古典文明史的史学体系。

1979年和1981年,林先生主持编写了《世界上古史纲》上、下册,由人民出版社出版。在这部著作中,林先生以马克思主义的唯物史观为指导,广泛运用原始史料和国际学术界的最新发现及研究成果,对人类历史上原始社会和奴隶社会两大阶段的具体发展过程进行了全面、系统和深入的论述。特别对劳动创造人类、原始群和原始公社、蒙昧时代和野蛮时代、农业之发生与人工灌溉之发展以及文明之起源、奴隶制社会前期的阶级关系和阶级斗争、公有制到私有制的中间阶段、大土地所有制与小土地所有制的斗争、奴隶制城邦与奴隶制帝国、国家发生的三种主要形式、欧洲文明之起源、亚细亚生产方式和古代西亚农业公社等世界上古史上一系列重大的根本性问题展开了专门的探讨。《世界上古史纲》一书的发表,是林先生学术思想和我国世界古代史研究发展中的一个里程碑,它奠定了林先生关于古代世界从城邦到帝国发展的理论体系,也极大地推动了中国世界古代史学界关于古代城邦问题的讨论和研究。

之后,林先生接连发表《孔孟书中所反映的古代中国城市国家制度》(载《历史研究》1980年第3期)和《从〈春秋〉称人之例再论亚洲古代民主政治》(载《历史研究》1981年第3期)等一系列论文,运用他关于古代城邦的观点来研究中国的早期国家政治制度。1989年,人民出版社出版了林先生主编的《古代城邦史研究》一书。该书分上、下两篇,上篇"城邦史综论",由林先生撰写,下篇"城邦史各论",则由其他专家学者执笔。在此书中,林先生进一步丰富、深化了他的古代城邦普遍说的理论,对城邦与城邦联盟、古代城邦的政治制度(公民、长老会议、城邦首领、城邦联盟盟主)、古代城邦政治形式发展的四个阶段(神话传说时代的原始民主制城邦、史诗时代的原始君主制城邦、春秋时代的公卿执政制城邦、战国时代的城邦趋于解体与向帝国过渡)以及古代城邦的历史人物(改革家与独裁者)等四个专题进行了深入的考察。

1990 年,东北师大出版社出版了林先生主编的《孔子的政治学——〈论语〉》一书。随后,林先生又发表了《中西古典民主政治》(载《史学理论研究》1992 年第 3 期)等多篇论文。1997 年,吉林文史出版社出版了林先生撰述的《中西古典文明千年史》专著。在这些力作中,林先生对古代文明世界与中西古典文明,特别是古代中国民主政治的创始时期和全盛时代展开了广泛、深入、细致的研讨。林先生在这方面的观点,整体说来,似乎可以概括为:古代文明世界存在于三大地区(古代北非、西亚、南亚、中亚,古代欧洲,古代中国),构成为两大系统(中、西古典文明),发展分两大阶段(城邦—帝国)说。具体说来,就中国而言,似乎可以大致归纳为:东方专制主义为两千多年来误解说;中国早期国家系城邦民主说;"周天下"乃城邦联盟说;"六经"皆"邦学"说;古典中国无西方所谓"黑暗时代"与排他宗教说;古典中国具有民主、革命与兄弟民族思想说;西方中世纪 Feudalism 不适用于中国古典时代,不宜译为"封建"说;等等。

1999 年夏,东北师范大学召开了庆祝林先生九十华诞的学术研讨会,并出版了《中西古典学引论》一书,该书包括了改革开放以来林先生发表的主要论文和学术精华。经过毕生的思考和写作,林先生构筑起了他关于整个古代世界历史和中西古典文明的史学体系,具有高屋建瓴、囊括天下的气势,可谓贯通中外、博大精深,令人耳目一新,振聋发聩。当然,这样一个眼界开阔、思想新颖的庞大体系,在草创之际不可能尽善尽美,必有不足之处和可以商榷的地方,有时甚至似有口气太大、过于武断之嫌。仁者见仁,智者见智,对于林先生的各种观点学者们自会讨论,发表不同意见。然而,林先生思想著作的学术价值与学术影响则是众所周知、无可否认的。

三

林先生对教育事业和史学研究作出了巨大的贡献,其所以取得如此成就,来自他的高尚品格,这里大致提出以下四个方面:

第一,热爱祖国、大力弘扬中华文化的爱国精神。林先生自幼即受家乡林氏名人如林则徐、林旭、林觉民等爱国思想的熏陶感染,具有强烈的爱国心,热爱中国的历史文化,痛恨帝国主义侵略。他早年治中国史,至古稀、耄耋之龄,复以全球历史为背景,热情赞扬中国古代民主政治,歌颂古典中国之革命民主传统、兄弟民族思想与兼收并包异域文化的泱泱气魄。在《中西古典文明千年史》末章,先生以慷慨激昂的笔触,大书特书中国历史源远流长,未尝间断,"数千年来,自传说至实践,血缘关系,文化传袭,政治分合,皆一家人也。……祖宗之教训,人类之大同,中国人之高贵品德与仁政王道之思想与实践也。"先生进一步总结中国历史之经验,写道:"奠定此种品德思想之基础维何?曰革命也,人民革命也!……汤武之革命,顺乎天而应乎人……周之国人革命,由是而奠定春秋时代世界历史上最光荣最丰富的民主遗产!孔子、墨子之言论,管仲、子产之实践,而后归结为秦帝国末流之陈王作难,儒墨之徒群趋与之俱死,而换得布衣领导之天下国家,而一变王侯将相世袭之种!自是而后,凡天下大势郁结而不可解之日,必有人民革命起焉,自农民而工人为领袖,而书生学者亦纷纷投身共挽狂澜,以是能外抗侵略,内兴邦国,而不至于坠入'黑暗时代'之境域,艰苦奋斗,数千年以至于今!"①先生爱我中华文明、讴歌革命传统之澎湃激情,跃然纸上,溢于辞表,感人至深!

第二,无私忘我、一心治学、诲人不倦的奉献精神。纵观林先生

---

① 日知:《中西古典文明千年史》,吉林文史出版社,1997年,第620—621页。

97 年来所走过的道路,是一条全心全意教书育人、专心致志研究史学的道路。凡熟悉林先生为人与作风的人,都知道先生一生无私欲,无他好,所思所想所做所为无不为了培养人才和建设中国的世界古代史学科。先生治学之勤奋,是惊人的。他终日读书写作,往往半夜即起,通宵达旦,不知东方之既白。一年四季,工作如恒,周末假日,从不休息。他循循善诱,诲人不倦,如前所述造就了毛昭晰、刘家和、崔连仲、刘文鹏、周怡天等新中国第一代世界古代史学者,而后又培养了郝际陶、王乃新、吴宇虹、拱玉书、令狐若明、金寿福、宫秀华、张强、傅永东、周巩固、黄洋、颜海英、陈旭、李政、王丽英、郭丹彤、李晓东等第二、第三代学者。林先生不仅严格要求学生认真学习,并且对他们关怀爱护,无微不至。就我亲身所见,1982 至 1983 年郝际陶赴希腊留学,林先生以 70 多岁的高龄,不辞千里之遥,离长春亲自到北京机场两次送迎。又如,1993 年,林先生慷慨解囊,私人资助张立春、刘艳文参加留学生出国预备班学习一年,而后赴德国深造。这都是他无私奉献精神的体现。

第三,垦荒播种、脚踏实地、锲而不舍的创业精神。我国的世界古代史学科条件差,基础薄弱,学术上一片空白。50 多年来,林先生为创建这一学科费尽心血,不遗余力。先生有远大的理想,力图使中国的世界古典文明研究在国际上能与外国专家学者平起平坐,作出中国特有的贡献。他知道,这谈何容易,必须不怕艰险,排除万难,一步一个脚印,从头做起。林先生提出了"垦荒播种,从零做起,脚踏实地,不务空言"的方针口号。① 他既这样说,就如此做,并要求中国世界古代史研究会也这样做。自 1983 年我担任研究会秘书长以来,林先生每见到我,都语重心长地叮嘱我:"我们必须好好干,做实事。"但是,真要大力开展世界古代史研究,势必要攻破不懂古代

---

① 《小引》,收于北京大学、东北师范大学历史系世界古代史教研室编《世界古代史论丛》(第一集),生活·读书·新知三联书店,1982 年,第 1 页。

各国语言文字的难关。我望之却步,认为以中国的条件不可能解决这样的问题。然而,林先生却以大无畏的勇气和坚毅的魄力,矢志不移地全国奔走,上下呼吁,终于创建了东北师大世界古典文明史研究所,长期聘请外国专家来华讲授埃及学、亚述学、赫梯学、西方古典学,以及各种古文字,培养出了中国自己的掌握埃及象形文字、西亚楔形文字和希腊、拉丁文的学者。这简直是奇迹,是我想都不敢想的,而林先生都做到办成了。林先生的创业精神实令人钦佩景仰。

第四,高瞻远瞩、贯通中外、不断奋进的创新精神。林先生早年研究中国史,1949 年后树立唯物史观,致力于世界古代史研究。初深受苏联观点的影响,60 年代后开始打破苏联框框,进行新的思考和探索。1979 年,建立起关于古代世界普遍由城邦到帝国发展的史学体系。之后,更加强对中国古代民主政治和中西古典文明史的探讨与考察,确立了古代文明世界三大地区、两大系统和两大阶段的理论。从先生一生治史的轨迹和等身的著作中,我们清楚地看到林先生能从全球的高度,比较中外历史文化,不断掌握新资料,吸收新成果,随时实事求是地进行修正、充实、提高,敢于否定过去,超越前人与自我,作出新突破。这种不断更新前进的创新精神是难能可贵,值得我们仔细学习的。

总之,林先生的成就是卓越的,贡献是巨大的,品格是高尚的。我们应认真学习他的崇高精神,继承发扬他的宝贵史学遗产,办好中国世界古代中世纪史研究会和东北师大世界古典文明史研究所,加强中西古典文明研究,大力发展中国的世界古代史学科。

四

最后,回顾一下林先生对我个人的关怀、培养和教诲。我 1955 年毕业于北京大学历史系,1957 年为南开大学历史系世界上古中古史专业研究生,导师是雷海宗先生。我没有机会得列林先生门墙,没有听过他的课,也没有参加东北师大世界上古史研究班。但我没齿难忘林先生对我的知遇之恩、提携之情和同乡之泽,我是将林先生作为恩师对待的。

在大学时代,就知道林先生的大名,十分钦佩。报考南开大学研究生时,指定的参考书就是林先生翻译的苏联学者狄雅可夫和尼科尔斯基主编的《古代世界史》一书,我将它从头至尾反复读了多遍。可惜我1958年成为右派后即赴农村农场劳动,1963年后转而从事日本史研究,一直无缘见到林先生。1974年冬,曾随吴廷璆先生到长春参加关于日本"儒法斗争"的讨论会,访问过东北师大历史系,朱寰先生接待了我们,但林先生当时不在学校。

第一次见到林先生是在1978年冬,当时林先生住在北京的人民出版社,对《世界上古史纲》做最后的校订工作。我刚刚回到世界古代史的教学岗位,到北京办事,听说林先生在北京,就冒昧地到人民出版社登门拜谒,并呈上新从北京中国旧书店买到的拙译《希罗多德〈历史〉选》一册。① 该书注释中提到了林先生1962年5月14日在《光明日报》刊载的《关于新发现的古希腊波斯战争史的一段碑文》一文,后来西方学术界对这个碑文内容的真伪展开了热烈的讨论。因此,在会见时我就此问题向林先生进行了请教。先生热情地接待了我,对我说:我早就知道你,看过你译的《李维〈罗马史〉选》。你虽身处逆境,却能专心治学,注意考古新发现和国际学术动态,是很不容易的。先生的亲切交谈和大师风范给我留下了深刻的印象。

1979年夏,林先生在长春主持召开了中国世界古代史研究会的成立大会。于可先生代表南开大学历史系出席了会议,我没有前

---

① 此书译文于1963年完成,1965年由商务印书馆出版。样书20册寄往天津南开大学,但当时我在河北省盐山县参加"四清"运动,无人过问,全部遗失。1966年6月,我从盐山归来即参加"文化大革命",被打成"牛鬼蛇神",根本不知此事。直到1978年10月才知道此书已经出版,好不容易从北京中国旧书店买到几本劫后余书。

往,但提交了与于可合作的《试论"亚细亚生产方式"》一文。于可回津后,对我说林先生在大会上表扬了我,说南开大学的王敦书在困难的条件下能踏实读书,关注国际学术界讨论的前沿问题是难能可贵的。我听后颇有受宠若惊之感。

1980年秋,研究会在曲阜召开了关于古代城邦问题的学术研讨会,我参加了会议并提交了与于可合写的《关于城邦研究的几个问题》一文。1981年春,天津举行了关于亚细亚生产方式的盛大学术研讨会,我与于可提交了《关于"亚细亚生产方式问题"的几个问题》一文。这两次会议林先生都未出席。在我和于可先后发表的有关亚细亚生产方式和古代城邦的3篇文章中,除了充分肯定《世界上古史纲》一书的重要学术价值,也就一些问题与林先生提出了商榷,表述了自己的见解。说实在的,我心里是非常惴惴不安的,觉得林先生是大学者,对我也很好,自己作为一个后生小子竟敢"捻虎须",表示不同意见,实自不量力,恐怕得罪了林先生以后日子不好过。

1982年春夏之交,北京师范大学召开刘家和先生等编撰的《世界上古史》教材的评审会。我报到后刚住下,忽然听到有人敲门。开门一看,意外地发现竟是林先生,这是我与先生的第二次相见。林先生高兴地对我说:敦书,我了解你。我和你都是福州人。你们王家称西清王氏,是福州名门,出过状元。你还有一个姑婆名叫王孝英,是福州有名的女教育家,我青年时曾在她创办的学校中教学实习,对她很仰慕,你要好好努力,勿坠家声。林先生的宽宏大度与长者之风,令我手足失措,感激涕零。之后,林先生回到长春,竟聘我为东北师大世界古代史方面的兼任副教授,而我当时在南开还不过是讲师的身份。

1982年11月2日,我去希腊研修,突然在北京机场见到了林先生和林师母。他们是来给郝际陶送行的,自然也一同欢送我。然而,对我来说,他们是到机场来送我的仅有亲人,因为我的妻子没有机会来,在北京语言学院就与我告别了。这是我第一次见到林师母。林师母待人和蔼可亲,与林先生伉俪情深,婚后辞去工作,专门照顾先生起居,并悉心整理誊写先生手稿,是林先生的贤内助。林先生所取得的巨大成就,是与林师母的支持分不开的。

1983 年 5 月,研究会在郑州大学召开了第二次代表会议,我从雅典向大会遥寄了《斯巴达早期土地制度考》一文。在会上,林先生和吴于廑先生一同提名我担任研究会的秘书长职务。从此,我就一直在林先生的直接指导与谆谆教诲下从事中国世界古代史研究会和我国的世界古代史学科建设的工作。他的学识、精神和人格,深深地感召着我,这些已见前文,不再赘述。

1989 年,南开大学历史系申报世界上古中古史专业博士点,提名我为该专业的博士生导师。1990 年 2 月,教育部在北京召开评审会,林先生出席了会议,给我投下了有力的一票,这一票是有千钧之重的。最终,我被通过为博士生导师,但南开大学的世界上古中古史专业博士点未能通过。于是,我就挂靠在东北师大招收古希腊罗马史和西方古典学研究方向的博士生,成为那里的兼职博士生导师。1990 年末,由于林先生的推荐和努力,我被聘为东北师大世界古典文明史研究所的名誉所长。敬书不才,何德何能,享此殊荣,诚惶诚恐,无以为报。此后,我几乎每年都到东北师大参加博士生和硕士生的论文答辩,聆听先生的教诲。

林先生不仅在学问与为人上教导着我,而且关心我的身体和健康。1984 年在昆明召开原始社会史学术研讨会,闭幕时我作为研究会的秘书长给每桌敬酒。林先生知道我爱喝酒,并有一定的酒量,还是亲切地劝我不要过量。12 年后,研究会在苏州举行 1996 年学术研讨会时,刘家和先生陪我喝了几杯。林先生风趣地说,刘家和与王敦书是酒友。刘先生更幽默地答道:幸亏我是素食者,不吃肉,要不然林先生就要说刘家和与王敦书是酒肉朋友了。说罢,大家都哈哈笑了起来。

1998 年,研讨会在南京召开代表会议。会后,游黄山。林先生已年近九十,都徒步登上了光明顶,堪称人瑞。当晚,我与张强在黄山之巅侍林先生入寝,幸也何如! 1999 年 11 月,研究会在福州武夷山举行了学术研讨会,庆祝林先生九十大寿。散会后,我和丹麦哥本哈根大学古典学者梅耶尔博士随林先生夫妇同赴福州。在福州期间,林先生还约我们到他弟弟家里晚餐,谈笑风生,其乐融融。临行时,3 位老人亲自送至楼下,情意深重。

2003 年 5 月 25 日,林先生以 93 岁的高龄,亲笔为拙作《贻书堂史集》题词:"日知其所亡,月无忘其所能"和"苟日新,日日新,又日新"。勉励我要活到老,学到老,不断创新前进。2005 年 6 月,我到东北师大参加研究生答辩,林先生没有出席答辩会。我与内人同去林先生家看望,林先生和林师母再次热情地招待我们,但我的心情一则以喜,一则以惧。喜的是林先生精神矍铄,身体健康,惧的是先生记忆衰退,谈话甚少。其后,林先生与林师母返福州,未再回长春,没想到,这竟是我与林先生的最后相见和诀别。

林先生虽然离开了我们,但他的精神永存,先生的道法文章,山高水长。我现年逾古稀,退休已有三年,今年也将辞去世界古代中世纪史研究会理事长职务,逐渐淡出史学界。但我当以林先生给我的题词和林先生的名号"志纯日知"为座右铭,鞭策自己努力不懈,坚持学习,生命不止,自强不息!

(原文载于《古代文明》2008 年第 2 期)

先生之恩　山高水长
——纪念吴廷璆先生百年诞辰

吴廷璆先生是南开大学历史系的名教授、国际驰名的马克思主义史学家，特别是日本史方面的大专家。从 1963 年至 1978 年，我以资料员的身份做吴先生的助手，前后达 15 年之久。先生对我亲切指导，照顾有加，他的道德文章，感人至深。我虽然未能正式列入先生的门墙，但一直是以先生为恩师来敬重的。

第一次拜见吴先生是在 1957 年三四月间，那时我刚到南开大学做历史系世界上古中古史专业副博士研究生后不久。当时，吴先生在历史系任教并指导亚非史方面的研究生，但同时兼任校科研处领导，平时在校行政楼办公。先生在行政楼接待我时的和蔼面容和学者风度令我敬仰，当时的情景如今依然历历在目。先生说：你以优异的成绩考入南开为研究生，我们高兴地欢迎你。你的导师雷海宗先生是史学大家，你要好好地跟他学习。接着，吴先生问我学过日本史没有。我回答说，没有专门上过日本史的课，但在北大时听过周一良先生讲授的亚洲通史，那门课上了三个学期，日本史是其重要内容，还有三次课堂讨论是专门围绕日本史的，分别为大化改新、明治维新和日本法西斯军国主义。吴先生说这很好，并谦逊地说自己前一时期写了一篇关于大化改新前后日本社会性质的文章，发表在 1955 年《南开学报》上，希望我看看，提些意见。之后，吴先生又问起我的籍贯和家世。我回答说，原籍福州，1934 年生于开封，当时家父是河南大学教授。吴先生很感兴趣地说:"巧了,我1937年曾被河南大学聘往任教,可以说与令尊先后同事了。令尊什么大号? 现在哪里工作?"我说:"家父王世富,现任天津市的河北师范学院外语系教授。"吴先生笑着说:"哦,那更巧了,原来王世富先生是你的父亲啊! 令堂是否是耀华中学有名的英语教师? 他们去年刚加入民盟,我在天津市民盟欢迎新盟员的大会上特别跟他们交谈过。"先生的一席话把我们之间的距离拉近了许多,我如沐春风,感到无比亲切。回去后,立刻借出《南开学报》,仔细阅读和学习吴先生关于大化改新的论文,深深拜服他的鞭辟入里的分析和论述,决心以后一定要好好地向他请教。可是,不久开展整风反右运动,雷海宗师和我先后都被划为右派,我被派往农村农场劳动,一去三年。我为失去了向吴先生学习的机会感到失望,更为辜负了吴先生对我的期望而惭愧。

1961年3月下旬,历史系将我从南开大学农场调回系资料室工作。不久,我接受了翻译外国史学名著选之李维《罗马史》选的任务,译稿由雷海宗先生校改,最后请吴先生审阅。这样,我归来后再次登门向吴先生求教。先生审阅后,充分肯定了经雷师修改后的我的译文质量;并鼓励说,我还年轻,虽跌了跟头,只要能批判错误,接受改造,努力工作,还是有前途的。在灰心绝望之际,听到先生的这些话语,我感到异常温暖,增添了重新站起来的力量。

1963年春夏之交,高教部和南开大学决定为吴先生配备助手,没想到先生竟垂青于我。当吴先生找我谈话时,我受宠若惊,忙说自己对日本史没有研究,又不懂日语,恐怕做不好工作。先生说:没问题,你的历史专业知识面广,基础好,又跟周一良先生学了亚洲史,能胜任日本史的研究工作。至于不会日语,你有语言才能,可以学嘛。于是,我承担了吴先生助手的任务。我衷心感激先生的这一知遇之恩,唯以努力工作为报。1963年至1965年间,我协助吴先生做了以下的工作。其一,筹建南开大学日本史研究室。其二,收集美国驻日大使、日本史专家赖肖尔的有关言论和著述,批判他的"近代化"理论。其三,收集西方近代专制主义和君主政体的资料,供吴先生进行比较研究和写日本明治维新论文参考。其四,将苏联十卷本《世界通史》中关于日本史的章节由俄文译成中文,供先生参阅。其五,听吴先生给本科生讲日本史和西方资产阶级史学流派批判的课程,做些教学辅助工作。其六,旁听李约瑟先生给本科生开的日语课,自学日语。在工作中,聆听先生直接的指导和教诲,获益匪浅并进一步深刻地体会到先生学识之渊博,造诣之深湛,以及治学之严谨,诚大家也! 可惜,这一期间,我先后参加了丰润县(今丰润区——编者注)"四清"、东亚毛纺厂半工半读以及"五反"等运动,日本史的研究工作未能顺利地展开。

1965年9月,我随历史系师生赴盐山县"四清",直到1966年6月全体回校参加"文化大革命"。"文革"初,我作为"摘帽右派"被打成"牛鬼蛇神",自不在话下。吴先生虽未被定为"反动权威",却被安置在"中间组",即处于敌我之间的中间状态。1968年秋后,工宣队和军宣队入校,实现"大联合"。翌年转入"一批三查"清理阶级队伍阶段时,吴先生竟被编入"坦白从宽组",成为"敌我矛盾"的"边缘人物"。先生自1930年代以来一直靠拢党,坚持马克思列宁主义,是一位令人尊敬的进步教授和民主人士,现在却受到这种待遇,我不禁暗自为他担心,怕他受不了。但先生顶住了压力,渡过难关,跟随毛主席革命之心不变,令我钦佩。1970年7月,历史系大部分教师赴大苏庄劳动。晚上睡地铺,吴先生就睡在我的身旁。一日夜间,我梦魇,将先生惊醒。先生并不见怪,反唤醒我,嘱我安心睡眠,次日还要劳动。我深感先生的关怀,有若慈父。不久,我又被派往南开大学化工厂当工人,一别二年。

1972年9月,我从化工厂归来,在历史系教工农兵学员英文。第二年日本史研究室恢复,吴先生又调我回来工作。不久,一起去塘沽海关与港务局参加"批林批孔",随后开展"评法批儒",进而研究日本历史上的"儒法斗争"。1973年底,吉林大学、东北师大和辽宁大学日本研究所等单位在长春召开了关于日本史上的"儒法斗争"学术研讨会,吴先生代表南开大学应邀参加,我随同前往。北京商务印书馆的行政负责人、资深编审高崧先生也出席了会议。吴先生是日本史的权威,受到会议的高度尊敬。蒙先生推荐,我在会上宣读了《日本大化改新时期的儒法斗争》一文,受到欢迎,这是我有生第一次出席全国性学术会议并提交论文,颇为兴奋而内心又忐忑不安,暗想如果大家知道我的右派身份,不知将如何待我。返津时,吴先生与我及高崧先生乘坐一趟火车,一路谈笑风生,途经塔山附近时,还即兴赋诗一首,以表革命历史情怀。不久,高崧先生代表商务印书馆请吴先生主持,会同吉林大学的陈本善先生、辽宁大学的朱守仁先生和东北师大的伊文成先生,集中在商务印书馆住一段时间,共同编辑日本历史上儒法思想资料。我随吴先生前往北京,商务方面还有陈应年编辑参加。在吴先生的领导下,大家团结和谐,意气风发,积极努力工作,进行学术交流,十分融洽。一次,高崧先生知道我爱打桥牌,就约我到翠微路商务印书馆的宿舍与他和陈应年等一起玩桥牌。当晚,我就住在高家,与他同住一室。是夜,他忽然问起了我的右派历史问题。我不禁问他是怎么知道的。他说:在突出政治的"文化大革命"时期,你的情况大家怎会不知呢?但吴先生特别关照说你表现不错,早就摘掉了帽子,"文化大革命"期间没有新问题,比较年轻和有才华,应按政策善待你,所以大家对你都挺好。我恍然大悟,进一步体会到了吴先生对我无微不至的爱护和照顾。

1975年后,在吴先生的赞同和支持下,我转而研究日本近现代外交史,与俞辛焞、米庆余先生合开此课,独自撰写了《三十年代日本的经济危机和战争》和《1941年的日美谈判》两篇论文,发表在南开大学日本史研究室编的内部刊物《日本历史问题》上。与俞辛焞先生合写的《美国对日政策与太平洋战争的爆发》一文,则是在《历史研究》1979 年第 12 期上发表。这些成果得到了吴先生的肯定，先生还让我为他主编的《日本史》一书的第 13 章"太平洋战争与日本法西斯的覆灭"撰稿。

1978 年 9 月，历史系世界古代史教研室缺乏人手，于可先生代表教研室希望我"归队"搞我的本行世界古代史的教学科研工作。我觉得自己本是世界古代史方面的研究生，也翻译了《李维〈罗马史〉选》和《希罗多德〈历史〉选》等书，从长远看还是从事这方面的工作为宜，就征求吴先生的意见。先生说：你这些年为日本史研究室作出了贡献，我对你的工作很满意，也希望你继续做我的助手，但你本是世界上古中古史专业的研究生，落叶归根，理所当然，我不能不同意。这样，先生既允许了我调动工作，又表达了挽留之意和惋惜之情。

离开日本史研究室后，吴先生继续关心我的一切情况。1979 年夏，我的右派问题得到改正，吴先生知道消息后非常高兴，向我表示庆贺，并勉励我不断前进。1981 年 5 月，我担任了历史系副主任的职务，吴先生嘱咐我要谦虚谨慎，认真工作，任重道远。1982 年 11 月初，我去希腊研修一年。行前，去吴先生家辞行。先生说自己早年曾写过关于古代中国和希腊文化接触的文章，希望我到希腊后专心读书，刻苦钻研，开拓创新，为中国的希腊史研究作出贡献。先生培养博士研究生后，最初还让我参加他们的论文答辩会。特别是在日本进步史家依田熹家先生申请吴先生作为导师主持他的博士学位论文答辩时，先生曾让我校改他的博士论文英文提要，并出席其答辩会，这是对我的器重。吴先生是第六、第七届全国政协的常委，1993 年 3 月第八届全国政协会议召开时，吴先生年逾八旬荣退，我被推选为新一届政协委员。先生语重心长地对我说：你接替我当了全国政协委员，我很高兴，可谓后继有人，希望你能在党的领导下积极参政议政，做好委员的工作。2001 年 3 月，我的母亲在北京去世。吴先生知道后，送了花圈和奠仪。先生的恩情和谆谆教导我永远难忘,先生的学术成就、高风亮节和奉献精神永远鞭策着我前进。

　　值吴先生百年诞辰之际,谨以此文缅怀。另外,这部文集收录的《日本大化改新前后的阶级斗争和儒法思想》一文写于"文化大革命""评法批儒"之时,无论是观点还是文风都带有"文化大革命"的时代烙印,现在看来似无多少学术价值,但作为一段不应忘记的历史陈迹,并折射吴先生和我在那段岁月的共同经历和彼此感情,还是有一定意义的。

(原文载于《吴廷璆先生百年诞辰纪念文集》,

南开大学出版社,2010年)

高山仰止　师恩永恒
——怀念胡钟达先生

　　胡钟达先生是中国世界古代史方面著名的大专家,是我一生学习和研究世界古代史的恩师。众所周知,雷海宗先生是我 1957 年为南开大学世界上古中古史专业副博士研究生时的导师,但他 1962 年即去世。林志纯先生 1979 年后对我有知遇之恩、提携之情和同乡之泽,但我未能有幸得列他的门墙。然而,胡钟达先生是把我引进世界古代史殿堂的恩师,并一直关怀支持着我对世界古代史的学习研究,直到进入 21 世纪。

一

　　1951 年 10 月,我考入清华大学历史系学习,因大多数教师不久即离京参加土改运动,人手缺乏,所以新生一年级只上中国通史课,无世界史课程。12 月下乡师生回来后,不久即投入"三反""五反"运动和思想改造运动。1952 年春,雷先生给高年级同学开世界中古史一课,我旁听过几次,但系里没有设世界上古史课程。直到 1952 年 10 月,全国高校院系调整,清华、北大、燕京三校历史系合并后,我们本科二年级同学才与新入学的一年级同学如马克垚、朱龙华、周良宵等,一起上世界古代史课程,任课教师就是胡钟达先生。所以,胡先生是我学习世界古代史的启蒙老师。

记得第一次上世界古代史课时,心情十分兴奋,因为我的兴趣在世界史方面,而这是我第一次正式上世界史课。上课铃声响过后,在全体同学安静而略有一点紧张的气氛中,刚过而立之年的胡先生精神焕发地走进教室登上讲台。他中等身材,面如银盆,目光炯炯,神采奕奕,声音洪亮,带有苏北口音。先生学问渊博,语言生动,口才极佳,抑扬顿挫,激动人心。有一次讲荷马史诗,讲到奥德修斯海上漂流和化装成乞丐返家的情景,全场为之神往。下课后,同学纷纷议论说讲得太精彩了。1952 年时,世界古代史是一门新学科,全国开此课的学校不太多,以马克思主义唯物史观为指导来讲授更是不易。然而,胡先生根据生产力与生产关系、经济基础与上层建筑之间的辩证关系和五种生产方式的理论,以及恩格斯《家庭、私有制和国家的起源》一书的有关论述,以高屋建瓴的气势对整个世界古代史从原始社会到古代东方和希腊罗马进行了深入浅出、系统全面的讲述。先生不仅重视理论,详细分析社会经济制度和阶级矛盾,而且掌握具体史料,对重要的历史事件和人物展开细致的探讨。如对巴比伦《汉谟拉比法典》、埃及埃赫那吞宗教改革、雅典民主政治、希波战争和伯罗奔尼撒战争,以及罗马平民与贵族的斗争、斯巴达卡斯奴隶起义和前后三雄之间的争夺与战争等,都有精辟的论述。先生还介绍西方重要史家的研究成果,同时也接受苏联学者的观点加以批判。如提到罗斯托夫采夫的名著《希腊化世界的社会经济史》和《罗马帝国社会经济史》,并批评罗氏将古代经济现代化,企图把资本主义经济引入古代经济。先生还谦逊地向前辈求教,例如在讲古代印度史时说曾就有关问题向金克木老先生请教。

胡先生的系统讲授和谆谆教导,使我受益良多,在世界上古史的基本理论、专业知识和研究方法等方面都打下了比较扎实的功底和基础,并从胡先生身上学到了尊师重道、严谨治学的学风。如前所述,听胡先生课的学生包括历史系历史与考古两个专业的一年级和二年级的全部同学,人数超过百人。在众多的学生中,胡先生居然较早地认识和注意到我，这另有机缘。1952 年 10 月初，暑假结束在车站买火车票由津返京时，我突然遇到了雷海宗先生，就与他同车一起回清华。这是我第一次与雷先生长谈。他仔细地了解我的学习情况，告诉我必须用功读书，并且要读好书。知道我的兴趣在世界史方面，已经读完了原文的海斯、穆恩合著的 *Modern History*，他就系统地给我介绍世界史方面应读的重要基本读物。他说，在世界上古史领域，最初可读 Breasted 所著的 *Ancient Times*，这是一本比较简单的启蒙读物，更深的则是罗斯托夫采夫的二卷本的 *History of Ancient World*。而 Breasted 更是著名的古代埃及史专家，著有 *History of Egypt* 和 *History of Egyptian People* 两部著作，前者较专门，后者较通俗。回到清华后，很快就合并入北大，不久开始上世界古代史课。我就从图书馆借出了 Breasted 的 *History of Egypt* 一书阅读。一天晚上，胡先生"送货上门"，亲自到学生宿舍里来了解学生的学习情况，辅导同学学习世界上古史。当时，我正在读 Breasted 的 *History of Egypt*，就问胡先生书中关于埃及土地制度的一些问题。胡先生看到我在看这本书，稍稍惊讶地说："我在图书馆想借此书，没有找到，原来是你借走了。"于是，他耐心地回答我问的问题，并指点我使用书末的人名、地名和专题索引，说这样可比较简便地查到并系统把握书中对有关问题的论述。临走时，胡先生语重心长地鼓励我说："你才上大学二年级，不过 18 岁，就能读这样的英文专著，不容易，要好好用功啊！"胡先生，我永远记得您的这番话，它一直鞭策着我成长前进。

1953 年深秋，胡先生举行婚礼，在北大工会的小礼堂举办了舞会。作为刚学完胡先生的世界古代史课程的学生（不是宾客亲友），我观光了舞会和新房。胡师母大家闺秀出身，秀外慧中，文静优雅，勤俭持家，是胡先生的贤内助，胡先生取得的巨大成就和能够挺过"文革"劫难是和胡师母的关怀支持分不开的。当时，我对世界史的兴趣主要在近现代史和国际关系史方面，所以之后就随齐思和、杨人梗、张芝联等先生学习世界中古史和近代史,未进一步钻研世界古代史,也没有再向胡先生问教。1955年9月,我大学毕业,后派往武昌建筑工程学校任教。

1957年2月,经过考试,我成为南开大学历史系由雷海宗先生指导的世界上古中古史专业的副博士研究生。同时,胡先生在1956年8月2日《光明日报》的《史学》和1957年6月的《历史教学》第6期接连发表了两篇具有高度学术价值的重要论文:《关于奴隶社会中奴隶的数目问题》和《雅典的民主政治及其阶级基础》。在前一篇文章中,胡先生有理有据地与李亚农、翦伯赞等前辈专家商榷,认为在古代近东和希腊罗马的奴隶社会里,奴隶的数目往往少于自由民,其数目大致相等或甚至超过自由民倒是少有的例外;在奴隶社会的初期,奴隶制经济在整个社会经济中所占比重显然很小,就是在其发展时期也只占相对优势,只有在极少数特殊条件下才占绝对优势。他还指出,恩格斯在《家庭、私有制和国家的起源》一书中所说的雅典、科林斯和埃伊纳拥有奴隶的数字可能间接来自古代作家雅典尼乌斯《宴饮丛谈》中的说法,但现在大多数古史学者都认为雅典尼乌斯的记载是夸大而不可靠的。在后一篇文章中,胡先生细致地分析了雅典民主政治从梭伦变法经庇西特拉图僭政到克利斯提尼改革的发展过程,揭示雅典民主政治的阶级本质是奴隶主民主政治,指出其进步性和狭隘性,着重论述其产生的历史背景和阶级基础,阐明雅典商品货币经济的发展和民主政治的成长之间的关系,主张雅典民主政治这个历史奇迹是奴隶主阶级当中两个阶层——贵族奴隶主和工商业奴隶主的妥协形式。他提出,公元前6世纪时地中海、黑海沿岸地区生产水平的高度不平衡促使爱琴海周围几个有海上运输之便的城邦得以充分发展海上贸易。雅典正是在这种特殊外在条件的影响下,商品经济有了迅速发展,从而引起了社会经济结构和阶级力量对比的变化,通过阶级斗争,再加上梭伦的高尚情操和克利斯梯尼的深刻远见,终于建立了奴隶主的民主政治。

仔细地读了这两篇论文后,我深深钦佩胡先生的学识和见解,决心之后要争取机会向胡先生好好学习和请教。可惜,是年夏即掀起了轰轰烈烈的反右斗争,8月雷先生被划为右派。翌年2月处理右派时,我被补划成右派,随即赴农村农场劳动三年。1961年春调回历史系任资料员,1963年夏转向从事日本史研究,直至1978年。而胡先生1958年后即调离北大荣任内蒙古大学历史系主任,转而研究蒙古史。这样,我一直没有与胡先生建立联系。在之后的"文革"岁月中,听到北大历史系诸师长如翦伯赞、向达、邵循正、杨人楩先后逝世的消息时,也曾想起远在塞外的胡先生,默默祈祷先生一切安好。

二

1978年末党的十一届三中全会后,拨乱反正,改革开放,全国气象一新。右派改正,我得到了新生,并回归本行讲授世界古代史。胡先生这时也经过落实政策,重新担任内大历史系主任,并转回来研究世界上古史。1979年夏,中国世界古代史研究会成立,胡先生当选为研究会副理事长。我虽然与于可先生合作,向大会提交了《试论"亚细亚生产方式"》一文,但没有出席会议,未能见到胡先生。1980年10月,世界古代史研究会在曲阜召开古代城邦问题研讨会,我参加大会,并宣读了《关于城邦研究的几个问题》一文。胡先生出席了会议,一别27年,师生重聚,既异常欢欣,也不胜感慨。先生肯定了我的努力,亲切地勉励我说:"你耽误了这么多年,能不气馁,难能可贵,希望再接再厉,不但迎头赶上,而且更上一层楼。"会后,组织游泰山。我随胡先生和郭圣铭先生由中天门登南天门,并于翌晨同观日出,深感欣幸!

1980年初,胡先生撰写了《从"阿加"看授产奴隶的典型并论授产奴隶在农业生产上普遍使用的原因》和《关于奴隶社会的经济结构问题》两篇文章,分别发表于《武汉大学学报》哲学社会科学版1980年第1—2期和《武汉大学学报》社会科学论丛1980年第一辑《世界史学术讨论会文集》。在第一篇文章中,胡先生使用跨学科研究的方法,将民族学、历史学、西方古典学结合起来,利用民主改革前凉山彝族社会历史调查的大量资料,详细阐明彝族中的"阿加"等级是授产奴隶的典型形态;有力论证授产奴隶与古典奴隶(物化奴隶)是奴隶等级或阶级中的两个等第,授产奴隶是具有完全意义的奴隶,与古典奴隶形异而实同,与农奴形同而实异;透辟说明授产奴隶在历史上的出现是适应农业生产特别是谷物生产的特点,在奴隶制时代奴隶与奴隶主两大阶级斗争的演变过程中产生的一种必然现象。在第二篇文章中,胡先生明确提出,要确定一个社会经济形态的性质,必须从它的横断面和纵断面双方来考察,从同时并存的各种生产关系的相互联系和发展趋势来考察。奴隶社会中存在着奴隶制、公社制、农民和手工业者的个体所有制、雇佣劳动制、租佃制和农奴制六种生产关系,奴隶社会之所以为奴隶社会,在于奴隶制在各种生产关系中起主导作用。这种主导作用主要表现在:(1) 奴隶制的生产关系不管在奴隶社会的初期所占的比重是如何微小,但它是一种不断在发展着的生产关系;(2) 奴隶制生产关系决定着和它同时并存的其他生产关系发展的最后趋向。公社制、个体所有制、雇佣劳动制、租佃制和农奴制,不管在奴隶社会的不同时期占有多大的比重,它们只是直接或间接地向奴隶制转变的过渡形式,其发展的最后趋向总是向奴隶制转变。最后,胡先生表示,从生产力的性质和水平特别是生产工具看,奴隶社会和封建社会究竟存在着什么质的区别,这是他在思想认识上还未解决的问题。应该指出,这两篇文章虽发表于1980年初,但其构思、酝酿和应用于教学都是在50年代中期,其前提是奴隶社会乃是原始社会后人类历史普遍、必经的一个历史阶段和社会形态。

1981年5月,天津召开了关于亚细亚生产方式的大型研讨会,我与于可先生参加了会议,并共同提交了《关于"亚细亚生产方式问题"的几个问题》的论文。胡先生作为贵宾出席了会议,并振聋发聩地宣读了题为《试论亚细亚生产方式兼评五种生产方式说》的重要论文(后刊载于《中国史研究》1981年第3期)。我敬听先生的高论,并在会下多次向先生请教,互相交流对各家观点的看法。胡先生在文章中大量引用马克思、恩格斯的有关论述,首先强调在马克思看来,"亚细亚生产方式"就是"亚细亚生产方式",既不是原始公社的生产方式,也不同于西方古代的奴隶制的生产方式或西方中世纪的封建制的生产方式,而是东方前资本主义时代一种具有本身特点的阶级社会的经济形态。然后论证,亚细亚的、古代的、封建的生产方式代表的是原始公社生产方式后同一社会发展阶段,奴隶制和农奴制都是在原始社会解体时期就已出现,农奴制不是在奴隶社会末期作为封建主义的"萌芽"才出现的。法兰克人通过日耳曼和罗马两种因素的"综合"作用,从原始社会过渡到封建社会,是日耳曼人从原始社会过渡到封建社会的典型,封建社会并不必须脱胎于奴隶社会。再次进一步说明,亚细亚的、古代的、封建的生产方式在生产力发展的水平上,在社会劳动分工的程度上,在劳动者与剥削者的人身隶属关系和被剥削的方式上,都只有量的形态上的差别,而无本质上的不同,因而它们是同一社会经济形态的不同类型或模式。马克思是严格按照"封建主义"的传统含义来理解和使用这一概念的,列宁大大地扩大了"封建主义"的含义与使用范围。据此,战国以前中国的典型的封建社会可称为领主封建社会,秦汉至魏晋南北朝可称为士族封建社会,隋唐以后则可称为地主封建社会。其他历史上的东方国家,大体上也可称为封建社会。在古代希腊、罗马的部分地区和一定时期,与商品经济相联系的奴隶制曾达到相当发展高度,但在古希腊、罗马的整个历史中,仍然是"希洛特"型和"科洛尼"型以及其他类似的生产关系占优势,而它们属于农奴类型,并不是奴隶,所以也可把古希腊罗马社会看作封建社会。只要把"封建主义"的含义和使用范围加以扩大,不仅中世纪的欧洲社会是封建社会,整个古代东方社会、古代希腊罗马社会也可认为是封建社会。亚细亚的、古代的、封建的生产方式可以认为是同一封建社会经济形态的不同类型或模式。

1985年夏,中国世界古代史研究会在胡先生的组织、支持和主持下,在内蒙古大学召开了规模盛大的古希腊罗马史学术研讨会。我作为研究会的秘书长,在胡先生的直接指挥下进行工作,对先生事必躬亲的热情和操劳深为敬佩和感动。会议开得非常成功,吴于廑先生出席了会议,并作了《世界史学科前景杂说》的重要报告。闭幕式当晚举行了宴会和舞会,与32年前胡先生婚礼的舞会遥相辉映。作为会议和研究会的成果,先生还主持出版了《世界古代史译文集》,并特别嘱我将雷海宗先生对施本格勒《西方的没落》第2卷第1章B节的译文遗稿收入文集首篇发表,以表示他对雷先生的尊敬。

1986年初,《历史研究》1986年第1期发表了胡先生的《再评五种生产方式说》一文,《中国社会科学》英文版1988年第2期又加以转载。胡先生认为,马克思主义关于人类历史上社会经济形态发展和更替的学说包括三个层次。人类社会由原始社会进入阶级社会,再由阶级社会进入共产主义社会,这是第一个层次。阶级社会可分为以人的依赖关系为基础的第一形态(指前资本主义社会)和以物的依赖关系为基础的第二形态(指资本主义社会),这是第二个层次。前资本主义阶级社会再划为所谓奴隶社会和封建社会,则属于第三个层次。前两个层次的划分是唯物史观的基本原理,无可怀疑。但第三个层次的划分,即前资本主义阶级社会之分为奴隶社会和封建社会,则属科学假说,有待检验。他运用大量的史料、历史事实和中外学者的研究成果说明,前资本主义阶级社会没有必要也没有可能分为奴隶社会和封建社会两个有前后高低之分的不同的社会经济形态。从生产力看,两者之间找不出可以同农业革命、城市革命、产业革命相类似的显示生产力向一个新阶段发展的标志。从生产关系看,所谓奴隶社会中奴隶并不多,封建社会中奴隶也不少,奴隶制曾与农奴制长期并存,除了典型的奴隶与典型的农奴外,奴隶与农奴之间往往划不清界线。五种生产方式说把马克思主义关于社会经济形态发展学说中的三个层次的划分不分主次地混淆在一起,其中既有遗漏,又未能对前资本主义阶级社会所作的第三个层次的划分作出令人信服的论证。不能认为这是对马克思主义关于社会经济形态发展学说的一种全面的科学的概括。

1988年初,胡先生在《史学理论》1988年第1期发表了《论世界历史发展的不平衡性》长文,以高瞻远瞩的眼光和生动形象的笔触,展示历史发展不平衡性在古代世界的表现,通过对比中西古代历史显示古代中华文明的特色,说明资本主义是首先在封建主义的薄弱环节取得胜利的,坚信社会主义终将充分显示其优越性。他指出,历史发展的不平衡性表现为在世界历史发展过程中,中心先进地区往往在下一发展阶段转化为落后,而原来的边缘落后地区却往往后来居上,转化为先进,但这只是盖然性的规律,而非必然性的规律。大体说来,先进之转化为落后,往往是由于过时的或畸形发展的上层建筑成为顽固的历史传统,严重地妨碍着社会革命,致使社会发展缓慢、停滞甚至灭亡。而落后之转化为先进,则必然有进步的社会力量的集结,进行改革或革命,并从外部引进各种先进因素,加以吸收、消化并创新,促成了社会发展的飞跃。

是年夏,胡先生和我都被邀请参加在烟台召开的关于社会形态问题的史学理论研讨会。我向大会提交了《雷海宗关于文化形态、社会形态和历史分期的看法》一文,胡先生则宣读了《"五种生产方式"问题答客问》的文章,该文后发表于《文史哲》1988年第6期。在文章中胡先生详细说明,自己原来也一直坚持奴隶社会说,认为有无财产权是农奴和奴隶的一个根本区别,黑劳士(希洛人)型劳动者无财产权,因而是奴隶,是不同于古典奴隶(物化奴隶)的另一类型的奴隶——授产奴隶。但 80 年代以来,经过对有关古典史料的仔细考察,发现黑劳士型的劳动者具有财产权,属于恩格斯所说的农奴,因而从生产关系来说很难肯定古代希腊作为一个整体来说是奴隶社会。另外从生产力来说,不同的社会经济形态代表着生产力发展的不同阶段,但所谓奴隶社会和封建社会在生产力方面却看不出有什么质的区别,所以它们是同一社会经济形态。因此,胡先生承认,奴隶制在历史上曾长期存在,但人类历史上最先出现的阶级社会不能称之为奴隶社会;在人类历史上也从来没有出现过一个以奴隶制为主导的所谓奴隶社会阶段;不仅在古代东方不存在奴隶社会这一发展阶段,就是古希腊罗马从其整体来看也不是奴隶社会。他指出,在国内雷海宗教授在 1957 年就发表过同样的见解。

1988 年 10 月,中国世界古代史研究会在天津南开大学召开了第三届代表大会,胡先生当选为研究会第二任理事长,我继续担任秘书长。在胡先生的直接领导和关怀下,研究会的工作顺利展开,良有成效。1990 年在重庆西南师范大学再次召开了大型的古希腊罗马史研讨会,取得圆满成功。1991 年夏,根据民政部和中国社会科学院的指示,世界古代史研究会与世界中世纪史研究会合并为中国世界古代中世纪史研究会,胡先生和林志纯先生担任研究会的名誉理事长。

1996 年初,胡先生写出了《古典时代中国希腊政治制度演变的比较研究》一文,并将初稿寄给我征求意见。获得先生同意后,我在该年 3 月香港中文大学召开的关于古代中世纪之政治与宗教的研讨会上介绍了胡先生的文章,受到了港台学者的重视和好评。此文后刊载于《内蒙古大学学报》(哲学社会科学版)1996 年第 6 期。胡先生在文章中认为,中国的殷周时代和希腊的迈锡尼时代都是列国林立、强者称王的时代,王权的发展大体处于同一水平。中国从周克殷到秦始皇统一六国,希腊从荷马时代到城邦独立自由的终结,两者殊途同归。在这一时代,中国西周春秋时期的封建王权经战国时期的专制王权,到秦统一中国更转化为大一统专制皇权。而希腊的带有军事民主主义色彩的王权在初生阶段就向贵族共和过渡,其中不少城邦经过僭主政治后更向民主政治过渡,雅典是其典型。双方在政治制度的演变上显出鲜明反差。胡先生指出,在封建领主经济的基础上,只可能保留某些军事民主主义的残余,不可能产生民主政治;在地主经济和小农个体经济的基础上,只可能出现专制王权和大一统皇权,也不可能产生民主政治。民主是一种政治制度,又是一种观念形态。民主政治的细胞是具有自由独立人格而且彼此处于平等地位的公民。这种政治公民又须以经济上具有独立自由人格而且彼此处于平等地位为前提。商品生产者的本质属性是彼此处于平等地位,自由地从事生产,并按等价交换的原则自由地交换其产品。所以,商品经济的发展是产生民主政治的前提。古典时代的希腊从总体来讲是以自然经济为主导的农业社会,但在爱琴海沿海地带的城邦,以雅典为代表,由于种种机缘的巧合,以手工劳动为基础的商品经济有了长足的发展。因而在人类的历史上,这里便成为产生自由平等观念的摇篮,成为民主政治的故乡。惊鸿一瞥的希腊古典文明同在古代世界绵延不绝、独领风骚的华夏文明遥相辉映,各具特色,各有千秋。从古代世界政治制度的发展史来看,由以少数城、邑为中心的小国的早期王权过渡到区域性领土国家的专制王权,再过渡到大一统专制皇权,这几乎是普遍规律。以雅典为代表的民主政治的出现,只是古代希腊罗马历史中的一段辉煌变奏,一支奇妙的插曲。

　　以上我基本上按年代顺序概括地介绍了胡钟达先生在世界古代史研究方面的主要内容、巨大成就和重要贡献。当然,胡先生的见解只是一家的看法,仁者见仁智者见智,学者们自可发表不同的意见。必须指出,胡先生还在蒙古史领域发表了诸如《呼和浩特旧城(归化)建城年代考》《丰州滩上出现了青色的城》《13世纪蒙古族社会性质》和《明与北元—蒙古关系之初探》等高水平的论文。这固然显示了胡先生的渊博学识和深厚功力,但不能不承认,蒙古史的研究、十年"文革"的蹉跎岁月和各种行政职务的繁重工作都影响了胡先生在世界史方面的研究和写作。先生离休后,原想按自己的观点,编写一部世界史著作,但由于年老体衰,未能如愿。这是十分可惜和遗憾的。综观前述,可以看出胡先生治学有两大特点:(1)学贯中西,融汇古今,视野开阔,坚持马克思主义,掌握丰富的史料,从历史唯物主义的哲学高度,运用跨学科研究的方法,对社会经济形态的发展、奴隶制与奴隶社会、历史发展的不平衡性、中外历史对比和古代中国希腊政治制度比较等宏观问题,进行全面系统深入的研究。(2)具有实事求是、追求真理的执着精神和科学态度以及大无畏的勇气,敢于指出恩格斯所说的希腊城邦奴隶数目之不妥,打破亚细亚生产方式和五种生产方式的禁区,否定奴隶社会,以今日之我与昨日之我战,独立自主地提出和发表自己的观点和见解。我们应该继承胡先生宝贵的史学遗产,发扬他严谨的治学精神和优良学风,为世界古代史学科建设作出更大的贡献。对于我来说,先生之恩,山高水长,终生难忘。胡先生,您永远活在我的心中。

(本文于 2011 年在内蒙古大学中国世界古代史专业委员会年会上宣读)

解牛待有操刀手 书生留得一分狂

——缅怀史学大师吴于廑先生

吴于廑先生是我国世界史领域的史学大师，对中国的世界史研究及世界史学科的建设与发展作出了突出的贡献，取得了光辉的成就。今天，武汉大学世界历史研究所与中国社会科学院世界历史研究所联合召开纪念吴于廑先生百年诞辰学术研讨会，我能受到邀请出席盛会，感到极大的光荣。关于吴先生的纵横发展整体世界史观、世界史上农本与重商、游牧世界与农耕世界的关系、农耕世界对工业世界的孕育、传统农耕世界不同国家在新兴工业世界冲击下的反应、十五六世纪东西方历史、外国史学史与史学名著以及世界上古中古史等方面的学术思想，各位学者自会有全面、深刻而精辟的论述，我这里只想谈一下52年前即1961年自己有幸受到吴先生的垂青与教益的经过，缅怀先生对我的知遇之恩与提携之情，表达我对先生的感恩之心与仰慕之忱。

1955年11月，我从北京大学历史系毕业后，服从分配到武昌马房山武昌建筑工程学校（今武汉理工大学）任政治课教师，教中国革命史。当时，我仍有志于进一步研究世界史，曾到武汉大学图书馆了解外文藏书情况。我早闻吴先生的大名，但自惭形秽，作为一个无名小辈，不敢贸然打搅先生。因而，虽近在咫尺，却无缘向先生问教。1957年1月，我离开武汉，考入天津南开大学历史系为世界上古中古史专业副博士研究生，导师是雷海宗先生。但半年后，经过反右斗争,雷先生被划为右派。1958 年 2 月,处理右派时反右补课,我不幸被补划为右派,受到取消研究生资格、另外分配工作的处分。其后,随南开大学下放干部队伍去农村农场劳动,长达三年之久。经过劳动改造与接受批判,1960 年 10 月被摘掉右派分子的帽子。1961 年 3 月,调回南开大学历史系资料室任资料员。

1961 年 4 月,中宣部与高教部在北京召开文科教材会议,南开大学历史系主任郑天挺先生赴京开会,他与周一良先生为历史组副组长,组长是翦伯赞先生,吴于廑先生与周一良先生共同负责主编四卷本的世界通史。5 月初,郑天挺先生回津向南开历史系教师传达会议情况。特说明会议决定高等院校历史系增设外国史学史与外国史学名著选读二门课程。为此,需要选译一批外国史学名著,供学生阅读,每部约四五万字,先各出版分册单行本。南开大学历史系承担两部史学名著即希罗多德的《历史》与李维的《罗马史》的选译任务。整套外国史学名著选由吴于廑先生总负责,任主编。

会后,郑先生与历史系党总支书记魏宏送先生对我说:"这两本外国史学名著的选译任务就交给你来完成。希罗多德的《历史》全书已有中译本出版,选译可暂缓。李维的《罗马史》从未译过,应尽快选译出来。"听到他们的话后,我惊喜交加,非常激动。当时作为一个年轻的"摘帽右派",我很悲观失望,觉得自己不过 26 岁,却背着如此沉重的政治历史包袱,前途茫茫,不知等待着我的将是何种命运。没想到,系领导将选译名著的任务交给自己,说明对我尚有所重视与信任,自己未来还是有前途的。但又怕任务完成不好,就对他们说没有把握。他们让我去找雷海宗先生请教,于是时隔四年,再登雷师之门。

在雷先生的指导与配合下,我用了一个多月的时间,很快将李维《罗马史》选译完毕,并加上作者简介与有关注释,在 7 月 1 日之前将译稿寄给吴于廑先生,作为对党的四十周年生日的献礼。由于考虑到自己"摘帽右派"的身份和雷先生还戴着右派分子的帽子,我在译稿和信中只以南开大学历史系世界古代史教研室具名。

　　暑假过后，系办公室通知我，吴于廑先生来信，询问李维《罗马史》选译者究竟是谁，让我与吴先生联系。我就给吴先生写信，说明我和雷先生的政治情况，所以译者使用教研室的名义。出乎意料的是，吴先生很快再次直接写信给我，并把整部译稿一并寄来。首先，肯定了译稿，决定采用并出版。其次，先生表示，尽管我与雷先生有右派这样的政治问题，但为尊重译校者的劳动，决定出版时仍分别使用我与雷先生的名字。最后，先生说，对译文的个别地方作了某些修改，特寄来征求我们的意见。接到信后，我非常高兴，喜出望外，感到自己看到了前途与希望。对译稿我仔细地阅读了一遍，觉得虽然修改的地方不多，但都恰到好处，独具匠心，是点睛之笔。显然，吴先生在百忙当中将全部译稿，对照英语原文作了细心的考虑。例如，有一处英语原文是"law of nations"，我直接译作"国际公法"，吴先生改为"各族法"，并在信中加以说明。从古代的情况看，使用"各族法"一词，自然更为贴切。

　　李维《罗马史》选译完毕后，就开始着手希罗多德《历史》的选译工作。乍一看来，这项任务似乎比较简单，因为已经有了中译本。然而，仍存在应该选此书的哪一部分的问题，而且也需要将现有的中译文对照原文做一下校对的工作，必要时可进行一点润色或加工。我原有意选择该书中关于雅典的梭伦与吕底亚王克洛伊索斯的对话，以及波斯王大流士掌权前与其同党关于采用何种政体的讨论这两部分。同时，《历史》一书的中译者王以铸先生说，他是根据古希腊文原著翻译此书的，而我不懂古希腊语难以校对。既然与吴于廑先生已有过通信联系，我就写信向吴先生求教。当时，吴先生已借调到北京，住在中央党校与周一良先生共同主持世界通史的编写工作。天津离北京很近，吴先生就回信约我到中央党校面谈。

　　1961年11月中旬的一天午后，我怀着兴奋而又有点不安的心情，来到了中央党校招待所的门厅，等待到约定的下午二时去谒见仰慕已久的吴先生。还差几分钟时,忽见周一良先生走了出来,我激动地赶快上前叫了一声周先生。之所以激动,因为周先生是我的恩师。在1951年考入清华历史系报到的第一天,周先生就作为系主任接待了我,之后即教我中国历史文选一课;并入北大后,又教了我三个学期的亚洲史。那时,周先生是相当欣赏我的。可是,反右斗争后,我从"得意门生"变成了"不肖弟子",无颜再面对师长。现在,稍有转机,多么希望能听到老师说一两句鼓励我的话啊!可是,这次我是来见吴先生,而不是周先生。周先生立刻认出了我,并知道我要见吴先生。他很忙,有事急着外出,未能多交谈,就匆匆地说吴先生正等着你,于是话别了。我未免有点失望,心情又稍沉重了一些,不知吴先生将如何接待我。

准时敲门后,吴先生打开门,我作了自我介绍。与著名的前辈专家第一次见面,而自己还有政治问题,我不禁内心忐忑,行动亦感失措。但是,吴先生亲切地与我握手,让我进屋坐下,还给我倒茶。他的慈祥的面容、炯炯有神的目光与和蔼可亲的谈话,使我如沐春风,紧张拘束之感一扫而空。吴先生对我选译的李维《罗马史》表示满意,认为能按要求很快保证质量地翻译出来是不容易和下了功夫的。至于希罗多德《历史》的选译工作可以放慢一些。不懂古希腊文不要紧,一部名著往往有不止一种译本,希罗多德的《历史》就有好几种英译本,可以根据英译本另行选译。《历史》一书主要讲的是希波战争的历史,所以不宜选译梭伦与克洛伊索斯的对话和大流士等人关于不同政体的讨论,应选译希波战争部分。但《历史》中关于希波战争的叙述很长,要摘出五六万字来反映希波战争的主要面貌,既有删节,还保持一定的连贯性,需要动一番脑筋。吴先生表示,这个工作由他去做,等考虑好后,他会将应选译的章节写在信里寄给我。最后,先生问我的年龄,语重心长地对我说:"你很年轻,不过27岁。不要灰心,好好努力。将来还是有前途的。"告别后,我如释重负地回到了天津,感到先生让我另译希罗多德的《历史》选是对我的信任,嘱我不要灰心好好努力是对我的关心与鼓励。

1962年春夏之间,首批三部外国史学名著选由商务印书馆正式出版分册单行本,它们是:《普鲁塔克〈传记集〉选》,由吴于廑、谢义伟与曹绍廉等先生翻译;《朗克〈教皇史〉选》,由施子愉先生翻译;《李维〈罗马史〉选》,由王敦书译,吴廷璆、雷海宗校。这三本由吴于廑先生主编的史学名著选同时问世,一时引起了史学界的注意与重视,获得好评。三本书的译校者,除我之外都是老一代的知名学者。《李维〈罗马史〉选》是我的处女作,从某种意义上甚至可说是我的"成名作"。我,一个默默无闻的后生小子,尤其是一个在人生道路上彷徨失措、走投无路的"摘帽右派",正是由于吴先生的照顾和支持,才得以附诸位名家的骥尾,拨开迷雾,看到光明。对于吴先生的知遇之恩与提携之情,我感激涕零,终生难忘,无以为报,只能借今日的会场倾诉衷情,略表寸心。

1962年秋,吴先生应南开大学历史系邀请,在学校礼堂做关于希腊化时代的学术报告,讲得非常精彩,受到热烈欢迎。报告后,历史系教师在资料室与吴先生座谈,雷海宗先生抱病参加,与吴先生相见。从他们的握手与目光中,我看到了两位史学大师的相互情谊与共同心声。这时,我的希罗多德《历史》选的译稿已初步完成,正交给雷先生审阅校订,但雷先生身体不好,还要讲课,来不及看,暂时搁了下来。不料,该年12月末,雷先生去世。我只好将译稿取回,独立做完最后的审定工作,在1963年春寄给吴先生。之后,我随杨生茂先生翻译美国南北战争史资料,不久转而做吴廷璆先生的助手,从事日本史研究,不再与吴于廑先生联系。在之后的"文化大革命"风暴中,有时我不禁遥望南开,念及远在武汉的吴先生,不知先生安否?甚至想,千万不要因为允许《李维〈罗马史〉选》的译校者用我与雷海宗的名字而受到牵累与批判。我也曾想过,不知《希罗多德〈历史〉选》的结果如何?甚至担心由于译稿未经雷先生校订而质量稍差未被采用。直到1978年10月,我重回世界古代史教研室工作，并与同事于可先生访问武汉大学历史系，再见到吴先生。先生与我谈起史学名著选译之事，我不由得询问希罗多德《历史》选译稿的情况。先生惊讶地说："早就出版了，你怎么不知道？你可问商务印书馆的赵淇先生。"后来，在商务印书馆我见到赵淇先生问起此事，赵先生说，1966年初已将《希罗多德〈历史〉选》一书的稿费与20本书寄往南开大学历史系，并从书橱中拿了两本样书赠给我。回南开历史系一问，办公室的老人才回忆起此事，说当时我正在河北省盐山县农村参加"四清"运动，无法给我。我回来时，"文革"已爆发，立刻成为"牛鬼蛇神"，系里又比较乱，此事就拖下去忘却了。现在，书早已没了，钱还在银行中。

以上是我在吴先生的关照下选译李维《罗马史》与希罗多德《历史》的经过。从此事中，我们可以清楚地看到先生的道德文章与高风亮节。先生爱护青年，提掖后进，善于发现人才，培养教育人才。先生胸襟开阔，气魄恢宏，敢冒政治风险，顶住政治压力，信任有过政治历史问题的可造就的年轻人才与受过批判的老年成名学者，允许他们公开具名发表著作。先生工作极端负责，不遗余力地悉心指导、仔细审阅各部名著的章节选与翻译文稿，严把质量关。先生谦虚谨慎，虚怀若谷地征求与听取译者对审订修改部分的意见。先生的高尚品德与无私精神是难能可贵，令人钦佩，值得我们学习的。

吴先生不仅是史学大师，对文学也有很高的修养与造诣，擅长创作旧体诗词。多年前，戚国淦先生曾跟我盛赞吴先生与他诗词唱和的情景。可惜，我没有机会欣赏享受吴先生的诗作。后来，周一良先生赐赠我他著的《毕竟是书生》，最末载《平生读史叹无边——纪念老友吴于廑》文章，其中有吴先生1979年写的七律诗一首：

> 枫叶惊秋又一年，京华回首胜游仙。
>
> 金罋玉砌长安道，紫苑红旗万里天。
>
> 临老著书知不足，平生读史叹无边。
>
> 解牛待有操刀手，伫看新编覆旧编。

周先生说此诗"虽是谦挹之词，也表达了踌躇之志"。我的体会，"临老著书知不足，平生读史叹无边"是"谦挹之词"，"解牛待有操刀手，伫看新编覆旧编"则是"踌躇之志"。

之后，我在《人民政协报》上又看到一篇文章提到吴先生以"竹林幻叟"之名写的一首词：

浣溪沙

> 丹枫何处不爱霜，谁家庭院菊初黄，登高望远看秋光。
>
> 每于几微看世界，偶从木石觅文章。书生留得一分狂。

我为之心灵震撼，深感吴先生学者兼诗人的浪漫情怀。窃以为，"书生留得一分狂"，当是应对苏东坡的"老夫聊发少年狂"之句，却也透露出先生的"踌躇之志"；"丹枫何处不爱霜"或受杜牧"停车坐看枫林晚，霜叶红于二月花"的影响；"谁家庭院菊初黄"则也许受到李白"谁家玉笛暗飞声"的启发。然而，"登高望远看秋光，每于几微看世界"二句，我觉得似乎可以引申为阐发先生的宏观史学与微观史学相结合，从大处着眼小处着手的治学方法，亦即前诗所说"解牛"的"操刀术"。将以上两首诗词联系起来，我斗胆集其中四句成七绝诗一首，以表述吴先生的治学方法、治学精神与晚年对自己的期许。

> 每从几微看世界，登高放眼看秋光。
>
> 解牛待有操刀手，书生留得一分狂。

（原文载于《吴于廑学术思想研究》，人民出版社，2014 年）

南开大学历史系的
好掌门人魏宏运先生

魏宏运先生是又红又专、德才兼备的优秀的中国共产党党员，是南开大学历史系的好掌门人，是国际闻名的中国现代史尤其是关于华北根据地的大专家。在魏先生九十华诞的喜庆之际，我愿通过简略回顾近 60 年来魏先生与我之间平凡而又有些特殊的接触与关系，来表达对他政策水平与高尚人格的感知。

1957 年 2 月，我考上南开大学历史系世界上古中古史专业副博士研究生，到历史系办公室报到，第一次见到了魏先生。他当时是历史系系主任助理和历史系中国共产党党支部书记，也是中国近现代史教研组的教师。他表示欢迎我到南开历史系来读研究生，并说雷海宗先生是著名的历史学家，学问渊博，希望我能好好跟着雷先生学习。我是一个普通群众，与魏先生的专业也不相同，除系里开会时见到外，没有更多的接触。我对他初步的印象是：年轻、能干、直率、有魄力。

不久，1957 年 4—5 月间，全国开展"整风鸣放"运动，至 6 月转入反右斗争。魏先生是南开历史系全系整风反右运动的领导人，特别是教师方面的直接负责人。当时，历史系研究生只有四人，与进修教师合在一起，属于教师队伍。7 月中下旬，南开大学反右斗争初步告一段落，开始放暑假。历史系教师方面只批判了两个人：一个是教师，一个是研究生。雷先生与我都没有受到冲击。8 月中下旬，由于康生点名,天津市与南开大学对雷先生进行了批判。大约10—11月间,魏先生找我谈话,让我对自己在鸣放时期的言行写一份思想检查。我写完交上去后不久,魏先生又找我谈了一次话,认为我检查得不够彻底,让我集中问题再写一份检查。我按要求又写了一份交上去后,暂时未见下文。

1958年1—2月间,南开大学展开"反右补课"与处理右派的运动。我在历史系受到了批判,被划为右派。对研究生右派的处分由重到轻依次有四种:开除学籍,劳动教养;撤除学籍,劳动监督;取消研究生资格,另外分配工作;免于处分。对我的处分是第三种,即取消研究生资格,另外分配工作。说实在的,这时我对魏先生有怕的心理,怕见到他,怕他找我谈话,怕再出什么问题。那么,我对他有没有怨恨之心呢?那倒没有。我觉得,反右斗争是党中央决定的,魏先生只是执行中央的政策,对我没有个人的恩怨;而且给予我的处分还是比较温和宽大的,没有把我送去劳动教养或劳动监督,就是不幸中之大幸。

于是,我忐忑不安地等待分配工作,不知将被分配到什么地方担任何种工作。我内心仍想继续搞历史业务,希望系领导与魏先生考虑到我的业务与外语能力,能网开一面留我在南开历史系工作。一个月过去,3月下旬人事处通知我去天津市西郊大韩庄随南开大学下放干部队伍劳动,名义是随队下放,不是处分。我感到高兴,因为这样的安排虽最终结果还在未定之天,但毕竟我暂时还算是南开大学的人,如果改造得好,有可能留在历史系或南开大学工作。我想,这种安排肯定征求过历史系领导与魏先生的意见,或就是他们提出的,由此我看到了一线光明,内心也产生了一份感激。这样,我开始了长达三年之久的先在大韩庄、后在南开大学农场随南开大学下放干部队伍劳动的生活。在此期间,我受南开下放干部队部管辖,与历史系及魏先生断绝了联系。1959年,党中央公布了给改造好了的右派分子摘掉帽子的决定。次年10月,我在南开大学农场摘掉了右派分子的帽子,回到了人民的队伍。我希望能调回历史系工作,但听说历史系的党领导已经有了变动,历史系设总支,党总支书记是从外面调来的李云飞书记,魏先生好像暂时不在系里。我仍然在南开大学农场劳动。

1961年3月下旬,下放干部队部通知我被调回历史系。我万分高兴,赶快到历史系办公室报到,见到了魏先生。魏先生对我说:"回来了就好,在资料室工作吧,我也刚回来不久。"话不多,但代表历史系容纳了我,安排了我的工作;并说明他刚回来不久,接替李云飞同志担任历史系党总支书记。我想,调我回历史系工作,显然是魏先生的意见,至少是他同意的。

一个多月后,5月初郑老从北京参加文科教材会议归来,召集教师开会传达会议精神,并说明在史学方面会议决定由吴于廑先生主持编译一套《外国史学名著选》,南开历史系接受了选译李维的《罗马史》与希罗多德的《历史》两部名著的任务。会后,郑老与魏先生找我谈话,将选译任务交给了我,说《李维〈罗马史〉选》必须尽快译出,先出版小册子单行本,有问题可请教雷海宗先生。我感到无比兴奋,觉得他们把选译外国史学名著如此重要的任务交给我来完成,是对我的信任和对我的业务与外文能力的肯定。在雷先生的指导与审校下,我很快完成了李维《罗马史》的选译工作,在7月1日之前将译稿寄给吴于廑先生作为对中国共产党成立40周年的献礼。考虑到雷先生与我的右派问题,我只写南开大学世界古代史教研室译。约两个月后,系办公室通知我说,吴于廑先生来信询问《李维〈罗马史〉选》究竟是谁翻译的,让我与吴先生联系。我随即写信告诉吴先生我与雷先生的政治情况。没想到,吴先生回信说,《李维〈罗马史〉选》将出版,为尊重译校者的劳动准备署我们的名字。1962年夏,《李维〈罗马史〉选》与吴先生主持翻译的另两本《普鲁塔克〈传记集〉选》和《朗克〈教皇史〉选》一起由商务印书馆出版,获好评,受到史学界的重视。《李维〈罗马史〉选》的具体署名是王敦书译和吴廷璆、雷海宗校。这样的安排固然是吴于廑先生提出的,但肯定是跟南开历史系的领导及魏先生商议后决定的。这本书是我的处女作,甚至在某种意义上可以说是我的"成名作"。我感谢吴于廑先生,也感谢郑老和魏先生。

1963年夏,魏先生有一次在历史系资料室给青年教师做"关于走又红又专道路"的报告,手拿蒲扇,讲得非常生动。他号召大家一定要"红",要"政治挂帅",要学习理论,学习马列主义和毛泽东思想;同时也必须"专",要钻研业务,认真读书,写出好文章。他提到了沈元,说沈元发表了一篇《〈急就篇〉研究》,就进了"翰林院"。他的这段话留给我深刻的印象,使我受到很大的鼓舞。沈元在1957年是北京大学历史系的本科生,被划为右派,后离开北大,自己在北京图书馆用心读书。1962年写出《〈急就篇〉研究》一文,在《历史研究》发表,一炮打响,被黎澍看中,调入中国社科院中国近代史研究所工作。1963年在《光明日报》的"史学"又整版发表《洪秀全与太平天国》一文。我想,魏先生这样说,表明他是爱惜人才的。我在资料室只要好好工作,作出成绩,还是有前途的。

1966年6月,"文化大革命"在全国正式展开。当时,我随魏先生及历史系大部分师生都在河北省盐山县参加"四清"运动。6月15日全体调回南开大学,被卷入"文化大革命"的洪流。但世事难料,很快魏先生被打倒迫害,受尽折磨。但他守住底线,不承认自己反党,我佩服他的气节。我因自己的情况,也很同情他的遭遇。在万炮齐轰、墙倒众人推的时刻,我没有写过一份揭发批判魏先生的大字报或材料,在所谓的"牛鬼蛇神组"里也没有发表过一次针对他的言论。

1976年10月,打倒"四人帮","文化大革命"正式结束。1978年末,党的十一届三中全会召开,拨乱反正,改革开放。在南开历史系,尝尽人情冷暖、世态炎凉的魏先生两落再起,再次成为系领导人。1979年夏,我的右派问题得到改正,职称定为讲师,讲授世界古代史课程,工资恢复到 1956 年在武昌任中等专业学校教师时的 69 元水平。大约 1980 年时,我突然接到了北京大学历史系主任、著名历史学家邓广铭先生的亲笔来信。他欢迎我回北大,推荐我去季羡林先生主持的南亚研究所工作。我有点心动,又犹豫不决,就持信去见魏先生,征求他的意见。他亲切地接待了我,微笑着对我说:"老王啊,留下来吧,很快一切都会好起来的。"听了他的话,我感到了温暖,就没有离开南开。

1981 年 5 月,我在天津宾馆参加关于亚细亚生产方式问题的大型学术研讨会时,南开历史系进行系主任换届选举,魏先生蝉联当选。这次对副系主任人选采取"组阁制",即由系主任提名任命。没想到,魏先生竟提名我当他的副手。消息传来,我大吃一惊。我有自知之明,从来没有梦想当"官"。我是一个普通群众,不是党员,却当过右派;没有领导和管理的经验,只有接受监督被管理的经验。不过,我为人还算比较老实肯干,尊师重道,不搞小动作,不阿谀奉承,也不落井下石,在世界史专业与英语水平上有较好的基础和能力。我想,魏先生大概比较了解我的这些情况,才会信任我,委托我担任副系主任的工作。

在魏先生的领导下,南开历史系取得了巨大的成就,经国务院学位办公室批准成立了中国古代史、中国近现代史及世界地区国别史三个博士点,先后召开了数次关于明清史及华北农村抗日革命根据地的大型国际研讨会。魏先生本人出版了多部学术著作,多次出国讲学,享有很高的国内外学术威望,并成为国务院学位办公室历史学科评议组评议员。在魏先生的关怀支持下,我也逐步成长,学有所成,才能得展,比较迅速地晋升为副教授与正教授,多次到国外研修讲学,1990 与 1995 年作为中国史学家代表团成员出席国际历史科学大会,1990 年被国务院历史学科评议组评为世界上古中古史专业博士生导师,1993 年成为全国政协委员。我衷心感谢魏先生对我的帮助与提携。

　　总括上述,可知魏先生是一个优秀的共产党员,正确地执行党的政策,是南开历史系的好掌门人。反右斗争时,初期在系里教师、研究生的队伍中只批判了两个人,数量是比较少的。后来,由于康生的点名,才不得不批判雷海宗先生,并最后牵连到我。处理右派时,根据中央按人民内部矛盾处理的精神,对我留有余地,给予出路,没有一棍子打死。虽给我以取消研究生资格、另外分配工作的处分,却没有完全放弃我,还给我随南开大学下放干部队伍到农村农场通过劳动改造思想的机会。在我摘掉右派分子的帽子回到人民队伍后,调我回历史系资料室工作,给我选译外国史学名著的任务,尽量调动我的积极性,化消极因素为积极因素。改革开放后,我的右派问题得到改正。魏先生就进一步信任我,任用我,发挥我的才能。魏先生是一个睿智的大学者,他善于发现人才,培养人才,爱护人才,造就人才。魏先生是一个高尚的人,和蔼可亲,平等待人,一视同仁,与人为善。他自称"老魏",不喜欢别人称他"魏书记"或"魏主任",喜欢大家叫他"老魏",也叫我"老王"。仁者,人也。仁者爱人,与人为善。魏先生是仁者,是一直与人为善的。

（原文载于江沛编《仰望锲斋——贺魏宏运先生九十华诞》,天津古籍出版社,2014 年）

缅怀恩师　终生难忘

——纪念邵循正先生诞辰 110 周年

　　邵循正先生是清华大学、西南联大和北京大学历史系的名教授,是国际驰名的历史学家,特别是蒙元史、中国近代史和中国对外关系史等领域的大专家。1952 至 1954 年间,我先后在清华和北大历史系上过他讲授的中国通史(四)即明清史和中国近代史两门课程,是他比较喜爱的学生之一。

　　第一次听到邵先生的名字是在 1950 年。当时,我在天津耀华中学高中二年级学习,已决定次年高中毕业后报考清华大学历史系。是年夏,父亲有事去上海,回来后对我说:"在火车上,遇到了邵循正先生。邵先生是清华大学历史系的教授,是蒙元史和中国近代史以及中国对外关系史的专家,精通英、法、德、蒙古、古波斯等语言文字。我向他介绍了你的情况,说明你准备明年报考清华历史系。邵先生与我们王家还有一定的姻亲关系。你知道溥仪的老师陈宝琛吧。他是我的祖父的姐夫,我称他大姑公。而陈宝琛的弟弟则是邵先生的外公。大家都是福州人。"我听了后,立刻记在心里,决心将来考上清华后,好好向邵先生学习。

　　1951 年 10 月上旬,我考上了清华大学到历史系报到,系主任周一良先生接待了我。晚上在工字厅开全系师生迎新大会,当周先生一一介绍系内教授时,我从远处第一次看到了邵先生。会上人很多,我比较腼腆,没好意思挤过去向邵先生做自我介绍。我想,来日方长,有的是机会与邵先生相见。没想到,不久邵先生即随全系大部分师生离北京去参加土地改革运动,至12月才回来。但随即就掀起了轰轰烈烈的"三反""五反"运动,其后又转入了老师的思想改造运动。

1952年2月底,新学期开始,邵先生给我们一年级同学讲中国通史(四)即明清史。我是班上的学习委员,与邵师接触较多。我曾到邵师家拜谒先生,老师和师母亲切地接待了我。邵师母出身名门,风度雍容华贵,待人和蔼可亲。邵师仔细地询问和了解我的学习情况与知识根底,听了我的汇报后,高兴地说:看来,你的基础知识相当扎实,英语也不错。不过,你应当知道,历史不只是一些年代、地点、人物和事件,历史有其规律性。研究历史,不仅要掌握考订史料,弄清史实,还要了解各个事件之间的相互联系,探究事变发展的原因,因此要有正确的历史观,要有比较丰富的哲学和人文社会科学的知识与修养。我感觉,你以往的学习可能偏重记忆,今后要在理解上多下功夫,要提高理论水平,加强综合分析和逻辑思维的能力。目前,要好好学习马克思列宁主义。至于外语,你的英语已基本过关,现在学习俄语很有必要,当认真学。令祖父留学法国多年,法文非常好,将来可以跟他学法语。邵师语重心长的这番话,令我茅塞顿开。回去后,我反复思考,深感先生的教诲一针见血地指出了自己以往学习上的弱点,并立竿见影地为我以后的学习和研究指明了道路。的确,过去年幼,父亲的教育主要在知识的灌输。他说:你现在年纪小,把我教的记住就行,至于高深的理论,以后长大了再学习和思考。现在,我是大学生了,自应加强理论学习,提高抽象思维的能力。邵先生的谆谆教导,使我终生受用不尽。

邵先生学问渊博,对明清史也很有研究。从朱元璋建立明王朝直到鸦片战争前清王朝由盛转衰,无论是明末农民大起义,还是入关前的满清,或康、雍、乾的盛世,邵师在课堂上从经济、政治、军事、文化各方面都有充实而精辟的讲述。特别是明清时期的对外关系,先生娓娓道来，如数家珍，精彩纷呈。期末考试时，我答得很好，先生给了高分。

1952年10月，根据中央教育改革和院系调整的安排，清华大学由综合性大学改变为工科大学，文理科各系并入北京大学。历史系在学的学生都并入北大历史系，讲课的教授只有周一良先生和邵循正先生一同前往。1953年9月至1954年6月，邵师给我们三年级同学开中国近代史一课。这是一学年课程，上学期从鸦片战争讲到中日甲午战争，下学期从甲午战争后讲到五四运动前夕。中国近代史是先生一生专门研究的领域，因此讲起课来，驾轻就熟，长袖善舞，旁征博引，顺手拈来，皆成妙谛。他视野开阔，目光敏锐，对从1840到1918年的中国近代史作出了全面、系统、深刻、透辟的论述。这从他草拟的全国综合性大学历史系中国近代史教学大纲，与翦伯赞、胡华合写的《中国历史概要》的近代史部分，以及《邵循正历史论文集》内的有关文章中可见一斑。这里，只回忆一下对邵师在课上、课下就学习和治学方法所谈的一些话的个人体会。

第一，学习和研究中国近代史必须以马列主义和毛泽东思想为指导。邵师在课堂上多次强调，要运用毛泽东在《矛盾论》中阐述的思想和《中国革命和中国共产党》中关于帝国主义列强的入侵使中国沦为半殖民地半封建社会的论述来研究中国近代史。

以下，引用邵先生《辛亥革命前五十年间外国侵略者和中国买办化军阀、官僚势力的关系》一文的前三段话。

"外国资本主义、帝国主义在其侵略中国的过程中，不断地寻找代理人，作为执行它的意志的工具。

当然，外国侵略者最注意控制封建反动势力的中枢政权。清政府经过两次鸦片战争后开始接受外国资本主义半殖民地的统治秩序而逐渐买办化，经过甲午战争和镇压义和团农民革命而和帝国主义进一步结合。到了辛亥革命前夕，就堕落到完全接受了以美帝国主义为首的国际财团的共管。五十年中逐渐买办化的清封建政权，是外国资本主义帝国主义统治中国的主要工具。

但是，外国侵略势力决不以控制北京政权为满足。由于清政权本身就不能有效地统治中国各地区，由于列强彼此间矛盾的发展，由于他们在中国各地区侵略利益的大小不同和力量的强弱不同，由于新型军阀官僚各派别间相互的争夺和地方势力对于清中枢政权的冲突，更重要的，由于广大中国人民的不断反抗斗争，外国资本主义、帝国主义各国就分别地在中国各主要地区寻找和它本身侵略利益结合的代理人，以求达到进一步侵略的目的。"①

毛泽东在《中国革命和中国共产党》中指出："帝国主义勾结中国封建势力压迫中国资本主义的发展"；"帝国主义列强侵入中国的目的，决不是要把封建的中国变成资本主义的中国。帝国主义列强的目的和这相反，它们是要把中国变成它们的半殖民地和殖民地"；"帝国主义列强从中国的通商都市直至穷乡僻壤，造成了一个买办的和商业高利贷的剥削网，造成了为帝国主义服务的买办阶级和商业高利贷阶级"；"于买办阶级之外，帝国主义列强又使中国的封建地主阶级变为它们统治中国的支柱"；"为了造成中国军阀混战和镇压中国人民，帝国主义列强供给中国反动政府以大量的军火和大批的军事顾问"。②

两相对照，一眼就可看出，邵先生的这三段话是对毛泽东的这些论述的深刻领会、运用和发挥，是他在马列主义和毛泽东思想的指引下对中国近代史上外国侵略者与中国封建政权和官僚买办势力的关系作出的极其精辟的理论概括。

第二，邵先生认为，历史著作浩如烟海，五花八门，良莠不齐。学生上大学，刚入门，看不过来。看了写得不好的书，受了误导，反而不好，不如不看。必须看好书，老师的任务就是告诉学生本门课

①《邵循正历史论文集》，北京大学出版社，1985年，第147页。
②《毛泽东选集》第2卷，人民出版社，1991年，第628—629页。

程领域内的好书,指点学生读好的教科书和专著。读好书时,必须细读,精读,用心读,直到真正掌握了全书的观点和材料,加以融会贯通。然后,在此书的基础上,再看更多的书,增加新的知识、材料和观点,不断充实、丰富、提高,乃至修正已有的认识。邵先生形象地称这种读书方法为"滚雪球"的读书方法:以一个根本的雪球即好书为核心,然后将雪球愈滚愈大,知识也愈滚愈多,但总有一个核心。在中国近代史领域,邵师让我们精读的好书就是:范文澜的《中国近代史》和胡绳的《帝国主义与中国政治》。

研究历史,必须根据史料,凭史料讲话。邵师非常重视史料,强调要掌握史料。所谓掌握史料,首先指占有大量史料。史料不嫌多,还要努力发现新史料。但更重要的,是要考订和鉴别史料,去伪存真,去粗取精。和要读好书一样,运用史料时要精选使用最重要的典型史料来说明论证问题,不要零碎、庞杂、冗赘。邵先生学问渊博,掌握大量史料,写文章时旁征博引,但决不罗列史料,使用的多是第一手的最能说明问题的可靠确切的史料。记得刚上中国近代史课讲鸦片战争时,邵师开列了四部参考书,即范文澜的《中国近代史》《筹办夷务始末》,夏燮的《中西纪事》和梁廷枏的《夷氛闻记》。该课程的第一次课堂讨论就是关于鸦片战争和林则徐的评价问题。我根据邵师的讲课内容,仔细阅读了范文澜《中国近代史》一书中的有关部分和一些重要史料,在课堂讨论上作了比较系统的发言。会后,邵师对我说,你的发言很好。中国近代史一课的口试成绩,先生给了我优秀。应该说,邵师的"滚雪球"的读书方法和掌握精选史料的观点给我一生的读书治学指明了方向。

第三,学生听课,必须记笔记。邵先生强调,学生上课时应做到"四到",即耳到、眼到、手到和心到。耳到,指听好老师讲课。眼到,是注视老师的板书和姿态。手到,指把老师讲的都记下来。心到,则是聚精会神,用心思考,毫不旁骛。除听课外,对老师的有关著述也必须认真阅读,这样才能更好地领会老师讲课的精神和内容。邵师不无得意地讲起他在法国听伯希和讲课的往事。伯希和是法国著名的大学者，精通汉学、语言学和中西交通史，掌握多种语言文字。他是大学问家，讲起课来，自然旁征博引，联系多种文字，有点令人如堕五里雾中。学生听课不太懂，问问题也不得要领。邵先生与众不同，最初听课时一言不发，除用心听讲记好笔记外，课下还仔细地阅读思考伯希和的有关著述，于是逐渐掌握了伯希和讲课的中心内容和关键问题。五次课听下来，邵师开始向伯希和提问题，一语中的，直指要害。伯希和大为惊讶，深感这个年轻的中国人后生可畏，当刮目相待。

其实，上邵先生的课时，必须做到"四到"。名家讲课都有自己的风格和特色。邵师上课前，并不写出全部讲稿，往往临场发挥。他喜欢带一摞书，在课堂上从书中翻出重要的文言文史料抄在黑板上。他比较瘦弱，讲话声音较轻，中气不足，学生坐在课堂后面不易听清。他的呼吸器官不太健康，又喜欢抽烟，烟瘾很大，有时一句话没有讲完，就咳嗽起来，或停下来点火抽烟。因此，听邵先生的课，必须"四到"。我上中国近代史课时，总坐在前排，注意抄下邵师在黑板上写的史料和文字，用心听先生的讲话并记录下来，有时还要揣摩出他未讲完的那段话的意思予以补上。我的笔记是记得比较全和好的。当时，我辅导一位捷克的留学生，他记不好邵先生讲课的笔记，下课后我按自己的笔记慢慢地给他再讲一遍，他十分满意。

邵先生治学严谨，惜墨如金，厚积薄发。只出版了一部专著，即其研究生毕业论文《中法越南关系始末》；发表了将近 40 篇文章，皆收入《邵循正历史论文集》。他是大学者，学问渊博，研究深刻，不写则已，写出的必是上乘佳作。这里，仍以《辛亥革命前五十年间外国侵略者和中国买办化军阀、官僚势力的关系》一文为例。该文前三段对主题作了言简意赅、提纲挈领的理论概括，然后转入正文，共三节，不过一万字。邵师以翔实丰富的重要史料，如李鸿章和周馥的《奏稿》《字林西报周刊》，张之洞的《奏稿》和《电稿》，胡钧的《张文襄公年谱》,盛宣怀的《恐斋存稿》,以及英文的《马格里传》《施阿兰使日记》和《蓝皮书》等,分 1860—1894 年、1895—1904 年和1905—1911年三个时期,对英、法、德、美、俄、日等列强侵略者和中国湘系淮系北洋系官僚买办势力、曾国藩、李鸿章、曾纪泽、张之洞、刘坤一、袁世凯、盛宣怀等代表人物的复杂关系作出了条分缕析、鞭辟入里、淋漓尽致的论述,诚大手笔之作。先生站得高,看得远,写得深。此文写于新中国成立初期,发表于创刊不久的《历史研究》杂志,具有高度学术价值,在关于外国侵略者与中国官僚买办势力的关系的研究领域内有开拓创新和指导意义。可惜,先生 1973 年过早去世。如果天假以年,相信在改革开放的繁荣盛世和安定环境下,邵先生必定会发表更多的作品,对中国的史学研究作出更大的贡献。

1955 年夏,我大学毕业,10月底离北大历史系分配到武昌建筑工程学校任教,教政治课中国革命史。翌年初,学校放寒假。我从武汉回天津,途中在北京停留两天,特到北大去看望邵先生。先生对我说:相信你能把课教好。此外,武汉在近现代史上是中国的重镇。在课余时间,你可以去市图书馆仔细系统地阅读武汉地区的报纸杂志,有目的地发现和积累资料,加以整理研究,几年下来,必有所获。先生对我的关心和指点,使我非常感动,终生难忘。

1957 年 1 月,我离开了武汉,考上了天津南开大学历史系世界上古中古史专业副博士研究生,导师是雷海宗先生。是年 5 月初春假期间,我到北大历史系去看望过去的师长和同学。自然,首先去拜见邵先生。邵师兴奋地接待我说:听说你以优异的成绩考上南开为世界史方面的研究生,我很高兴。雷海宗先生是国际知名的历史学家,在清华是我的前辈和多年同事,你要好好地向他学习。我答应称是,并说以后还要经常向邵师请教,请其仍一如既往地不断给我以指导与教诲。万没想到,这竟是我和邵师的最后一次见面,告别竟成永诀。其后一个多月,就开始了反右派斗争,雷海宗师和我都先后被划为右派。1958 年 3 月,我随南开大学下放干部队伍去农村和农场劳动三年。后虽摘掉右派帽子调回历史系里当资料员,但一方面由于运动不断忙不过来,另一方面我也无颜再回北大历史系见诸师长,直至 1973 年邵先生去世。

　　1974 年,由于承担的日本史研究的工作需要,我曾随吴廷璆先生去北京大学历史系访问周一良先生,事后还顺便看望了齐思和先生。我多么想也去探望邵先生一下,可是先生已于一年前仙逝。天人永隔,形影缥缈,杳不可见,惆怅万分。之后不久,我着重研究日本外交史,先后写了几篇这方面的文章。最后一篇是《沙俄侵占旅大及其与其他帝国主义的争夺》,在《历史教学》1979 年第 7 期发表。这是一篇中规中矩的国际关系史方面的论文,我按照邵先生指导的研究方法,使用了中、俄、英、德、日等国的外交文件、资料和专著,对围绕沙俄侵占旅顺大连问题列强各国之间展开的外交谈判与折冲进行了探讨。写此文时,我内心是将它献给邵师的,我想象如果有灵,邵师见到此文会感到欣慰的。

　　邵先生虽早离去,但他永远活在我的心里,他的教诲一直指引着我成长前进。

　　　　　　　　（原文于 2019 年北京大学历史学院纪念邵循正先生诞辰
　　　　　　　　　　　　　110 周年会议上宣读）

忆承柏

——往事不如烟

承柏，与你相识，已有 51 年之久。这里所说的"相识"，只是指最初认识，并不表示相互交往。至于真正"相交"，则是七年以后的事了。第一次见到你，是在 1956 年 9 月。我正报考雷海宗先生的世界上古中古史专业副博士研究生，旁听雷师按新体系讲授世界上古史课程。当时你在市委文教部工作，也来听课。你少年英俊，衣着朴素，骑着自行车，肩挎书包，匆匆而来，认真听讲，用心记笔记，下课后即离去。听说，你家学渊源，父亲是南开大学图书馆馆长、著名哲学家冯文潜教授，舅舅是天津市图书馆馆长兼南开大学外语系教授黄钰生先生。你长我一岁，1951 年毕业于南开中学，尽管出身于大学学术名门，却放弃考大学的机会，直接参加革命工作。

这种情况，我是十分熟悉的。新中国诞生后，百废俱兴，国家需要大量人才，青年工作亦不例外。因此，一些品学兼优的高中毕业生，纷纷不报考高等学校，就投入革命的洪流，以宝贵的青春报效祖国。我与你同届毕业于耀华中学，同学中如娄肇昆、孙正华等也都这样。对于你们这些优秀的热血青年，我是五体投地佩服的。一直到 1957 年 6 月，我与你多次在雷师的课堂上相遇，但没有进一步交谈往来。

1957 年，掀起了轰轰烈烈的反右斗争，雷师与我未能幸免，都戴上了右派的帽子。你也卷入其中，受到了处分。之后，我随队下放，在农村农场劳动,摘掉帽子后1961年3月底调回历史系资料室。在此期间,我们不曾见过面,听说你曾下放农村,后回来在《历史教学》杂志社工作。

1963年夏,按照中央的精神,南开大学历史系为杨生茂先生和吴廷璆先生配备助手,将你由《历史教学》调到南开当杨先生的助手,我则为吴先生的助手。由于政治历史问题,我们不能享受教学人员的待遇,只能当教辅人员。于是同在资料室,以资料员的身份做助手的工作,分别从事美国史和日本史研究,直到1979年拨乱反正改革开放为止,长达16年。

在共事中,我深切地体会到你有一些显著的优点和特点:

首先,学识广博,功底扎实,对哲学社会科学和古今中外的历史都有比较全面系统的了解和认识。虽然没有上过大学,但你的学养却远远超过了一般大学生的水平。研究历史必须掌握材料,而你对南开大学图书馆在人文社会科学方面的藏书了如指掌,需要任何资料都能轻车熟路地随手找到,不愧为南开大学图书馆馆长的公子。例如,一次我与你谈起第一次世界大战前德国的外交档案,你就将德文的四十卷本关于欧洲内阁大政治的德国外交文件集从南开大学图书馆中提了出来。

其次,刻苦钻研,好学不倦。你白天在资料室上班,晚上还常常在资料室看书工作,挑灯夜战直至深夜。阅读时不仅专心致志,而且眼明手快,随时抄录卡片,真正达到眼到、手到、心到。你之所以能够博闻强记,勤奋苦学是你取得成就的关键。

再次,天资聪颖,精力过人。你记忆力好,读书有过目不忘之能,陈年旧事都能记得一清二楚。不仅如此,理解力和逻辑思维能力更强。你理论水平高,视野开阔,目光敏锐,综合概括和具体分析面面俱到,你文思敏捷,洋洋数千言,挥笔可就;口才亦佳,侃侃而谈,滔滔不绝,堪称全才。

最后,工作积极负责,待人诚恳热情。你随杨先生研究美国黑人运动，后探讨美国对外关系，同时翻译《美利坚共和国的成长》，为创建南开大学美国史研究室作出巨大贡献，成绩斐然。对资料室同仁，关心热情，谦逊谨慎，康懋娴、朱桂仙等同志都对你有极好的印象。我随吴廷璆先生研究日本明治维新，吴先生治学广博、注意比较研究，让我搜集西方君主专制政体和资本主义萌芽发展的有关材料。你知道后，主动说自己曾涉猎过英国的资本主义萌芽和自耕农的问题，记了大量卡片，就拿出来供吴先生参考。

值得记忆的是查良铮先生。他笔名穆旦，是我国著名新诗诗人，中英文极佳，还精通俄语，翻译了大量拜伦和普希金的诗作。但由于1955年的"外文系事件"和1957年的反右斗争，受到错误批判，被迫停止了教学和创作，离开外文系到图书馆搞编目，大材小用，能不得展。1964年，杨先生将他借调到美国史研究室工作，任务之一是校改1963年上半年我在杨先生指导下翻译的有关美国南北战争的资料文献。因为"客卿"的身份和背着政治历史问题的包袱，查先生在研究室保持低调，比较沉闷。一次我在室内闲聊时，谈到中英文的文学翻译问题，说像"云破月来花弄影"句中的"弄"字，不知英文怎样才能翻译得传神。我这里是用王国维的话，他在《人间词话》中说："红杏枝头春意闹"和"云破月来花弄影"二句，着一"闹"和"弄"字，就境界全出了。我觉得在英文中这两个字很难译好。没想到平日沉默寡言的查先生突然插进来说：可以啊，翻作"play"就行。画龙贵在点睛，查先生的"play"一字，实在绝妙。尽显先生的文采和造诣。我记得，当时承柏你也在座，不知你听了后有何感想！

为了帮助青年教师提高英语水平，查先生给你和张友伦同志开课讲英文，我听说后也来参加。查先生采取启发式的教学方法，以一本英语文学小说为课本，让每人先自学，上课时各讲一段，再互相提出意见，展开讨论，最后他进行总结和讲解。我们获益良多，可惜不久历史系师生赴盐山参加"四清"运动，课程中断。我深以能当查先生的私淑弟子为荣，我想承柏你大概也有同感。1977年初，查先生过早地抑郁去世,令人扼腕。十年前,我去北京万安公墓给雷师扫墓,竟发现查先生之墓也在附近。我恭敬地给他行了礼,愿先生与雷师相邻做伴,在万安公墓安息长眠。

1966 年 6 月,"文化大革命"爆发,我和你都被编入"牛鬼蛇神组"。负责管理我们的组长是梁卓生先生和杨圣清同志。在盐山"四清"时,杨圣清与我同在一个村,对我比较熟悉和了解。一次会后,杨圣清对我说:王敦书,你和冯承柏二人英文不错,在世界史方面比较有才,你应该正确对待"文化大革命",好好认识和批判自己的问题,将来还是有前途的。我听了后,感到一丝暖意。在横扫一切牛鬼蛇神的大风大浪中,受冲击的我和你还能被革命派视为有用之才,幸甚,幸甚!此事我没有告诉你,如果知道了,你感受如何?1968 年下半年,工宣队进入南开,实现大联合。一次全系师生与工宣队一起去西堤头劳动,任务是两个人一同抬大筐运土。我想第一次与工人师傅一块儿干活,应有良好卖力的劳动表现。可是,二人共同担土,必须互相配合,不能找体力差的人搭配。而你吃大苦,耐大劳,体质不错,还在农村长期经受过体力劳动的考验,就找你一起挑土。我们连续干了三个小时,没有休息,每筐土都装得满满的,工宣队赵师傅不由向我们投来了略带惊讶和赞许的眼光。承柏,你辛苦受累了。

1969 年 11 月初,历史系师生由天津东郊区四合庄突然撤回学校,随即紧急疏散,长途步行至河北省完县(今顺平县——编者注)南伍候村"拉练野营"。劳动之余,听老乡说数年前,解放军在 16 里外满城县周围山中修筑工事时,发现了宝藏,三步一哨、五步一岗地将珍宝运往北京。你、我和李元良等人听后很感兴趣,甚至想给北京考古所写信询问。自然,这只是说说罢了。不过,一次休假时,我们商量过后,带了手电筒和绳索,按老乡所说的方向,兴致勃勃地前往探寻。最后,居然在满城县外小山丘的山腹中找到墓穴。我们攀缘而下,在一片黑暗中摸索到了墓道和墓室,但空空洞洞,一无所有,徒劳而返。后来,才知道这是西汉中山王陵的遗址,国宝金缕玉衣就是在此发现的。现在回想起来，在紧急疏散之际，以"戴罪之身"，发思古之幽情，探无名之古墓，虽无所得，亦可谓历史学者的浪漫。惜畴昔同往者承柏、元良俱已作古，能不慨然？

1970年7月，深入"斗、批、改"，系里同学全体毕业，教师纷纷学工、学农，到农村插队落户。我去南大化工厂当工人，你则往南开大学农场学农劳动，一别二年。1972年9月，我回到系里给工农兵学员教英语，后恢复日本史研究室的工作。你也归来，继续美国史研究。不久，系里接受外交部的任务，翻译联合国资料，由黎国彬先生总负责，你和我也参与其事。后来，我随日本史研究室到塘沽、北京进行"评法批儒"，停止了联合国资料翻译。你则坚持下来，一连数载，成为黎先生最得力的助手，为我国参加联合国后翻译联合国资料尽心出力，功莫大焉！

1974年前后，据说周总理号召编写世界各国的国别史，因而南开大学历史系分担了撰写或翻译三个拉丁美洲国家专史的任务，亦由黎先生负责领导，其中有尼加拉瓜史。黎先生觉得我们没有独立编写该专书的条件，仅能进行翻译，但图书馆中连一本正规的外文尼加拉瓜史也找不到。结果，只好从有关的拉丁美洲史、美国史的各种著作中梳爬出尼加拉瓜史方面的部分，再整理连缀起来，译出构成一部比较完整的尼加拉瓜史。这个相当艰巨的工作，黎先生就主要交给你，再加上我来担任。经过良好的合作和积极的努力，终于在黎先生的总指挥下完成了任务，由天津人民出版社1976年出版，获得了好评。在共同工作中，我充分感受到你充沛的精力和深厚的功底，受益不浅，实为快哉！

1979年拨乱反正，落实政策。你和我都得到了平反改正，离开资料室，成为讲师，获得了新生。1981年上半年，我们双双"起飞"，你经过考试赴美留学二年，我则担任历史系副主任之职。你从美国来信，报告了在费城研修的情况。我给你回信，除问候外，也说明自己的政治条件和工作能力都差，目前暂时按"上传下达，集思广益，谦虚谨慎,鞠躬尽瘁"的方针办事,重要的工作则待你学成归来担任。这是你我之间唯一的一次通信。

1983年11月,我从希腊回来,你已返国。见到你神采奕奕,非常高兴。我感到你经过在美国二年的刻苦研修,有了惊人的突破。首先,你的英语特别是在听、说、写方面取得了极大的进步。其次,你对当代西方的哲学社会科学和史学的理论有了更加广泛深入的理解和掌握。再次,你开辟了新的学术领域,对博物馆学和世界博物馆概况展开了具有拓荒意义的研究。这一切都是我自愧不如的。

1984年后,我从事世界古代史和古希腊罗马史教学研究,你则在美国史和博物馆学方面发展,彼此工作不同,接触较少。后来,你负责全校文科工作,继而担任南开大学图书馆馆长,见面更少。偶然相遇时,匆匆只打一个招呼而已。但君子之交,情长谊深,尽在不言之中。近十年来,你健康状况渐差,患冠心病和糖尿病,身体消瘦,曾住过院。我到医院去看望你,嘱安心静养。你出院后坚持游泳、锻炼身体。退休后还受聘于天津纺织工业大学,每周前往上班。你的敬业奉献精神,我深深敬佩,应向你学习。

2002年12月15日,我主持召开雷海宗与20世纪中国史学学术研讨会,纪念雷师百岁寿辰。你在会上宣读了《史学大师雷海宗1957年蒙难始末》长文,披露了雷师被划为右派的真相和内情,表达了对雷师的敬重与感情,其中有些事是连我也不甚清楚的。此文随即在《历史教学》2003年第2期发表,颇有影响。最后一次听你做报告,是关于国家博物馆设计的立项问题。你熟练地操作电子计算机进行讲解,口若悬河,条分缕析,头头是道,令我心折。2005年12月中旬,雷师之女雷崇立、赵以钧夫妇由加拿大来津,约我与你和郑克晟、傅同钦夫妇在起士林西餐厅共进午餐,谈笑甚欢。临行依依告别,互道珍重,不意这竟是我与你最后一次聚首。

我近年亦患冠心病。2007年元旦前后,曾想过你与病魔斗争,坚持锻炼和工作的情况,觉得似可与你交流一下,学习你的经验。

讵料几天后突然传来噩耗,悲痛不已,忙赶至府上灵前行礼,因令郎、令媛在美尚未赶回,向遗体告别仪式日期未定。我请郭明同志届时告诉我,但一直没有接到通知,待打电话问院里,却说昨天已火化了。回想起"文革"期间1973年12月5日先父在家中病逝,你与克晟兄赶来行礼的情意,我竟未能向你的遗体告别,伤哉!

逝者已矣,但往事并不如烟。午夜梦回,缅怀故友,殊令人悲。谨草此文,寄托哀思,并效杜甫《江南逢李龟年》诗韵,集句成诗一首:

南开园里寻常见,雷师堂前几度闻。
五十一年相识久,落花时节倍思君。

(原文载于《史学集刊》2008年第5期)

三位老师的纪念册题词

——纪念耀华中学毕业六十周年

　　我爱耀华中学,耀华是我的母校。耀华是中外驰名的学校,其所以著名,是因为她拥有优秀的教师、优秀的学生和优秀的建筑、设备。其中,关键是教师。只有有了优秀的教师,才能利用优秀的建筑、设备培养出优秀的学生。我怀念耀华,尤其怀念那里教我的老师。

　　高中毕业时,准备了一本纪念册,请老师在上面题词留言。经过了六十年的迁徙变化,这本纪念册已经遗失。但我还记得其中的一些题词,它们伴我度过了一个甲子的风雨人生。现就记忆所及,将三位老师的题词写出,既表示对他们的怀念,也与昔日的中学同窗共勉。

　　首先,高准老师的题词:

　　　　劲阴杀节,不凋寒木之心;晦明风雨,不谬晨禽之察。

　　高先生是我高中时期的语文教师。他温文尔雅,风度翩翩;正直不阿,诲人不倦;家学渊源,工诗词,富文采。这段题词大概是西晋著名文人陆机之语,其意即一般所说的"松柏后凋于岁寒,鸡鸣不已于风雨"。就是说,不管环境多么困难恶劣,做人应当正直,有气节,有眼光,能辨别真假美丑,要坚持真理。先生的这段话,指导着我做人,激励着我挺过了当右派22年的艰难岁月。

其次，马毓良老师的题词：

> 半亩方塘一鉴开，天光云影共徘徊。
>
> 问渠哪得清如许，为有源头活水来。

马先生是我高中时期的历史教师。他风华正茂，倜傥不群，学识渊博，口才极佳，讲课很有条理，又生动活泼，男女同学无不为之倾倒。授课之余，先生还与我畅谈中国古典诗词、京剧艺术和武林轶事，并教我练太极拳，既有师生之谊，也结成忘年之交。这段题词是宋代理学家朱熹的诗。表面上是写景，描写池塘清澈，反照天光云影。但关键在后两句，说池水之所以洁净，是因为源头不断有活水流来。这实际是指治学之道，要不断学习，不断吸收新知识，这才能保持学术之树长青。自然，这也是为人之道，要不断接受新事物，与时俱进。先生的这段话，一直指导着我治学为人，从而取得今日在学术上的成就。

最后，刘崇一老师的题词：

> 小立水滨，
>
> 我以舟子为景，
>
> 舟子以我为景。

刘先生是我高中时期的英语教师。他的英文非常好，尤其英语语法讲得好，使我深受教益。刘先生对西方的文艺思潮很有研究，尤其熟悉英国的诗和诗人。他本人就是一个诗人，笔名流云，写新诗，追求美，讲究境界，创作十四行诗。一次讲遣词造句，他举"那西山红叶随牧女的羊铃摇落"为例说，"摇落"一词将牧女羊铃的摇动与西山红叶的飘落联结起来，这是何等境界，又是多么的美！记得他给另一位同学的纪念册的题词是："愿在你生命的瓶里盛开着不谢的鲜花。"我觉得非常美。反过来看给我的题词，仿佛是在写景，但不浓墨重彩，而轻描淡写，似乎不够美。但仔细一琢磨，朴素就是美，而且其中含有更深的意境和哲理。我以舟子为景，而舟子却以我为景,这突出了相对性。此种境界更高雅,更有灵性。再进一层,看待生活和人生,不也是如此吗？我在看别人,别人也在看我。每一事,每一物,无不有其相对性和两面性。我们应该相对地来看待生活和人生,老来更应如此,这样就会感到解脱、超然、满足、乐在其中。同学们,愿我们都笑对人生,善待他人和自己,安度晚年！

（原文为 2011 年纪念天津耀华中学高中毕业六十周年随笔）

第四编

晏绍祥《古典历史研究史》序

　　古代希腊、罗马是欧洲历史上最早出现的国家，璀璨的古希腊罗马文化是西方文明的源头。欲真正了解和研究当代的西方，势必同时了解和研究古希腊罗马文明，或曰西方古典文明。

　　所谓"文艺复兴"，就是复兴古希腊罗马的文学艺术。这里所说的文学，不是狭义的文学创作，而是泛指所有的文字作品。自文艺复兴以来，西方兴起了关于古希腊罗马之学即西方古典学的研究，不仅大学有古典学系的建置，而且中学设有拉丁语，甚至古希腊语课程。与此相应，西方也重视对古希腊罗马史，亦即西方古典史的研究。西方既有绵延六百多年的古典学研究传统，便出现了总结这方面研究的古典学研究史，或曰古典学术史。桑兹的《西方古典学术史》(J. E. Sandys, *A History of Classical Scholarship*)，维拉莫威兹的《古典学的历史》(U. von Wilamowitz-Moellendorff, *History of Classical Scholarship*)，普法伊费尔的《古典学术史》(Rudolf Pfeiffer, *History of Classical Scholarship*: 1300–1850)，普拉特努尔主编的《古典学术五十年》[A. D. Maurice Platnauer, *Fifty Years (and Twelve) of Classical Scholarship*]等，就是其中的代表作。不过，西方虽有不少重要的史学史著作，但关于西方研究古希腊罗马史的史学史，亦即西方古典历史研究发展史，却缺乏系统之作。

　　中国是东方的文明古国，具有辉煌的国学亦即中国古典学的研究传统。中西古典文明在欧亚大陆的东西两方相互辉映,同放异彩。东西方古典学之间应展开交流,互相研究,相得益彰。然而,由于地理的和历史的各方面条件限制,19世纪以前的中国不可能了解古代西方的希腊罗马。至西学东渐,特别是进入20世纪后,中国学者才开始对古希腊罗马的历史和文化有所了解。

党的十一届三中全会以后,中国在邓小平理论指引下,推行改革开放的国策,百废俱兴,蒸蒸日上,包括古希腊罗马史在内的我国世界古代史研究也呈现出新的气象。在林志纯(笔名日知)先生的积极倡导和大力扶持下,中国世界古代史研究会于1979年在长春成立。《世界上古史纲》的出版,对我国世界古代史研究起了有力的推动作用。1984年,经教育部批准,东北师范大学成立了世界古典文明史研究所。该所开办古典文明史学习班,聘请外国专家讲授亚述学、埃及学、赫梯学和西方古典学,以及各种古文字,出版英文版《古代文明杂志》(*Journal of Ancient Civilizations*),编辑出版中外文对照的《世界古典文明丛书》。1993年和1997年,规模盛大的中国第一、二届世界古代史国际学术会议,先后在南开大学和东北师范大学召开,有力地促进了世界古代史领域内的中外学术交流。总之,20年来中国的世界古代史学科建设取得了长足的进步和发展。

然而,我们也应该看到,在商品经济大潮的冲击下,人们的目光和兴趣首先集中在当代的社会、政治、经济和科技上,难有多少思古的幽情。古代世界距离今日中国的现实毕竟太遥远了。中国的世界古代史研究面临着一系列严重的困难:底子薄,基础弱,图书资料极端匮乏;外语要求条件太高;研究成果得来不易,且难以发表;研究者经济收入微薄,晋升职称靠边向隅,如此等等,不一而足。当前,老一辈世界古代史工作者相继老迈,即使后继有人,也举步维艰。面对上述种种困难,人心困惑,惶惶不安,有的已经“下海”改行,另求他就。中国目前也许不见得需要大批的世界古代史研究者,但从长远看,“以史为鉴”,世界古代史学科还是重要的,不论是理论上、学术上,乃至实际上都是有研究价值的。中国的世界古代史研究不能中断,必须坚持下去,得到发展。我们多么渴望,能有一批年轻的有志、有识、有为之士,胸怀献身科学的抱负,甘坐"冷板凳",埋头苦干,孜孜不倦,继往开来,攀登世界古代史研究的高峰。

晏绍祥同志师从世界古代史著名学者胡钟达先生,1987 年获硕士学位后,在华中师范大学历史系讲授世界古代史,专攻西方古典史。1995 年,他赴世界驰名高等学府英国剑桥大学深造,身居闹市,心不旁骛,利用有利的图书条件,广泛收集资料,刻苦钻研,博览群书,潜心著述《古典历史研究发展史》。返国后,继续笔耕不辍,终于成书,洋洋 30 余万言。全书 17 章,略古详今,以文艺复兴和启蒙运动之史学为引子,系统全面地论述了 19、20 世纪西方各国,乃至苏联、东欧和中国对古希腊罗马史的研究著述的发展情况。全书涉及史家约九百人,史书千余部。此书不仅在我国开辟了新领域,是填补空白的拓荒之作,在西方史学界亦属罕见。全书既成,晏君索序于我,固推不允。书也不才,无德无名,焉敢搦管为序。然睹佳作,喜出望外;忝为人师,义不容辞。斗胆以此抛砖之言得附骥尾,实为幸甚,亦曰快哉!

[原文是为晏绍祥《古典历史研究史》
(北京大学出版社,1999 年)所作之序]

王立新《古代以色列历史文献、历史框架、历史观念研究》序

　　以色列同巴勒斯坦、阿拉伯人民的冲突，是半个多世纪以来国际政治的一个焦点。纳粹德国对犹太人的迫害和屠杀，则是人类历史上的一次大灾难。世人不禁对以色列国家的情况和犹太人的历史命运深感兴趣，想了解一个究竟。从另一方面说，基督教是以西方国家为重心传遍全球并发挥重要作用的世界性宗教，其创教者耶稣是古代犹太人。基督教的经典《旧约圣经》原本是犹太人的宗教典籍，也即《希伯来圣经》《塔纳赫》，其中不但提出上帝创造世界和人类的论断，而且大量记载了古代以色列人的活动和历史，以及耶和华神与以色列人的律法约定。人们很自然要问：《希伯来圣经》究竟是一本什么样的书？它如何编成？其中所说的古代以色列人的事迹是否真实可靠？

　　19 世纪以来，西方的历史学、考古学、宗教学、民族学、古文字学都有巨大发展，学术界关于古代以色列人的历史、文化及其典籍的研究不断取得重大突破。改革开放后，中国学者对以色列加强了研究，犹太学得到建立和发展，出版了不少著作，但多偏重于近现代方面。中国世界古代史学界近 20 多年对古代埃及、两河流域、希腊、罗马和印度的历史探讨都有专著问世，发表了大量学术论文，佳作甚多，唯独对古代以色列的历史缺乏深入、系统的研究，优秀的作品不多，不能不令人颇有憾意。

王立新君素好文史，虽于大学时代入文学专业，但对历史研究未尝或忘。本科之后他在南开继续攻读硕士研究生，专业为世界文学，得朱维之、臧传真、张镜潭等世界文学耆宿的亲炙，毕业后留校任教。朱维之先生是国内世界文学的大家，尤精希伯来文学与文化，王君原本的治学重点是西方文学（这方面他已有不少成果问世），但20世纪90年代初朱先生退休前，为不使南开的这一特色研究传统中断，特意亲自安排当时风华正茂的王君到南京金陵协和神学院进修《圣经》希伯来语，随后王君又远赴以色列耶路撒冷希伯来大学深造。在学习和研究过程中，王君深感古代历史与其研究领域的密切关系。为攀登史学高峰，他于1997年以优异的成绩考入南开大学历史系世界史专业攻读在职博士研究生，在我的指导下专攻古代以色列史。不久，他晋升教授，并任文学院副院长，既主管全院教学事务和基地建设工作，更讲授数门课程，指导多名研究生，负担是比较重的。然以其才学勤奋，虽工作繁忙，四年之内自可完成合乎标准的博士论文。然而，他治学严谨、律己甚苛，多次向我表示，既然做史学博士研究生，所撰学位论文必以纯史学的学术标准为衡量尺度，遂自己提出延长毕业时间。乃夙夜匪懈、精益求精，历时五年半，终于完成这一博士论文，荣获历史学博士学位，其论文被历史学院评为优秀博士论文。

《古代以色列历史文献、历史框架、历史观念研究》一书即是王立新同志的博士学位论文。全书分上、中、下三编。第一编"古代以色列的历史文献与文本分析"，是首先通过对古代以色列人最重要的历史文献《塔纳赫》各卷文本的分析，对基本文字史料做扎实细致的梳抓、考订和整理。第二编"古代以色列历史的基本框架"，则是根据各种史料——文字的、实物的、历代相传的、考古发现的——进而对古代以色列历史发展的基本线索和结构作出系统的缕析和筑造。第三编"古代以色列民族的历史观念"，乃是在整理好史料、完成历史本身框架搭建之后，经过探讨"历史书卷"的组合、《塔纳赫》

正典化的过程和神权史观的内涵,来归纳古代以色列人的历史观念和史学传统。总起来说,本书的优点是:在比较详尽地吸取和总结国内外有关研究成果的基础上,综合运用历史学、考古学、语言学、宗教学和民族学等多学科研究方法,在上述三编的三个方面系统地提出了自己富有创新性的见解。应该说,他的努力对我国史学界尚比较薄弱的以色列古代史和史学观研究作出了自己的重要贡献。

先师雷海宗先生是学贯古今中外的史学大师,对犹太人的历史、基督教史和《圣经》都有精深研究,可惜由于各种条件和原因,过早辞世,在这方面未能留下系统的专门著作。43年前,雷师曾将他收藏的两本关于犹太人历史和《圣经》研究的英文专著借我阅读,希望我能有所得,但他不久仙逝,我也转向从事其他领域的工作。17年后,我虽重理世界古代史旧业,但更多偏重古希腊罗马史,未能有机会对古代以色列史多做深入考察,引为憾事。雷师认为,有价值的史学著作应为科学、哲学和艺术的统一,即:要做审查、鉴别与整理材料的科学分析工作;以一以贯之的概念和理论说明史实的哲学综合工作;用艺术的手段叙述历史的文学表现工作。我以为王立新君的这本书达到了上述三方面的要求,因而是一部优秀的史学著作。王立新君作为雷门再传弟子,作出了自己的努力,我为此感到欣慰。

本书毕竟是一篇博士学位论文,篇幅有限,因此对古代以色列史只建构了基本的框架,不可能对具体史实做详细的论述;此外对古代以色列的宗教与文化亦不可能专门探讨。我衷心希望王立新君能再接再厉,在本书的基础上更登一层楼,写出内容更翔实丰厚的关于古代以色列民族整个历史和文化的专著,以满足学界和读者的需要。

[原文是为王立新《古代以色列历史文献、历史框架、历史观念研究》
(北京大学出版社,2004年)所作之序]

王以欣《神话与历史:古希腊英雄故事的历史和文化内涵》序

　　小时候,喜欢听大人讲神话故事,尤其是希腊神话,因为它特别绚丽多彩,引人入胜。及长,在北京大学历史系听胡钟达师讲授世界古代史,他对《荷马史诗》讲得非常生动,全班同学都为之神往。但是,我真正对希腊神话和荷马史诗进行研究,那是30年后在南开大学历史系开设世界古代史和古希腊史课程,特别是1983年在希腊雅典研修访学之际。回国后,先后发表《荷马史诗和特洛伊战争》和《古希腊"英雄时代"辨析》两篇文章,从此与希腊神话和爱琴文明结下了不解之缘。

　　马克思在《政治经济学批判导言》中对神话的本质和希腊神话的重要地位作出了极其精辟的经典性的论述。他指出:"任何神话都是用想象和借助想象以征服自然力,支配自然力,把自然力加以形象化;因而,随着这些自然力之实际上被支配,神话也就消失了。"在对神话作出总的阐明后,他进一步说:"希腊艺术的前提是希腊神话,也就是已经通过人民的幻想用一种不自觉的艺术方式加工过的自然和社会形式本身。"此外,他还说,"希腊神话不只是希腊艺术的武库,而且是它的土壤",而希腊艺术和史诗"仍然能够给我们以艺术享受,而且就某方面说还是一种规范和高不可及的范本"。①

---

① 《马克思恩格斯选集》第2卷,人民出版社,1972年,第113—114页。

然而,马克思的论述只是一些原则性的指示,要真正了解希腊神话是如何"用想象和借助想象以征服自然力"的,或者从另一方面说,希腊神话所包含的"通过人民的幻想用一种不自觉的艺术方式加工过的自然和社会形式本身"究竟是什么样子,那就需要学者们对希腊神话进行认真而具体的研究来得出了。不同领域的学者,在研究希腊神话时其侧重面和采撷点会略有不同。譬如:神话学家也许更着重于追索考订神话的源流发展,以及对神话的内容与寓意的解读和诠释。社会学家、民俗学家、文化人类学家可能偏向于注重其中反映的远古社会生活和民情风俗习惯。宗教学家会集中于探求神话所包含的宗教思想与崇拜仪式。文学家则寄情于欣赏口头文学中的英雄形象和史诗创作的艺术特征与风格。而历史学家却专注于从中寻求历史往事的蛛丝马迹和真实因素。

早在 20 世纪前半叶,希腊神话故事就在中国得到了传播,前辈文化名人在这方面做了大量的工作,功不可没。他们的作品在新中国成立以来得到了修订和再版。例如,楚图南译德国斯威布著《希腊神话和传说》(上、下卷),该书对希腊神话作了全面、系统和详细的叙述。周作人对托名为公元前 2 世纪希腊学者阿波罗多洛斯的作品 *Bibliotheca*(周译《希腊神话》,或译《书库》《书藏》《文库》)及 *Epitome*(周译《节本》,或译《神话摘要》)进行了翻译,并加上注解,甚见功力。卢剑波则将 Cottrell 撰写的 *The Bull of Minos*(《米诺的公牛》)译成中文,取名《爱琴文明探源》。该书生动地介绍了谢里曼和伊文思发现爱琴文明的经过,带有史话色彩。但是,这些多为翻译之作,主要是对希腊神话内容的介绍和说明。从史学界来说,将希腊神话传说和希腊远古历史以及考古发现材料紧密结合起来,进行全面和深入研究的佳作尚不多见,专著更为缺乏。令人高兴的是,商务印书馆即将出版王以欣博士所著《神话与历史:古希腊英雄故事的历史和文化内涵》（其博士论文《英雄神话与上古希腊历史》的修订本）一书，这是一部能填补我国本领域学术空白的力作。

该书实际分两大部分。第一部分是综论，包括第 1—3 章，从整体上对英雄与英雄崇拜、英雄史诗与"英雄时代"，以及神话研究的理论、方法与各个学派进行系统的考察。第二部分是专论，包括第 4—12 章，具体地对希腊神话中最为重要并具典型意义的若干英雄传说，按地区、人物和事件分别展开个案剖析。例如，关于忒拜地区卡德谟斯、俄狄浦斯和忒拜战争的传说，关于特洛伊战争的传说，关于阿提卡地区雅典早期诸王、雅典土生神话和忒修斯的传说，关于伯罗奔尼撒半岛赫拉克勒斯子孙回归的传说，等等。

该书的优点和特色，可以说是既扎实严谨又开拓创新。所谓扎实严谨，就是指作者广泛而丰富地搜集、研究和使用了古代希腊的原始文献，以及现代考古发现的最新资料，同时又大量参阅国际学者的有关专著与学术论文，尽量吸取前人和当代的研究成果，充分考虑各家的不同见解，力求叙事立论字字句句都有根据和出处，不作空论和妄加猜测。这一点从全书正文内的注释和书末的参考书目皆可看出。所谓开拓创新，就是指作者视野开阔，采取跨学科研究的方法，将历史学、考古学、神话学、语言学、社会学、民俗学、宗教学、文化人类学等学科的理论、方法和研究成果融会贯通，在扎实严谨的基础上，博采众长，独立思考，通过宏观的整体综合和微观的具体分析，剥开希腊英雄传说的神秘外衣，揭示其中包含的历史真实因素、社会生活信息、精神文化义涵和社会政治功能。这里仅举一例。特洛伊战争乃举世瞩目的千古之谜，一直是国内外学者研究讨论的热点，众说纷纭，莫衷一是。作者在第 7、8 章中对特洛伊战争的历史真实性和神话学研究进行了细致的考证和缜密的探究，提出了自己的颇为精辟的看法和意见，成一家之言，堪与国际学者媲美。

王以欣君原为南开大学物理系 1985 年本科毕业生,但他热爱古代希腊的历史与文化,决心改弦易辙,另起炉灶,踏上新的文化征途。1988 年,考入南开大学历史系,成为世界上古中古史专业古希腊罗马史研究方向的硕士研究生。1991 年毕业留系任教,讲授世界上古史、古代希腊的神话与宗教、古希腊青铜时代的历史与文化等多门课程,并参加我名下的希腊神话与爱琴文明的国家社科研究项目。1998 年,他再接再厉精益求精,经过考试攻读古希腊罗马史研究方向的在职博士生。2001 年,赴英国牛津大学深造,在著名的爱希莫连古典博物馆访学一年,潜心研究希腊的英雄传说和远古历史,更利用波德利安图书馆之极佳条件,广泛搜集有关资料。返国后继续埋首书城,废寝忘食地刻苦钻研和专心写作,终于 2004 年荣获历史学博士学位。在此之前,他已出版《寻找迷宫——神话、考古和米诺文明》专著一部,在《世界历史》《史学理论研究》和《南开学报》(哲学社科版)发表《克诺索斯“迷宫”与克里特的“王权”》等多篇高水平的学术论文。《神话与历史:古希腊英雄故事的历史和文化内涵》一书是王以欣的优秀博士学位论文的修订本,更是他磨剑 15 年,苦心孤诣地探索希腊神话与爱琴文明的结晶和成果。同时,我们应感谢北京大学希腊研究中心和商务印书馆的大力支持,使这部纯学术性的专著得以及时问世。

敦书已达古稀之龄,在从教 50 年之际,告老退休。回首前尘往事,历经坎坷,艰苦备尝,不胜感慨。幸赖改革开放,拨乱反正,1979 年后始得正式从事世界古代史和古希腊罗马史教学研究工作。孟子曰:“君子有三乐……仰不愧于天,俯不怍于人,二乐也。得天下英才而教育之,三乐也。”书也不才,乏善可陈。然忠诚教育事业,献身史学研究,当今国内希腊史后起之秀,多半皆出自鄙人门下,至足乐也!

2003 年 5 月,中国世界上古史前辈大师林志纯(笔名日知)先生,以 93 岁的高龄,亲笔为拙著《贻书堂史集》题词二则:

　　日知其所亡，月无忘其所能。（出自《论语》）

　　苟日新，日日新，又日新。（出自《大学》）

勉励敦书活到老，学到老，不断创新前进。我当遵循林老的训导，与王以欣博士和读者诸君共勉。

［原文是为王以欣《神话与历史：古希腊英雄故事的历史和文化内涵》（商务印书馆，2006 年）所作之序］

雅典城市与古希腊文化

——谢光云《古典时期的雅典城市研究》序

古希腊文化是欧洲文明的源头，并通过西方文化对中国以及世界文化的发展产生极其重要的影响。恩格斯明确写道："如果对于希腊人来说形而上学在细节上总是有理的，那么对于形而上学来说希腊人就从总体上总是有理的。这就是我们在哲学上如同在其他许多领域中常常不得不一再回到这个小民族的成就上来的原因之一，这个民族的广泛的才能和活动使他们在人类发展史上享有为其他任何民族都不能企求的地位。"①

在古代，并不存在希腊国。希腊（Hellas）一词不是国名，指的是希腊传说中始祖希伦（Hellen）的子孙后代希腊人（Hellenes）所居住的地方，最初在中希腊东部，以后包括希腊半岛，乃至其他地方。希腊人组成了数以百计的城邦，其中雅典和斯巴达最为强大和重要。先师雷海宗先生在1957年指出："几百年来欧洲学者推崇古希腊传下来的作品为经典或古典，而这些作品绝大部分都出自雅典，所以在崇古的文人的心目中，完全不自觉地就把雅典扩大为希腊，雅典代表希腊，雅典就是希腊……雅典和另外几个类似的城邦，只不过是希腊世界中的几个孤岛，雅典并不能代表希腊世界。"②45年后，

---

① 《马克思恩格斯选集》第4卷，人民出版社，1995年，第287页。
② 雷海宗：《伯伦史学集》，第393页。

郭小凌先生肯定雷海宗的观点,认为:"他还指出研究古代世界史的方法论问题,就是不应该把雅典等同于希腊、把雅典的奴隶制等同于整个希腊的奴隶制。依据这一方法,他认为奴隶制在雅典和罗马的发展只能是特殊的、局部的、暂时的现象,只能看作整个封建社会大背景下的变种,这一看法较剑桥大学教授芬利提出的类似看法早了23年,至今仍没有失去重要的参考价值。"①诚然雅典不等于希腊,不能拿雅典史代替或代表希腊史。但应该看到,雷海宗讲这番话时,主要是在讨论古希腊的奴隶制和奴隶制社会,郭小凌谈的也是奴隶制这个方面,如果要探讨古希腊人的诸多伟大成就,如商品经济的繁荣、民主政治的建树、文化艺术的辉煌、抗击波斯侵略的胜利、提洛同盟的创设和雅典海上"帝国"的扩张等,则不能不重视雅典,甚至以雅典为代表。因此,研究雅典史对于古希腊史乃至整个世界古代史来说,都是十分必要和重要的。中国学术界历来重视研究雅典的历史和文化,在这个方面发表的文章多不胜数,亦不乏佳作。但是,对整个雅典的历史展开全面深入论述的专著尚不多见。现在,中国社会科学出版社将出版解光云博士所著《古典时期的雅典城市研究——作为城邦中心的雅典城市》一书。这是一本比较优秀的博士学位论文专书,对中国的雅典史研究作出了贡献。

希腊语 polis(英译 city-state,中译"城邦")一词,主要具有城市、国家和公民集体三方面的含义。古代城邦问题一直是中外学者关注和研讨的热点。我个人以为城邦是一个以城市为中心、公民为主体、国家为本质的共同体。我国学者研究雅典城邦往往着眼于公民集体和国家体制的方面,以雅典政治制度的历次改革与变法为基本框架,再加上社会、经济、军事、文化的内容,来分析和叙述雅典的历史。解光云博士别开生面,另辟蹊径,以作为城邦中心的雅典城市为主题,从这个角度切入古典时期雅典的历史,既分成专章又抓住

---

① 南开大学历史学院编:《雷海宗与二十世纪中国史学》,第188页。

整体地论述雅典城市是雅典城邦的工商业经济的中心、民主政治的舞台、文化繁荣的园地和征战扩张的核心。最后，还概括性地剖析中国春秋战国时期和印度列国时代城市发展与文化繁荣之间的关系，试图说明东西方古典文化繁荣的城市因素乃是一个值得关注的历史共性。这样的探讨，显然是有创新意义的。

从史学的发展来说，20世纪是"新史学"勃兴的世纪。世纪之初，中国的梁启超和美国的鲁滨逊先后提出了"新史学"的口号、思想和理论。其后，各国的史家皆有发挥。至下半叶，法国的年鉴学派崛起，将"新史学"大大推向前进。"新史学"与"旧史学"亦即以朗克为代表的传统史学的根本不同，在于"新史学"极大地拓宽了史学家的视野，把历史学研究的对象从传统的政治领域扩大到人类社会的各个方面，从集中于少数"大人物"的业绩，转向广大民众的活动，将历史学和整个社会科学融会结合起来。如前所述，可以看出解光云所著《古典时期的雅典城市研究》一书的特色和优点，就在于从标题到各章节内容都符合"新史学"的潮流和趋势，在马克思主义唯物史观的指导下，采用跨学科研究的方法，吸取城市学、经济学、社会学、政治学、文化学等学科的研究成果，来探究古典时期雅典城市的发展及其在城邦共同体各方面生活中的作用和地位。

解光云君在20世纪90年代初是武汉大学历史系的硕士研究生，接受史学大师吴于廑先生的教诲和熏陶。在1993年4月上旬武汉大学庆祝吴先生八十寿辰的学术研讨会上，他对吴先生的史学成就和道德文章作了系统的发言，给我留下深刻的印象。可惜吴先生迅即去世，解光云未能进一步跟随吴先生学习。2001年，他考入南开大学历史学院，在我的名下为世界史专业古希腊罗马史研究方向的博士研究生。2004年夏，获历史学博士学位，本书就是他的博士学位论文。

吴于廑先生对我有知遇之恩和提携之情。44年前，吴先生主持全国的外国史学名著选译工作，南开大学历史系将翻译《李维〈罗马史〉选》的任务交给了我。当时,我才 26 岁,刚摘掉右派帽子,从南开大学农场返回历史系任资料员。由于这种特殊的政治身份,选译完成后我未敢具个人姓名。吴先生了解实际情况后,表示应承认和尊重译者的劳动,竟在出版该单行本时列上了我的名字。在当时"左"的气候下,让一个年轻的"摘帽右派"公开具名发表著作,是极其困难和要冒政治风险的。我永远感激和钦佩吴先生作为一个大学者的开阔胸襟和恢宏气魄。

1993 年 4 月 9 日上午,吴于廑先生在与他和齐世荣先生共同主编的六卷本《世界史》全书各分卷主编谈话时溘然仙逝,将他的毕生精力和最后呼吸毫无保留地献给了中国的世界史学科建设事业。当时,我正坐在先生的对面,目睹了这悲壮一幕的发生经过,既感极端震惊悲痛,更无限崇敬先生的献身敬业的高尚精神,决心之后一定要竭尽忠诚地继承和完成先生的未尽之业。现在,解光云博士的《古典时期的雅典城市研究——作为城邦中心的雅典城市》一书终于问世,吴先生的在天之灵当会含笑九泉,我能为吴先生指导解光云成长略尽绵薄,幸甚! 幸甚!

吴于廑先生在 1979 年曾以四行诗句表述他当时进行历史研究的情怀和体会:

> 临老著书知不足,平生读史叹无边。
>
> 解牛待有操刀手,伫看新编覆旧编。

敦书愿引此四句与解光云博士和读者诸君共勉! 是为序。

(原文是为谢光云《古典时期的雅典城市研究》所作之序,载《安徽师范大学学报》(人文社会科学版)2006 年第 4 期)

沈芝《行会与市民社会》序

　　书桌上，放着沈芝博士的大作《行会与市民社会——西欧中世纪城市的经济社会史研究》的书稿，这本是沈芝的博士论文，现将由中国社会科学出版社出版。看到书稿，我十分高兴，也有一些感慨。沈芝请我写序，我婉谢，因为中世纪史非我所长，对西欧中世纪的城市更无研究，而且我并没有指导她写博士论文，也没有参加她的博士论文答辩会。但沈芝固请再三，情不可却，只好写几句不成其为序的感想和对往事的追忆。

　　沈芝女士1993年毕业于河北师范学院历史系，赴唐山师范专科学校政史系任教。她有志于报考研究生以求深造，但首先应做好新担任的教学岗位的本职工作，后又结婚生子，忙于家务，不免耽误了下来。毕竟有志者，事竟成，经过锲而不舍的努力，在2001年考入南开大学历史学院，成为世界史专业的硕士研究生，在我的指导下以世界上古史为主要研究方向。沈芝严谨治学，刻苦钻研，在三年的时间里，风尘仆仆地往来于天津和唐山之间，既很好地完成了教学任务，也写成以《修昔底德演说辞及其历史文化价值》为题的硕士论文，通过答辩获得硕士学位。并且，在世界上古史领域内，先后发表了《亟待重视的世界古代史教学》《浅析欧洲民主的渊源》《古代希腊演讲术概况》《历史学家修昔底德生平考略》和《试析〈伯罗奔尼撒战争史〉大量运用演说辞的原因》等文章。

　　沈芝原准备一鼓作气地接着当我的博士研究生，但鄙人在2004

年已届古稀退休之龄,不再招收新的博士生。因此,她改变主要研究方向,转而攻读世界中古史,师从哈全安先生。经过又一个废寝忘食的三年苦修,终于完成了关于西欧中世纪城市的行会与市民社会的博士论文,顺利地通过答辩,荣获南开大学历史学博士学位。此外,还在《历史教学》《新视野》和《山西师大学报》(社科版)等核心刊物相继刊登了相关的《再述西欧中世纪城市的起源》《从西欧中世纪城市特征看近代城市的起源》和《试论西欧中世纪城市市民社会的构成》等论文。

从《行会与市民社会》一书的参考书目、正文附注和研究综述看,作者广泛搜集和认真阅读了比较丰富的相关中英文资料和学术专著,对国内外该领域的研究状况有相当透彻的了解。从全书的章节目录和正文内容看,沈芝以唯物史观为指导,在充分吸收和运用国内外学者的先进研究成果的基础上,对西欧中世纪城市的行会与市民社会进行了比较系统全面的分析和论述,提出了颇有新意的自己的见解。作者视野开阔,目光敏锐,对西欧中世纪城市的兴起、行会的经济活动与基本职能、市民社会的构成与特征,以及行会与市民社会的历史地位展开了相当缜密的考察。该博士论文着重探讨西欧城市行会与市民社会的演进过程,揭示行会与市民社会相互依存的状态是西欧中世纪城市经济和社会的明显特征,指出西欧中世纪城市与古典城市和同时代东方城市之区别所在,剖析行会与市民社会的进步性和局限性,阐明西欧市民社会所特有的自由性、法治性和契约性。全书结构完整、层次分明,是一部甚见功力、具有学术价值的著作,也是沈芝20年来专心学习研究历史的成果和结晶,现将正式付梓问世,我为沈芝博士感到高兴并表示祝贺。

虽然中世纪史非我所长,但我对学习世界中古史,尤其是教我中世纪史的师长是有深厚的感情的。这方面最初的启蒙老师是60年前我在天津市耀华中学高中读书时的历史教员马毓良先生。当时马师风华正茂,倜傥不群,学识渊博,口才甚佳,讲课极有条理,又生动活泼,男女同学无不为之倾倒叫绝。授课之余,他还与我畅谈中国古典诗词、京剧艺术和武林轶事,并教我打太极拳,既有师生之谊,也结成忘年之交。1951 年我考入清华大学历史系后不久,先生转赴河北师范学院历史系任教,讲授世界中古史。十年"文革"期间,马师身陷囹圄,艰苦备尝。沈芝在河北师范学院学习时,没有赶上听马先生的课,但通过我,可以说是马师的隔代门生。

1953 年我在北京大学历史系学习世界中古史时,授课老师是齐思和先生,一起听课的有彭树智、陶松云、马克垚、朱龙华等人,可谓英才济济,荟萃一堂。齐师是贯通古今中外的大学者,当时正值思想改造运动后不久,一切强调学习苏联。先生讲课,观点皆出自谢苗诺夫的世界中古史教材,不敢擅越雷池一步,但具体史料、史实皆有补充发挥,娓娓道来,精彩纷呈,整整一年,受益良多。"文革"后期,我曾去北大燕南园拜望齐师,先生虽在病中,仍高兴地接待我,亲切而不无风趣地对我说:"敦书,我们两家关系不一般,令尊是我的老师,而我是你的老师。"①我深深地为能成为齐先生的弟子感到自豪。可惜,先生较早仙逝,未能看到改革开放后的盛世繁荣景象。不然,我国的世界史园地在先生的关怀垦殖下,想会更有一番新的气象。

1957 年初,我入南开大学历史系世界上古中古史专业四年制副博士研究生,导师为史学大家雷海宗先生。当时,雷师正给历史系本科生讲世界上古史,我随堂听课。其实,雷师对世界中古史最有造诣,师从美国著名中世纪史专家 J. W. 汤普逊教授。我原想下学期在世界中古史方面好好向雷师请教学习,不料暑假后期,雷师突然受到批判,被划为史学界最大的右派分子,我不得不中断了与雷师的联系。开学后,我旁听辜燮高先生给本科生讲的世界中古史课,自学普利维提奥尔敦的《剑桥中古史简编》(上、下卷),汤普逊的

---

① 先父王世富 1929 年留美归来在燕京大学历史系任教,齐思和、翁独健等先生都是他当时的学生。

《中世纪》(上、下卷)、《中世纪经济社会史》,皮雷纳的《中世纪欧洲经济社会史》和拉托莱特的《基督教史》等书。

记得是 1957 年 12 月初冬季的一个黄昏,我在南开园内散步,忽见苍茫暮色中迎面蹒跚地扶杖走来一位孤独的老人,走近一看竟然是雷先生,四顾无人,赶紧惊讶而难过地叫了一声雷先生。雷师发现是我,就关切地问我最近学习如何,正在看什么书,有何问题。我简单地汇报了自学中古史的情况,并顺便问了有关东罗马帝国一个称为 Three Chapters 的基督教派的译名问题。雷师说在寒风中匆匆无法细谈,明后天将写成书面答复放在信箱中。两天后,果然在我的邮件袋内看到了先生的手迹,告诉我 Three Chapters 可译为"三项论纲派"并作了说明解释。在受到批判和疾病缠身之际,雷师却如此关心负责地指导我学习中世纪史,实令我感激涕零,终生难忘。遗憾的是,我始终未曾在世界中古史领域有进一步的建树发展,不能继承雷师在这方面的衣钵。现沈芝对西欧中世纪城市史研究有成,希望她再接再厉,更上一层楼,能以再传弟子的身份,传承雷师的中世纪史之学。

1951 年中学毕业时,马毓良先生给我的纪念册上题写朱熹的诗一首:

> 半亩方塘一鉴开,天光云影共徘徊。
>
> 问渠哪得清如许,为有源头活水来。

据何兆武先生回忆,在西南联大时雷海宗先生曾为一位同学题词,写下足以表现他那种"历史学家的浪漫"风格的两句格言:

> 前不见古人,历史可以复活古人;
>
> 后不见来者,历史可以预示来者。①

---

① 何兆武:《缅怀雷先生》,收于南开大学历史学院编《雷海宗与二十世纪中国史学——雷海宗先生百年诞辰纪念文集》,中华书局,2005 年,第 62 页。对雷师这两句格言,我曾应首都师大邹兆辰教授之请作过解读,见王敦书、邹兆辰《为继承与阐扬恩师的史学遗产而尽心竭力》,载《历史教学问题》2007 年第 2 期,第 29—30 页。

敦书谨以上述的朱熹之诗和雷先生的题词，与沈芝博士和读者诸君共勉。

2009 年 5 月 1 日

于华盛顿

［原文是为沈芝《行会与市民社会》

（中国社会科学出版社，2009 年）所作之序］

祝宏俊《古代斯巴达政制研究》序

　　城邦是古希腊的基本政治单位,也是研究希腊史乃至世界古代史的重要的切入点。丹麦著名古典学者摩恩·汉森及其主持的哥本哈根城邦研究中心正是从这个切入点,联合世界各国学者,在古希腊史研究方面取得了许多重大成果。20 世纪 80 年代,我国世界古代史学界在林志纯先生带领下,曾经对古代世界的城邦开展过广泛研究,那可以说是国内城邦研究的巅峰时期,其代表作是日知(林志纯先生的笔名)主编的《古代城邦史研究》。这次研究更多的是对古代城邦问题进行理论上的探讨,强调城邦的普遍性,并将它推广应用于古代埃及、西亚、南亚与中国;但对古希腊城邦的研究略显不足,这与古希腊城邦在整个城邦问题研究中的地位似乎不太相称,而且没有涉及斯巴达城邦。

　　在古希腊城邦中,雅典和斯巴达无疑是两个最重要的城邦。但雅典因为资料相对于后者更为丰富,加之,古代雅典曾经的民主政治比较繁荣,这一遗产与现代西方主流意识相契合,吸引了更多的学者。再者,古希腊文化主要借助于雅典作家的作品而流传至今,其他地区的作品或因为产量较少,或由于存世稀缺,因此,对古希腊文化的研究尽管戴着古希腊的"头衔",也更多反映了雅典的特色。相对而言,对雅典的研究要比对斯巴达的丰富得多。这种研究格局与斯巴达在古希腊的国际地位、政治地位乃至文化地位有点不相匹配。斯巴达从公元前 6 世纪中期开始通过缔结"伯罗奔尼撒同盟",

执希腊半岛之牛耳,直至公元前 5 世纪 70 年代中期。其后雅典取代斯巴达成为希腊世界最强大的城邦,但半个世纪之后,斯巴达得到波斯帮助,再次超越雅典,直至公元前 4 世纪 80 年代。此后,尽管有底比斯、雅典等邦短期称雄,但其实力实际上已经与过去的雅典、斯巴达不可同日而语。可见,斯巴达在更长的时间内是希腊世界的最强大、最具影响力的城邦。斯巴达的成功使得斯巴达的政治制度也引起了希腊各国,尤其是雅典知识分子的关注。这其中又以柏拉图与色诺芬为最。斯巴达成为柏拉图现实版"理想国"的雏形;色诺芬则投靠斯巴达,写下了斯巴达国王《阿格西劳斯传》及《斯巴达政制》两部作品。过去,一般认为斯巴达的文化不发达。其实,公元前 6 世纪中期以前斯巴达的诗歌、艺术、建筑、雕刻、陶器制作等还是相当昌盛的。至于众口流传的所谓斯巴达人的传统精神,这更是值得人们玩味探讨的。

20 世纪中期以来,西方古典学与古代史学界以英国为代表,充分利用不列颠雅典学院在斯巴达及拉科尼亚地区长期考古发掘与勘察的成果,加强了斯巴达研究,人才辈出,作品纷呈,琳琅满目。例如,K. M. T. 克莱姆斯的《古代斯巴达:一个对证据的再考察》(1949),G. L. 赫胥黎的《早期斯巴达》(1962),A. H. M. 琼斯的《斯巴达》(1967),W. G. 弗勒斯特的《公元前 950—192 年斯巴达史》(1968),E. 劳逊的《欧洲思想中的斯巴达传统》(1969),D. M. 路易斯的《斯巴达与波斯》(1977),J. T. 胡克的《古代斯巴达人》(1980),C. A. 包威尔主编的《古典斯巴达:在她成功背后的技术》(1989),C. A. 包威尔与 S. 霍德金森合编的《斯巴达的影子》(1994)等专著。著名学者 M. I. 芬利 1968 年在法国发表的《斯巴达》论文,以及牛津马克思主义史家德·圣·克鲁瓦院士的名著《伯罗奔尼撒战争的起源》(1972)中关于斯巴达的论述,对英国乃至国际的斯巴达研究都有重要的影响。

当代英国最著名的二位斯巴达史权威是保罗·卡特勒治与斯

蒂芬·霍德金森。卡特勒治 1975 年发表《朝向斯巴达革命》论文，崭露头角；1979 年出版《斯巴达与拉科尼亚：一部公元前 1300—362 年地区史》，一举成名。其后，接连出版《阿格西劳斯与斯巴达危机》(1987)与《希腊化与罗马时期的斯巴达：双城记》(1991，与 A. J. S. 斯泡弗思合著)等专著及多篇论文。霍德金森 1983 年发表论文《古典斯巴达的社会秩序与价值冲突》，脱颖而出。其后，接连发表斯巴达社会经济史领域论文多篇，如《古典斯巴达的土地制度与财产继承》《继承、婚姻与人口统计学：古典斯巴达盛衰的透视》《公元前 4 世纪的斯巴达社会：危机与持续》等，并与包威尔合编《斯巴达的影子》一书。20 世纪 90 年代，在英国先后分别召开了关于斯巴达的艺术、考古与历史的三次国际学术研讨会。1997 年 9 月举行的关于斯巴达历史的国际会议盛况空前，会议代表来自四大洲 12 个国家，其成果由霍德金森与包威尔共同主编，以"斯巴达的新透视"为名于 1999 年出版，扉页题写"献给乔弗雷·德·圣·克鲁瓦"。2000 年新世纪伊始，霍德金森马不停蹄，立刻出版大部头专著《古典斯巴达的财产与财富》。卡特勒治再接再厉，2001 年将其以往发表的斯巴达论文修订集合成专著《斯巴达反思》出版；2002—2004 年又将自己 30 年来研究斯巴达之心得精华提炼凝聚成《斯巴达人》一书普及世界发行。这一切预示着斯巴达研究在 21 世纪将有新的发展。

19 世纪后期西学逐渐传入中国后，国人才开始知道斯巴达的名字。新中国成立之后，国内学者关于斯巴达的研究大致上始于黑劳士问题。这一研究是在社会形态问题争论的大背景下展开的。改革开放后，北京师范大学刘家和先生在《世界古代史论丛》发表长篇重要力作《论黑劳士制度》。这原是他 1957 年在东北师范大学世界古代史研究班研修时的毕业论文，受到苏联专家与林志纯的指导与好评，经过 20 多年的进步思考锤炼而后正式公开问世，乃我国斯巴达研究的开山奠基之作。可惜，刘先生以后专心研究中国古代史与史学史，未把斯巴达研究继续下去。在刘先生的启发下，1983 年我利用在希腊雅典访学的机会与图书条件,写了《斯巴达早期土地制度考》一文,提交给该年5月在河南郑州大学召开的中国世界古代史研究会第二届代表大会,年末在《历史研究》发表。可是,以后我虽继续关注国内外斯巴达研究的状况,却未再写这方面的文章。

祝君宏俊毕业于扬州大学(原扬州师范学院),少年英俊,聪颖勤奋,严谨治学。后为北京师范大学世界史专业博士研究生,专攻古希腊史,由郭小凌先生任导师,亦受教于刘家和先生。虽其博士学位论文乃关于古希腊的伦理思想方面,但他已开始关心及从事斯巴达研究。2004年荣获博士学位后,来南开大学历史学院与我合作,集中精力进行斯巴达史博士后研究。不久,他的第一篇论文《斯巴达的"监察官"》在《历史研究》上发表,可谓一炮打响。2006年,他从南开大学出站,又得于沛先生垂爱,进入社科院世界历史研究所做博士后,继续从事斯巴达研究。2008年上半年,他到英国诺丁汉大学古典学系斯巴达与伯罗奔尼撒研究中心访学,得到霍德金森的指导。至今,宏俊在这一领域研究已经十余年,取得了一系列成果。我作为他在南开的博士后合作指导老师,为此感到由衷的高兴。

目前出版的这部著作就是在南开大学的博士后出站报告的基础上进一步完善而成的,当时的出站报告主要研究了中央政权机构,现在的成果则增加了斯巴达的地方管理部分,这样构成了对斯巴达政治制度更为全面的研究。尽管书中的某些观点还可以继续探讨,继续研究,但无疑是我国关于斯巴达研究的第一部重要专著,对我国的世界古代史、古希腊史研究也很有意义。我国的斯巴达研究有厚望焉!

是为序。

[原文为王敦书为祝宏俊《古代斯巴达政制研究》
(中国编译出版社,2013年)所作序言]

苏振兴《古典时代希腊教育思想研究》序

　　《古典时代希腊教育思想研究》是苏振兴在其博士论文的基础上修改完成的。希腊古典时代是古希腊奴隶制社会达到鼎盛的时期,古典时代的教育思想比较完整地代表了整个古希腊教育思想的内涵。这部著作可以使我们把握整个古希腊教育思想在古希腊历史文化中的地位和影响。作者多年来致力于西方文化研究,这部著作是他的一个阶段性研究成果。

　　古希腊是西方文明的源头。研究古希腊教育思想,对我们了解现代西方教育有着重要的意义。首先,古希腊教育思想的产生,标志着西方教育思想发展进程的开端。由此开始了西方教育思想的演化历程。其次,古希腊教育思想的许多方面,如希腊人追求真理、热爱科学、热爱艺术、身心和谐发展等精神,都对欧洲有着重要的影响。再次,古希腊教育思想家们都提出了一些带有普遍性,乃至永恒性的重大课题。在古希腊教育思想中,已经蕴含了西方教育思想发展的基本内容。最后,古希腊教育思想的基本精神影响了西方教育思想的特性。古希腊教育思想中的人本化、哲学化和实践性等特点,在不同时期得到了不同程度、不同方向的发展,并不断积淀,形成了西方教育思想的历史传统。

　　目前中国建设有当代特色的社会主义教育体系,不仅需要总结本身的教育经验,而且需要研究国外教育的历史和现状,借鉴国外教育的经验。因此,我认为,研究欧洲教育思想的发展过程,特别是研究欧洲教育思想的源头,是非常必要的。这部著作对开阔中国当代历史和教育理论研究的视野,开拓教育实践的沃土,启迪教育改革的思考,具有重要的现实意义。

苏振兴是我的博士生。当他到我这里学习的时候,已经是一位在大学工作多年的教师,一直负担着很重的教学科研和行政工作。他在入学之初,就向我谈了博士论文的设想,我觉得他的思路清晰,观点也比较成熟,于是当即表示同意这个选题。他是一位勤奋而执着的人,在获得博士学位后,又进入南开大学哲学博士后流动站继续做研究工作。他的博士论文,几易其稿,至今才交付出版。他的学术视野较广,这部著作涉及史学、哲学、教育学等学科理论。他把理论建立在扎实的史料基础之上,既能给人以多方面的知识,又能给人以思想上的启发。

学海无涯、学术无疆。期待苏振兴博士在今后的学术道路上收获更多的硕果。

[原文是为苏振兴《古典时代希腊教育思想研究》
(天津人民出版社,2011 年)所作之序]

第五编

李维《罗马史》选译

李维简介

提图·李维(Titus Livius)生于公元前 59 年,帕塔维乌姆(今之帕杜亚,在威尼斯附近)人。身世不详,大约出身于贵族家庭,受过较高的教育。年轻时来到罗马,很少参加政治和军事活动。他和屋大维过从甚密,为屋大维之孙克劳狄的教师,后来成了宫廷中最著名的文人和历史学家。李维有不少著作,可惜只有一部《罗马建城以来的历史》(*Ab Urbe Condita Libri*,简称《罗马史》)的残卷遗存于世,这部书是他的主要著作。他大约在三十岁以后开始著述《罗马史》,分部发表,直到晚年,才完成这部精心杰作。于是返回故乡,安度余生,死于公元 17 年。

《罗马史》全书共一百四十二卷,叙述内容由罗马建城开始(公元前 754 年)直到德鲁苏之死(公元前 9 年),现在保存下来的只有第一卷到第十卷(到公元前 293 年)、第二十一卷到第四十五卷(由公元前 218 年到前 167 年),其中第四十一和四十三两卷还有残缺之处。公元 1772 年在梵蒂冈曾发现第九十一卷的残篇。此外,尚保存有后人写的全书各卷(第一百三十六及一百三十七卷除外)提要(periochae),这使我们得以略知《罗马史》全书的梗概。

李维的时代是罗马奴隶制高度发展、阶级矛盾异常尖锐的时代。古代最巨大的斯巴达克斯的奴隶起义,就发生在李维出生前不久,奴隶起义沉重地打击了罗马的奴隶制度。罗马自由民内部的矛盾斗争也空前剧烈。经过了前三雄和后三雄的长期斗争,罗马的共和国制度覆灭了,新的元首制确立了。在另一方面,这个时代是罗马文化的黄金时代,希腊文化的影响十分明显地表现在罗马文化的各个方面。国内阶级斗争的激烈动荡,也推动了思想和文化的发展。在李维作品中,这一切都有深刻反映。

李维是保守的贵族共和派,有浓厚的复古的道德观念、宗教信仰和爱国思想。他怀念共和国制度,赞颂贵族的共和主义者布鲁图和庞培,因此塔西佗说:"可敬的历史学家,以雄辩和忠实著称的李维,如此极力赞扬庞培,以至奥古斯都称他为庞培派。"(《编年史》,Ⅳ.34)李维回忆罗马的光辉历史,环顾辽阔雄伟的罗马帝国,自豪地夸耀道:"从来没有一个共和国比罗马更强盛,有过更纯洁的道德或更多样的范例;也从来没有任何国家如此长期地杜绝了贪婪和奢侈的道路,如此高度而持续地尊敬安贫和节俭,如此鲜明地显示出,财愈少的人,愈不贪财。"但面对当前尖锐的阶级矛盾与共和国制度的覆灭,他感到"内部的衰败正腐蚀着一个长期优越的民族的生命力",深深地悲叹说:"近年来,财富带来了贪欲,无限制的享乐使人们耽于纵欲,毁灭了他们自己和其他的一切。"因此,他决定撰写历史,使读者专心注意"罗马社会的生活和道德,注意使罗马在内部政策及国外战争中建立统治并开疆拓土的人物及其品质。然后,让他(读者)观察民族的品格随道德标准逐渐降低而衰微的过程,看它如何始而缓慢下沉,继而日益急转直下,最后堕入彻底的毁灭,直到他达到了眼前的年月,这时我们既不能忍受自己的病痛,又无力忍受解救病痛的办法。"他认为:"这就是从研究历史中所能获得的特有的效果;你能在历史真相的启迪之下看到各种类型的例证。从其中,你可以为自己和祖国选择应该仿效的榜样,和应该避免的始而有害继而成为灾难的覆辙。"(以上引文皆见《罗马史》序言)

然而,奴隶的反抗,自由民内部的分化,骄奢淫逸的寄生生活,普遍轻视劳动的心理——这一切都是奴隶占有制发展的必然结果。李维拥护奴隶制度,看不到奴隶制度是造成这些现象的根源。因此,他的一切努力,如爱国思想的宣扬、道德的说教、复古的主张,以至历史的写作等等,除了引起当时罗马人对古代的怀念和深痛人心不古、世风日下的伤感外,对于解决现实的阶级矛盾,消除腐败的社会风尚,扭转罗马帝国开始呈现的盛极而衰的趋势,终究是劳而无功的。因此,他产生了逃避现实、置身于古史之中以求某种精神的寄托和慰藉的想法。他说,自己对"专心著述全世界最主要的民族的历史"感到"心满意足",认为"能够闭目无视我们一代这么多年来目睹的灾难,只要自己能够专心致志于回顾过去的历史,摆脱一切使历史家心神不宁的当代忧患",就是"对自己写作的进一步酬报"。(《罗马史》序言)

应该指出,李维的历史观、道德标准和爱国思想中的一个重要内容就是宗教信仰。他主张尊奉罗马的神明,虔诚祭祀,赞扬这是古人的优秀品德。他记载大量神迹灾异,认为历史反映了神的意旨,正是由于神意和古人笃敬神明,罗马才多次转危为安,战胜敌人,终于独霸当世。同时,李维又极力歌颂具有崇高品格的伟大的贵族英雄人物,仿佛历史就是由这些人物决定的。而对于平民反对贵族的激烈斗争,则站在贵族的立场上表示反感。在本选译部分中,尤其是卡米卢的长篇演说(系李维自己创作的)中,李维的这些思想都有着比较深刻的反映。

李维是古代罗马第一流的散文家,有高深的文学素养和修辞造诣,有奔放的热情和丰富的历史想象力。其文体流畅精炼,辞藻典雅富丽,叙事栩栩如生,人物景象跃然纸上,使读者仿佛身临其境,深受感染。李维在书中插入很多讲演辩论,以反映各个阶层及其代表人物(包括作者本人在内)对各重大事件的观点及态度,多系作者依照希腊罗马的雄辩术精心雕琢而成。但有时穿插过多,格调变化很少,显得有些累赘,使叙事不够紧凑,亦未能深刻地刻画出历史人物的个性。虽然如此,当时罗马的学者对李维的文笔及风格仍深表赞扬。公元1世纪罗马的著名讲演教授奎因提连(即昆提连。——编者注)写道:"(李维)叙事绝顶生动,极其清晰透彻;演说词滔滔不绝,其中的情感对形势、对讲话人皆恰到好处。可以毫不夸张地说,再没有史家能更激动人的感情,尤其是触动人的柔情了。"(《讲演术原理》,X.1,101)这里选译的部分里,李维绘声绘色地描写了高卢战争和罗马城陷时的悲壮景象,后人多认为是全书最精彩处之一。

李维编史的目的和文学家的风格,使他在写作时没有采取谨严的态度和批判史料的方法。他很少研究第一手材料,或亲访古迹,只是转述和编纂以前和当代史家如波里比阿及其他编年史家的著作。当各家说法不一时,他很少比较考证,只是据理推断,主观地采一家之言,有时也自作主张。例如当各家对战争俘获的数目不一致时,他说:"如果我们必须作出选择,则这些极端之间的中间数目可能最接近真相。"(《罗马史》,XXVI.49)他有时误解原著,有时因出处不同,而使前后叙述不能一致。他对优美的传说兼收并蓄,说:"对这种远古的问题,即使把或然之事当作真实,我也感到满足了。"(见译文第二十一章)爱国者的立场也使他在叙述战争时对罗马的功业和罗马人的品格有所夸张,对罗马的败绩及错误有所文饰和回护。如关于高卢人之退兵,波里比阿写道:"但他们(高卢人)受到瓦内提人侵犯自己国家的牵制,遂在此时同罗马人缔约,解围返国。"(《历史》,II.17.2-18.3)李维很尊崇波里比阿并大量转述他的著作,但在这里却接受了后来罗马人出于爱国思想而编造的说法,说当交涉双方正在争论时,卡米卢带兵来到,击溃和最后歼灭了高卢军队(详见译文第四十九章)。因此在阅读及采用李维的著作,尤其是有关早期罗马的部分时,必须采取慎重的态度,参阅其他史料,相互印证。

虽然李维的立场是保守的贵族共和主义,有浓厚的宗教道德观念,虽然他写的史实不甚可靠,并且《罗马史》全书也大半佚亡,但李维仍不失为古代罗马的杰出史家,《罗马史》仍然是一部最巨大完整的由罗马建城直到屋大维时代的罗马通史。其残存部分也是保存到今日的罗马史史料及世界文学中的宝贵遗产。至于本书选译的高卢战争一段,历来为史学界所推重。如近代第一个研究罗马史较深的尼布尔,虽就李维历史的真实性提出了怀疑和否定,但却盛赞李维这一段的文笔,认为"在任何拉丁或希腊的历史作品中,我们都找不到比这一段更为动人的文字"。

本译文主要是根据《人人丛书》(*Everyman's Library*)1926 年重印的 1912 年版罗伯茨(W. M. Roberts)的英译本转译的。选译部分是《罗马史》第五卷,第十九章至第五十五章。译文中附注除个别是根据英译本原注略加修改者外,大部分是译者增添的。

译者

1961 年 6 月

第五卷　维爱罗马为高卢人所毁灭

第十九章　维爱的攻陷——这时重新举行了赛会和拉丁大典,水从阿尔班湖中放到田野中去了,劫数正在笼罩着维爱。[①]　于是由

---

① 赛会(Game),古代希腊和罗马常举行公共的赛会,会上有竞技及各种类型的表演,一般都与宗教的典礼有关,作为宗教典礼的一部分。拉丁大典(Latin Festival),传说在罗马第七个国王塔奎尼·苏帕布(Tarquinius Superbus)时,罗马人、拉丁人、赫尔尼克人及两个伏尔西人的城市结成拉丁宗教联盟,每年在罗马东南之阿尔班山上举行拉丁大典,祭祀朱露特神。罗马与维爱长期作战,不能取胜,战斗极其艰苦。后来,阿尔班湖水突然上涨,罗马人视为不祥之兆。这时维爱的一个巫师及德尔菲神谕指示说,因为行政官吏选举不当,并未如仪举行拉丁大典,故有此凶兆,只有军政官辞职,重新占卜吉凶和如仪举行拉丁大典,才能赎罪;并指示说,只有按一定办法将阿尔班湖水放到田野中去,维爱才会遭劫灭亡。因此罗马人便按神的指示采取了这些措施,维爱则注定要灭亡了。

司命神注定来毁灭那个城市（维爱）和解救他自己的国家（罗马）的
司令官——马可·孚里乌斯·卡米卢被任命为独裁官。他任命普
布利乌斯·高耐略·西庇阿为其司马官①。随着指挥方面的变化，
其他的每一件事都突然变化了，人们的希望不同了，他们的精神不
同了，甚至罗马的命运也现出了不同的面貌。

独裁官首先做的就是对在恐慌时②从营中逃走的人执行军法，
让士兵了解，最可怕的不是敌人。于是他规定了征兵的日子，抽空
到维爱去鼓励士兵，然后回罗马征集新军。没有一个人企图逃避登
记，甚至外国军队——拉丁人和赫尔尼克人③——也来帮助作战。
独裁官在元老院正式向他们道谢。当一切战争准备都已充分就绪，
卡米卢便按照元老院的命令许愿说，攻陷维爱后将举行大赛会④，修
复和奉献最初由塞维·图里奉献的母神玛图塔的神庙⑤。他率军离
开罗马时，公民方面的普遍心情与其说是怀着希望的信心，不如说
是在焦灼地期待。他首先在尼庇提地方同法列里爱人和卡培那人
作战⑥。当万事都机巧而谨慎地部署安帖后，通常随之而来的是成

---

① 司马官(Master of the Horse)，罗马王政时代，战时设此官代王指挥骑兵，王被废后，此
职亦废。仅仅在设立独裁官时，始再设置，由独裁官任命人选，其职务亦与往昔不同，
不专管骑兵，而为独裁官的助手，任期六个月。
② 法列里爱人及卡培那人派军援助维爱，与罗马人作战，罗马大败。驻在维爱城前的罗
马士兵，听到失败的消息和谣言，大为恐慌，纷纷由营中逃走。因此独裁官必须先整顿
军纪，振奋士气。
③ 拉丁人(Latins)居住在台伯河下游南部地区。罗马人基本上是拉丁人。赫尔尼克人
(Hernicans)与拉丁人相毗邻，在种族和语言上亦与拉丁人相近似。拉丁人与罗马人在
公元前493年缔结了军事攻守同盟，后来在公元前486年赫尔尼克人亦加入之，因此他
们现在派兵来援助罗马与维爱作战。
④ 大赛会(Great Games)是敬朱霹特神之赛会。一般由司令官在战争开始时许愿，战后
举办；或当罗马解脱巨大危机时举办，以谢神恩。
⑤ 母神玛图塔(Matuta the Mother)是罗马宗教上的生育神，塞维·图里(Servius Tullius)
是罗马传说中的第六个国王。奉献神庙的仪式由最高行政官吏履行。他随着大司祭
长念诵奉献的祝词，将手放在门柱上，这象征将神庙献给神。这种用手接触的动作是
一切财产的转移、奴隶的释放和牺牲的祭祀的象征性行为。
⑥ 法列里爱人(Faliscans)是法列里爱(Falerii)城的人，与卡培那人(Capenates)都是埃特
鲁里亚人，他们派军队帮助维爱与罗马人作战，取得很大胜利，因此卡米卢先带兵进攻
他们。

功。他不但在战场上击败了敌人，并且把他们的营寨洗劫一空，获得大量战利品。其中大部出售，收入归财务官①，小部犒赏士兵。

军队从那里开往维爱。营垒修筑得比以前更加密集。在城墙和罗马阵线之间的空地上常常随便发生小接触，独裁官遂下令禁止擅自交锋，以便使士兵修筑攻城工事。工程中最艰巨的是开一条地道，计划一直通到敌人的城堡里面。为了使工程不致间断或军队不会因连续不换地从事地下劳动而精疲力竭，他把军队分为六个分队，各分队轮流作业，每次六小时；工程不停地进行着，直到他们修好了一条通入城堡的地道。

第二十章 当独裁官看到胜利在握，一个极其富庶的城市就要攻陷，将要获得比以前所有战争得到的总数还要多的战利品时，他急于避免一方面因战利品分配得过于吝啬而招致士兵的愤怒，另一方面因赏赐得太慷慨而引起元老院的忌恨。他就给元老院送了一封信说，由于上天的恩惠、他自己的统率和士兵们的坚持努力，几小时内维爱就将落到罗马的手中了，他请求元老院作出关于处置战利品的决定。

元老院发生了分歧。据说年老的普布利乌斯·李钦尼是他的儿子向之征求意见的第一个人②。他主张公告人民，凡想分取战利品的人，可到维爱的兵营去。阿皮乌斯·克劳狄采取对立的主张。他指责这样的犒赏是空前的、浪费的、不公正和轻率的。他说道，如果说他们一度认为把从敌人那里拿来的钱财放在被战争耗竭的国库里是有罪的话，那么，他愿提议用那笔收入来供应士兵的军饷，以便使平民们交纳的税额得以大大减少。"所有人家都应得到共同的战利品的好处，由英勇的战士们赢来的报酬不应该被永远贪于劫掠

---

① 财务官（Quaestor），最早是行政官（Praetor）在审判方面的助手（Quaestor 一词本来意思就是"审查员"），共两名，后来在公元前5世纪中叶时晋升为高级官吏，由人民选出。公元前421年时增为四名，两名管理国库，两名协助执政官作战，管理军队粮饷，后来人数及职务逐渐增多，专司财务，不再负责审判方面的工作。
② 普布利乌斯·李钦尼的儿子是当年的军政官。

的城市游民所窃取,因为那些一直赴汤蹈火的人总是最不热衷于侵吞战利品的。"李钦尼从另一方面说:"人们将一直以猜疑与厌恶的眼光来看待这笔钱,它将为在平民面前的控诉提供材料,从而带来混乱和革命措施。因此最好是用这种礼品来安抚平民,他们被这么多年的赋税压得喘不过气来,在战争中差不多变成了老人,应该从这个战争的战利品中得到安慰和一些享受。任何人在把自己用双手从敌人那里拿到的东西带回家时,总会比在别人的吩咐下得到价值数倍的东西感到更大的愉快和满足。独裁官所以把问题交给元老院,就因为他要避免可能发生的反感和误会,至于元老院,就应该把它交给平民,允许每个人得到战争的幸运所赋予他的东西。"

大家觉得这是更妥善的办法,因为它可使元老院更得人心。因此发布公告说,谁认为合适,就可以到独裁官兵营去参加对维爱的掠夺。

第二十一章 于是,一大群人跑来挤满了军营。独裁官在占卜吉凶①和命令士兵武装好准备战斗后,祈祷说:"消灭蛇怪的阿波罗神哪! 在尊旨的引导和启示下,我出来毁灭维爱城,我把十分之一的战利品献给您。我也祈求您,现住在维爱的天后朱诺②,求您在我们胜利后跟随我们到罗马去,它现在是我们的,不久就将属于您了! 那里有一座配得上尊神的神庙在迎接您!"在祷告后,他觉得自己方面在人数上占优势,就全面攻城,不让敌人注意到迫在眼前的地道的危险。维爱人完全没有觉察,他们自己的巫师和外地的神谕已经定下了他们的厄运,神祇中有的已被请来分享战利品,而另一些则被祈请离开他们的城市,正在敌人的神庙中寻找新的住所;他们完全没有觉察到他们正面临着末日,丝毫没有怀疑到自己的城墙下面

---

① 罗马宗教极重视占卜,认为卜象表示神旨,故一切重大国事皆要占卜。有最高统治权(imperium)的官员具有占卜权(auspicium),另有专门的占卜师集团。

② 天后朱诺(Queen Juno)是罗马宗教中最高神之一,是朱霹特神的姊妹及配偶。罗马人视为女性的保护神,除有自己的神庙外,与朱霹特神、明涅娃女神一同供奉在朱霹特神殿中。

已被挖空,城堡中已经充满了敌人。他们马上尽全力拿起武器,走向城墙,同时感到惊疑,不知罗马人为什么在这么多天从不出阵后,突然如疯似狂地、毫无顾忌地冲上城墙。

关于这一点,流传着一个故事,大意说:当维爱国王正在祭祀时,占卜者说,谁割下牺牲的用于献祭的部分,胜利就将属于谁。地道中的军士们听到了他的话,就立刻冲出地道,夺得献祭的部分,带给独裁官。但是对这种远古的问题,即使把或然之事当作真实,我也感到足够了。像这种宜于点缀戏剧的神奇性而难以令人置信的叙述,是既不值得肯定,也不值得反驳的。

现在地道里已充满了精选的士兵,这些武装力量在维爱城堡里面的朱诺神庙中突然迸发出来。有些人从背后进攻城墙上的敌人;另一些去打开城门的门闩;还有的放火烧房,里面有妇女和奴隶们不断地掷出石头和瓦块。到处都是混乱的声音:恐怖的威吓,绝望痛苦的哀叫,还夹杂着妇孺的号哭。刹那间,守卫者从城墙上被赶了下来,城门被冲开了。一部分人以密集的队形冲进来,另一些人爬上了被弃守的城墙。城里充满了罗马人,到处进行着战斗。最后,在大屠杀后,战斗稀落下来。独裁官命传令官宣布,没有武器的人可以保全性命。这制止了流血,没有武器的人开始投降。军士得到了独裁官的许可,四散寻觅战利品。战利品在数量和价值上都大大超过了一切预料。据说当独裁官看到在他面前的战利品时,他举手向上苍祈祷说,如果有任何神认为他和罗马人过于幸运因而产生妒忌的话,愿那种为消除妒忌而加于他和罗马的灾难能够缩小到最低的限度!过去流传说,当他在祷告中转身时,他绊倒了。对那些根据此事作出断语的人来说,这仿佛预兆着几年后发生的卡米卢本身的定罪和后来罗马的陷落。

那天就在屠杀敌人和在掳掠这座拥有巨大财富的城市中度过了。

第二十二章 第二天独裁官把所有剩下来的自由民都卖为奴

隶。这样得来的钱是交给公库的唯一金额,但甚至这项措施也引起了平民的愤怒。至于对他们带回家的战利品,他们既不承认自己受惠于他们的将军,也不对元老院有任何感谢。他们认为,他们的将军曾经把一件在他权限之内的事情交给元老院,希望为自己的吝啬得到元老院的批准。他们称赞的是李钦尼一家,因为在这一家,是父亲主张这一受人民欢迎的措施,儿子使元老院同意了这个措施。

当一切属于人的东西都从维爱搬走后,他们开始从神庙搬移以前献给神的礼物,然后搬移神本身,但他们是作为崇拜者而非劫掠者来做这事的。把天后朱诺迁往罗马的任务被托付给由全军中选出来的一队人,他们在斋戒沐浴、穿上白色法衣后,虔诚地进入神庙,诚惶诚恐地把手放在神像上,因为按照埃特鲁里亚人的习惯,只有一个特别家族的祭司才能接触神像。他们中一人,或是突然受到了灵感激发,或是出于少年人的嬉戏心情,说:"朱诺神,您愿意到罗马去吗?"其他人叫喊道,女神点头同意了。这故事还被渲染为听到她说:"我愿意。"无论如何,我们知道,把她从座位上移开没有费什么力气,搬运时很轻便,就像她是出于自愿的一样。她被平安无事地带到了她的永久所在地阿文丁山。罗马独裁官曾经祈请她到那里去,后来还是卡米卢在那里奉献了他曾许愿的神庙。

这就是埃特鲁里亚联盟最富庶的城市维爱的陷落。它即使在最后覆灭时也显示了自己的伟大。它经受了十易寒暑的围困,使敌人遭到了更甚于自己的损伤,它最后由于天数而灭亡,但这还是通过地道而不是直接打下来的。

第二十三章 尽管赎罪已经使灾异得免,巫师和神谕的答复已人人皆知,又由于遴选最伟大的司令官马可·孚里乌斯,已经做到了人所能做的一切——尽管这一切,在经过了这么多年未见结局的战争和多次的失败之后,当攻陷维爱的消息在罗马宣布时,人们的喜悦,大得好像胜利是出于望外的一样。没等到元老院下令,所有的神庙都已挤满了向神感恩的罗马妇女。元老院命令公众的感恩应该继续四天,这个期限比对以前任何战争所用的都长。而且各阶层的人都涌出去迎接独裁官的莅临,欢迎他的人群也比对以往任何将军的欢迎还要多。他的凯旋式①远远超过了庆祝这种日子的一般规格,他本人成为整个仪式中最显著的目标。他乘着白马拉的车进城,人们认为这即使对一个凡人都是不合适的,更不用说对一个罗马的公民了。② 他们看到独裁官使自己的车马行列与朱霹特神和索尔神③相媲美,从宗教上感到吃惊。这种景象使他的凯旋式的辉煌灿烂超过了人民的欢迎拥戴。凯旋式后,他签约在阿文丁山修建天后朱诺的神庙,还奉献一座给母神玛图塔。在如此履行了自己对神和人的责任后,他便交卸了独裁官的职务。

后来发生了向阿波罗神献礼的难题。卡米卢说,他曾把十分之一的战利品许给神。大司祭团④决定,人民应该完成他们的宗教义务⑤。但很难找出一个使人民归还他们所分获的战利品的办法,以便把应交的比例分出来供献神之用。最后的偿还办法似乎是一种最温和的方法,即任何愿为自己及其家庭履行这种义务的人应该对他所分获的作出估计,把其价值的十分之一献纳公库,以便用来制造一顶配得上神庙的宏伟、神的庄严神圣和罗马人民应有荣誉的金冠⑥。这项献纳更进一步疏远了平民对卡米卢的感情。

---

① 凯旋式(triumph)是罗马人授予得胜而归的将军的最高荣誉。只有具有最高统治权的将军(独裁官、执政官、行政官)在结束战争、开疆扩土、大获全胜后,才能由元老院颁令和立法授予凯旋式。只有在举行凯旋式的那天,将军才能在全体元老、官吏及人民的迎接下,列队入城。元老们前导,士兵行列中杂陈各种战利品、武器及俘虏,将军身披凯旋袍,头戴槲叶冠,乘四马拉的车,直到朱霹特神殿举行告庙献俘典礼。
② 白色是神圣的,属于朱霹特神。朱霹特神车由四匹白马拉曳,因此独裁官驾白马拉的车进城,当然被罗马人认为不合式。
③ 朱霹特神(Jupiter)是罗马宗教上的最高神,是上天之神。索尔神(Sol)是罗马宗教上的太阳神。
④ 大司祭团(College of Pontiffs):罗马祭司团很多,其中最主要的是大司祭团,他们修正历法,计算年代,解决神法和家法方面的争论问题,对宗教仪式的执行有最高监督权,大司祭长(Pontifex Maximus)由人民选出,是全体罗马祭司的首脑。
⑤ 因独裁官以国家的名义许愿,故全体人民都有完愿的宗教义务。
⑥ 原文如此,与第二十五章"打造一只金碗"的说法不符。

在发生这些事情的时候,伏尔西人和爱奎依人①的使臣来求和了。他们求和得到了成功。这与其说是因为他们应该得到和平,还不如说是因为共和国疲于这么长久的战争,想宁静一下。

第二十四章 由征服维爱引起的内部冲突——在维爱攻陷后的那一年有六名具有执政官权力的军团长官②:两名是普布利乌斯·高耐略家族的,名叫高苏和西庇阿;马可·瓦雷·马克西姆(第二次当选);卡索·法庇·安布斯图斯(第三次);卢契·富略·米杜里努(第五次)和昆图斯·塞维(第三次)。高苏和西庇阿被分派同法列里爱人作战,瓦拉里及塞尔维则同卡培那人作战。瓦拉里及塞维毫未尝试以进攻或包围来夺取城池,而只是破坏乡村和掠夺农民的财产;土地上没有留下一棵果树和任何一点物产。这些损害粉碎了卡培那人的抵抗。他们只好乞和,并得到了许可。战争在法列里爱人中间进行着。这时,罗马内部在许多事情上都发生了纠纷。为了平息这些纠纷,决定在伏尔西人的边境建立殖民地。登记前往的有三千罗马公民。为此指定的三头③把土地分给每人一份,各三又十二分之七罗马亩④。这种授予开始遭到轻视,人们认为这只是一种小恩小惠,为的是使他们不再希望更好的东西。他们问:"美丽的维爱城和维爱人的土地就在眼前,它比罗马的土地还要富饶辽阔,为什么要把平民们送到伏尔西人当中去受罪呢?"无论是有关维爱的地势,或是其公私建筑及广场的宏伟富丽,都使他们喜欢维爱甚

---

① 伏尔西人(Volscians)和爱奎依人(Aequi)是居住在拉丁人附近的部族,属于恩布里-萨贝里人集团,一直与罗马人及拉丁人进行连续不断的战争。恩布里-萨贝里人集团及拉丁人集团构成意大利人。

② 具有执政官权力的军团长官(Consular tribunes;tribuni militum consulari potestate,以下简称军政官),军团长官是罗马军队中的高级官职。在平民与贵族的斗争中,保民官盖约·卡努略于公元前445年提议允许平民担任执政官,贵族不能同意,遂采取妥协办法,设军政官。该职可代替执政官职。任期一年,一般六人,有时依军队编制之大小而多少不等,平民可以充任。此职于公元前366年(或362年)取消。

③ 三头(triumvirs)是罗马官职中的一种三人委员会,有常设和临时的,开辟殖民地的三头及分配土地给平民的三头都是临时的。

④ 罗马亩(Jugerum,多数 Jugera),1罗马亩约合我国4.01亩。

于罗马。他们甚至提议迁往维爱,这个提议在罗马被高卢人攻陷后得到了更多的支持。无论如何,他们想,维爱应该由一部分平民和一部分元老去居住;他们认为,罗马人民分住在两个城市而组成一个国家是行得通的。

贵族强烈反对这些建议,甚至宣称,他们宁愿马上死在罗马人民的眼前,也不愿把任何这类计划付诸表决。他们争论说,在一个城里就有这么多的冲突,那在每个城里又将会发生什么呢?难道有人居然喜欢一个被征服的城市更甚于一个克敌制胜的城市,容许维爱在陷落后享到比承平时更好的命运吗?可能他们会最终被自己的同胞抛弃在自己的祖国——罗马,但是世界上没有任何力量能够迫使他们抛弃自己的祖国和同胞,而跟随提图·西钦尼(这个措施的提议者)到维爱去做它的创建者,从而抛弃神和神之子罗慕洛——罗马城的国父及创建者。

第二十五章 这种讨论引起了不光彩的争吵,因为元老院已把一部分平民保民官拉到他们那面去了,唯一使平民不进行人身侵犯的就是贵族们运用了他们的个人威望。每当双方吵得要打起架来时,元老院的领袖们就先跑到群众中去,叫群众拿他们出气,把他们打死。群众不敢侵犯像他们那种年龄、地位和显贵的人物,这种感觉就抑制他们去攻击其他贵族。卡米卢到处奔波演说,大声疾呼,说,公民们发狂是不足为怪的,因为他们虽受所许愿言的约束,但对每一件其他的事情都显得比对履行他们的宗教义务更加关切。关于奉献的事,他不愿意谈什么,它实际上是一种神圣的奉献,而不是什一税,而且既然每一个人都已应许奉献十分之一,国家因此就没有了这种义务,但是他的良心不允许他对这样的主张保持缄默,这种主张说十分之一仅限于动产,而对实际上也包括在所许愿言中的城市和土地却只字不提。元老院认为这是一个很难决定的问题,他们把它交给大司祭团,并请卡米卢去同他们一起商量。他们决定,凡许愿前属于维爱人和后来落入罗马权力之中的东西,其中的十分之一都是献给阿波罗神的。因此城市和土地也在估价之列。于是就从财库中把钱提了出来,委托军政官用来买黄金。由于黄金供应不足,罗马妇女在集会上讨论了这件事情之后,一致同意自己为黄金向军政官负责,把她们所有的首饰都送到财库去。元老院对此表示最深的感谢。相传为了答谢这种慷慨捐助,妇女们被授予乘马车参加神圣典礼及赛会和在神圣日及工作日乘两轮车的光荣。对每人捐助的黄金都作了估价,以便用相当的钱数酬偿;并决定打造一只金碗,带到特尔斐①去作为向阿波罗神的献礼。

当宗教问题不再引人注意时,平民保民官就重新开始进行煽动,人民的狂热被煽动起来反对所有的显要,尤其反对卡米卢。他们说,由于把维爱的战利品献给国家和神明,他使他们变成一无所有了。当元老们不在场时,他们剧烈地攻击元老们;当元老们在场面对他们的愤怒时,羞愧使他们哑口无声。

当平民看到事情要拖到下一年时,他们就再次决定拥护这种提议的人为他们的保民官;贵族们也致力于使那些否决这种提议的人得到同样的支持。因此几乎所有原来的平民保民官都再度当选。

第二十六章　法列里爱的征服——在军政官的选举中,贵族们以最大的努力去使马可·孚里乌斯·卡米卢当选。他们借口说,鉴于战争,他们需要一位将领,而其真正目的是要得到一个反对平民保民官的错误政策的人。和卡米卢同任军政官的是卢基·孚里乌斯·墨杜里努(第六次);盖约·爱米略;卢基·瓦拉里·普布利高拉;史普略·波斯杜和普布利·高耐略(第二次)。

在年初,平民保民官没有采取行动。一直等到卡米卢出发到指派给他的战场去同法列里爱人作战时为止。这种拖延使他们的煽动失去效力,而他们最畏惧的反对者卡米卢却在同法列里爱人作战

---

① 特尔斐(Delphi)是古代希腊的一个城邦,以阿波罗神的神谕圣地而驰名。各城邦多往求神谕,罗马亦在特尔斐神谕的指示下始攻陷维爱。

中获得了新的光荣。最初敌人据城不出，认为这是最安全的方法，但是卡米卢摧毁他们的土地，焚烧他们的田园，迫使他们到城外来。他们怕走得太远，就在约一罗里外扎营；唯一给他们一点安全感的是接近营寨的艰险地势，因为周围的地方都崎岖不平，道路则有些部分很狭窄，其他的又颇陡峻。但是卡米卢从一个在附近停虏的囚犯那里获得了情报，并让他做向导。他深夜拔营，破晓时来到了比敌人更高的据点。罗马军队的第三列开始修筑工事，其他军队准备作战。当敌人企图来破坏修筑工事时，他击溃了他们。法列里爱人是这样的惊慌失措，以至于在逃窜中越过了就在近边的自己的营寨，而奔向城池，在他们进入城门之前，已经死伤了许多。敌营既克，战利品皆出售，收入归财务官。士兵们强烈不满，但他们都慑服于他们将军军纪的严饬，对他的坚定正直既怀恨，又敬慕。这时城市被包围起来，修筑正规的攻城工事。有时城里人看到有机可乘，就出来进攻罗马的哨兵，因而经常发生小战斗。时间拖延下去。双方皆无胜望；由于粮食和其他给养已预先贮备好，被包围者供应得比包围者还要好。战事似乎要像从前在维爱的一样长久，如果命运没有给罗马司令官一个表现伟大精神的机会——这种伟大精神在以前战争的业绩中已得到证实，现在又使他获得了一个早日的胜利。

第二十七章 法列里爱人有一种习俗，雇用同一个人既做他们孩子的教师，又做孩子的陪伴，并常常把好些孩子交给一个人照管；现在希腊还流行着这习俗。自然，以学问而得到最高声望的人就被派去教导大人物的孩子。这个人在平时就有把孩子们带到城门外做游戏和体操的习惯。在战争开始后他仍继续这样做，带孩子们到城门外去，有时近些，有时远些。他抓住一次有利的机会，使游戏和谈话延续下去，比往常更长久，并一直走到罗马前哨的中间。他就带孩子们进入兵营，到大本营去见卡米卢。在那里，他用更卑鄙的讲话来加重他的卑鄙的行径。他说，他已把法列里爱交到罗马的手中了,因为这些孩子现已落在罗马人的权力之下,而他们的父亲都是城中的领导人物。听到这话,卡米卢回答道:"鄙夫!你带着可耻的献纳来到此地,但在你面前的是一个和你本人完全不同的民族和司令官。在我们同法列里爱人之间没有一个以人与人之间的正式条约为基础的交谊,但在我们之间现在和将来一直存在曾以天性为基础的交谊。有平时的权利;也同样有战时的权利。我们知道要英勇地作战,也同样知道要公正地作战。我们不用我们的武器去攻打那些即使在城池攻陷后也要保全其性命的那样年龄的人,而是攻打同我们一样武装起来的人,攻打那些我们不曾对之有过任何侵犯或挑衅而来进攻罗马在维爱的兵营的人。对这些人,你是竭尽所能地用空前卑劣的行径去压服他们,而我却要像征服维爱一样地用罗马的才艺,用勇敢、战略和武力去征服他们。"卡米卢遂下令把他赤膊反绑,交给孩子们带回法列里爱去,并给他们杖棒,把这个叛徒打进城去。人们都成群地出来观看这种情景,长官们因此召集元老院讨论这非凡的意外事件。最后,感情发生了这样的剧变,以至就是那些在暴怒和仇恨之中、宁愿马上遭受维爱的命运也不愿获得卡培那所享有的那种和平的人,现在也决定自己同全城人民一道去求和了。罗马的荣誉感、司令官对正义的热爱,在市内广场和元老院到处有口皆碑。于是根据普遍的愿望,使节被派遣到兵营去见卡米卢,并得到他的核准,到罗马的元老院去办理法列里爱的投降事项。

当来到元老院时,据说他们发表了下面的讲话:"元老们!被你们和你们的将军以无论神或人都无可非议的胜利所征服,我们向你们投降。因为我们认为在你们的统治下要比在我们自己的法律下生活得更加美好。这是一个征服者所能得到的最大的荣誉。这次战争的结果,给人类树立了两个范例:你们宁愿要一个军人的荣誉,而不要一个就在你们手中的胜利;我们在你们的信义的感召下,自愿把那个胜利献给你们。我们听候你们的处理;派人来接收我们的武装,接收人质,接收大门向你们敞开的城市吧!你们将永远不会责难我们的忠诚,我们也将永远不会埋怨你们的统治。"敌人和同胞双方都对卡米卢表示感谢。法列里爱人被命令供应当年的军饷,以便罗马人民得以蠲除兵税。许和后,军队遂开返罗马。

第二十八章　卡米卢就这样凭着公正和信义征服了敌人,然后回到了罗马。他的荣誉比在凯旋式中由白马拉他进城时更加崇高。元老院经不住他用沉静来表示的微妙的责难,立刻着手使他从他许下的愿言中解脱出来。卢基·瓦拉里、卢基·塞吉与奥卢·曼利乌斯被任命为代表,把献给阿波罗神的金碗带到特尔斐去。但是他们乘的孤单的军舰被离西西里海峡不远的里帕雷海盗所俘获,并被带到里帕雷群岛去。人们把海盗看作一种国家的制度,由政府分配劫夺来的东西已经成为习惯。那一年最高的首领是提马西修斯,他在品格上像罗马人甚于像他本国人。因为他自己尊敬这几位使节的名义及使命,尊敬他们所负责赍呈的献礼和将受献的神,所以他用他们应有的正当宗教感去启发部下,而这些部下一般都是听他们统治者的话的。代表们被延入国家宾馆,由船只护送从那里驶往特尔斐。提马西修斯又把他们平安地带回到罗马。罗马以国家地位和他建立了友好关系,并赠给他很多礼物。

同爱奎依人的战争——是年,同爱奎依人的战争是这样的相持不下,以至罗马人甚至罗马军队本身都对胜负没有把握。两位军政官盖约·爱米略和史普略·波斯杜米,是罗马军队的统帅。

最初他们联合作战;在战场上击溃敌人后,他们的部署是:爱米略固守维鲁哥,而波斯杜米去蹂躏敌人的土地。当他在获捷之后懈怠无备,行伍不整地率军行进时,遭到了爱奎依人的突袭;军队大惊,被逐至附近的山上。恐慌甚至波及维鲁哥的那一支军队。在退到一个安全据点之后,波斯杜米召集部下,严斥他们的惊慌逃窜,痛责他们竟被如此怯懦、不堪一击的敌人所击溃。军队齐声高呼说,他们应当受责;他们承认自己出了丑,但决心弥补自己的过失,敌人的高兴是不会长久的。他们要求波斯杜米立刻率领他们直捣敌营——它就暴露在山下的平原上——如果他们在黄昏前不能攻下它，他们愿意承受任何严厉的惩罚。波斯杜米赞扬他们的恳切的愿望，命令他们进食休息，在四更①时分作好准备。敌人以为罗马人准备在夜间从山上逃走，遂布兵切断他们通向维鲁哥的道路。战斗在拂晓前开始，但整夜明月当空，战斗清晰可睹，有若白昼。杀声传到维鲁哥，他们竟信是罗马军营遭到了袭击，于是大为恐慌，爱米略虽竭力拦阻，守兵仍瓦解四散，零零落落逃向土斯库鲁姆。谣言从那里传到罗马，说波斯杜米及其全军都被歼灭了。

当天色渐明，不用再顾忌追击太远会遇伏兵突袭时，波斯杜米立刻催马上阵，要求士兵实现自己的诺言。军心大振，爱奎依人再也挡不住他们的进攻。于是对逃亡者大肆杀戮，每当士卒的愤激之情甚于奋勇之心时，就可以看到这样的杀戮。敌军全被歼灭了。继土斯库鲁姆传来的悲惨消息和罗马城中的虚惊之后，是波斯杜米发来的环着桂花圈的捷报②，它宣布罗马的胜利和爱奎依军队的歼灭。

第二十九章 国内政治——因为平民保民官的策划一直没有结果，平民们就尽力使土地措施的提议者继续在职，而贵族们则力图使否决它的人再度当选。但是平民在选举中占了优势；元老院为了报复，通过了任命执政官的决议，要恢复平民所憎恶的执政官的官职③。经过了十五年的中断，执政官被再次选出，他们是卢基·卢克莱修·弗拉维和塞维·苏尔皮基乌斯·卡莫里努。

在年初，由于在保民官当中没有人要提出否决，保官们就联合起来，力图通过他们的提案，而执政官们也因同样的原因进行全力抵抗。

当全体公民们都卷入这场斗争时，爱奎依人攻取了罗马在他们

---

① 更（watch, vigilia），罗马人把一日之间的白天和夜间各分 12 个"刻时"（hora），夜间的 12 个刻时在军营中又分成四更。

② 罗马将军的捷报，按习俗是用桂花环包束起来的。

③ 这时执政官仍只能由贵族中选出，平民不能担任，因此平民对此官职表示憎恶而愿意并经常以平民能够充任的军政官来代替它。故这时执政官一职中断了 15 年。

境内维提里亚地方的殖民地。大多数殖民者安然无恙，因为殖民地是在晚上被背信占领的，这使他们有机会向敌人的相反方向逃到罗马去。卢基·卢克莱修受命指挥这一方面的战事。他向敌人挺进，在一次正规战中击败了他们，然后胜利地回返罗马，那里一场更严重的斗争正在等待着他。

已经定好在某一天控诉两年前的平民保民官奥卢·维尔琴尼和尼图斯·蓬波尼乌斯。元老院一致认为，保卫他们是关系到元老院的荣誉的问题，因为没有人提出任何涉及他们的私生活或公务行为的控诉，而控诉的唯一理由乃是他们为结元老院之欢心而行使了否决权。但是平民的愤怒压倒了元老院的势力，把两个无辜的人定了罪，每人罚款一千阿司①。因而开了最恶劣的先例。

元老院感到极其苦恼。卡米卢公开指责平民们说：反对他们自己的长官是一种背叛行为，因为他们没有看到，通过这个不公正的审判，他们剥夺了自己的保民官的否决权，而剥夺了否决权也就推翻了他们的权力。如果他们以为元老院会听任保民官毫无限制地滥用权力，那是想错了。如果保民官的狂暴不能用他们的否决权来制约，元老院就会找到其他的武器。他也极力责备在涉及听从元老院指示的保民官这件事上，执政官是在默许国家的荣誉遭受损失。由于公开重复这些指责，他日益加深了民众的恶感。

第三十章　在另一方面，他一直在鼓励元老院反对这项提案②。他说，当投票的日子来到时，元老们只能抱着这样一种心情到市内广场去，这就是他们必须为自己的社稷宗庙，甚至为自己生长的土地而战斗。至于他自己，如果他敢于在这决定祖国生死存亡的时刻考虑自己的声誉的话，当他所夺取的城市成为人民趋赴之地，当他

---

① 阿司（as，多数 ases）是罗马最早的基本货币单位，计重纯铜 0.3359 千克，后来重量渐减，价值日趋低落。
② 指迁往维爱，使维爱成为第二个罗马的提案。

的光荣的纪念使他日日欣喜,当他在凯旋式的行列中携带的城市①就在他的眼前,当所有人都追随他的光辉途径的时候——那这一切对他都真是光荣。但是他认为,如果一个城市在被神抛弃后再被人居住,如果罗马人民居住在一块被奴役的土地上,拿战胜的地方换取一个被征服的地方,那都是触犯上天的行为。

元老们被他们的领导者的这些呼吁所激动,在这个提议要付诸表决时,就老老少少集体来到了市内广场。他们分散到各个部落中去,每人拉着同部落人的手,用眼泪恳求他们不要抛弃祖国,为了它,他们自己和他们的祖先曾经进行过多么英勇而胜利的战斗。他们指着朱霹特神殿②,维斯塔神庙③和周围其他的神庙,央告他们不要把罗马人民当作无家可归的游民从他们的家神和祖先的土地上逐出到他们的敌人的城市中去。他们甚至进一步说,与其抛弃罗马不如从未攻陷维爱更好。因为他们采用的不是暴力而是恳求,并且恳求中又经常提到神,它对大多数的投票者就变成了一个宗教的问题。这项提案遂被部落中一票的多数所否决。

元老院对他们的胜利大为高兴,第二天就在执政官的提议下通过决议,把维爱的土地分给每个平民七罗马亩,不但分给家长,并且把每家的小孩都计算在内,以便让人们为了希望得到孩子们的那一份地而愿意抚育他们。

第三十一章 各项战役——这种慷慨给予,安抚了平民们的感情。对执政官的选举,他们没有提出反对。两位当选者是卢基·瓦拉里·波提图斯和马可·曼利乌斯。曼利乌斯后来接受了喀必多

---

① 李维在这里假想了后来罗马的习俗,那时在凯旋式的行列中常常携带被征服的城市的图面及模型,以庆祝胜利。
② 朱霹特神殿(Capitol)是罗马最大的神庙,位于罗马城内喀必多林山上,其中供奉着罗马的最高三大神:朱霹特、朱诺和明涅娃。
③ 维斯塔女神(Vesta)是罗马宗教中的女灶神,有很高的地位。罗马各家有自己供奉的女灶神,国家又有国家的女灶神。

林努的称号①。他们举行了独裁官马可·富略在维爱战争时许下的大赛会,同年又奉献了这位独裁官在同一时候许下的天后朱诺的神庙,相传这个奉献在妇女中引起了巨大的兴趣,她们很多人都参加了这次奉献。

在阿吉都斯同爱奎依人打了一次不重要的战役,几乎还没有短兵相接,敌人就溃败了。瓦拉里在追击败兵上大显身手,因此颁令他举行凯旋式,曼利乌斯举行小凯旋式②。

同年出现了新的敌人——伏尔西人。由于酷热和干旱,罗马周围地区发生了饥荒和时疫,军队不能出征。这使伏尔西人大胆起来,竟勾结萨尔皮纳人③进犯罗马本土。罗马遂向两国宣战。

监察官④盖约·尤利乌斯去世,指派马可·高耐略继任。后来这种做法被认为是触犯宗教的,因为正是在该任五年大祓⑤期间罗马为高卢人所攻陷,此后就不再在前任出缺后任命监察官了。执政

---

① 后来高卢人夜间偷袭罗马城寨时,马可·曼利乌斯第一个发觉了敌人,并在别人逡巡不前的情况下奋身击退敌人,拯救了困守在喀必多林山上的罗马人,因而得此称号。但也可能仅因为他住在喀必多林山上而有此称号。一般罗马自由民都有三个名字:头一个是私人的本名(如马可),第二个是氏族名(如曼利乌斯),第三个是"别号",一般是家族名(如西庇阿是高耐略氏族中的一个家族),有时"别号"专为某一人所有(如喀必多林努,此即"喀必多林的"之意,是别人专给马可·曼利乌斯加上的称号)。为了简便起见,通常仅呼表示家族名的"别号"。

② 小凯旋式(Ovation),当将军获得的胜利及建树的功勋尚不足以得到凯旋式的荣誉时,元老院可授予小凯旋式,其仪式及场面次于凯旋式。例如将军是步行的(后改乘马),身上仅着紫边袍,常无士兵跟随,在神殿奉献的牺牲是一只绵羊(ovis,小凯旋式Ovation即由此得名),而凯旋式的牺牲是一只公牛。

③ 萨尔皮纳人(Salpinates)是埃特鲁里亚地方的一种人。

④ 监察官(Censor)设于公元前443(或442)年,起初只有贵族可以充任。一般由过去的执政官中选出。公元前433年起每五年选一次,实际任期一年半。其职责为进行公民调查,审查元老院名单,监督公民的道德和管理国有财产及公共工程。

⑤ 大祓(lustrum),监察官在进行了每五年一次的公民调查后,便为全体罗马人民举行一次涤罪大祓。届时公民聚集在城外玛尔斯广原上,祭祀的牺牲是一只公猪、一只公羊、一只公牛,它们被牵着绕人群三周,然后供到祭坛之上。监察官诵念着加强和扩大罗马人的力量的传统祝词,公民就被宣布为被祓除了。

官们也染上了瘟疫,遂决定由摄政①来更新领导。于是执政官们遵照元老院的决议辞职,马可·孚里乌斯·卡米卢被任命为摄政。他任命普布利乌斯·高耐略·西庇阿为其继任者。西庇阿又任命了卢基·瓦拉里·波提图斯。后者任命了六个军政官,以便假如他们当中任何人因病不能工作时,仍然有足够的行政长官治理共和国。

第三十二章　这些人是卢基·卢克莱修、塞维·苏尔皮基乌斯、马可·爱米略、卢基·孚里乌斯·墨杜里努(第七次)、阿格里巴·孚里乌斯和盖约·爱米略(第二次)。他们在7月1日就职。卢基·卢克莱修和盖约·爱米略负责同伏尔西人作战,阿格里巴·孚里乌斯和塞维·苏尔皮乌斯负责同萨尔皮纳人作战。首先同伏尔西人发生了战斗,敌军数目甚多,但战斗并不剧烈。第一次冲杀就攻破了他们的阵线,被骑兵包围的八千人都缴械投降。听到了这场战事,萨尔皮纳人就不敢在野外正规作战,一味坚守城池。罗马人普遍劫掠萨尔皮纳人和伏尔西人的土地,没有遭到任何抵抗。最后伏尔西人疲于作战,以赔款补偿他们以前的掠夺和供应这一年罗马的军队开支为条件,获得了二十年的休战。

卡米卢的放逐——就在这年,一个平民马可·卡底乌斯西向军政官报告说,当他在维斯塔神庙上面的现在建立着一座小神庙的"新街"地方时,他在寂静的夜晚听到有一个比任何人声更强的声音,让他去告诉行政长官们说,高卢人就要到来了。大家对此一点也没有注意,一方面因为报信者地位卑微,一方面因为高卢人是一个遥远而不知名的部族。

面对着正在降临的厄运,人们不仅忽视神的警告,并且还放逐了他们能够赖以抵抗厄运的唯一救星——马可·孚里乌斯·卡米

① 摄政(interrex),罗马王政时代,在国王死后,由元老院任命摄政,由摄政任命新的国主。共和国时,如果在选举执政官大会上有权担任主席的高级官吏不在罗马或空着职位,则元老院便宣布"虚位"(interregnum),任命一位元老为摄政,以便在选举执政官的大会上担任主席。摄政任期仅五天,此后便要任命自己的继承者,把权力转交给他,每任摄政皆如此,直到选出执政官时为止。

卢。平民保民官阿普略控告他关于维爱战利品的行为。这时他的儿子刚刚死去。他请他的同部落人和受庇者到他的家去,试探他们对他的态度,这些人占平民的相当一部分。他们告诉他说,他们愿意替他交纳任何罚款,但他们不可能开释他。因此他向永生的神明祷告说,如果他无辜受罪,愿神使他的忘恩负义的同胞们很快就感觉到需要他,然后他就流亡了。他被缺席判处罚款一万五千阿司。

第三十三章　高卢人迁入意大利——如果人事可有定论,则只要卡米卢在场,罗马就不可能被攻陷。而他现在既遭放逐,罗马的劫数就迅速到来了。这时,克鲁西乌姆遣使来求援,以抵抗高卢人。过去流传说,高卢人被关于鲜果,尤其是美酒(对他们是一种新的享乐)的报导所吸引,越过了阿尔卑斯山,占领了以往由埃特鲁里亚人耕种的土地;又说,克鲁西乌姆的阿伦司为了要把他们引入意大利,将酒输入高卢。阿伦司是一个卢库摩①的监护人。这个卢库摩勾引了阿伦司的妻子。他是一个有相当势力的年轻人,如果没有外来的帮助,阿伦司就不能报仇雪耻。因此,他就引导高卢人越过阿尔卑斯山,怂恿他们进攻克鲁西乌姆。

我不否认高卢人是由阿伦司或另外某一个住在克鲁西乌姆的人引导到那里去的,但很明显,那些进攻那个城市的人并不是最先越过阿尔卑斯山的人。事实上,在他们进攻克鲁西乌姆和攻占罗马以前两世纪时,高卢人就越山进入意大利了。克鲁西乌姆人也不是首先同高卢军队发生冲突的埃特鲁里亚人,在那以前很久,高卢军队就同住在亚平宁山和阿尔卑斯山之间的埃特鲁里亚人多次作战。在罗马占优势之前,土斯奇人②的势力在海陆双方都大大扩张。它在两面海上扩张的程度可以由把意大利像岛屿一样地环绕起来的

---

① 卢库摩(Lucumo),埃特鲁里亚人语言中代表"王"一词的术语,并不为人所知。罗马作者的术语"卢库摩"常代表埃特鲁里亚人中社会地位很高的人。在社会制度的发展中,这一术语的意义已有改变。远古时可能代表氏族的长老,后来可能代表王,或一种具有王及教士职能的贵族。
② 土斯奇人(Tuscans,Tusci),是埃特鲁里亚人的别名。

两个海的名称看出。意大利的各部族根据土斯奇人的通称把一个海称为土斯奇海,根据土斯奇人的一个殖民地亚得里亚的名字称另一个海为亚得里亚海。希腊人也称它们为提尔列尼海①和亚得里亚海。两海沿岸都由土斯奇人居住。他们最初沿西海岸居住在亚平宁山的这一面,分成十二个城市,后来他们又按照母邦的数目在亚平宁山外建立了十二个殖民地。这些殖民地占据了由波河一直到阿尔卑斯山的整个地区,只有一小角由散居在海口的瓦内提人②所居住。阿尔卑斯山地区的部落无疑和他们属于同一种族,尤其是赖提爱人③,只是他们因所居地方的性质而变得非常没有文化,以至除了语言外不再保有任何他们原来的痕迹,甚至语言也有所退化。

第三十四章 关于高卢人进入意大利的事,我们有下列的传述。当塔克文·普里斯库任罗马国王时,占整个高卢三分之一的凯尔特人的最高权力落在比图里吉斯部落手中,通常由他们部落中的人出任整个凯尔特族的国王。那时的国王是安比加图,他因个人的勇敢及其治下的极度繁荣而声誉卓著。在他的统治期间,高卢大丰收,人口迅速增长,以至好像是几乎不可能管理这么多人了。他已经年老了,急于使他的疆土摆脱人口过剩的负担。因此,他表示要派他的外甥——两个有作为的年轻人贝洛维苏和塞哥维苏——到神明通过卜象分派给他们的任何地方去另立疆业。他们可以尽量邀请不管多少别人陪同他们一起去,俾能力足抵御任何阻挡他们前进的部族。占卜的结果,赫尔其尼丛林被分给塞哥维苏;而对贝洛维苏神明则给以更诱人的进入意大利的道路。他邀请了比图里吉斯、阿维尼、塞诺奈斯、爱杜依、安巴里、卡努提斯和奥勒其诸部落的过剩人口,率领一支庞大的马、步兵力出发,来到了特里卡斯提尼。

---

① 提尔列尼海(Tyrrbene Sea),希腊人称埃特鲁里亚人为提尔列尼人,因此称意大利半岛以西一部分的地中海为提尔列尼海。
② 瓦内提人(Veneti)居住在波河下游北部和更东部的地方,属于印欧语系的伊利里亚人。
③ 赖提爱人(Raetii)居于瓦内提人之西北的阿尔卑斯山麓。语言中包括中欧和伊利里亚的因素。

阿尔卑斯山巍然矗立在他们的面前,显得不可逾越,对此我一点也不奇怪。因为除非你愿意相信关于赫丘利①的神话,就人们记忆所及,还没有经由任何路线逾越此山。当高卢人被高山所阻挡,到处寻找一条越过高耸入云的峰巅从而进入一个新世界的路径时,他们也因一种宗教的责任感而推延了前进,因为有消息说某些寻求土地的陌生人遭到了萨尔依人②的攻击。这些是由弗开亚航海而来的马西里亚人③。高卢人认为这是他们自己命运的征兆,就去援助他们,使他们能够在他们最先登陆的地点建筑工事,不受萨尔依人的干扰。他们通过塔里尼山隘及多罗山谷越过了阿尔卑斯山,然后在一场距离提其努斯不远的战役中打败了土斯奇人;当他们知道他们定居的地区是属于英苏布列斯人④的,而爱杜依部落的一个小镇也正好叫这个名字,他们就接受了这个地方的吉兆,建立了一个他们称之为美狄奥拉努姆的城市。

第三十五章 后来由塞诺马尼部落组成的另一支人在埃立多维的领导下跟随前者所走过的道路,得贝洛维苏的许可,从同一个山隘越过了阿尔卑斯山。他们定居在现在布列克西亚城和维罗那城所在的地方。后来里布依部落及萨鲁维爱部落先后到来,他们定居在古老的列古里亚人的雷维部落的附近地方,雷维部落住在提其努斯附近。其后波爱部落及林哥尼斯部落越过了平宁阿尔卑斯山。因为在波河及阿尔卑斯山之间的一切地方都已被占据,他们就扎筏渡过波河,把埃特鲁里亚人及恩布里人都驱逐出去。但是,他们仍

---

① 赫丘利(Hercules)是希腊神话中的英雄,相传是天神宙斯与迈锡尼公主阿尔克墨涅所生,曾做 12 件神功,曾越过阿尔卑斯山。
② 萨尔依人(Salyi)居住在罗尼河与阿尔卑斯山之间的林仑提亚南部的平原上。
③ 弗开亚(Phocaea)是小亚细亚的希腊城邦,在公元前 6 世纪初向外殖民,在今之马赛地方建立马西里亚城,因此殖民者就称为马西里亚人。实际上凯尔特人之大规模迁入意大利是在公元前 5 世纪末的时候,因此和弗开亚人之建立马西里亚是没有联系的;凯尔特人向外迁徙主要是因为受到日耳曼人的排挤;贝洛维苏也不是由塔里尼地方越过阿尔卑斯山的,而是由萨拉西地方越过格雷思阿尔卑斯山的。
④ 英苏布列斯人(Insubres)是居住在波河流域稍南地方的凯尔特人。

然留在亚平宁山脉以北。最后来到的是塞诺奈斯部落,他们占领了由乌提斯到爱西斯的地方。我认为,就是最后这个部落来到克鲁西乌姆并从那里到罗马去的;但不能确定他们是单独来的,还是受到来自阿尔卑斯山山南各部族小股的帮助。

罗马的毁灭——当克鲁西乌姆人看到如此众多的敌人、这些人的奇形怪状和他们使用的武器,又听说埃特鲁里亚人的军队在波河两岸一直被他们击败时,他们被这奇异的战争吓坏了。虽然他们除了未曾保护他们的同族维爱人反对罗马人这点而外,同罗马既非同盟,又无友好关系,不能据以向罗马提出请求,但他们仍然遣使向元老院求援。他们没有得到积极的援助。罗马派费边·安普斯图的三个儿子为使节去同高卢人交涉,警告他们不要攻击那些丝毫没有侵犯他们的人,那些人是罗马的与国和朋友,如果形势所迫,罗马武装力量将保护他们。罗马人愿意避免实际的战争,他们宁愿同素不相识的高卢人和平相处,而不愿兵戎相见。

第三十六章 这是一个十分和平的使命,如果使节们的脾气不是非常暴躁,暴躁得更像高卢人而不像罗马人的话。当他们向高卢人的会议传达了他们的使命后,他们得到了如下的答复:"虽然我们还是第一次听到罗马人的名字,但既然克鲁西乌姆人在危急时向你们求援,则我们相信你们是勇敢的人。既然你们愿意通过谈判而不通过武力来保护你们的与国,那在我们方面也不拒绝你们提供的和平,但条件是克鲁西乌姆人把超过其耕种能力的所属土地割给正在需要土地的我们高卢人。在任何其他的条件下,我们都不准许和平。我们愿意当着你们的面接受他们的答复,但假如拒绝给我们土地,我们就要打仗,在你们仍然留在这儿的时候进行战争,好让你们向国内的人报告,说高卢人是如何的勇武绝伦。"罗马人问他们根据什么权力以战争的威胁向主权所有者提出领土要求,并问高卢人进入埃特鲁里亚来干什么。得到的傲慢答复是,他们的武器就是他们的权力,一切东西都是属于勇敢的人的。双方的感情都激动起来了,他们挥动武器,投入战斗。于是使节们就违犯了"各族法"①,拿起了他们的武器,因为司命神已经在驱使罗马走向毁灭了。三个最高贵英勇的罗马人在埃特鲁里亚军队的阵前作战的事实是无法掩盖的,因为这些人是这么的英勇出众。再加上,昆图斯·费边催马冲向一个猛袭埃特鲁里亚军旗的高卢酋长,用矛刺穿其肋,杀死了他。而当他剥取死尸上的东西时,高卢人认出了他,立刻全军皆知他是一个罗马的使节。他们撇开了对克鲁西乌姆的愤怒,满怀对罗马人的敌忾,下令退兵。

有些人主张立刻向罗马人进军。但长者们认为应该先遣使去罗马提出正式抗议,要求交出那几个费边族姓的人,作为违犯"各族法"的补偿条件。在使节们提出了他们的要求后,元老院虽则不同意费边族人们的行为,承认蛮族提出的要求是公正的,但是由于政治利益的关系,未能对地位这样高的人颁令定罪。因此,元老院为了使自己在与高卢人作战可能战败时不致单独受过,就将高卢人的要求提交人民考虑。在这里,个人的名望和声势具有如此重大的影响,以至这些正应议处的人反倒被选为下一年的军政官了。高卢使节对此事的看法是理所当然的,认为这是敌对行为,在公开声明要诉诸战争后就回去了。和费边族人们一同选出的其他军政官是昆图斯·苏尔皮基乌斯·隆古,昆图斯·塞尔维利乌斯(第四次)和普布利乌斯·高耐略·马卢吉宁西斯。

第三十七章 当定数难移时,司命神使人盲目如此之甚,以至罗马人在国难当头、千钧一发之际,竟没有采取特殊措施以避免灾祸。在同腓德耐和维爱以及其他邻国作战时,他们经常任命独裁官作为最后的手段。但是,现在当一个从未见过,甚至是前所未闻的敌人从海洋和世界上最遥远的角落里前来作战时,罗马人居然没有

---

① 各族法(Ius Gentium)或译万民法。各族法的概念是表示一种普遍的、由各族人民所遵守的法律,有别于纯由罗马公民遵守的公民法(Ius Civile)。

采取任命独裁官的办法,也没有作出任何特别的努力。以军政官而担任最高统帅的人就是那些轻率鲁莽地挑起战争的人,他们征集的兵额比一般战争的兵额一点也不多,他们甚至轻视关于战争的严重性的报告。

同时,高卢人已知道他们的使节遭到了轻视,已知道那些违犯"各族法"的人竟得到了荣誉。他们怒火中烧;他们是一个不能控制自己的感情的部族;他们举起军旗,立刻开拔出征。他们行军所向,纷乱噪杂,各城市都闻声惊恐,立即准备作战,乡下居民则开始逃亡。高卢人马漫山盖野而来,到处向人高呼,他们在向罗马进军。虽然在他们到来之前,不断有谣言和消息从克鲁西乌姆继则从一城又一城传来,但在罗马造成极大惊慌的,仍然是他们进军的神速。一支在仓促间由全民中征集的军队出发去迎敌。两军相遇于距罗马仅约 11 英里的地方,那里阿里亚河在很深的河道里由克鲁斯图米尼安山流了下来与台伯河相汇合,汇合处就在通往克鲁斯图莫里乌姆的大路的下面。前面和周围的整个地方,都已布满了敌人,他们是一个天性狂野粗暴的部族,发出刺耳的叫嚣,宇宙间都充满了恐怖的声音。

第三十八章 军政官没有安营扎寨,也没有修筑掩护退却的工事,并且还像漠视敌人一样地漠视神灵,因为他们没有得到吉兆就列队布阵了。他们把阵线向两翼延长,以防受到包围。但是即使如此,他们仍不能使他们的阵线和敌人的阵线相等,而他们这样地拉稀阵线,就削弱了中军,结果在交锋时中军就几乎不能与两翼保持联系。在他们的右方是一个小高地,他们决定用后备队据守;这个部署虽然是惊慌逃窜的开始,但对逃兵却不失是唯一的安全手段。因为,高卢酋长布伦努怕敌人的稀疏阵势中藏有诡计,以为对方占领高地是为了在高卢人与罗马军团正面交锋时用后备队来进攻高卢人的两翼和后卫,遂指挥进攻后备队。他相当肯定地感到,如果他把他们逐出据守之地,则他的在数量上占绝对优势的大军将使他在平地上获得轻而易举的胜利。因此,不但命运之神倒在蛮族那一边,并且他们的战术策略也高出一着。至于在罗马的军队里,上至将领下及士兵都未表现出罗马人英勇的风格。他们惊慌恐怖,一心只想逃走;他们是这样的神智昏迷,以致绝大多数人不顾台伯河的阻拦,逃向抱有敌意的城市维爱,而不直接顺着大道逃向罗马,逃向他们的妻子儿女那里去。

后备队暂时受到了他们所据地势的保护。而其他的军队,当距后备队最近的人在侧翼听到杀声和在战线另一头的人在后方也听到杀声时,他们立刻逃之夭夭,完整而没有受到损伤,几乎连他们的未交锋的敌人都没有见到。他们毫无斗志,甚至连杀声都没有回喊。在实际的战斗中没有一个人被杀;而当他们在混乱拥挤的人群中争先恐后地逃亡时,却被人从背后砍倒了。整个左翼抛弃兵器,逃向台伯河边,沿着河岸遭到大屠杀。许多不会游泳或身负重甲的人,都被水流所卷没了。虽然大多数人都平安地到达了维爱,但是从那里不但没有派军队去保卫罗马,甚至连一个传达兵都没有派到罗马去报告失败的消息。所有右翼的人,因为驻扎在离河较远、距山脚较近的地方,就逃回罗马,躲入城寨①,甚至连城门都不及关闭。

第三十九章 在高卢人那方面,对于这样一个突然而离奇的胜利,几乎惊异得目瞪口呆了。最初,他们不敢离开据点,仿佛被发生的事情所困惑,继而疑惧有伏兵突袭,终而开始剥取尸体上的财物,按照他们的习惯,把武器聚集成堆。最后,因为到处都没有看到敌对的活动,他们开始进军,在夕阳快要落山时到达了罗马。前线的骑兵回报说,城门没有关闭,门前没有哨兵把守,城墙上也没有军队。这第二次的意外就和前一次的一样突兀迷离,使他们逡巡不前;他们怕在一个陌生的城市的街道上进行夜战,遂驻扎在罗马和阿尼沃之间的地方。他们派侦察部队去侦察城墙的周围和其他的城门,以确定他们的敌人在其绝境中所采用的是什么办法。至于罗

① 城寨(Citadel),罗马的城寨位于城内喀必多林山上。

马人,既然大多数人都从战场上逃往维爱未回罗马,大家就都普遍相信,逃回罗马避难的人是仅存的生还者。对所有亡失的人,不管是仍然生存的或真已死去的,其哀悼使整个罗马充满了悲泣和号哭。但是,当宣布敌人就在眼前时,全城的恐怖压倒了个人的悲伤。顿时听到了敌骑环城疾驰时发出的野蛮的嚎叫和呐喊。从此时直到翌日黎明,公民们始终在提心吊胆之中,他们每时每刻在等待着对罗马的进攻。始而,当敌人兵临城下时,他们以为就要攻城了,因为如果这不是敌人的目的,他们就会留在阿里亚了;继而,就在日落前,他们认为敌人即将进攻,因为天快要黑了;以后,当夜晚降临时,他们想象,进攻是被拖延到这时来发动,以便使一切产生更大的恐怖。最后,第二天的到来,使他们丧失了神智;敌旗的进入城门使一直没有间歇的恐惧达到了可怕的顶点。

但是,在当晚和次日的整个时间里,公民们却表现得同那些在阿里亚恐惧逃遁的人们完全相反。他们了解到,企图用剩下的这样少的人来防卫罗马是毫无希望的,遂决定:凡是正当军龄的男子和身体健全的元老们都应当和他们的妻子儿女一同撤入城寨和朱霄特神殿,在贮备了武器及粮食后,从那个据点保卫他们的神明、他们自己以及罗马的英名。佛拉门祭司和维斯塔贞女们应该携带国家的神器远离流血和兵火之地,只要还有一人生存,就不能中止他们的神圣的祭祀①。罗马的毁灭就在眼前了,只要城寨和神明所在的神殿、指导国家政策的元老院和正当军龄的男子还存在,则留在城

① 佛拉门祭司(Flamen)是罗马的特定的一些神的祭司,他们每天都必须向神奉献牺牲,其职责多为管理燔燎之祭,他们没有祭司团,其中占首位的是朱霄特神的佛拉门及玛尔斯神和奎利努神的佛拉门,佛拉门的字义是点火者。维斯塔贞女是女灶神维斯塔的女祭司,是国灶的守护者,维持女神灶上的不熄神火,要连续服务30年,很有威信,受人尊敬。罗马宗教特别注意祭礼,认为一切都奠立在神与人之间的契约之上,都不外是在形式上执行仪式,只要执行了仪式,则神一定会做到人请求他们做的事情。因此他们决定在此危急之秋们带国家神器到别处去坚持祭祀,以求神佑。不但国家如此,每一氏族和家庭也都有自己的特殊祭礼,崇拜自己的灶神、门神、家神、守护神、祖神等,他们存在于每一个地方、每一个氏族和家庭中。

中的众老年人的丧亡就容易忍受；无论如何，他们肯定是要牺牲的。为了使年老的平民安于自己的命运，那些曾经做过执政官和享受过凯旋式的人宣布说，他们将和年老的平民们同生共死，决不以他们的不堪武装以卫祖国的老弱之躯去加重数量甚少的战斗人员的负担。

第四十章 这些注定要死亡的老年人就是如此地互相安慰。然后，他们转而鼓励那些走向城寨和神殿的年轻人，把三百六十年来战无不胜的罗马留下的一切，庄严地托付给他们的力量和勇敢。当那些带着全部希望和救助力的人们最后离别那些决心与城同尽的人时，妇女们的哀痛使悲惨情景达到了顶点。她们的眼泪；她们的狂乱奔走，始而追随丈夫继而跟着儿子；她们的苦苦哀求，央告他们不要把她们遗留给死亡的命运——这一切形成了一幅惨绝人寰的景象。她们中很多人实际上都跟随她们的儿子们进入了神殿，没有人阻止或邀请她们，因为虽然减少非战斗人员的数目对被围困者有所帮助，但这种做法是太不人道了。另外一群人，主要是平民，在这样小的山上找不到安身之处，在这样稀少的粮食贮量中得不到足够的食物，他们就川流不息地涌出城外，到耶尼库鲁姆山去。他们从那里四散分开，有的散往乡村，有的走向邻城，没有任何领导者或协调的行动，各自按照自己的目的和自己的意旨，所有人对公共的安全都感到绝望。

当这一切正在进行时，奎利努神①的佛拉门和维斯塔贞女们一点也没有考虑自己的财产，他们正仔细研讨哪些神器应该携带，哪些应当留下，因为他们没有足够的力量把全部都带走，并商量把它们藏在什么地方才最安全。他们认为最好是把不能带走的东西藏在土缸里，埋在佛拉门房屋旁边的小神庙下面，那里如今还禁止随

---

① 奎利努神（Quirinus）和玛尔斯神（Mars）都是罗马宗教中战神的化身，他们和朱霹特神是罗马最早时期的三大神。

地吐痰。他们分带了其他的东西，从通过"木桥"①的大路到耶尼库鲁姆山去。在上那座山时，他们被卢基·阿尔比尼看到了，他是一个罗马平民，正同其他不适于战争的人群一起离开罗马。甚至在那样危急之时，神圣与凡俗之间的区别还没有被忘记。他同他的妻子儿女正驾着一辆小车，他觉得，如果被人看见他同他的家人乘着小车，而国家的祭司们却背负着罗马的神皿沉重艰苦地步行着，那是一种不敬神灵的行为。他命妻子儿女们下车，把贞女们和她们背负的神物装在车里，载到她们的目的地卡勒去。

第四十一章 在安排好了形势所许可的一切保卫神殿的布置后，老年人各自回家，视死如归，等待敌人的到来。所有曾担任过高贵官职②的人都决定佩上标志着他们以前的地位、荣誉和称号的勋章来迎接他们的命运。他们穿上了他们在驾驶神车时或在凯旋式中驾车入城时所穿的华丽的袍服。在如此盛装后，他们就在他们房前端坐在象牙椅上。有些著者记载，他们在大司祭长马可·费边领导下背诵着庄严的誓词说，他们誓为祖国和同胞奉献出他们自己的生命。

高卢人未经剧战，在一夜休息后恢复了精力；他们这时也不是要以进攻或猛袭去拿下罗马，因之他们在第二天进城时没有任何激动或愤怒的表现。他们穿过敞开的哥林城门，来到了市内广场，向周围观望各种神庙和城寨，只有城寨还有一点备战的迹象。他们在那里留下一小队卫兵，以防当他们分散时受到来自城寨或神殿的攻击。然后，他们就四散寻觅战利品，穿过杳无人迹的街道。有些人成队地涌入所有附近的房屋，另一些人跑到最远的地方，希望那里

---

① "木桥"（Pons Sublicius）是罗马的第一座横跨台伯河的桥梁，用木头造成，可能其目的是为了在敌人进犯时便于切断。

② 高贵官职（curule offices）是指有资格坐"牙座"的官职。牙座（Sella Curuis）是罗马的一种官座，可以放开，可以折叠，放开时成"S"形两两交叉，皮面上加垫子，无靠背，四脚雕花，镶嵌象牙，只有独裁官、执政官、行政官、十人委员会委员、军政官、高级营造官及三头有资格坐牙座。

没有被别人动过并且充满了财物。他们对当地的荒凉生了畏惧,怕有伏兵突袭分散的士兵,遂整队回到市内广场附近。平民的房屋都设栅阻塞,贵族的大厦却门户洞开。但是他们对进入敞开的房屋比进入紧闭的更加踌躇不决。他们以真正崇敬的感情端详着坐在他们府第的门廊中的人,不但因为他们的礼袍及整个装束都非凡地华丽庄严,并且因为他们仪表威严,神态肃穆,恍若天神。因此高卢人兀立凝视着他们,仿佛他们是塑像一般。一直到后来,据说有一个高卢人摸了贵族马可·帕庇略的胡子(当时胡子一般都留得很长),后者就用他的象牙杖打那个高卢人的头,激怒了他。他是第一个被杀的。其他的人在他们的椅子上遭到了杀戮。在这次屠杀贵族之后,高卢人没有留下半点生灵,他们抢光了房屋,然后又放火焚烧。

第四十二章 究竟是因为不是所有高卢人都抱有毁灭罗马的激愤,还是因为他们的酋长们决定,一方面放一些火作为威胁的手段,使被包围者为了想救他们的家园而屈服投降,一方面又不普遍放火,以据有罗马的剩余部分为要挟,来削弱敌人的决心,这点今日已无从断定。现在可以确定的是绝对没有不分青红皂白地到处放火,像一般预料第一天城陷时所要遭到的那样。当罗马人从城寨上看到罗马城中充满了满街乱跑的敌人,不断发生一起又一起的新的灾难时,他们不能再控制自己的耳目,更不必说控制自己的心情了。敌人的叫嚣、妇孺的悲号、火焰的怒吼、房屋的坍塌崩裂之声——这些声音从哪方面吸引了他们的注意,他们的目光和思想就转移到哪方面去。他们仿佛被命运神注定,做他们祖国沦亡的旁观者,除了他们的生命外,无力保护他们所有的任何余存的东西。在所有曾经遭受围困的人中,他们是最可怜的,他们同自己的生长之地切断了,眼看着所有他们的东西沦为敌人所有。

白天就在这样的惨状中度过,接着而来的是一个丝毫不能宁静的夜晚,跟着又是痛苦的白天,每时每刻都在看到不断的新的灾难。然而,虽然他们遭到了这么多的不幸的折磨和摧残,看到下面的一切都在火焰和毁灭之中,他们一刻也没有稍稍松懈他们的决心:用他们的勇敢来保卫这仍然自由的一小块土地,保卫他们据守的山头,不管它是多么小和多么不利。最后,当这种状态一天又一天地继续下去,像人们在悲痛中磨炼得坚强起来那样,他们的思想从他们周围的形势转而贯注到他们的武器和他们右手的宝剑上去,把它们看作剩下来给他们以希望的仅有的东西。

第四十三章　进攻城寨的失败

——高卢人在好些天内仅仅对城中的房屋进行无用的攻击。现在,他们看到,除了一支武装的敌人外,在攻陷的城市的灰烬和废墟中再没有任何生物了。所有这些灾难都不能吓倒这支武装的敌人,除非采用武力,他们不会屈服。高卢人决定进攻城寨作为最后手段。拂晓时,信号发出了,全军集合在市内广场上。他们高声呐喊,一同举盾掩护头颅,向前挺进。罗马人毫不惊慌地等待着进攻,派出分队加强防卫一切入口,他们在哪方面看到敌人在前进,就在哪里布置一队精选出来的人。他们让敌人向上爬,因为他们觉得,敌人爬到的地势愈陡,他们就愈容易把敌人从坡上摔下去。高卢人在半山上停住了,罗马人就从更高的地方冲下来,这高地本身就几乎是把他们投向高卢人。他们大破高卢人,使他们伤亡如此惨重,以至不论是用特遣分队,还是用全部力量,高卢人都不再尝试那种作战方式了。因此,他们放弃了用直接进攻打开道路的一切打算,而准备封锁围困。直到那个时候,他们从未料到这种发展。所有罗马城中的粮食都已在大火中销毁,而周围田野中的谷物都在罗马被占领后急忙地运到维爱去了。因此高卢人决定把军队分为两支:一支围困城寨;另一支到各邻城去征发抢劫,以便给那些继续围城的人供应粮草。

卡米卢在阿底亚——正是命运神自己引导高卢人在离开罗马后到阿底亚来的,好让他们体验一下罗马的勇敢。卡米卢正作为流放者生活在那里,祖国的命运比他自己的命运更使他感到痛苦。他痛心疾首,怨天尤人。他愤怒而惊讶地询问,从前和他一同攻取维爱及法列里爱的人到哪里去了，在一切战争中其勇猛还要超过他们的功业的人到哪里去了。突然他听到，高卢军队已经离城不远了，阿底亚人正焦急地讨论着这件事情。他一般都不参加市政会议，但现在，他被神圣的灵感所指使，立刻到聚集在一起的市政会议委员们那里去，向他们作了如下的发言：

第四十四章 "阿底亚人哪！我往日的朋友和我今日的同胞们——这种关系是你们的慷慨所给予的，也是我的命运所逼出的！请你们不要以为，我来到这里是忘记了我的身份①。形势的压力和共同的危险迫使每个人必须为了抵挡这个危险而贡献出他的一切能力。如果现在我不尽到我的责任，那在什么时候我才能报答你们给予我的一切恩惠呢？如果不在战争中，那什么时候我才能为你们作任何效力呢？正是战争使我在祖国居于我当初的地位，使它有胜无败；而在和平的时候，我的忘恩负义的同胞们却放逐了我。阿底亚人哪！现在天赐良机，让你们表明你们对罗马曾给予你们的一切恩惠②的感谢之忱（你们没有忘记这种恩惠是多么的巨大，我也不必在清楚地记得它的人的面前再提到它），让你们能在重创我们共同的敌人中为你们的城市获得巨大的军事荣誉。那个乌合而来的种族，天生的特点是身心粗莽，而不是精神意志的坚忍刚毅。正是由于这个原因，他们带到每一个战役中来的只是可怕的形状，而不是真正的力量。拿罗马的灾难来做一个证据吧！他们攻陷罗马是因为它向他们敞开了大门；而一小支武装力量就从城寨和神殿击退了他们。他们已对围困感到了厌倦，他们放弃了它，三五成群，游荡在田野之间。他们贪馋地饱餐和狂饮之后，就像野兽一样地在夜晚到来时横七竖八地乱躺在河流的附近，既不修筑防御工事，也不布哨设防。而现在他们在成功之后就比以前更加毫无顾忌了。如果你

---

① 卡米卢是一个流放者，因此没有获得阿底亚的充分公民权，无权参加他们的会议。
② 阿底亚（Ardea）是一个拉丁城市，与罗马皆属拉丁罗马军事同盟的成员，它过去曾受到伏尔西人及爱奎依人的侵占，罗马曾帮助它击败了伏尔西人及爱奎依人。

们愿意保卫城池而不容许整个国家变成第二个高卢,那就在第一更时拿起武器,整队出发,跟着我去参加一场屠杀,而不是一场战斗吧!如果我不能把这些沉睡得不能动弹的人像家畜一样地交到你们手中任你们宰割,那我准备在阿底亚承受我在罗马所遭到的相同的命运。"

第四十五章 高卢人和埃特鲁里亚人的失败——无论敌友都相信当时无论什么地方也没有这样一位伟大的军事天才了。散会后,他们进食休息,迫切地等待着出发的信号。当信号在寂静的夜晚发出,他们就在城门口等候卡米卢。在出城前进不远后,他们就来到了高卢军营;正像卡米卢所说的,它毫无戒备,四门大开。他们大喊一声,冲了进去;没有发生战斗,到处是任听宰杀;高卢人毫无防卫地酣睡着,躺着就被杀了。那些在营中最深处的人从睡梦中惊醒了,不知道从哪里发生了进攻,也不知道是什么性质的进攻,就惊恐逃遁。有些人实际上无心地冲到了他们的敌人中间。相当多的人被带到安提乌姆附近,在那里他们遭到了城中居民的包围。

在维爱地区也发生了对埃特鲁里亚人的相似的屠杀。这些人对几乎做了他们四百年的邻邦而现在被从未见闻过的敌人所摧残的罗马毫无同情感,竟选择了这个时机来踩蹯罗马的领土。并且在满载了掳掠物后,还想进攻维爱城——这个罗马英名的屏障和仅存的希望。在维爱的罗马军队看到他们穿过田野,后来又集合起来,当他们的面把劫掠得来的东西装走。他们最初的感情是伤心绝望,继而是义愤填膺。他们高呼:"我们把高卢军队的锋芒从埃特鲁里亚人那里转移到我们自己身上,而现在他们竟然幸灾乐祸,对我们趁火打劫!"他们难以抑制自己不去进攻他们。由他们选作司令官的百夫长①卡底西劝他们到晚上再作行动。唯一缺少的是一个像卡米卢那样的司令官,在所有其他方面,如进攻的布置和所获得的成

---

① 百夫长,或百人团长(Centurion),是罗马军队中的主要下级军官。

功,都如同他在场一样。他们对此还不满足,就让在晚上屠杀后残存的俘虏做向导,在他们的引导下在盐场突袭了土斯奇人的另一支军队,使他们受到了更大的伤亡。他们回到维爱,双重的胜利使他们大为振奋。

第四十六章　卡米卢被任命为独裁官——在这些日子里,在罗马无甚进展。围困在继续着,但大体上十分松弛。双方都无动静,高卢人的主要意图是防止任何敌人溜过他们的阵线。突然有一个罗马的战士,使得不论敌友都对他钦佩。费边家族在奎里那尔山每年举行一次祭典,盖约·费边·德尔苏欧届时就穿上了"盖必恩带"的礼服①,手捧神皿,从神殿上下来,穿过敌人哨兵,不为盘问或威吓所动摇,终于到达了奎里那尔山。在那里他行礼如仪,完成了一切庄严的礼式,又以同样镇定自若的神情和步伐走回去。他确信神的保佑,甚至死亡的危险都不能使他忽略对神的崇拜;最后,他再次进入神殿,重新和他的同伴们相会合。可能是高卢人被他的非凡勇敢所震慑,也可能他们受到了宗教感的约束,因为作为一个部族,他们是绝不无视宗教的要求的。

在维爱,兵力和勇敢都有了与日俱增的高涨。不但那些因失败和城陷而四散的罗马人又聚集到那里,并且拉提乌姆的志愿军也群聚到这里来,想分得一份战利品②。从敌人手中光复祖国的时机似乎是成熟了。

但军队虽然壮盛,尚缺少一个首领。维爱这个地方使人们想到了卡米卢,军队的大多数人都曾在他的指挥和率领下成功地战斗过;而卡底西又宣称,他既不给神也不给人以任何中止他的统帅职位的借口,但考虑到自己身份低微,他自己愿意请求委派一个总司令官。

① "盖必恩带"的礼服(toga in the "Gabine Cincture")是罗马人的一种礼服,在一定的祭典,尤其是需要大步行进及舞蹈的仪式时穿这种礼服,其飘垂宽大部分被卷了起来,围在身上,以便四肢灵活运动。
② 罗马、拉丁军事同盟的盟约中规定,凡战利品都应该中分,因此拉丁人为了分战利品而来到维爱。

大家一致决定,应该把卡米卢从阿底亚请出来,但是必须首先同元老院商量。对法律的尊重深深地支配着每一件事,甚至事物本身虽然几乎不存在了,大家仍然遵守着事物的正常界限。

要穿过敌人的哨兵,必须要冒难测的危险。优秀的士兵庞提乌斯高米尼自告奋勇,负起这个任务。他利用一只木筏,顺着台伯河水流到了罗马。他从河岸边选择了一条最近的道路,爬上了一块险峻的岩石,寻路进入神殿。由于这块岩石非常峻峭,敌人没有在那里设防。在被带到最高的行政长官面前时,他传递了军队给他的指示。他接受了元老院的指令,即要求在库里亚会议把卡米卢由流放中召回后,人民应立刻下令任命他为独裁官,军队应该得到他们所要求的司令官。这位信使就由原路尽速地返回维爱。一个代表团被派到阿底亚去迎接卡米卢到维爱来。在库里亚会议上通过了取消放逐和任命他为独裁官的法令。我想,更可能的是,他是一直到听到这个法令之后才离开阿底亚的,因为没有人民的核准,他不能改变他的住处,并且在他被正式任命为独裁官之前,他也不能以军队的名义占卜吉凶。

第四十七章 进攻神殿的失败——马可·曼利乌斯——当这些活动正在维爱进行时,罗马的城寨和神殿处于迫在眉睫的危险之中。高卢人或者是注意到了从维爱来的信使所留下的足迹,或者是自己发现了一条比较容易爬上峭壁到卡门提斯神庙①去的道路。他们选择了一个朦胧的夜晚,派遣一个徒手的士兵在前面探道,随后在道路艰险的地方一个一个把武器传上去,随着地势而互相支托拉曳,终于到达了山顶。他们静悄悄地移动,不但没有被哨兵发觉,甚至连夜间听觉特别敏锐的动物——狗,都没有惊动。但是他们没有躲过鹅的注意。这些鹅是献给朱诺神的,虽然食物供应十分稀少,

---

① 卡门提斯神(Carmentis)是罗马宗教中的预言女神,其神庙在喀必多林山上,向人们宣示神谕。

但仍然没有宰杀。这最后保障了守卫者的安全,因为它们的嘎嘎声和扑翅声惊动了三年前曾任执政官的杰出战士马可·曼利乌斯。他连忙拿起武器,跑去叫其他的人也都赶快武装起来,当其他人还在犹豫的时候,他立刻用盾头击倒了一个刚刚在峰顶站定的高卢人。这个人摔倒在后面人的身上,把他们都撞翻了;曼利乌斯就砍杀其他把武器放在一边、用手攀附在岩石上的敌人。这时,其他的人也来到了,开始飞掷石块和标枪,击退敌人,直到全部敌军都身不由己地跌落到山脚下面。惊扰平静之后,他们尽可能在如此纷乱的情势下利用当晚剩余的时间去安息,而他们所遇的惊险虽然过去,仍使他们忐忑不安。

黎明时,军士们被号声召集去参加由军政官主持的会议,会上要对有功的人和犯过的人决定赏罚。首先,曼利乌斯因他的英勇而受到表彰,他不仅受到军政官的奖赏,并且受到全体军士的酬谢,每人都把半磅粗谷粉和四分之一品脱的酒带到他在城寨中的住处去送给他。这点东西听起来虽不多,但食物的稀少使这点东西成为对他感恩挚爱的一个强有力的证明,因为每人都是节省自己的饮食,从自己的生活必需品中拿出一部分来向他致敬。其次,在敌人攀登的地方负责防卫而竟未觉察敌人的哨兵,被召唤前来。军政官昆图斯·苏尔皮基宣布,要对他们全体依军法惩办。但是军队的呼声阻止了这个做法,他们都主张处分应加在一个人身上。此人的失职是无可置疑的,大家一致同意把他由山顶上抛下去。

自此双方都严加防范:高卢人严密防范是因为他们已知道在罗马和维爱之间有过信使往还,而罗马人则因为他们对于那个夜晚所遭受的惊险仍然存有戒心。

第四十八章 守卫者的最后投降——但是,由围困和战争引起的最大灾祸是饥饿。它开始折磨着双方军队,而高卢人还受到瘟疫的侵袭。他们在被火烧焦的山间低地上筑营,那里弥漫着瘴气,而且只要一丝微风就不只吹起尘土,并且把灰烬也都卷扬起来。他们是一个习惯于潮湿寒冷的部族,对此完全经受不住;闷热折磨着他们,疾病猖獗,他们像绵羊一样地死去。他们不久就对一个个地埋葬死人感到厌倦,遂把尸体积聚成堆,一起用火焚化,以致该地恶名远扬,后有"高卢葬场"之称。后来,高卢人同意与罗马人休战;在双方司令官许可下,两军的士兵互相交谈。高卢人不断提到饥饿,让罗马人对不得已的情况低头,屈服投降。据说,为了消除敌人的这种印象,罗马人从神殿的许多地方把面包掷到敌人的哨兵中去。但不久,饥饿就既不能再掩饰,也不能再忍受下去了。因此,正当独裁官在阿底亚征集自己的军队,并命令他的司马官卢基·瓦拉里从维爱抽出他的军队,准备一支用来进攻敌人的势均力敌的军队的时候,神殿中的守军正在焦灼地朝夕盼望着来自独裁官方面的任何援助的征兆。不停地守望使他们精疲力竭,但他们对于任何人间痛苦都仍能支持,只有自然的需要使他们无法克服饥饿的侵袭。最后,他们不但粮尽,并且也绝望了。每当哨兵去守望时,他们的孱弱的身体几乎不能支持铠甲的重压。军队主张,他们应该或者投降,或者争取在最好的条件下交纳赎金,以退敌军,因为高卢人已在明确暗示,一笔适度的赎金就可以使他们同意解围。元老院就召开了会议,授权军政官去磋商条件。军政官昆图斯·苏尔皮基和高卢首长布伦努进行了会谈,并达成了协议,规定以一千磅黄金作为那注定不久就要统治世界的民族的赎金。这种耻辱本身就够深重了,但高卢人的卑鄙手段使耻辱更为加深。他们使用了不公平的秤锤,当军政官提出抗议时,骄横的高卢人索性把他的宝剑也掷到秤盘中,并发出罗马人不能忍受的狂吼:"被征服者是该死的!"

第四十九章 卡米卢拯救罗马——但是神和人都不让罗马人作为一个赎身的民族而生存下去。由于命运神的意旨,在这个丑恶的赎买交易尚未完成,黄金尚未全部秤出,双方仍在争论不休的时候,独裁官到场了,他命令把黄金收回,叫高卢人退出。当高卢人拒绝这样做并声称一个明确的协定已经订立时，他告诉他们说，一旦他被任命为独裁官，凡是由地位次于他的长官签订而未经他批准的任何协定都是无效的。他于是警告高卢人去准备作战，并命令部下将辎重聚在一堆，准备好武器，用钢铁而不是用黄金去赢回自己的祖国。他们必须注视神庙、自己的妻子儿女和被战争践踏得残破不堪的祖国的土地——总之，他们的责任就是保卫和光复这一切，或者为之报仇雪耻。他于是根据原来就崎岖不平而又一半被焚烧过的地形，把他的部下布成最好的阵势；他又发挥他的军事才能，作好一切准备，使他的部下获得地势和行动的便利。

高卢人对事态的突变感到惊异，就拿起武器，向罗马人冲去，愤怒超过了对战术的思考。现在命运转变了，天命和人事都在罗马这一边。在第一次交锋中，高卢人就像他们在阿里亚获胜时一样容易地被击溃了。逃亡的高卢人在通往盖比爱的大道的第八个里程碑的地方重新集合起来，在那里发生了第二次和更持久的战役，在卡米卢的主持和率领下，再度击溃了高卢人。在这里，敌人被屠杀净尽，敌营被攻占，没有一个人生还去传递这个灾难的消息。

在如此从敌人手中光复了祖国后，独裁官在凯旋式中回到了罗马。在士兵们惯于笑谈的朴素的俏皮话中，他被实至名归地赞扬为："一个罗慕洛"，"祖国之父"，"罗马的再建者"！

他已经在战争中拯救了罗马，而在恢复了和平之后，他又确切无疑地再一次证明是罗马的救星，那就是，他阻止了向维爱的迁徙。由于罗马城已被烧毁，平民保民官们就比从前更强烈地主张这个做法，一般平民也更加支持这个建议。元老院向卡米卢发出了紧急呼吁，吁请他不要在局势如此不定的情况下抛下共和国。平民的这种活动和元老院的紧急呼吁，使他在凯旋式后决定不立即交卸他的独裁官职务。

第五十章　罗马的重建——有关宗教的规定——因为卡米卢对履行宗教的义务最谨严认真，他首先向元老院提出的就是关于永生的神明的一些措施。他使元老院通过了包括下列规定的决议：所有曾经被敌人占有的神庙都必须修复和被除，并重新划定界址；二头①必须由圣书中查明被除的礼式。必须同卡勒人民建立起国与国之间的友好关系，因为他们庇护了罗马的神器和它的祭司，由于这种友善的行动，神圣的礼拜才没有任何间断。

必须创办喀必多林赛会，因为最仁慈伟大的朱霹特神在危急之秋保卫了他的神居和罗马的城寨，独裁官必须为了这个目的从那些在神殿和城寨居住的人中组成一个祭司团。同时规定，对忽视夜间的神音也必须赎罪，它在战争开始前已向人们预告了灾难；还下令在新街建立一座献给埃约·洛库提神②的神庙。从高卢人那里抢救出来的及在混乱中从其他神庙里带出来的黄金都已集中在朱霹特神殿中。因为没有人记得哪一部分应该归还其他的神庙，遂宣布全部都是神圣的，命令都存放在朱霹特神的神座下面。公民们的宗教感情已经表现在这件事实上：当财库中凑不足同意交给高卢人的黄金数额时，公民们接受了妇女们的捐献，而没有动用那些属于神明的黄金。妇女们受到了公众的感谢，并被授予同男子一样享有悼念她们的墓前演说的荣誉。

一直到处理好这些属于元老院职权范围之内的有关神明的事务之后，卡米卢才把注意力转移到保民官身上，他们正在唠叨不休地怂恿平民离开废墟迁到等待着他们的维爱去。最后，他亲身去参加公民大会，全体元老跟随在他后面，他向大会作了如下的发言：

第五十一章　卡米卢反对迁往维爱的演说——"同胞们哪！同平民保民官的争辩对我是如此的痛苦，以至当我居住在阿底亚的整个时日里，我在痛苦的流放中唯一的慰藉就是我远远地躲开了这些

---

① 二头（duumvirs）是罗马官职中的双人官职，有市政二头、市监察二头等等。这里指的是负责管理西比林圣书的二头。

② 埃约·洛库提神（Aius Locutius）是罗马宗教中的一个神，是他宣布了高卢人的即将到来。

冲突。如只就这些冲突而论，即使你们用一千道元老院的命令和人民的票决来把我召还，我也决不回来。现在我回来了，这不是由于在我这方面改变了主意，是你们的命运的变化才迫使我回来的。当前的问题是我的祖国究竟是否应当安然不动地留在原地，而不是我是否要不顾任何代价留在我的祖国。如果我不是在为我的祖国进行另一次战斗，即使现在我也乐于保持沉默，一言不发。只要一息尚存，不对祖国克尽厥责，对其他人就是一种耻辱，对卡米卢更是一种莫大罪行。如果当现在祖国已经光复时，我们抛弃了她，那我们为什么要把她赢回来呢？为什么要在她被敌人包围时把她从敌人的手中解救出来呢？当高卢人获得胜利并占有了整个罗马时，罗马的神明和人民仍然坚守着神殿和城寨，仍然居住在那里。而现在当罗马人获得了胜利并收复了罗马时，难道反要放弃城寨和神殿吗？难道我们的幸运要比我们的厄运还要使罗马遭受到更大的荒凉吗？即使在罗马城建立时没有制定宗教制度且一代一代地相传下去，但是上天的意旨在此次事变中已经如此清楚地显示出来，最少我个人相信，一切忽视神圣崇拜的思想都已经从人们的生活中排除了。看一看近些年来交替起伏的盛衰之迹吧！你们将发现：当我们遵从神的指示时，我们就一切顺利；而当我们漠视它时，一切都变成了灾难。首先拿同维爱的战争来说吧。它进行了多少个年头，花费了多大的力气啊！但在遵照神的吩咐把水从阿尔班湖放出来之前，战争一直不能够结束。再说，我们国家这次无可比拟的灾难又是怎样发生的呢？它是在天降的宣布高卢人就要到来的神音受到轻视之前突然出现在我们面前的吗？是在我们的使节们违犯了各族法之前，在我们应该惩处那种暴行时却以同样违背宗教的精神去宽恕它之前突然降临的吗？因此，我们才被战败和攻陷，才去赎身，在神和人的手中受到了这样的惩罚，使我们成为对全世界的一个教训。于是，我们在灾难之中又想起了我们的宗教责任。我们逃向神殿中的神明，逃向最仁慈伟大的朱霹特的神座；当我们所有的一切都在毁灭之中,我们仍把一些神器藏在地下,把其他的带到邻城远避敌人;虽然我们遭受到神和人的弃绝,我们仍然没有间断神圣的崇拜。正是由于我们这样作了,神明才把我们的祖国,把胜利和我们已经丧失的军事声誉归还给我们;但是对于敌人,由于他们利欲熏心,在称黄金时违犯了条约和信义,神明降予了他们恐怖、溃败和死亡。

第五十二章 "同胞们哪!当你们看到因崇拜或漠视神明而在人事中产生了这样重大的后果时,你们还不理解到,当我们还没有完全由我们从前的罪过和堕落所引起的毁灭中挣脱出来时,我们是又在策划着如何深重的罪行吗?我们的罗马城是在通过占卜和兆象而显示的神的意旨之下建立起来的;罗马城中没有一块地方不满是宗教的联系,没有一块地方没有一位神明存在;一切正规的祭祀,正如它们都有指定的日期一样,也都有指定的地点。同胞们,你们要抛弃所有这些神——这些由国家崇敬的神和你们在自己的祭坛上供奉的每个神祇吗?你们的行为比起光荣的青年盖约·费边在围困时的行为来相去多远呢?当他从城寨上下来,穿过高卢人的枪林箭雨,在奎里那尔山上举行了他的家族的规定的祭祀时,连敌人都同你们一样敬佩地注视着他。当家族的神圣仪礼甚至在战争时期都不曾间断,难道你们竟愿意看到在和平时期放弃国家的宗教礼制和罗马的神明吗?难道能让大司祭们和佛拉门们对他们的公共职能比私人对自己家族的宗教义务还要不加重视吗?

"有人可能会回答说,我们可以或者在维爱履行这些义务,或者派祭司到这里来履行。但是,如果要依礼完成这些仪式,这两种办法都是做不到的。不用一一列举每个仪典和神明,我只要问:在朱霹特神的节日大宴时,除了在神殿内,我们又能在其他什么地方铺设他的卧榻呢?① 我又何必谈起维斯塔神的不灭的神火和安全地保

---

① 罗马的执政官、元老及祭司每年9月13日在朱霹特神殿举行朱霹特神的盛大祭典,然后摆盛宴,请朱霹特、朱诺及明纳娃三大神与执政官及元老们同享,朱霹特神像置一卧榻上,两女神像置牙座上。

存在她的神庙中的作为我们国统保证的神像呢?① 而你,玛尔斯神哪! 和你,父神奎利努啊! 又何必谈起你们的神盾呢②? 你们的愿望是要把所有这些与罗马城同寿的,甚至有些是更古老的神圣之物都抛弃在污渎的土地上吗? 也看一看我们同我们祖先之间的差别是多么大啊! 他们留传给我们一些我们只能在阿尔班山或拉维尼乌姆正式履行的仪式和典礼。既然,正是宗教的原因使我们不能把这些仪礼从属于敌人的城市迁到我们的罗马来,那我们能够把它们从这里迁到敌人的城市维爱去而不触犯上苍吗? 我祈求你们想一想,由于我们因疏忽或偶然事件而忽略了祖传仪礼的一些细节,我们曾经多少次重新举行典礼啊! 在阿尔班湖水的凶兆后,当共和国在同维爱作战中受到创伤时,除了恢复神圣的仪礼和重新占卜吉凶外,还有其他的解救办法吗? 并且不仅如此,好像我们毕竟是崇敬古老的信仰的,我们曾把外国的神祇迁到罗马来,还确定了新的神明。天后朱诺就是在最近由维爱迁来供奉在阿文丁山上的,那天在我们妇女的无比热忱中是庆祝得多么辉煌壮丽啊! 我们规定建立一些神庙献给埃约·洛库提神,因为在新街听到了神的声音。我们在我们全年的节日中增添了喀比多林赛会,并在元老院授权下建立了一个祭司团去管理赛会。如果我们想和高卢人同时离开罗马,如果不是出于我们自己的自由意志使我们在所有这些月里留在神殿,而是对敌人的恐惧把我们关闭在那里,那所有这些举动又有什么必要呢?

"我们这是说的神庙、神圣的仪式和典礼。但请想一想,祭司们又如何呢? 你们难道不了解,这将要犯一种如何重大的罪过吗? 因为,维斯塔贞女们一定只有一个住所,除了罗马城的陷落,从来没有

---

① 在维斯塔女神的神庙中由维斯塔贞女维持着国灶中的不灭的神火,它是罗马公民的象征,是罗马国统的保证。
② 玛尔斯神和奎利努神都是罗马的战神。据说在罗马第二王努玛统治的时期,由天上降下了战神的神盾,这被认为是罗马国家永远存在的象征,由战神的祭司们悉心保存。据说为了怕被别人偷去,还仿造了11个相同的盾放在一起。

任何事物曾使她们离开那里。朱霹特神的佛拉门由神法规定,不能在罗马城外留过一宿。你们要使这些神职人员变成维爱的祭司而不再是罗马的祭司吗? 维斯塔神哪! 您的贞女们要抛弃您吗? 佛拉门要因他每夜寄居在外而给他自己和国家带来新的罪恶吗? 想一想我们在正式占卜吉凶后几乎完全在罗马境内进行的其他活动吧! 对它们,我们是想要如何地弃置不顾和疏忽漠视啊! 授予最高统帅权的库里亚大会,你们选举执政官和军政官的百人团大会——除了在经常召开它们的地点,又能在哪里召开它们并占卜吉凶呢? 我们将把这些都迁到维爱去吗? 或者在需要召开大会时,人们在罗马城已被神和人抛弃之后再非常不便地到这里来开会吗?

第五十三章 "但你们会说,显然整个罗马是被亵渎了,没有任何被除的祭祀能够使它洁净,形势本身迫使我们离开被火摧毁、一切化为废墟的罗马,而迁往一切完整的维爱。我们不应该建设罗马使赤贫的平民为在这里重建家园而受苦。但同胞们啊! 我想,不用我说,你们就很明白,这个说法只是一个动听的托词,而不是一个真正的理由。你们记得,迁往维爱的这同一个问题是怎样在高卢人到来前就被提出过的,而那时公私建筑和罗马城都还安然屹立着。并且,保民官们,请你们注意:我的观点和你们的观点是多么的不同。你们认为,即使在那时不应该搬迁,无论如何现在就应该搬迁了,然而——在你们听懂我要说的意思之前,请不要表示惊讶——我的意见却是,即使在罗马完整无缺时迁徙是对的话,那么,现在我们也不应放弃这片废墟。因为,在那时,如果迁往一个被我们攻陷的城市,其理由在于,对我们自己和我们的子孙后代,这都显得是光彩的胜利,但现在这种迁徙将是对高卢人的光荣,对我们的羞辱和痛苦。因为,我们将被认为,不是作为胜利者离开了我们的祖国,而是因为被征服而失掉了祖国。人们会认为,这是阿里亚的逃溃、罗马的失陷和神殿的被围等等迫使我们抛弃我们的家神,注定我们自己要从我们无力保卫的地方流亡出去。难道高卢人能颠覆罗马,而罗马人竟不能恢复罗马吗?

"除了你们想要听任高卢人以新的武力(我们都知道他们的人数多得令人难以置信)卷土重来,并选定住在这个曾经被他们占领而由你们自己放弃的罗马外,还有什么其他的可能解释呢?再说,如果高卢人不来,而是你们的旧敌爱奎依人和伏尔西人迁到罗马来,你们难道愿意他们做罗马人,而你们反去做维爱人吗?或者你们宁愿这里是你们自己的荒地而不是你们敌人的城邦吗?我可看不出有什么比这个更为可耻的了!

"难道因为建设有困难,你们就准备容许这个罪恶和忍受这个耻辱吗?如果说,在整个罗马城中,不能建起比我们祖国的创建者的茅屋更好更宽敞的住处,难道在我们的神庙和神祇之间,像牧人农夫那样居住在茅屋中,不比作为一个流亡的民族而迁徙外地更好吗?我们的祖先——牧人和难民①,在几年之间就创立了一个新的城邦,那时这里除了丛林和沼泽外,别无他物;难道我们竟不管城寨与神殿的依旧完整,各神庙的仍然屹立,而逃避重建被烧毁的建筑的责任吗?如果我们的房屋烧了,我们每人会如何为自己来努力呢?现在是罗马城被烧毁了,我们作为一个整体,难道就不想作同样的努力吗?

第五十四章 "再说,假定或出于恶意,或出于偶然,维爱发生了大火,而火焰被风煽扬(这是很可能的),烧毁了城市的大部,那我们是不是又要去注意腓德耐或盖比爱,或任何其他你们能想到的城市,作为迁往的地方呢?我们的乡土,这块我们称之为祖国的土地,对我们就只有这样微弱的吸引力吗?我们对祖国的热爱,就只是依恋它的建筑吗?虽然回忆我的苦难是不愉快的,回忆你们不公正的行为是更不愉快的,但我必须向你们承认,每当我在外地怀念我的

---

① 据罗马传说,罗马的创建者罗慕洛(Romulus)是维斯塔贞女与战神所生。国王(也是他的叔父)下令处死其母,将罗慕洛掷在台伯河中,但他未死,并受到牧人的抚养,因此这里说他是牧人和难民。

祖国时,所有这一切——山丘、平原、台伯河,这片对我如此亲切的
景物、这片我生长于其下的天空——都立刻涌上我的心头。我深望
这一切所激起的眷恋之情现在能够打动你们,使你们留在你们的祖
国,而不要在你们放弃她之后,让这一切引起你们的故之之思而使
你们怀念不已。神和人选定这块地方作为一个城邦的所在,不是没
有正当的理由的。这里有振奋精神的山丘;有宽阔的河流,通过这
条河流,内陆各地的物产可以运来,海外各地的货品也可取得;这里
临近大海,可以获得海洋所能提供的一切好处,但又不太近海,不致
遭受外国舰队的威胁;这里又是正位于意大利中心的地区——总
之,这是天然的适合于一个城邦扩展的位置。一个城邦立国不久,
其疆域已如此之大,仅仅这一点,就说明了这个道理。同胞们,今年
是罗马建城的第三百六十五年。然而在你们长期与之作战的所有
那些古老国家中,不必提单独的城邦了,只讲同爱奎侬人相联合的
伏尔西人以及他们的所有工事坚固的城镇和雄视海陆、横贯意大利
东西海岸的整个埃特鲁里亚——他们在战争中都未能成为你们的
对手。你们命运亨通,迄今一直是如此;又有什么理由叫你们尝试
另一种命运呢? 打消这种想法吧! 即使承认你们的勇敢能够转移
到另一个地方去,这块土地的好运肯定是不会转移过去的。这里有
喀必多林山,它是从前曾经发现一个人头的所在,这被认为是一个
预兆,预示这里将是世界首领和最高权力的所在。就是在这里,当
喀必多林山由占卜的仪式予以清除时,朱维塔斯神和德尔米努神①
不肯被人移动,这曾经使你们的祖先欢喜不已。维斯塔的神火就在
这里;天降的神盾就在这里;所有的神明都在这里,如果你们留下
来,他们将向你们降福。”

---

① 朱维塔斯神(Juventas)是罗马神话中的青年女神,有两个神庙,一个神庙在喀必多林山
上。德尔米努神(Terminus)是罗马神话中主管疆界的神,他的形象是一个人头,没有
手脚,表示他决不离开他所在的地方,朱霹特神殿中亦有德尔米努神的一个神位,因此
有时他被解释为朱霹特神的一种表现。

第五十五章　人民开始重建罗马——据说,卡米卢的演说,尤其是其中激动宗教感情的部分,产生了深刻的印象。但当事情仍在未定之天时,一句恰合时机的话决定了这个问题。卡米卢讲完不久,当元老们正在元老院会堂①讨论这个问题时,有些守卫归来的步兵恰巧穿过市内广场。当他们刚刚进入公民大会会场时,百夫长高呼:"旗手,止步!竖起军旗,我们停在这里最好。"元老们一听到这个话,就立刻冲出元老院,高呼欢迎这个兆头;围绕着元老们前来的群众也极力表示赞成。向外迁徙的建议于是被打消了。大家开始闹哄哄地去重新建城。瓦块由公费供应,每人在作出一年内完成建设的保证后,被赋予到处任意采石伐木的权利。在匆忙之中,他们不注意设计平直的街道,因为一切土地所有权的标志都已丧失,每人都随便在任何空地上建房起屋。正是由于这个原因,原来在公地下面的老下水道现在都胡乱地穿插到私人宅院下面去了;也是由于这个原因,今日罗马城的外形看来好像是由居民随意地建筑起来,而不像是正规设计出来的。

（原文载于吴于廑编《外国史学名著选》上册,

商务印书馆,1986年）

---

① 元老院会堂(Curia Hostilia)是罗马早期及共和国时期的元老院会堂,位于市内广场上,在公民大会会场的北面。会堂系罗马王图鲁·霍斯提略(Tullus Hostilius)所建,后被烧毁。

希罗多德《历史》选译

希罗多德简介

希罗多德(Herodotus,约公元前484—前425年)是小亚细亚的哈利卡纳索斯城邦人,出身于社会上层,受过当时认为完整的教育。成年以后,因为不见容于本国僭主的统治,曾迁居萨摩斯。其后国内僭主统治被推翻,又回到国内,后又出走。希罗多德好游历,曾北访黑海,南游埃及,东达巴比伦,西抵意大利,几乎走遍了当时西亚和地中海东半各个主要地区。每到一处,他总探访名胜古迹,观察民情风俗,搜集传说旧闻,有心将自己的查访所得撰写成书。公元前447年左右,他来到雅典,为伯里克利周围的文人学者之一,参加了雅典的文化政治活动。公元前443年,他随雅典人往意大利移民,建立图里城,并成为这个移民城邦的公民。所著《历史》一书,大概就是在图里发表的。死时,全书可能尚未最后完成。

希罗多德生活于古代希腊两次最重要的战争——希腊波斯战争和伯罗奔尼撒战争——之间,正值希腊奴隶制城邦繁荣的时期。波斯战争以后,新兴的雅典代替小亚细亚诸城邦一跃而为希腊经济和文化中心。古典的哲学、文学、艺术,这时都蓬勃发展,史学当然也不例外,希罗多德其人其书的产生,恰恰是这个时代雅典奴隶主阶级精神面貌在史学方面的反映。

　　古希腊史学萌芽于公元前 6 世纪的小亚细亚诸希腊城邦,那时开始出现了一些不同于史诗的描述过去神话传说、系谱和各邦各地风习制度等的散文作品,这种半真实、半故事性的作品,渊源于口头传说,因而叫作"史话"。这类作家也就称为"史话家"。希罗多德乃是史话家之一,但其成就超出了前人,因而成为古代希腊的第一个历史家,在西方被誉为"历史之祖"。

　　希罗多德的《历史》一书,亦名《希腊波斯战争史》,后来亚历山大里亚的注释家将全书分成九卷,分别冠以文艺九女神之名,这种分卷法至今仍然沿用。全书内容基本上可分为两个部分。第一部分由第一卷到第五卷第二十八章,是以希腊人和异族人之间的相互关系以及作者所认为的发生纷争的原因和波斯的兴起为线索,依次叙述了吕底亚、米底、巴比伦、埃及、波斯、斯基泰、利比亚以至希腊等地区的历史往事、地理、民族和风俗习惯。第二部分由第五卷第二十九章起到第九卷终,则以希腊波斯战争为主,从爱奥尼亚城邦起义一直叙述到普拉提耶和米卡尔战役。所以,这部书是当时关于西亚、北非诸国和希腊诸城邦的第一部历史——甚至可说是"通志"。它虽有不少失实和荒谬无稽的地方,但仍然是我们今天研究古代世界的重要文献之一。

　　希罗多德的历史观是唯心主义的,含有浓厚的宗教神命思想。他把人事多半看成由神明和宿命所决定,认为世事变幻无常,幸福不会常在,人不可能永远一帆风顺,国家也不可能长久繁荣富强,一切都要受命运神的摆布。他以为神有嫉妒之心,所以树高要遭雷击,名大会引神忌。凡过度顺利幸运而又骄傲自负、欲望无穷的人,最后必定身败名裂,历史就是此理的见证。在他的笔下,克洛苏斯、波里克拉特、居鲁士、冈比西斯、大流士和薛西斯等人,固一世之雄,但其下场莫不如此。对于神谶、灾异和梦兆等等,他也津津乐道,不厌其详。他说,"当城邦或民族将要遭到巨大灾祸的时候,上天总是会垂示某种征兆的"(Ⅵ.27)。这就是明明白白地认为:天象是和人事相应的,在历史事变和天意之间,存在着神秘的联系。

但也应当看到,希罗多德《历史》一书,是作者到过雅典并积极参加雅典文化活动之后才完成的,因此不能不受到当时流行的朴素唯物主义的影响。例如,书中怀疑祭司能起抑止风暴的作用(Ⅶ.189),把几何学的起源归于埃及人丈量土地的活动(Ⅱ.109),以及用自然环境来解释斯基泰人的生活习俗等等(Ⅳ.46)。这都说明希罗多德对传统信念并不是完全盲从的,因而在某些问题上能够提出合理的见解。尤其是对波希战争的叙述,他给读者留下的印象似乎是这样,即战争的胜负并非全然操之于天,而是多少受到双方主观和客观条件的制约。雅典人作战之所以勇敢,是因为他们的政治制度优越(Ⅴ.78);波斯人之所以失败,是因为他们的军队成分复杂(Ⅵ.51,56;Ⅶ.90),又加外线作战的困难(Ⅶ.49)。虽然这些说明多半是散见于不同的章节,有时还是托之于当时人物之口,不足证明希罗多德对战争胜败原因抱有系统的见解,但是可以看出,当希罗多德涉及这个问题的时候,已经多少能摆脱一些神秘主义的观点,并且表现了一些从历史自身去说明历史的倾向。这在希腊历史思想的发展中,无疑具有积极的意义。

希罗多德出身于波斯统治下的哈利卡纳索斯的奴隶主阶级,曾经是波斯帝国的臣民。他认为小亚细亚理应属于波斯,把爱奥尼亚城邦的起义看作是一些阴谋家挑起的毫无意义的灾难,甚至认为如果没有此事,希腊波斯战争是可以避免的。但对于大战本身,他就完全站在希腊的方面。他认为欧罗巴理应属于希腊人,薛西斯的出征是对希腊的侵略,是想把奴役的枷锁加于希腊的不义之举。他将整个波斯大军说成是在鞭子驱策下的乌合之众,而把希腊人颂扬为热爱自由独立的最勇敢优秀的战士。在希腊各邦中,他又特别称颂雅典,夸大雅典在战争中的作用和功绩,宣称雅典是希腊的救星。对于雅典的竞争者,尤其是科林斯人,则描写为胆小如鼠、临阵脱逃的懦夫。这种偏袒态度,反映了伯里克利时期雅典对伯罗奔尼撒同盟展开尖锐斗争的立场和观点。

希罗多德写的是当时希腊人所知世界范围的历史,对各种政治制度和风俗习惯作了某些比较、分析,在有些地方还表示推崇东方的智慧和文化。他也有某种相对主义的观点,认为习惯成自然,各民族都把自己的习惯看成是最好的,应该尊重。在政治上,他拥护雅典的民主政治,反对僭主专政。他说:"许多事例,并不止一件,都证明平等是一好事。因为在僭主统治下,雅典人毫不比他们的任何邻邦更善于作战,但他们一旦摆脱了僭政,就立刻远胜他人了。因此,这表明他们在受压迫时宁愿做懦夫,像那些为主人做工的人一样;但当他们自由时,就人人热情奋发地为自己做事了。"(V.78)对于波斯帝国的专制制度,他的反对态度也十分显然。只要一读他书中关于波斯皇帝薛西斯言行的叙述,就可看出他对专制帝王是如何不满了。

希罗多德强调有闻必录,他说,"虽然我的责任是把我所听到的都记录下来,但相信它们与否却根本不是我的分内之事;这一说明适用于我的全部历史"(Ⅶ.152)。因此,在他的报道中,有时难免真假掺杂。传统的对神谶和灾异的信念,往往使他在叙述中流为牵强附会;史话家的兴趣,使他沉浸于趣闻逸事,枝蔓旁生;而亲雅典的政治立场,又使他有时违反史实,中伤雅典的敌人,称颂雅典及其友邦。因此,有些古典作家常常对他报道的真实性发生怀疑,甚至称他是一个好奇猎异、哗众取宠的谎言家。

但是这种责难是过分的。希罗多德尽量利用了当时所能见到的文献记录,如史诗、碑铭、档案以及他人的作品,此外还加上"个人亲自观察、判断和探索"(Ⅱ.99)。他到处旅行,亲访古迹,观察世态,通过翻译搜集口头传说,然后将见闻记述成书。对于各种不同传说,他并不完全盲目相信,有时他发表个人意见,作出某些中肯的判断;有时说明纯属传闻,自己还没有研究清楚。他这样做的结果,就把许多当时人或他本人都视为不可信但实际正确的传说保留下来，对我们今日的研究颇有裨益。近代考古学、人类学和历史学的发展，也证实了希罗多德知识的广博和报道的一定可靠性。某些古典作家对希罗多德所作的过苛的评论，显然是出于偏见。

《历史》一书也是一部文艺作品。虽然它的内容可说是包罗万象，但作者却能以波斯战争的起源为纲，将千头万绪分别穿插进来，最后导入对波斯战争本事的叙述，形成一部大体完整的创作。历史人物在希罗多德的描绘下，性格突出，形象鲜明；书中对话往往精练警辟，叙事生动流畅。令人感到不足的是，他不善于描写战争，对重要的战役往往交代得不够清楚，这大概是他缺乏军事知识和战争经验所致。

本选译部分是希罗多德《历史》一书第七卷和第八卷中有关薛西斯出征、德摩比利及阿提米西坞之战和萨拉米海战的各章。希波战争是希罗多德著作的核心，这里所选译的又是希波战争中比较重要的部分，内容可以反映希罗多德作为一个历史家的特点。译文系根据罗叶布古典丛书 1922 年版顾德雷(A. D. Godley)英译本转译，此外还参阅过劳林森(G. Rawlinson)的英译本和王嘉隽的中译本。顾德雷英译本的附注一并译出，此外译者又增添注文若干条，以"译者"二字标明。

译者

1963 年 1 月

第七卷

[8] 薛西斯征服埃及后，准备着手讨伐雅典，便专门召开了波斯最高贵族的会议，想了解他们的意见和亲自当众宣布他的旨意。当他们到会时，薛西斯向他们作了如下的讲话："波斯人哪！这不是我

所采用和规定的新法,而只是我原已接受并将要遵守的旧法。我从我们的最长者处得知,自从居鲁士废黜了阿思提亚格和我们从米底人那里赢得了我们的统治权之后①,我们从未宴安逸豫。这是天意;我们的许多功业就使我们亲身得到了好处。现在,我毫无必要将居鲁士、冈比西斯和我父大流士所征服及纳入我们版图之内的民族,一一告诉你们,因为你们都已经知道得很清楚了。但是,对于我自己来说,我自从登基以来,就一直在苦心思索,应当如何才不致达不到先王们的这种光荣地位,才能为波斯人取得不亚于前人的权力。我一直确信,我们不但可以博取威名,而且能够赢得一块并不比我们现在所占有者微小贫瘠反而更为富庶的土地。不仅如此,我们还将报仇雪耻。我现在就是因为这个理由才将你们召集在一起的,以便将我的目的告诉你们。我有意在赫勒斯滂海峡②架起桥梁,率领军队经欧罗巴③去希腊,我要因为雅典人对波斯人和我父亲的所作所为而惩治他们。你们知道,我父大流士是有心兴师讨伐这些人的。可是他已去世,不能亲自惩治他们了。而我,作为他和全体波斯人的代表,对于雅典人妄加于我父和我的无端凌犯,不把雅典攻陷焚毁,决不甘休。他们最先伙同我们的奴隶米利都人阿里斯塔戈拉来到撒尔迪斯,烧毁了圣林和神庙;后来,当达提斯和阿塔夫兰尼率领我军在他们岸上登陆时,我想你们全都知道,他们又是如何对

---

① 阿思提亚格(Astyages)乃米底最末国王(公元前584—前550年在位),相传是波斯王居鲁士的外祖。波斯原为米底属国,公元前550年灭米底,废阿思提亚格。——译者
② 赫勒斯滂海峡(Hellespont,Ἑλλήσποντος)即今之达达尼尔海峡。希腊文Ἑλλήσποντος为"赫勒的海"之义,相传阿塔马斯之女赫勒和弗略克苏兄妹二人乘带翼的金毛公羊逃避后母的阴谋,赫勒不幸堕入此海峡中溺死,故名。——译者
③ 古希腊地理学家常将世界分成欧罗巴(Europe)和亚细亚(Asia)两部,赫勒斯滂海峡为其分界线之一,亚细亚包括利比亚(Lybia)和阿非利加(Africa)。希罗多德则将利比亚分出,单列一部。亚细亚和欧罗巴二词可能来自东方。亚述铭刻中常提到ereb或ireb("黑暗之地"或"日落之地")和asu("日出之地"),可能经腓尼基人传入希腊,演变为Europe和Asia二字。——译者

待我们的。① 因此,我决定派兵讨伐他们;并且,我估计我们会因此获得巨大的利益:如果我们征服了这些人和他们的居住在弗里加人伯罗普斯之地②的邻邦,我们就会使波斯的领土与天地同广袤,凡阳光所照之地就不会再有一处位于我们的边界之外,而我就要在踏遍整个欧罗巴的时候,统一天下为一国了。因为,据我所知,如果我所说的那些人一旦由我们的道路上清除掉,就不会再有任何人居的城市和凡人的国家能够在战场上同我们相抗衡了。这样,无论那些曾经开罪于我们,还是未曾开罪于我们的人,就都会同样戴上奴隶的枷锁。至于你们,这将是你们最能称旨的办法:当我宣布应该来到的日期时,你们每人皆应欣然从命而来,谁率领着装备最精锐的部队到来,谁就会由我这里得到大家认为最珍贵的赏赐。这一切都必须一一照办。不过,为了使大家不把我看得独断独行,我现在将这件事摆在你们的面前,任何人都准许发表他愿意发表的意见。"薛西斯讲完这番话后就不再说了。

[9] 马多牛斯③继他之后发言,他说:"陛下,你不仅胜过所有过去的波斯人,而且也超过一切未来的波斯人;因为你不但处理一切其他事务都极其英明妥善,并且还决心不容许居于欧罗巴的爱奥尼亚人④来嘲弄我们,做这种非分的事情。我们征服和奴役塞人⑤、印

① 阿里斯塔戈拉(Aristagoras)是波斯治下米利都城僭主,公元前500年领导小亚细亚的希腊城邦起义,并向希腊求援,后雅典派战舰助其进攻撒尔迪斯,焚奇比丽女神庙。公元前490年大流士派达提斯和阿塔夫兰尼率军渡海进攻雅典,但在马拉松败于雅典人。——译者
② 伯罗普斯(Pelops)相传为宙斯之孙,后为伊利斯地方的比萨国王,伯罗奔尼撒半岛(Peloponnesus)便由他得名。故此处所指者即伯罗奔尼撒半岛上的希腊城邦。——译者
③ 马多牛斯(Mardonius)乃大流士女婿,是波斯的一名重要军政首领,力主出征希腊,公元前479年死于普拉提耶之战。——译者
④ 对一个东方人来说,全体希腊人皆为"Ionians"(爱奥尼亚人),波斯文为Yauna;参阅《圣经》之"Javan"(亚完人)。在阿里斯多芬的《阿卡奈人》104中,波斯大使称希腊人为χαυνόπρωκτ' Ἰαοναῦ(大屁股的爱奥尼亚人)。
⑤ 塞人(Sacae)居于中亚细亚东北,操东伊朗语。希罗多德认为塞人为波斯人对斯基泰人的总称,故此处当包括欧洲的斯基泰人在内。——译者

度人①、埃塞俄比亚人②、亚述人以及许多其他大国,全非因为他们有罪于波斯人,而只是因为我们想扩张自己的权力;倘若我们对于希腊人的无端恶行,竟不思报复,这,我看,岂非是咄咄怪事! 我们对他们何惧之有? 难道他们有使我们害怕的强大军队或丰富资财吗? 我们知道他们的战术,也知道他们的财富,那是微不足道的。况且,我们又已经征服和统治了他们的子弟,即居于我们境内称为爱奥尼亚人、埃奥利亚人和多利亚人的那些人。我曾经亲自与这些人较量过,那是在你父亲命令我进军讨伐他们的时候。我一直挺进到马其顿,几乎兵临雅典城下,可是竟没有一个人出来迎战。③ 希腊人诚然是要打仗的,但据我所知,他们打得很混乱,既顽固,又愚蠢。他们在彼此宣战之后,便尽力去找一块最平坦开阔的地方,到那里去作战,结果战胜者都要大受损伤,战败者不用说,是全被歼灭。他们既说相同的语言,他们的纠纷就应通过信使,采用战争以外的方法来解决。即或必须交战,也应该各自寻找防御最坚固的地方,在那里一决胜负。因此,希腊人的做法是拙劣的。当我大军直下马其顿时,他们的脑子里竟还没有想到要作战。但是,大王啊! 谁又敢与你作战呢? 因为你有整个亚细亚的人众和全部舰队作后盾。在我看来,我觉得希腊人是不会有这样大的胆量的。不过,假若将来证明我判断错误,而这些人居然蠢动起来,敢于同我们作战,那他们就会受到教训,认识到我们是世界上最伟大的战士。无论如何,让我们永远大胆冒险吧。因为一切都不会自动送上门来,所有人世间的获取都是冒险的结果。"

① 此处指的是今日印度西北部印度河流域的印度人。——译者
② 埃塞俄比亚人(Ethiopians)居于尼罗河中、上游,属闪族—含族语系中库什语支,有不少黑人特点。希罗多德说他们分直发和曲发两种,分住在伊朗东南部和埃及以南,此处当将二者皆包括在内。——译者
③ 公元前492年马多牛斯曾奉大流士之命率海陆大军出征色雷斯和马其顿,但海军遭风暴,遂未进攻希腊本土而返。——译者

[19] 此后，薛西斯就立意出征了。他又做了第三个梦，马古术士①释梦说，这与全世界有关，预兆全人类将成为薛西斯的奴隶。梦是这样的：薛西斯梦见自己头上戴着一顶橄榄枝的王冠，它的枝叶覆盖了整个大地，随后王冠突然从他头上顶戴之处消失不见了。马古术士如此解释之后，每个与会的波斯人便立刻赶回各自的总督任所，倾其全力去实现国王的要求，各自都想得到国王所许诺的赏赐。薛西斯在大陆各地处处搜罗，他的征集军队的办法就是如此。

[20] 薛西斯在征服埃及后的整个四年里②，一直在装备大军，作出师的一切必要准备，在未满第五年的时候，开始率领浩浩荡荡的大军出征了。③ 在我们所知道的一切军力之中，这支肯定是最庞大的，以至于任何军力都不能与它相比。无论是大流士率领出征斯基泰人的军力④，还是那追击西密利安人、破米底⑤、几乎征服统治了全部上亚细亚的土地从而后来使大流士企图惩治他们的斯基泰人的军力⑥，或是远古相传的阿特留斯诸子率领出征特洛伊的军力⑦；或是那特洛伊战争前渡过博斯普鲁斯海峡进入欧罗巴、征服全部色雷斯人、直下爱奥尼亚海并南进远达佩牛斯河的米西亚人和条克里人的军力⑧，都无法与之相较。

[21] 所有这些军力以及一切其他曾经有过的军力都加在一起，

---

① 马古术士(Magians,Magus)是米底和波斯的祭司，都是米底的一个部落马古族的人，故名。他们专司祭祀、释梦等事。——译者

② 公元前484—前481年。

③ 薛西斯大军在公元前481年便已出动进至撒尔迪斯。公元前480年春正式离开撒尔迪斯出征希腊，这时为征服埃及后未满第五年之时。——译者

④ 公元前514—前513年大流士率大军渡多瑙河进攻东欧的斯基泰人，但失败而归。——译者

⑤ 参阅希罗多德，Ⅰ.103；Ⅳ.1.

⑥ 斯基泰人(Scythians)是活跃于欧亚草原上的属于印欧语系伊朗语支的游牧部落。公元前7世纪间曾入侵西亚，直达埃及边境。西密利安人(Cimmerians)居于黑海北岸，与斯基泰人相近似，为其所逐。——译者

⑦ 即荷马史诗所描述的特洛伊战争。阿特留斯(Atreus)是佩洛普斯之子，为迈锡尼王，其子阿伽梅农为进攻特洛伊的领袖。——译者

⑧ 看来很清楚，曾有过某种由一大陆移向另一大陆的运动；希罗多德认为它由亚细亚移入欧罗巴，但根据材料看来，路线似乎正好相反。见豪和威尔斯《希罗多德注释》。

也不能同这一支大军的军力相比。因为,亚细亚有哪一个民族未被薛西斯率领出征希腊呢?除了大江巨流之外,又有哪一条水能够满足薛西斯大军的需要呢?有些民族以战舰供应他,有的被征入步兵,有的负责提供骑兵,还有些人专司各种辎重运输,随于大军之后,另一些人又负责提供架桥用的船只或供应粮草和船舰。

[22] 首先,他用了大约三年的时间,作一切有关阿托斯山的准备,因为企图绕过阿托斯山的第一次远征军曾在那里遭到覆舟之厄。① 他命三列桨座舰停泊于刻索尼斯的埃留斯之外,作为总部,鞭策军中的各色人众轮流施工,挖掘运河。阿托斯周围的居民亦受命参加挖河工程。工程总监是两名波斯人,美加巴佐之子布巴里斯和阿条斯之子阿塔奇斯。阿托斯是一座有名的大山,伸入海内,山上有人居住。山向大陆的一端,呈半岛形状,有一地峡,宽约12斯塔迪昂②。此处地势平坦,略有小丘,一边是阿坎托斯附近的海,另一边是与托罗尼③相对的海。在这个位于阿托斯山尽头的地峡上有一座名叫萨尼的希腊城市。在萨尼向海和阿托斯山向陆的地方还有其他一些城市,如狄翁、奥洛非克斯、阿克洛托姆、帖苏斯、克里欧尼等。如今波斯人就打算把它们变成岛上的城市,而非大陆上的城市。

[23] 这些就是位于阿托斯的城市。异族人挖河的情况如下④:他们在萨尼城附近画一直线,在各民族之间分出了地段。当壕沟挖到一定的深度时,一些人就站到沟底去挖,由另一些人将挖出的土

---

① 公元前492年第一次远征军的舰队在绕过阿托斯山时为风暴所袭。近代旅行家亦证明该山附近风浪甚大。——译者
② 古希腊的长度单位,等于英国的长度单位富尔浪(Furlong),相当于220码,即201.17米。顾德雷英译本径译作"富尔浪"。——译者
③ 严格说来,托罗尼(Torone)在西多尼亚(Sithonia)海角的西南岸,临托罗纳湾(Toronaic Gulf),并不与希罗多德此处所说的海相对。希罗多德所说的"与托罗尼相对的海"是新吉提湾(Singitic Gulf),与西多尼亚海角的东北岸相对。——译者
④ 尽管古人曾加怀疑,此运河实际上曾被修建和利用过。据说其遗迹至今仍然存留。见豪和威尔斯《希罗多德注释》。

运交给站在上一层的人,上一层的人接到土后再传给其他的人,如此一直传到最上层的人,由这些人将土运出,掷在一旁。除了腓尼基人之外,对所有其他人来说,由于运河两岸的陡壁都纷纷崩塌,工程都事倍功半;因为他们所挖的宽度既然都上下相等,这种现象就必不可免了。但是,腓尼基人在这方面,就如他们在一切其他方面一样,显示了相同的才能。他们将分给他们的地段接到手后,其挖法是使运河最上层的宽度较运河实际需要的宽度宽一倍,然后随着向下挖,逐渐缩小宽度,直到最底层时他们的工程才与其他人挖的宽度相等。附近有一片草地,大家便在此设立了交易的集市;不时有大量磨好的谷物由亚细亚运来供应他们。

[24] 据我个人推断,薛西斯下令挖这条运河是出于骄傲,因为他想借此炫耀自己的威权,遗声名于后世。他们原本可以轻而易举地将船舰拖过地峡,然而他却下令挖一条沟通两海的运河,而且还要宽到足以容纳两艘三列桨座舰并行而进。负责挖河的人同时也负责架桥,将斯特律蒙河的两岸连接起来。

[25] 薛西斯便是如此完成这项工程的。同时他责成腓尼基人与埃及人用纸草和白麻①制造架桥用的绳索,储备军粮,以便全军人马和驮兽在出征希腊时不会缺粮受饿。他命令他们根据查访所知,将粮草储存在最适宜的地方,用商船和运输船将粮草由亚细亚各地运到那些地点去。至于粮食,他们各自受命运往色雷斯的所谓"白岬"之地,或佩林托斯地方的推罗狄萨,或多略司克斯,或斯特律蒙河上的伊翁,或马其顿。

[26] 当这些人正在做着这些分派给他们的工作时,全部陆军俱已集合起来,随薛西斯由卡帕多细亚的克略塔拉出发,向撒尔迪斯前进了。克略塔拉是随薛西斯御驾亲征的全部陆军的规定集合地

---

① λευκόλινον 显然不是真正的麻,而是腓尼基人由西班牙输入的一种北非芦苇草。

点①。这时究竟是哪一个总督由于带来了装备最精锐的军队,从国王那里得到了他所许诺的赏赐,我可说不上来。因为我连这桩事到底有没有进行过评定都不知道。但是,他们在渡过哈利斯河及进入弗里加之后,是穿过弗里加地方来到凯里尼的②,这里是米安达河以及另一条河的发源地。那条河与米安达河一样大,名叫卡塔拉克提斯河,起源于凯里尼城的市场内,并注入米安达河中。那里还悬挂着森林神马叙亚斯的皮③,弗里加人的史话说,这是阿波罗由马叙亚斯身上剥下来挂起来的。④

[32] 到达撒尔迪斯之后,薛西斯首先遣使去希腊索取土水⑤和命令他们为国王准备好膳食。他遣使去所有其他地方索土,唯独不去雅典和拉西弟蒙。他所以再次遣使索取土水,是因为他充分相信,所有从前未向大流士使者献出土水的地方,现在都会由于畏惧而被迫交纳。因此他想派使臣去确实了解一下这件事。

[33] 此后,他就准备向阿比多斯进发。这时,他的部下正在赫勒斯滂修筑由亚细亚过到欧罗巴去的桥梁。在赫勒斯滂附近的刻索尼斯,有一片位于塞斯图斯和马狄特斯两城之间的广阔海岬⑥,一直伸入海中,与阿比多斯相对。不久以后,雅典人在阿里弗朗之子克桑西普的率领下,就是在此地生擒塞斯图斯总督波斯人阿塔乌克特并将他活活钉死的⑦,阿塔乌克特过去常常把女人带到埃留斯的

---

① 至于海军的集合地点是居美(Cyme)和弗开亚(Phocaea),见狄奥多洛斯《历史丛书》,XI.2.3。——译者
② 这表示在"皇家大道"以南相当远处,"皇家大道"见希罗多德,V.52。薛西斯在此南移,可能是为了避免那段穿过赫尔米斯河流域的困难路线,参阅豪和威尔斯《希罗多德注释》。
③ 相传森林神马叙亚斯得雅典娜神的笛,与阿波罗比赛,由缪司女神们为裁判。阿波罗弹竖琴获胜,遂剥去了马叙亚斯的皮。
④ 关于吹笛的马叙亚斯和弹竖琴的阿波罗之间竞赛的传说,似乎显示出民族音乐中的一种变化,其重要性希腊人较我们更易于理解。
⑤ 交纳土水即表示屈服投降和称臣纳贡。——译者
⑥ 在近代赞米涅克(塞司托斯)湾和奇利亚湾之间,约四里宽。
⑦ 希罗多德全书第九卷末便叙至此事而终。——译者

普罗特西劳①神庙去干渎神的勾当。

[34] 于是,那些负责架桥的人就以阿比多斯为起点,向对过的海岬搭去。腓尼基人用白麻的缆绳架了一道桥,埃及人用纸草的缆绳架了第二道。由阿比多斯到对岸的距离有七斯塔迪昂。② 但是,当海峡上的桥刚刚架起时,忽然风暴大作,将工程全部摧毁冲散。

[35] 薛西斯闻此消息,勃然大怒,下令将赫勒斯滂痛鞭三百,并投脚镣一副入海;而且,我以前还听说,他还派了烙刑吏和其他人等同去给赫勒斯滂烙印呢。肯定的是,他命掌刑者在鞭责时还要发出狂妄傲慢的语言。他们要说:"你这道恶水,我们的主上所以这样惩罚你,是因为他虽然没有犯你,而你竟为害于他。不管你是否甘心情愿,国王薛西斯,仍要由你的身上穿行而过。没有人祭祀你,那完全应该。因为你不过是一条混浊的咸河罢了。"他就是这样下令惩罚海峡,并将赫勒斯滂桥梁的监造者斩首处死的。

[36] 于是,那些人就奉命做了这些不讨好的事情。同时,新的匠师又开始了架桥工程。他们修桥的办法如下:为了减轻缆绳的张力,他们将五十桨舰和三列桨座舰并排靠拢地连接起来,靠近黑海的桥由 360 艘船支持,另一道桥则由 314 艘船支持。全部船只皆斜对滂托斯③海面,与赫勒斯滂水流平行。④ 将船只如此并排靠拢后,他们便从船的两端抛下巨锚。由靠近滂托斯的船端下锚,是为了挡住从那里刮来的风;由向着西方和爱琴海的另一船端下锚,是为了防御西风和南风。他们又在五十桨舰和三列桨座舰连成的线上留

---

① 普罗特西劳(Protesilaus)相传是阿加亚人远征特洛伊登岸时的第一个牺牲者。——译者

② 近代最窄处之宽度几乎较此更宽出一半,这或者可以用海岸遭受冲刷来解释,系有浪潮经常拍击塞斯图斯附近海岸并弹回反击阿比多斯所致。

③ 滂托斯(Pontus,πόντος)在希腊文作"海"解,有时亦为专门名词,专指某海,一般皆指黑海,此处亦然。——译者

④ 或者,如斯坦因所想,其义为上面的或东北方的桥是ἐπικαρσίας(斜对的),而下面的或西南方的桥是κατάῥόον(平行的)。关于此处整段的各种难解之处和不同解释的讨论,见豪和威尔斯前引书附注。

下通行的缺口,以便航海者可以自由出入湾托斯。然后,他们由陆地上引下缆绳,用木绞盘将绳索绞紧。他们不再像以前那样将两种绳索分开应用,而是每桥用两根麻绳,四根纸草绳。全部绳索都一般粗细,同样美观,但麻绳按比例说来更为沉重,每腕尺重一塔兰特①。当海峡上如此架起桥后,他们便将木材锯得与浮桥②的宽度相等,依次放在绞紧的缆绳上,等到并排放好后,再将它们绑紧。然后,他们将树枝在桥上依次排好,再铺上泥土,用脚踩实。于是,他们在桥每边搭好栏杆,以便驮兽和马匹不致由于见到脚下的海水而受惊。

［37］当桥梁和阿托斯的工程都已齐备,在运河入口处修筑的防止海浪冲积泥沙淤塞河口的防波堤和运河本身皆告完工的时候,大军开始驻扎过冬。及至次年春初③一切准备完毕,遂由撒尔迪斯出发,向阿比多斯进军。大军开拔后,太阳忽然离开了天上原来的位置,消失不见。虽然天空晴朗无云,白昼却变成了黑夜。④ 薛西斯见此,不由注意,有所考虑,便问马古术士,天象究作何兆。他们告诉他说,这是天神正在向希腊人预示他们城市的毁灭;他们说,太阳是希腊人的预言者,就如月亮是波斯人的预言者一样。薛西斯听了大喜,继续前进。

［40］他们就这样做了,大军遂由其间穿过。⑤ 最前面走的是辎重队和驮兽,随后是各种不同民族的混合队伍,皆不按民族区分,全部混杂在一起。大半军队过去之后,中间留有一段间隔,将前面的部队与御驾分开。间隔后,先来到的是一千名由全体波斯人中选出

---

① 约重 80 磅。
② 即支持缆绳的那排船。
③ 大约是公元前 480 年 4 月中旬。
④ 公元前 478 年 2 月 17 日有一次日环食,与此颇相符合,故近代学者认为,可能当时希腊人和希罗多德由于附会或将年代弄错而把这次日食与薛西斯出征联系起来,作为凶兆。——译者
⑤ 这是指薛西斯下令将吕底亚人皮条斯之长子劈成两半,分置于撒尔迪斯门口大路的两旁,让大军由其间穿过。——译者

的骑兵；其次是一千名同样精选的倒持枪的枪手；再后是十匹装饰极其华美的尼西亚种骏马。这些马所以如此称呼，是因为米底有一片名叫尼西亚的大草原，专养骏马。十马之后是宙斯的神车①，由八匹白马拉曳，驭者随于马后，执辔徒步，因为凡人均不得登上车座。此后，薛西斯便亲乘着由尼西亚马拉曳的战车来到了，他的驭者，波斯人奥塔尼斯之子帕提兰非，侍立在他的身旁。

[41] 薛西斯就是这样乘车出撒尔迪斯城的。不过他随时任意由战车上下来，换乘马车。在他之后是一千名由波斯最高贵族组成的最优秀枪手，皆按常例正持枪；他们的后面是一千名精选的波斯骑兵。骑兵之后是由其他波斯人中选出的一万名步兵②。其中有一千名在枪柄上钉铁钉处安着金石榴，围在其他那些步兵的外面。里面的那九千名则用银石榴为饰。那些倒执枪的枪手也以金石榴为饰，而最靠近薛西斯的则用金苹果。在这一万名步兵之后的是一万名队伍整齐的骑兵。此后又留有二斯塔迪昂的空档，再往后就都是杂乱无章的其他军众了。

[44] 薛西斯来到阿比多斯的中央时，想检阅一下自己的全部大军。他也能够这样做。因为阿比多斯的居民已经奉国王之命为此在山上③替他用白石修好了一尊巍峨的宝座。薛西斯遂雄踞其上，俯览海岸，检阅着自己的水陆大军。当全军尽入眼底时，他想欣赏一下海军竞赛。他们就这样做了，西顿的腓尼基人获胜。薛西斯对于这一竞赛和部下的军力，甚感高兴。

[45] 但是，当薛西斯看到自己的舰队遮蔽了整个赫勒斯滂海峡，部下聚满了阿比多斯的全部海岸和原野的时候，他起先是声称

---

① 即奥马兹达之神车。[波斯国教为祆教（琐罗亚斯德教），最高神是奥马兹达（Ormuzd）。希罗多德为希腊人，希腊最高神是宙斯，因此他将二者等量齐观，用宙斯来称奥马兹达。——译者]
② 即"不死军"。万人不死军是波斯国王部下最精锐的步兵，每有伤亡病卒，辄立刻补充，永保一万之数，故名不死军。——译者
③ 可能为纳加拉海角上名叫"马尔-台比"之地。

自己衷心喜悦,随后却又潸然泪下。

[46] 他的叔父阿塔巴诺,即最初直陈己意、劝薛西斯不要征讨希腊的那个人①,注意到他在流泪,便问他道:"大王,你现在的表现和刚才的举止是多么的悬殊? 时而你宣称你是喜悦的,时而你却悲泣起来。"薛西斯说:"是啊,因为当我想到人生的短促,看到这么多的人一个也不能再活上一百岁的时候,我不由悲感了起来。"阿塔巴诺答道:"在我们的一生中,有许多比这更为深重的忧伤要我们忍受。生命虽然短促,但无论在哪里,还没有一个人会如此之幸运,以至于他未曾被迫一而再、再而三地产生宁死毋生的愿望。不幸压抑着我们,疾病折磨着我们,结果使虽然短促的生命,也似乎太漫长了。生活就是一桩如此可悲的事情,以至于死亡竟成了一个人最想望的逃避苦难的安息所。看来,神在使我们只尝到一点点生活的甜蜜滋味之后,便就此妒忌起来了。"

[47] 薛西斯答道:"阿塔巴诺,人生是正如你所说明的那样。但是,让我们不要再谈它吧,也不要在我们当前的盛况下再回忆那些灾难了。不过,你要告诉我,假如你没有如此清楚地梦见那个神灵,你会仍然坚持你原来的意见,劝我不要征讨希腊吗? 或者你会改变主意吗? 来,老老实实地告诉我吧。"阿塔巴诺答道:"国王啊,愿我梦中出现的神灵能够带来我们两人共同希望的那种结果。但是,对于我自己来说,我甚至在现在仍然满怀恐惧,惶惑无主。我所以这样,是有许多其他理由的,而其中最突出的,就是我看到世界上两样最大的东西在最与你作对。"

[48] 薛西斯答道:"长者,我对你真感到诧异。你所说的最与我作对的那两件东西究竟是什么呢? 是你发现我的陆军在数量上有缺陷,以为希腊军队将比我们的多上数倍吗? 或者,是你认为我们

① 阿塔巴诺(Artabanus)为薛西斯之叔,在商议出征时,曾一再劝阻。后来据说由于他也梦见了让薛西斯出征的那个神灵,感到天命难违,同意进军。——译者

的海军不如他们吗？或者这两方面都有毛病吗？如果你觉得在这方面我们的力量还有所不足的话，那最好我们就赶快再征集另一支军队。"

[49]阿塔巴诺答道："国王啊，任何一个头脑正常的人是既不能由你的军队也不能由你的船只的数目中挑出丝毫毛病的。而且假如你聚集得愈多，我所说的那两样东西就愈与你作对。这两样东西就是陆地和海洋。据我猜测，海洋上还没有任何港湾能够保证在风暴大作时容纳下你的海军和拯救你的舰队。何况像这样的港湾，只有一个还不行，必须沿着你的航线到处都有。当你理解到没有一个港湾能够容得下你的海军，你就会懂得，人是不测之灾的臣仆，而不是它的主人了。讲了两样中的一样，现在我要再告诉你另一样。陆地之所以与你作对，这是因为：假如在你的路上真的没有东西能够阻挡你，那么，你越是在茫然不知前程的道路上走远了，陆地就愈会与你作对；何况人又是永远贪得无厌的。因此，我说，如果无人阻挡你，你的领土的增加和旷日持久的征略就会引起饥馑。谁在考虑问题时审慎小心，将一切可能发生的事故都估计到，而又果于行动，谁就是人杰。"

[50]薛西斯答道："阿塔巴诺，你对所有这些事情的见地诚然都合情合理。但是我要说，不要样样都担心，也不要把一切都估计得一样。如果你在任何情况下老想对一切都作相同的估计，你就会永远一事无成。与其对一切意外都担心害怕而不受任何损失，还不如勇敢地对待一切而冒一半的凶险来得更好。可是，假如你反对所有的意见，而自己又不能指出何处是安全的所在，那就证明在你这方面和在持相反意见的他方面，其错误是一样的。所以，双方在这点上没有差别。以一个普通的凡人，怎能知道何处才是安全所在呢？我想，这是不可能的。因此，常常成功的是那些有行动意志的人，绝不是那些瞻前顾后，将一切意外都考虑周全的人。你知道，波斯已经达到多么强大的程度。假如先王们都具有你那样的见解，或者虽

然自己没有这种见解但有你这样的谋臣,那你就绝对不会看到我们今日这样昌隆的国运了。可是实际上,先王都是不辞艰险,而且是只有这样才使国运臻于如此的盛境。凡立大功者必冒大险。因此,我们应该像他们一样地行事。我们正在趁一年当中最好的季节出师。我们行军所向,将既不受饥挨饿,又不遭到任何其他损失,最后我们将作为整个欧罗巴的征服者而荣归家乡。因为,首先我们在进军时携带了丰富的粮草;其次,我们将拥有那些遭受我们侵略的地方和民族的粮食;并且我们所征讨的不是游牧的部落,而是务农的土著。"

[51] 于是,阿塔巴诺说道:"国王啊,我知道你不会允许我们畏惧任何凶险。但请接受我的这项意见吧:因为当我们的事务是如此之多的时候,有必要多方进言。冈比西斯之子居鲁士征服了全部爱奥尼亚人,并使他们向波斯称臣纳贡,其中只有雅典人除外。① 因此,我的意见就是你千万不要率领这些爱奥尼亚人去征伐他们祖先的土地。即使没有他们的帮助,我们也完全能够征服我们的敌人。因为,如果他们与我军同往,则他们的行为势必或者由于奴役他们的祖国而极其不义,或者由于帮助它保持自由而非常正义。如果他们处理得极其不义,他们并不能给我们带来多大的好处;然而如果他们处理得极其正义,他们就会给我军带来很大的害处。因此,请把那句古老的至理名言铭记在心吧:'万事的结果在一开头的时候总是显露不出来的。'"

[52] 薛西斯答道:"阿塔巴诺,在你发表的一切意见之中,再没有像你怕爱奥尼亚人会倒戈投敌那样的谬见了。在摧毁还是挽救波斯全军皆决定于他们的关头,我们得到了他们的最可靠的保证。你和所有曾随大流士一同出征斯基泰的人都能够证明这一点,那时

---

① 事实上在希腊的爱奥尼亚人并不止雅典人一支未被居鲁士征服。——译者

他们表现了正义与忠诚，毫无恶意。^① 何况，鉴于他们将自己的妻子儿女和一切财产都留在我们国内，我们甚至可以连他们会发生任何叛变的可能性都不必考虑。因此，把那一点顾虑也打消吧，要勇敢大胆地保卫我的家室和统治权，我把我的王权的象征只托付给你一个人。"

[53] 薛西斯讲完这番话后，便派阿塔巴诺到苏撒去了。随后他召集最有名望的波斯人前来。当他们来到时，他说："波斯人哪，我召集你们是为了提出这样的要求：你们必须英勇果敢，决不能玷污波斯人过去所取得的伟大光荣的成就。我们每一个人和我们全体都应该斗志昂扬，因为这就是我们大家全力以赴的共同利益。为此，我命令你们奋身力战。我敢肯定，我们所征讨的人是勇敢的人，如果我们征服了他们，世上就一定再没有其他的军队能够抵挡我们了。现在，让我们先向守护波斯的神明祈祷，然后就渡过海峡吧！"

[54] 那一整天，他们都在作渡过海峡的准备。翌日，他们在桥上焚起各种熏香，将山桃树枝撒在道上，等待着太阳出山。当太阳升起时，薛西斯由黄金瓶内将奠神酒倾入海中，向太阳祈祷说，愿在他到达欧罗巴的极边之前，不要发生任何意外，以免妨碍他征服整个欧罗巴。祈祷完毕后，他将黄金瓶抛入赫勒斯滂海峡内，随之又掷下一只黄金钵和一柄他们称为"阿奇拿凯斯"的波斯剑^②。对于这些举动，我不能确实断定，他将它们抛入海中究竟是为了祭祀太阳，还是由于对他鞭责赫勒斯滂感到懊悔而向大海赠礼以赎前罪。

[55] 行礼后，他们便过海峡了。全部步兵和骑兵都由靠近滂托斯的桥上过去，驮兽和杂役随从则由靠爱琴海的桥上通行。先锋是一万名头戴花冠的波斯人，其后是各个民族的混杂队伍。这些人过

---

① 大流士远征斯基泰人时，命爱奥尼亚人守多瑙河浮桥。后大流士兵败，斯基泰人劝爱奥尼亚人拆浮桥，弃波斯军于多瑙河北岸，但爱奥尼亚人未从其计，仍忠于大流士。——译者
② 亦译为偃月刀，但我相信，偃月刀为一种弧形武器，而ἀκινάκης（阿奇拿凯斯）则似为短而直的短剑。

了整整一天。第二天,最前面的是骑兵,皆倒执枪,也头戴花冠。在他们后面来到的是神马和神车,然后是薛西斯御驾和枪手及一千名骑兵,再后又是其他的军队。同时,舰队也启碇,航向对岸。不过,我以前还听说,国王是最后过去的。

[56] 薛西斯过到欧罗巴去之后,便亲自观看他的军队在鞭子的监督下过海。大军一刻不停地整整过了七天七夜①。据说,当薛西斯正在渡过赫勒斯滂的时候,一个赫勒斯滂人喊道:"宙斯啊,您为什么要显形为一个波斯人,易名为薛西斯,率领整个世界与您一道去消灭希腊呢?因为您不用这些手段,也能把这件事做到。"

[57] 当全军都已过来并准备上路的时候,军中出现了一个大凶之兆:一匹母马生下了一只野兔。虽然此兆很易解释,但薛西斯毫未在意。兆象一猜便知,那就是:薛西斯耀武扬威地从这里进军希腊,但要亡命地逃回这同一个地方来。在撒尔迪斯时,还向他显示过另一个凶兆:一头骡子生了一只同具雌雄两性生殖官的小骡子,阳性的生殖器官位于阴性的上方。但他对这两个预兆都丝毫不放心上,仍然率领着陆军前进。

[58] 他的海军驶出了赫勒斯滂海峡,贴岸航行,与陆军行进的方向相反。舰队是向西朝萨佩顿海岬航去的,薛西斯命令他们到那里去等待他;而陆军则经过刻索尼斯,朝东面②日出的方向行进,其右方是阿塔玛斯之女赫勒的坟墓,左方是卡狄亚城。大军穿过了阿哥拉城的中央,然后绕过所谓"黑湾"湾口,渡黑河;黑河不但阻挡不了大军,反而因水流不足,连供应军队需要都不够。渡过了黑湾由之得名的这条河流之后,他们便向西前进,经过埃奥利亚人的埃诺斯城和斯坦托尔湖,最后来到了多略司克斯。

---

① 希罗多德在后文(Ⅷ.51)中又说大军用了一个月来过海入欧罗巴。可能是波斯主力部队过了两天,辎重队过了七天,而全部军众由先锋队抵达阿比多斯起到最后部队离开止,共用了一个月。——译者
② 严格而言,当为东北,他们穿过的是加利波利海角。

[59] 多略司克斯地区位于色雷斯境内,是一片广阔的滨海平原,有一条名叫希伯洛斯的大河流经其间。这里曾修筑过一座称为多略司克斯的皇家堡垒,大流士自出征斯基泰后便设波斯戍军驻防于此。所以,薛西斯觉得这是一个适于他列队点兵的好地方,他就这样做了。这时,全部舰队皆已到达多略司克斯,遂奉薛西斯之命在舰长率领下来到多略司克斯附近的海滨;那里有萨摩色雷斯人的萨勒城①和佐奈城,最靠海处是有名的塞留姆海岬。这个地方过去是属于奇科尼斯人的②,他们常将船只开来此地,拖上岸去休息。这时候,薛西斯开始在多略司克斯点兵了。

[60] 大军的每一部分究竟有多少,我不能够精确地说出来,因为没有人告诉过我们。但是关于整个陆军的传说,却表明它共有一百七十万人③。点兵的方法是这样的:先将一万人集合于一处,等他们尽量靠拢后,就在他们周围画下线来;线画完后,便让这一万人走开,再在线上修筑一道半人高的石墙;然后,再将其他人带人墙内空地,直到全军都用此法点清时为止。等到全部点阅完毕后,他们就按照各个不同的民族列队。

[100] 当军队已经点清整队之后,薛西斯想乘车巡视一番,他便立刻这样做了。他乘着战车经过每一个民族的队伍,向他们问话,由史官全部记下。他就这样地由骑兵和步兵的一头一直巡阅到另一头。当陆军检阅完毕,舰只也已拖下海中启航的时候,薛西斯便下战车,登上一艘西顿的战舰,坐在船上的黄金宝盖之下,由每舰的船首驶过。他像对待陆军一样地向他们问话,并让史官将答话都记

---

① 顾德雷英译本此处将萨勒(Sale,Σαλη)误译作 Sane;萨摩色雷斯是位于爱琴海东北部距多略司克斯不算太远的岛屿。——译者
② 奇科尼斯人(Cicones)是早期色雷斯诸部落中最著名者,特洛伊战争时便居于此地,见荷马史诗《奥德赛》(IX. 39 - 59)。——译者
③ 关于薛西斯大军的总数,古代作家报道皆不一致,显系过度夸张;近代学者的估计也不统一。大约陆军全部人数在二十万左右,海军舰只总数约一千艘。——译者

录下来。舰长们将舰队停泊在距海岸四普莱塞隆①之处，排成一条直线，船首皆向陆地。船上战士均全副武装，像战时一样。薛西斯则穿行于船首和陆地之间，检阅着他们。

[131] 薛西斯在披里亚一带耽搁了许多天，因为他的三分之一军队正在开辟着越过马其顿山区的道路，以便全军能够通过这条路到佩里比地方去。这时，先前派往希腊索土的使臣已回来了，有的空手而归，有的带着土和水。

[132] 纳贡的人是：帖撒利亚人②、多罗普斯人、埃尼涅斯人、佩里比人、罗克里斯人、马格尼西亚人、马里斯人、弗提亚的阿凯亚人、底比斯人和除了普拉提耶人及帖斯皮人以外的全部彼奥提亚人③。向异族宣战的希腊人，宣誓订约，反对这些投降者。誓言说：如果他们取得了胜利，他们要将自愿向波斯人投降的全体希腊人的十分之一④财产，献给特尔斐的神⑤。这就是希腊人的誓约。

[133] 但是，薛西斯并未派使臣去雅典和斯巴达索土，原因是这样的：从前当大流士抱着同样的目的派人前往时，一城将索取者投入地洞⑥，另一城把索取者抛入井内，让他们从那里将土水带去给国王。薛西斯就是为了这个原因才不派使臣去索取的。雅典人这样对待使臣，除了他们的土地和城市遭到摧残之外⑦，究竟还受过什么

---

① 古代希腊长度单位（πλέθρον），合今一百英尺。顾德雷英译本此处径译为"四百英尺"。——译者
② 此处所指的并非帖撒利亚的全部居民，仅为居于佩牛斯河流域以帖撒利亚为名，并将其名给予周围其他各族的那一部落。
③ 以上各族皆为居于中、北希腊的希腊人；狄奥多洛斯（XI. 3）记载，埃尼涅斯人、多罗普斯人、马里斯人、佩里比人和马格尼西亚人最先降，其他人则在希腊盟军撤离腾皮山隘后方降。——译者
④ 希腊原文有 δεκατεύσαι 一字，为"十取其一"之义，顾德雷译文未将此字译出，仅为"全体希腊人的财产"，想系疏漏。——译者
⑤ 特尔斐（Delphi）乃弗奇斯地方的希腊城邦，以神谶圣地著称，其神为阿波罗。相传此地有一地隙，直达地心，喷气雾，有一雌蛇怪守护之，后为阿波罗所杀，神谶圣庙遂归阿波罗。——译者
⑥ 投入其中的都是死囚。
⑦ 这是指雅典国土后来遭到波斯军队的蹂躏。——译者

灾难的报应,我可说不出来了;不过,我认为这是由于别的原因,而不是因为上述的那件事。①

[138] 国王公开宣称的进军目的是进攻雅典,但实际上意在整个希腊。希腊人早已知道这一点了,但是他们对这件事的看法并不相同。那些已经向波斯人交纳土水之贡的城邦,都很放心大胆,认为异族不会加害他们;但是那些拒绝纳贡的城邦感到非常害怕,因为希腊没有足够的船舰能与侵略者作战,并且他们之中的大部分城邦都不想卷入战争,而是正在急于投到波斯人的一边去。

[139] 在这里,我不得不发表一项意见,虽然它会使大多数人不高兴。但是,对于我觉得是真理的东西,我不愿避而不谈。假如雅典人被可怕的危险所吓倒,离开了他们自己的国家,或者假如他们竟不离开祖国而是留下来向薛西斯投降,那么,就不会有人试图在海上抵挡国王了。而如果没有人在海上抵挡他的话,那我就要指出陆上将会发生什么样的结果:无论伯罗奔尼撒人修筑了多少道横贯科林斯地峡的城墙来保卫自己,拉西弟蒙人仍旧会遭到他们盟邦的抛弃(盟邦这样做不是出于自愿,而是迫于他们的城市为异族的舰队所一一攻陷),最后陷于孤立。在如此孤立之后,他们就只会大战一场而光荣覆灭。这将是他们的命运;不然,就可能是在看到希腊的其他地方都归向敌人之后,他们自己也与薛西斯缔约求和。所以,无论是以上的哪一种情况,希腊都将为波斯人所征服。我看不出,当国王在海上称霸的时候,横贯科林斯地峡修起来的城墙究竟会起什么作用。既然如此,则说雅典是希腊的救星,真是确凿不移的了。他们所处的是举足轻重的地位,他们所抉择的是希腊应该保持自由。所以正是他们,而不是任何别人,鼓励了所有其他尚未归向波斯的希腊人,并在上天的庇佑下驱逐了波斯国王。并且,他们也没有为那来自特尔斐的使他们大为震恐的可怕神谶所动摇,他们

---

① 可能是因为烧毁了撒尔迪斯的神庙(希罗多德,V.102)。

仍然坚定屹立,勇敢地等待着进入他们国土的侵略者。

[140]原来雅典人曾遣使去特尔斐,请求给他们一道神谶。当他们在大殿行完了所有规定的礼节,进入内殿坐定之后,名叫阿里斯托尼琪的女祭司,向他们作了这样的答复:

> 不幸的人,为何如此踌躇? 不,快逃离你们的乡国,
> 逃向地角天涯,离开雅典周围的城堞!
> 躯体头颅,同样都不能保,
> 手足变得无力,中间的一切,
> 也将在昏暗中消失;因为火焰毁灭了城市,
> 火焰和阿雷斯神①、叙利亚②战马的勇猛而迅速的歌者。
> 将要荡平许多城堡,不止你们的一个;
> 许多神殿,将被他付之一炬;
> 它们在那里惊恐流汗,由于害怕敌人而战栗。
> 它们的屋顶流下了碧血,预示不幸就要逼临;
> 我劝你们赶快离开这里,
> 拿出勇气,减轻你们的灾难③。

[141]雅典的使者们听了之后,大为沮丧,对于这一预言的灾难深感绝望。于是,一个有名望的特尔斐人,安德罗布洛之子泰蒙,劝他们拿起祈求的橄榄树枝,再度进殿,以这种哀求的姿态去求神谶。雅典人便这样做了,他们说:"主啊,求您大发慈悲,看一下我们带给您的祈求的橄榄枝,赐给我们某种关于我们国家的更好的答复。否则,我们将留在您的殿里,至死不离。"于是,女祭司就给了他们这第二道神谶:

---

① 即希腊的战神。——译者
② 即亚述,古人常将亚述及叙利亚二词混同。——译者
③ 字义为"散布勇气于你的灾难之上",但大多数注释者译为"你要专心忍悲受苦"。——译者

> 无论是求请之词，还是机敏多智的讽喻，
> 巴拉斯①终不能使奥林匹斯的宙斯息怒；
> 然而，我仍要给你一句金玉良言。
> 在奇塔隆神谷和凯克罗普圣境②，
> 目前所有的一切，都将掠夺一空。
> 但是，洞察一切的宙斯将把一座木墙，
> 赐给特里托格妮③作为你和你子孙的屏障。
> 当陆地上开来一支马步大军的时候，
> 切莫死守原地，宁可后退，背向敌人；
> 不过，你仍要在战场上与他相见。
> 神圣的萨拉米岛，在播种或收获的季节，
> 你总有一天要把妇女生的孩子全部毁灭。

[142] 无论在实质还是字面上，这个答复都比第一个开恩得多，他们便将此写下，回到雅典去了。当使者们离开了特尔斐，回来将神谶告诉人民的时候，大家对神谶的含义有许多推测，在众说纷纭之中，特别有两种相反的见解。有些老人说，神的答复表示卫城④将会得救。因为古时的雅典卫城是用荆棘的篱笆围起来的，按照他们的解释，这篱笆就是木墙。然而，另一些人认为，神预示的是他们的船舰，他们应该一切他事都不做，而只是装备这些船舰。于是，女祭司答复的最后两行，便使得那些主张船舰就是木墙的人感到无法解释，即

---

① 巴拉斯(Pallas)是雅典女神雅典娜在诗中的名字。相传她曾在神与巨人的战争中杀死一名叫巴拉斯的巨人，因而得名。但也可能因她在阿提卡的巴列尼(Pallene)地方受到崇拜之故。——译者

② 凯克罗普(Cecrops)相传是雅典的创建者及第一任国王。上半为人，下半是蛇，为人民制定婚、葬、书写等制度。奇塔隆山(Citharon)位于彼奥提亚和阿提卡之间，在希腊神话中是供祀宙斯和狄奥尼索斯神的圣山。故此处即指阿提卡全境而言。——译者

③ 特里托普(Trito-born, Τριτογενεια)是雅典娜女神的别名。相传她生于特里顿湖(Triton)，故名。此外尚有其他说法。——译者

④ 雅典卫城(acropolis)在雅典城内的小山上，大概是雅典城最初的所在，后来雅典人向小山四周发展，卫城渐成为宗教和文化活动的中心，波斯战争后便无人居住。——译者

> 神圣的萨拉米岛，在播种或收获的季节，
>
> 你总有一天要把妇女生的孩子全部毁灭。

这两行诗使那些说他们的船舰就是木墙的人不能自圆其说，因为神谶释读者们认为，这诗句的含义是他们将在萨拉米附近进行海战，并在那里遭到歼灭。

[143] 这时，有一个雅典人，名号叫作尼奥克里之子泰米斯托克利①，他新近擢升为雅典的一个重要人物。他说，神谶释读者们没有全部都解释正确。他的论据是这样的：假如诗句真是指雅典人而言的，假如萨拉米的居民被神所指包括在内并要因之要遭到消灭的话，则神谶就不会用含义这样温和的字眼，就会称萨拉米为"残酷的"而不是"神圣的"了；他说，正确地理解起来，神谶说的不是雅典人，而是他们的敌人。因此，他的意见是：他们应该相信他们的船舰就是木墙，因而准备海战。泰米斯托克利如此宣称后，雅典人断定他比神谶释读者提出了更好的意见，因为那些释读者要求他们不作海战准备，干脆不作任何抵抗，而只是离开阿提卡，迁居到某个别的地方去。

[144] 泰米斯托克利前此曾提过另一项适时的建议。劳立温矿藏②的收入曾经给雅典国库带来很大的收益，当雅典人将要每人取得十德拉克马作为他的一份时，泰米斯托克利竭力劝说雅典人不要作此均分，而是用这笔钱去建造二百艘战舰以应付战争，即应付与

---

① 泰米斯托克利(Themistocles，约公元前 514—前 449 年)，曾任雅典执政官。曾发起并领导雅典人建立舰队，修筑皮里优斯港。公元前 476—前 471 年因控有罪，判处流放。后逃往敌国波斯，为波斯统治者效劳终其一生。——译者

② 此为阿提卡的银、铅或者是铜的矿藏，国家由之抽得岁收。显然当岁收超过平常之数时，公众便从中取得津贴。雅典人口即使以三万人计算(参阅 V. 97)，每人十德拉克马之总数亦仅五十塔兰特，对建造二百艘战舰来说，实在太少。因此希罗多德只不过表示，劳立温矿藏的款项是对造船费的一项贡献。[亚里士多德《雅典政制》(XXII. 7)、普鲁塔克《泰米斯托克利传》(4)、尼波斯《泰米斯托克利传》(Ⅱ. 2)等，皆载造船一百艘，近代学者亦有采此说者。泰米斯托克利提此建议于公元前 483—前 482 年间，故可能是到公元前 480 年时，雅典才一共建造了二百艘左右的三列桨座舰。——译者]

埃吉纳之间的战争。因此,正是当时爆发的那场战争拯救了希腊,因为它迫使雅典人学会了驾驶船只。这些舰只并未用于原来建造它们时的目的,但正是这样,它们才得以用于希腊的急需。于是,这些船就造了出来,并已为雅典人所使用;此外,他们现在还得建造新的船舰。他们在接到神谕后的讨论中决定:他们应信托上天,出动他们的舰队、船只和男子的全部力量,与所有其他同此心愿的希腊人一道,去迎击侵略希腊的外族。①

[145] 这些便是给予雅典人的神谕。现在,全体愿意保卫希腊的希腊人,就都聚在一起开会商议和立誓结盟了。② 他们经过讨论决定,彼此之间的一切冲突和战争,不论起因如何,都应该终止——在那些正在进行着的战争当中,最大的是雅典人与埃吉纳人之间的战争。他们听说薛西斯及其大军正在撒尔迪斯,便立刻计划派人去亚细亚探听国王的动静,和派使者四出,有的到阿果斯去使阿果斯人成为他们同波斯人作战的兄弟,有的到西西里去见狄诺美尼之子格隆,有的去哥西拉请求援助希腊,还有的去克里特。③ 他们希望,全体希腊血统的人都会团结起来,为了共同的目的而联合行动,因为危险同样威胁着全体希腊人。据说这时格隆的势力非常强大,远远超过了希腊的任何力量。

[172] 帖撒利亚人之归向波斯,如他们的行为所示,最初并非出

---

① 此决议之石刻,1959 年在特罗赞城遗址发现,其中尚规定应撤出雅典全部居民;出动战舰二百艘,派一百艘去阿提米西坞迎敌,一百艘驻守阿提卡及萨拉米;此外尚赦免流放的政治犯。参阅 1962 年 5 月 14 日《光明日报》日知等《关于新发现的古希腊波斯战争史的一段碑文》一文。——译者

② 这时薛西斯大军刚到撒尔迪斯,故开会结盟时间当在公元前 481 年秋,至于开会地点,可能是在科林斯地峡。但波桑尼阿(《希腊记事》,Ⅲ.12.5)载希腊各邦代表曾于斯巴达之赫勒尼温(Hellenium)地方开会,商议抵抗波斯侵略的对策,故有的学者认为公元前 481 年秋季的会议召开于赫勒尼温,公元前 480 年的会议才在科林斯地峡召开。——译者

③ 但这一使命未能完成,以上那些希腊城邦由于各种原因并未真正参加保卫希腊的战斗。——译者

于自愿,而是迫不得已,因为他们并不喜欢阿留德家族的策划。① 原来当他们听说波斯人正在准备渡过海峡进入欧罗巴时,他们便立刻遣使前往科林斯地峡,这时决心保卫希腊的各邦代表正在那里召开着保卫希腊的会议。帖撒利亚的使者来到了这些人的面前,说:"希腊人哪,奥林匹斯山隘必须守住,这样帖撒利亚和整个希腊才能免遭战争的灾难。现在,我们准备与你们一道将它把守,但是你们也一定要派出一支大军;如果你们不派的话,那我们就一定要与波斯人缔约讲和了。因为,让我们作为一个希腊的前哨而独力支撑,为了你们的利益而覆没,那是不公正的。如果你们不派兵援助,你们就不能对我们有丝毫约束。因为任何需要都强不过无能为力。至于我们,我们一定要为自己寻求某种解救的办法。"帖撒利亚人就是这样说的。

[173] 因此,希腊人决定,他们要派一支陆军由海上去帖撒利亚防守山隘。军队集合后,便穿过欧里帕斯海峡,来到阿加亚的阿勒斯,然后将船只留下,登陆取道前往帖撒利亚。他们来到了腾皮山隘②,这个山隘沿佩牛斯河由下马其顿③进入帖撒利亚,位于奥林匹斯和奥萨两山之间。希腊人便在那里安营扎寨,总数约有一万名重甲兵④,帖撒利亚的骑兵也一同在那里驻扎。拉西弟蒙人的统帅是卡里诺斯之子欧奈特斯,他选自分队司令⑤,但非王室出身。雅典人的统帅是尼奥克里之子泰米斯托克利。他们只在那里停留了几天,

---

① 阿留德家族(Aleuadae)是帖撒利亚地方的豪门贵族,相传是赫拉克勒斯的后裔,其成员是帖撒利亚的政治领袖。他们惧怕民主势力,想投靠波斯以巩固自己的统治,曾在薛西斯即位后不久遣使请求波斯王进入希腊,自愿作质相助。——译者

② 腾皮山隘(pass of Tempe)最窄处宽约 13 英尺,他处宽约 15 英尺到 20 英尺,全长约 5 英里。——译者

③ 所谓下马其顿乃与内地山区相对而言。

④ 重甲兵(Hoplite)是希腊陆军的主力,其武装为盔、甲、护腿、重盾(长约 3—5 英尺)、枪(长约 6 英尺)和短剑(20 英寸左右);轻装步兵则不着金属盔甲,持轻盾,有标枪手、弓箭手和投石手。——译者

⑤ Polemarch 一词的意义是"将军"和"司令"。在斯巴达是"分队司令",在雅典是"军事执政官",即第三执政官。——译者

因为有信使由马其顿人阿明塔斯之子亚历山大①那里来到,劝他们离开,不要等在那里遭受侵略大军的蹂躏;这样,信中就表示出了敌人水陆大军的人多势众。希腊人听到信使们的这番劝说之后,认为他们的意见是好的,并觉得马其顿人是出于善意,就接受了他们的建议。但是,我觉得,是恐惧促使他们如此的,因为他们得悉,还有另一山口可由马其顿山区经过佩里比地方在哥诺斯镇附近进入帖撒利亚;后来,薛西斯的陆军的确就是从这条路进入帖撒利亚的。②所以,希腊人便撤回船上,起程返回科林斯地峡了。

[174] 这就是他们向帖撒利亚的进军,那时国王正在计划由亚细亚过海峡进入欧罗巴,并已经到达了阿比多斯。帖撒利亚人既失去了他们的盟邦,便全心归向波斯,不再犹豫,从而以他们的行动证明他们是最有用于国王的人。

[175] 希腊人回到科林斯地峡之后,考虑到亚历山大所说的话,就一起商议应当如何及在何处迎敌作战。占上风的意见是,他们应该守卫德摩比利山隘。因为他们认为它比通向帖撒利亚的山隘更为狭窄,而且离家乡更近;至于后来使阵亡于德摩比利的希腊人遭到失败的那条间道,直到他们来到德摩比利并从特拉奇斯人那里得知时为止,他们是连有这么一条路也都不知道的。于是,他们便决定扼守这一山隘,从而挡住异族进入希腊的通道,同时又决定将他们的舰队驶往希思提阿地区的阿提米西坞。这些地方彼此相距甚近,因而两军可以互通对方行动的消息;它们的形势则如我以下所述。

[176] 先谈谈阿提米西坞:辽阔的色雷斯海在进入斯奇托斯岛和马格尼西亚大陆的中间之后,水道就狭窄起来;然后,这一海峡通

---

① 亚历山大是当时马其顿王,他倾向希腊和雅典,故报此信;但公元前492年马其顿已为马多牛斯所征服,所以他此次亦随薛西斯来征伐希腊。——译者
② 腾皮山隘并非进入帖撒利亚的唯一通道,除了希罗多德此处所说的哥诺斯镇附近山路以外,还有更在内地的佩特拉山隘和佛鲁斯塔那山隘(passes of Petra and Volustana),薛西斯大军后来很可能是分兵由这几处同时进入帖撒利亚的。——译者

向了阿提米西坞①,那是优卑亚岛岸边的一片海滩,其上有一座阿提米丝神庙②。至于那穿过特拉奇斯进入希腊③的山隘,其最窄处仅半普莱塞隆宽④。然而,整个通道的最狭之处并不在此,而在其他地方,即在德摩比利的前方和后方。德摩比利后面的阿尔本尼,其宽度只能容一辆马车通行,而在安提利镇附近的腓尼克斯河地方,宽度也一样。德摩比利的西方⑤是一座险不可攀的高山——奥塔悬岩,路东则是沼泽和海洋。山隘中有许多可供沐浴的温泉,当地居民称之为"壶穴",附近还有一座赫拉克勒斯的祭坛⑥。从前,横过这条通路曾修筑过一道城墙,墙上早先还有一个城门,这是弗奇斯人⑦由于畏惧帖撒利亚人而修筑的。那时帖撒利亚人由帖斯普罗提亚迁到了他们现在所占的埃奥利亚人的地方来居住。帖撒利亚人既一直想征服弗奇斯人,所以弗奇斯人就建此城墙来保护自己。他们想尽了一切办法来防止帖撒利亚人对他们国家的侵略,于是就从温泉把水引入山隘,使它形成一条水道。这座古城墙是很早以前修建的,由于年久已经大半变为废墟。如今它又被重新修复,以便挡住异族进入希腊的道路。路旁有一乡村,叫作阿尔本尼,希腊人认为他们可以从那里取得粮草。

[177] 于是,希腊人就认为这些地方适合于他们的目的。因为,在仔细考虑之后,他们断定,在这里外族将既不能利用他们的人多

---

① 阿提米西坞海面最窄处为二浬。——译者
② 阿提米丝(Artemis)是希腊神话中与阿波罗相对应的女神,作猎人装束,为月亮神、自然神和妇女神。——译者
③ 希腊(Hellas)就狭义而言,不包括帖撒利亚。——译者
④ 合今英尺五十英尺。——译者
⑤ 希罗多德在关于德摩比利的整个记述中方向皆弄错。此路东西走向,并非希罗多德所设想的北南走向。故此处的"西"应为"南","东"应为"北"。"前方"和"后方"分别相当于"西"和"东"。
⑥ 赫拉克勒斯(Heracles)在希腊神话中是一半人半神的盖世英雄。由宙斯和阿尔克墨涅所生,曾先后完成12件奇功,最后死于德摩比利附近的奥塔山上。这一带地方便因此供祀赫拉克勒斯,变得神圣起来。——译者
⑦ 应当注意在公元前480年时,德摩比利山隘已经不再在弗奇斯境内。

势众,也无法施展他们的骑兵。因此,他们决定在这里迎击希腊的侵略者。他们听说波斯人已到披里亚,便马上离开科林斯地峡,陆军奔赴德摩比利,舰队开往阿提米西坞。

[201] 于是,国王薛西斯便在特拉奇斯的马里斯地方扎营,希腊人则驻扎在山隘的中央①。大多数希腊人称他们所在的这个地方为德摩比利,但当地土著及左近居民却称之为"比利"②。他们就驻扎在这些地方。薛西斯控制着特拉奇斯以北③的全部,希腊人则控制着由此向南通向大陆④的这一部分的全部。

[202] 在那里等待着波斯人的希腊人有:斯巴达的重甲兵300名⑤;提吉亚人和孟提尼亚人共1000名,双方各占一半;阿卡底亚地方的奥科美诺斯出120人,阿卡底亚的其他地方出1000人,在这些阿卡底亚人之外,科林斯出400人,弗留斯出200人,还有80名迈锡尼人。这些是来自伯罗奔尼撒的人;来自彼奥提亚的,有700名帖斯皮人和400名底比斯人。

[203] 此外,应召而来的还有奥蓬提亚的罗克里斯人的全部军力和1000名弗奇斯人。⑥ 希腊人主动向他们求援,派使节告诉他们说,他们自己只是作为大军的先锋队而来的,而其他联盟者的到来则是他们每天盼望着的事情;又说他们还严守着海面,由雅典人、埃吉纳人和所有编入水军的人担任防御。他们还说,他们是没有什么

---

① 在东、西狭窄的 ἐσοδοι(入口)之间的空处。

② 比利(Pylae,Πυλαι)来自希腊文 πυλη("关""山隘"之义);德摩比利(Thermopylae,θερμοπ υλαι)则来自 θερμός(温热的)及 πυλη(关)两字,为"温热关"之义,此因当地有温泉之故。——译者

③ 严格说来,应是西;以下之"向南",应为"向东"。

④ 即希腊。

⑤ 狄奥多洛斯(XI. 4.5)说,斯巴达前往的是1000名拉西弟蒙人以及300名斯巴提亚特人(Spartiates)。斯巴提亚特人是斯巴达的全权公民,出身于多利亚征服者;而拉西弟蒙人(Lacedaenonians)即斯巴达人(Spartans),是指斯巴达的国民而言,其中包括斯巴提亚特人和具有一定自治权力、出身于当地阿加亚被征服者以及其他多利亚人的庇里阿西人。——译者

⑥ 狄奥多洛斯(XI. 4.6-7)说,此外还有1000名马里斯人来援,很可能就是当地的特拉奇斯人。——译者

可以畏惧的,因为侵略希腊者并非天神,只不过是一个凡人。而生来就注定不会遭到丝毫不幸的凡人,是从来没有也永远不会有的。愈伟大的人,其不幸就愈大。前来进攻他们的那个人,既然只是一个凡人,因此毫无疑义,必将大失所望。罗克里斯人和弗奇斯人听了这番话,就派兵来援助在特拉奇斯的希腊人了。

[204] 所有这些人都有他们的统帅,每城各有自己的统帅,但最受尊敬并作为全军总司令的是拉西弟蒙的李奥倪达。他的家系回溯起来是:阿纳克桑得里德,李昂,欧律克拉提德,阿纳克桑得洛,欧律克拉特,波里多洛,阿卡美尼,特勒克洛,阿契劳斯,赫吉赛劳,多律索斯,李奥伯特,埃契司特拉图,阿基斯,欧律司提尼,阿里斯多德穆,阿里斯多马克,克里奥底欧,叙洛斯,赫拉克勒斯。李奥倪达是斯巴达的国王①,但他原来并没有想到要当国王。

[205] 他有两个哥哥,克里奥米尼和多留斯,所以他根本不想为王。但是,当克里奥米尼无男嗣而终,而多留斯也死于西西里的时候,王位就落到了李奥倪达的身上,因为他长于阿纳克桑得里德的幼子克里翁布罗图,并且又娶了克里奥米尼的女儿为妻。他现在来到了德摩比利,率领着照例是三百人②的精兵以及那些有子嗣的人;他还带着我前面计在数内的那些底比斯人,他们的统帅是欧律马克之子李昂提亚德。李奥倪达率领这些底比斯人,比率领任何其他希

---

① 斯巴达由二国王掌政,相传皆为赫拉克勒斯后裔。赫拉克勒斯第四世孙阿里斯多德穆将政权传给其孪生子欧律司提尼(Eurystheres,其后人为阿基斯王室 Agiads)和普罗克里(Procles,其后人为欧律旁提德王室 Eurypontids)。于是斯巴达遂有二王,分别传后云云。李奥倪达属欧律司提尼一支。——译者

② 这是国王卫队(所谓ἱππεῖς"武士")的正规数目,本句除了我所采用的以外不可能有其他译法;但假如"那些有子嗣的人"是附加于三百人之外的,这就与德摩比利只有三百名斯巴达人的已成定论的传统说法不合。除了马肯博士关于希罗多德此处写错的说法以外,似乎没有其他的解释。当然,假如ἐπιλεξάμενος 能表示"选自"之意,这困难便可消除;但我认为这不可能。[若顾德雷译法正确,再参考狄奥多洛斯的上述说法,则李奥倪达率领的斯巴达人是:三百名由斯巴达亚特人组成的国王卫队和另外一千名拉西弟蒙人(其中有庇里阿西人),即"那些有子嗣的人"。其所以选有子嗣的人前往,可能是因为李奥倪达知道此去凶多吉少,不欲从役者无嗣而亡。——译者]

腊人更为费力,因为人们经常指责他们倾向波斯方面。因此,他召集他们去作战,想知道他们究竟是派人随他前往,还是公然拒绝希腊联盟。他们派人前去了,但是别有所图。

[206]这些跟随李奥倪达的人,斯巴达人是先于其他城邦派出的,为的是促使别的盟邦能够因见到他们而奋起作战,不致像其他人那样投向波斯方面。因为如果他们知道斯巴达人正在拖延,是很可能这样做的。斯巴达人打算等过完了现在正阻碍他们出兵的卡尼亚节①之后,便火速全师出发,只留一支队伍驻守斯巴达。其他的盟邦,也打算这样做,因为一次奥林匹克节②也正在采取这些行动的同时来到了;所以,他们派出了他们的先锋队,以为德摩比利的战事不会如此迅速地结束。

[207]这是他们原来的意图;但是,据守德摩比利的希腊人在波斯人逼近山隘入口的时候,却开始慌乱起来,互相争论是否应该离开他们所驻守的岗位。其他的伯罗奔尼撒人都主张回到伯罗奔尼撒去守卫科林斯地峡;但是弗奇斯人和罗克里斯人对这种意见大为愤慨。李奥倪达赞成留守原地,并主张派使者去各邦求援,因为他和他的部下实在势孤,不能击退米底的大军③。

[208]当他们如此争论时,薛西斯派了一骑探马来侦察他们人数究有多少和正在干些什么。因为当他还在帖撒利亚的时候,就听说这里聚集了一小支军队,领袖是拉西弟蒙人,其中有赫拉克勒斯的后人李奥倪达。探马驰近营地,上下窥视了一番,但看不到全部

---

① 庆祝阿波罗的民族节期,在9月举行。[卡尼亚节每年在拉哥尼亚历法的卡尼厄斯月(Carneius,大约相当于8月,即秋分后的第11个月)举行。共九天,月圆时结束。节期间不得进行军事活动。非多利安人,如雅典人,并不举行。——译者]

② 奥林匹克节举行于伊利斯的奥林匹亚。时间是伊利斯历法的8月,亦即夏至后第二次月圆时,为期五天,四年一次,庆祝奥林匹斯的宙斯,同时举办各种竞技会。相传最早始于公元前776年。根据卡尼亚节和奥林匹克节的节期,可以推出德摩比利和阿提米西坞之战大约发生于公元前480年的8月中下旬。——译者

③ 这里的"米底的大军"即指波斯大军。希腊人常以米底人来称波斯人,因波斯人与米底人在种族区别不大,而希腊人最先接触的又是米底人。这与波斯人和东方人常以爱奥尼亚人来称呼希腊人颇相类似。——译者

情况,因为他不可能看到驻在城墙内的人,而这座城墙现在是已经被他们修复并加以防守了。不过,他看到了城墙外的人和他们堆在墙外的武器,并且那时正好是拉西弟蒙人驻防在那里。他看到有些人在那里做操,有些人在梳发。他对这种景象非常惊奇,将他们的人数确记下来,然后未遭拦阻,就骑马回去了,既没有人追赶,也根本没有人理会。他就这样回去将所看到的一切都报告给薛西斯。

[209] 薛西斯听了之后,不能理解事情的真相,即不能理解拉西弟蒙人正在准备倾其全力以杀敌,不成即舍命牺牲。对他来说,他们的行为显得是可笑的。所以,他就派人去请正在营中的阿里斯顿之子德马拉图①,等他来到后就向他询问所有这些事情,想了解拉西弟蒙人为什么这样做。德马拉图说:"在我们向希腊进发的时候,我已经跟你谈起过这些人了。② 但是,你听了之后,却嘲笑我,虽然我告诉你的是我明知将会发生的事。国王啊,你要知道,我是竭尽至诚,在你的面前讲真话的。现在,请再听我说一遍:这些人是为了这条通道来同我们作战的,他们正在为此作着准备。因为每在要冒生命危险的时刻梳理一下头发,乃是他们的习惯③。国王啊,我还要告诉你,如果你征服了这些人以及那些留在斯巴达的人,那人类当中就再没有其他民族会阻挡你了。你现在面临的是全希腊最高贵的王室和城邦,以及最勇敢的人。"薛西斯认为他所说的完全不可置信,就进一步问他,他们人数既如此少,怎么可能同他的军队作战。德马拉图答道:"国王啊,如果事情不像我所告诉你的那样,那就把我当作一个说谎者好了。"

---

① 德马拉图(Demaratus)原为斯巴达王。因与另一王克里奥米尼不和,被剥夺王位,后逃往波斯。——译者
② 薛西斯在多略司克斯点兵后,曾与德马拉图谈话。德马拉图盛赞斯巴达人之英勇,但薛西斯不信。——译者
③ 据说留长发原为阿果斯人的习惯,但阿果斯人在公元前546年败于斯巴达人,失提列亚地方,遂宣誓在收复提列亚之前,不再蓄长发。斯巴达人原不蓄长发,却自此改蓄长发。——译者

[210] 然而，尽管如此，薛西斯仍不相信他。国王等候了四天，一直料想希腊人是会逃跑的；但到了第五天，他看见他们还不撤走，便认为他们留在那里不过是无耻和愚蠢，不由生起气来，派米底人和奇西亚人①去攻打他们，命令他们将希腊人生擒到他的面前来。米底人向希腊人冲去，发动了进攻；许多人倒了下来，但其他的人又接上去攻击。他们虽伤亡惨重，但未败北。不过，他们向所有的人，尤其是向国王表明，他们人数虽多，其中真正的战士却寥寥无几。这场战斗持续了一整天。

[211] 米底人既遭受到如此沉重的打击，便退下阵来，由国王称之为“不死军”的波斯人在叙达尼斯率领下接上去进攻。国王认为至少他们可以轻而易举地把希腊人打下来，但是他们上阵之后，打得竟和米底的士兵没有什么区别。他们既在狭窄的地方作战，使用的枪又比希腊人的短②，便根本无法利用他们在数量上的优势。然而，拉西弟蒙人却打得使人难忘。他们是以熟练的战士来同不熟练的敌兵作战。他们有许多战术，其中有一种是转身佯装逃走。异族人看见这种情况，就大喊大叫地追在他们的后面；但是拉西弟蒙人在眼看就要被追上的时候，突然转过身来向异族人冲去。这样一反攻，就杀伤了无数的波斯人；而斯巴达人自己却伤亡甚少。所以，当波斯人无论是列队进攻还是用其他方式都不能取得山隘的一寸之地的时候，他们只好退出了战斗。

[212] 据说在交战过程中，国王由于替他的军队担心，曾经三次由他坐的观战的宝座上突然跳起。那天战争的情况就是如此，第二天异族人在战场上的运气也未转佳。他们上阵时，满以为敌人数目既然如此少，现在又身受创伤，一定再也不能抵挡他们了。但是，希腊人按队别和族别编好队伍，各自轮流出战；只有弗奇斯人除外，他

---

① 奇西亚人(Cissians)居住在波斯首都苏撒一带，属于波斯帝国的苏撒纳郡(Susiana)。
② 波斯人不但枪短，并且盾小，又不着金属的盔和护腿，这在开阔处作战有行动方便的优点，但在狭处密集作战则不如希腊重甲兵。——译者

们驻守在山上,防御着间道①。所以,当波斯人发现希腊人的表现与前一天毫无二致时,便又由战场上退了下来。

[213] 国王对于如何解决当前的困难感到束手无策起来。这时有一个马里斯人,欧律德莫斯之子埃皮尔特,跑来向他献策,将穿山越岭通向德摩比利的间道告诉他,想从薛西斯那里取得重赏;这样,他就使留守德摩比利的希腊人遭到失败。后来,这个埃皮尔特由于惧怕拉西弟蒙人,逃入了帖撒利亚。在他逃亡之后,安斐克通联盟的代表们②就在召开盟会于德摩比利的时候,出价悬赏他的首级;很久以后,他返回了安提居拉,为特拉奇斯人阿提那德所杀。阿提那德是为了另外的原因杀死埃皮尔特的,这一点在我的历史的后一部分里将要谈到③,不过他仍然因此受到拉西弟蒙人的尊崇。

[214] 这就是埃皮尔特后来的下场。另外还有一种传说,说将这些话告诉国王并引导波斯人绕过山来的是卡律司托斯人法那哥拉斯之子奥尼提斯和安提居拉的科律达鲁④;但我对此完全不信。因为首先,我们必须由安斐克通联盟的代表们的行动中得出结论;他们悬赏的是特拉奇斯人埃皮尔特的首级,不是奥尼提斯和科律达鲁的首级,而必须认为他们是尽了一切办法来了解真相的。其次,我们知道埃皮尔特正是为了这一原因才逃亡的。我不否认,奥尼提斯纵然不是一个马里斯人,如果他曾经多次到过那个地方,也有可能知道这条间道;不过,引导波斯人由那条小路绕过山来的人是埃皮尔特,我在这里就把罪定在他的身上。

---

① 间道见希罗多德,Ⅶ.215,216。
② 古希腊常有相邻的部落和城邦由于共同利益而结成联盟,称为安斐克通联盟(Amphictyonic League)。参加盟会的各邦代表叫作安斐克通(Amphictyons),又叫皮拉哥里(Pylagori),安斐克通原为"周围居民"之意。这些联盟中最著名的亦即希罗多德此处所说的,是以达尔斐为中心由12个希腊部落组成的联盟,盟会每年在德摩比利和达尔斐召开两次,解决有关的宗教以及政治问题。——译者
③ 这一表白证明希罗多德有意将其历史继续到第九卷所终止的公元前479年以后。——译者
④ 提西阿斯(《波斯史》,24)说,此二人为特拉奇斯人卡利阿德(Kalliades)和提马弗尼(Timaphernes)。——译者

[215] 薛西斯对于埃皮尔特所答应去做的事情，深感满意。他喜出望外，立刻派叙达尼斯及其部下①前往，他们约在掌灯时分离营出发。这条间道②原是当地的马里斯人发现的，他们在弗奇斯人筑墙于山隘，以保护自己免遭进攻的时候，引导帖撒利亚人由这条小路进入了弗奇斯。因此，马里斯人早就表明德摩比利山隘是毫无用处的③。

[216] 这条间道是如此走向的：它从流经峡谷的阿索波斯河开始，那里的山与这条间道同名，都叫阿诺披亚。阿诺披亚间道翻过山脊，终于到阿佩诺斯镇，那是一个最靠近马里斯的罗克里斯人的城镇。这里有称为"黑屁股"的岩石和凯尔科普斯人的座位，是间道的最狭部分。④

[217] 这就是间道的形势。波斯人渡过了阿索波斯河，在这条小路上跋涉了一整夜，右手是奥塔山，左手是特拉奇斯山。黎明时他们来到了德摩比利山隘的山顶上。这一段山路，如我前面所说，现在正由一千名弗奇斯人驻守着，其目的是保卫他们自己的国家和防守间道。我前面说过的那些希腊人所据守的是下面的山隘，而这条翻山越岭的间道则由弗奇斯人按照他们自动向李奥倪达作出的诺言来防卫。⑤

---

① 即"不死军"。——译者

② 普鲁塔克（《加图传》，13）描写了加图所率领的军队在企图通过此小路时所遭遇到的困难。

③ 这是斯坦因的解释；其他人则将 οὐδὲν χρηίη（毫无用处）与 ἀτραπός（间道）相连，作"致命的"解。

④ 凯尔科普斯人（Cercopes）是一些淘气的矮子，曾经有人警告他们，说要提防一个"μελαμπυγος"（黑屁股）的敌人。赫拉克勒斯在把他们由这地方赶出时，将两矮子倒吊在他背上，这样他们就完全能够理解到他的这一绰号的由来了；他们就这件事开起玩笑来，直到打动了他，释放了他们。

⑤ 希罗多德一直未提到那些奥蓬提亚的罗克里斯人的防守之处。事实上除了德摩比利山隘和阿诺披亚间道之外，还有一条山路可走上阿索波斯峡谷，越过奥塔和卡利德洛莫斯之间的山脊，进入凯非索斯河流域；后来薛西斯军队即由此路进入多利斯。此山路若不守，则守德摩比利便毫无用处；特拉奇斯城堡位于阿索波斯峡谷附近，能扼守此山路。因此，奥蓬提亚的罗克里斯人，也许还有狄奥多洛斯所说的那一千名马里斯人（即特拉奇斯人），很可能就在特拉奇斯城堡和这条山路上驻守着。参阅《剑桥古代史》第4卷，剑桥大学出版社，1939年，第292—293页。——译者

[218] 在波斯人攀登的山坡上布满着橡树林。弗奇斯人开头一点也不知道他们的到来，直到后来敌人践踏散在脚下的落叶，在寂静的气氛里发出了很大的响声，这时他们方才惊觉。他们马上跳了起来，拿起武器，而顷刻之间，异族人已经到了面前。敌人见到武装起来的战士，不由一惊，因为他们原来以为根本不会有人阻挡他们的，而现在他们却遇到了一支军队。叙达尼斯怕弗奇斯人是拉西弟蒙人，忙问埃皮尔特他们是什么地方的人；在知道了真相以后，他就率领波斯人列队作战了。弗奇斯人在乱箭攻击之下，以为波斯人原来要进攻的就是他们，遂逃向山顶，准备在那里作一死战。这是他们的想法；但是波斯人以及埃皮尔特和叙达尼斯根本没有去管他们，全速下山而去了。

[219] 在德摩比利的希腊人最初是受到预言者美吉斯提亚的警告，他在察视祭品之后，告诉他们说，死亡正在天明时等待着他们；随之，还在夜间就有对方的投诚者①带来了波斯人兵出间道的情报；最后，在天明时，哨兵也从高处跑下来报告这一消息。于是，希腊人召开了会议，他们的意见分歧，有的说不应离开职守，有的却作相反的打算；随后，他们就分开各行其是了。有的人离开了驻防之地，各自散归自己的城邦，另一些人则决心与李奥倪达一道留守原地不动。

[220] 据说，确实是李奥倪达由于爱护他们，想保全他们的生命，亲自派他们走的；不过，他认为，对于他自己和斯巴达人来说，放弃他们原来驻守的地方是有伤荣誉的。但是，我倾向于这样的意见，即李奥倪达是在看到盟军已经意气消沉，不愿和他患难与共，才打发他们上路的，而他自己离开却是不光荣的；而且如果他留了下来，既将传下美名，又无伤于斯巴达的繁盛。原来斯巴达人在这次

---

① 投诚者中知名者为居美人提拉斯帖达（Tyrrhastiadas），见狄奥多洛斯，XI. 8. 5。
　　——译者

战争刚开始时,曾为战争向神求谶,派特亚女祭司向他们预言道,或者是拉西弟蒙为异族所灭,或者是他们的国王牺牲身亡。这一答复是以这些六脚韵的诗句来作出的:

> 辽阔的斯巴达的居民,你们命中注定:
>
> 不是你们的伟大名城毁于波斯,
>
> 就是美好的拉西弟蒙的四陲,
>
> 哀悼一个身为赫拉克勒斯苗裔的国王的陨落。
>
> 雄牛和猛狮都不能制胜你们的敌人,
>
> 他势不可阻,像宙斯一样强大地莅临,
>
> 他在二者中必得其一,并将它碎为齑粉。

我相信,李奥倪达一定是想起了这件事,并愿意斯巴达人独享这份荣誉。所以他宁愿把盟邦打发走,也不愿意让那些撤走者的离去成为一种由于意见分歧而产生的不体面的结果。

[221] 在这方面,我认为我的最强有力的证据之一就是:根据祭品把即将遭受的命运告诉给希腊人听的那个阿卡那尼亚人美吉斯提亚(据称是美兰帕斯①之后),无疑是李奥倪达让他离开的,为的是怕他与其他的人同归于尽。美吉斯提亚虽然受到了这样的命令,但是他不愿意走。他有一个独子在军中,就叫他代替自己回去了。

[222] 那些奉命离开的盟军都遵照李奥倪达的命令各自上路回去了,只有帖斯皮人和底比斯人还留在拉西弟蒙人的旁边。底比斯人的确是违反他们的心愿,被李奥倪达扣留在那里作为人质的;但帖斯皮人是诚心诚意留下来的。他们不肯抛下李奥倪达及其同伴而去,宁愿留在那里与他同生共死。他们的统帅是狄亚德罗米之子德模非鲁。

[223] 薛西斯在日出时行过了奠神之礼,按照埃皮尔特的意见,

---

① 美兰帕斯(Melampus)相传是特洛伊战争前希腊的一个著名预言者,通鸟兽之语,因而知许多秘密,其后人多为预言者。——译者

一直等到大约市场交易的时刻才发动进攻,因为下山的路比绕道上山要直接和短得多。① 薛西斯所率领的异族人于是就进攻了;但是,李奥倪达率领的希腊人,自知必死,便比以前更远地进入到峡道中较宽的部分去。他们原先防守的是卫墙,前几天都一直退到狭处去作战;但现在他们在狭处之外迎敌,在那里杀死了许多异族人。敌人的军官都拿着鞭子,走在军队的后面,驱赶全军前进。希腊人既知他们必定要死于绕山而来的敌人之手,便尽平生之勇,作殊死之斗,攻打异族人;因此许多敌军被逼入海中溺死,而更加多得多的人是自相践踏而亡,谁也不管踩死的究竟是谁。

[224] 这时,大多数希腊人的枪都已经折断了,他们就用短剑来杀波斯人。就在这场苦战中,最英勇奋战的李奥倪达阵亡了,一同阵亡的还有其他一些著名的斯巴达人。由于他们的盛德丰功,我知道了他们的名字,正如我还知道那三百名斯巴达人的全部名字一样②。波斯人中也有不少名人丧命,其中有大流士与阿塔尼斯之女弗拉塔古妮所生的两个儿子,阿布罗科马和叙帕朗提。阿塔尼斯是国王大流士的兄弟,是阿萨美斯之子叙司塔斯普的儿子;当他将女儿嫁给大流士的时候,他把自己家中的全部财产都给女儿作妆奁,因为她是他的独生女。

[225] 薛西斯的两个弟弟就这样在战场上阵亡了。为了争夺李奥倪达的尸体,在波斯人和拉西弟蒙人之间展开了一场剧烈的战斗,最后希腊人英勇地把尸体夺了过去,并四次杀退了敌人。在埃皮尔特带领的人到来之前,这场混战始终不能结束。当希腊人发觉他们来到时,战局才开始发生变化,他们撤回到山路的狭处,进入墙内,除了底比斯人之外,全体都据守在隘口的山丘之上,现在那里还

① 为的是由阿诺披亚间道而来的波斯人,在黎明时离开山隘的山顶之后(参阅希罗多德,Ⅶ.217),能够在午前较早的时刻到达低地。
② 李奥倪达的遗骸后来在公元前440年被带往斯巴达安葬。墓上有一圆柱竖立,上具此三百人之名,这希罗多德可能见过。

立有一只纪念李奥倪达的石狮①。在那里,他们用残留下来的全部短剑,甚至还用拳头和牙齿来防卫自己,直到最后异族人使用了飞投的武器,有的由正面向他们进攻,打毁了卫墙,其他的将他们团团围住,这才压倒了他们。

[226]拉西弟蒙人和帖斯皮人就是如此壮烈牺牲的。然而,据说他们全体当中最勇敢的是斯巴达人戴尼奇斯,关于他有这样的传说:在他们与米底人交战之前,有一个特拉奇斯人告诉戴尼奇斯说,敌人人数极多,当他们弯弓射箭时,连太阳都要被这大量的箭所遮蔽。但是他毫不因之气馁,反而对米底人的众多表示轻视,说:"我们的特拉奇斯朋友,给我们带来了大好的消息,因为如果米底人遮蔽了太阳,那我们就可以在阴凉地而不用在太阳光下作战了。"

[227]其他还有一些同样性质的讲话,据说也是戴尼奇斯留下来的,因此他至今仍受人纪念。据说,英勇之名仅次于他的是拉西弟蒙的兄弟二人,奥西番图的两个儿子阿菲欧斯和马龙。获得最大声誉的帖斯皮人是哈马提德之子狄提兰布斯。

[228]所有这些人,以及在李奥倪达命令大家离开之前战死的人,都埋葬在他们的阵亡之处,那里有着纪念他们的铭文如下:

> 伯罗普斯地方的精英,四千名战士,
> 曾在此抗击了三百万敌军。

这是纪念全军的铭文②;斯巴达人还有一个专为他们刻的铭文:

> 来往的过客啊,请去告诉拉西弟蒙人,
> 说我们忠于他们的嘱咐,在这里牺牲。

---

① 此石狮可能到罗马帝国时仍然保存。——译者
② 由铭文的内容看来,似乎这是专纪念曾在此抗敌的四千名伯罗奔尼撒战士的,并非纪念全体阵亡者,亦非纪念全体在德摩比利的希腊盟军;同时又说明伯罗奔尼撒半岛上各邦所出的战士是四千名,而非希罗多德在第202章中所列的总数三千一百名,因此其中应另有狄奥多洛斯所说的那一千名拉西弟蒙人。——译者

那是纪念拉西弟蒙人的,而这是为那个预言者刻的:

> 英雄美吉斯提亚,在此地奋战牺牲,
>
> 杀害他的是越过司匹丘斯河的米底人;
>
> 预言者明知他大限将临,但耻于逃遁,
>
> 他宁愿与斯巴达的国王共死同生。

这些铭文和石柱都是安斐克通联盟的代表们为了纪念他们而在那里竖立的,只有占卜师美吉斯提亚的墓铭除外。那一铭文是李奥普雷皮之子西门尼德①为了他们和美吉斯提亚的友谊而作的。②

第八卷

[1] 奉命在舰队中服役的希腊人如次:雅典人提供 127 艘战舰,由普拉提耶人和雅典人一道充任船员,这并不是因为普拉提耶人有任何航海知识,而只是因为他们勇敢热忱。科林斯人提供四十艘战舰,麦加那人提供 20 艘;卡尔息斯人出 20 艘战舰的船员,由雅典人提供船只;埃吉纳人出 18 艘,西库翁人出 12 艘,拉西弟蒙人 10 艘,埃庇达洛斯人 8 艘,伊里特利亚人 7 艘,特罗赞人 5 艘,斯提拉人 2 艘,凯欧斯人 2 艘③和 2 艘五十桨舰;奥蓬提亚的罗克里斯人则带了 7 艘五十桨舰来相助。

[2] 这些是来到阿提米西坞准备作战的人;现在我已说明他们各自是如何凑成这一总数的。聚集在阿提米西坞的战舰总数,除了五十桨舰之外,共是 271 艘。但是,海军主帅却出自斯巴达人,是欧

---

① 西门尼德(Simonides,公元前 556—前 469 年),为古希腊著名诗人。——译者

② 事实上这三个铭文皆为西门尼德所作,唯美吉斯提亚的墓碑是他独自出资竖立的。

③ 以上所述的战舰皆为三列桨座舰(Trireme),三列桨座舰是希腊的一种新式战舰,船员约 200 人,速度快、撞击力强;修昔底德(Ⅰ.13-14)说,最早在公元前 8 世纪末由科林斯人发明,但应用不广,至希波战争时才渐成为海战主力。至于其具体结构,桨手究为上中下三层,抑前中后三段,或三人一组,学者尚有不同意见。——译者

律克莱德之子欧律比亚德①。因为,同盟各邦说,假如不由拉哥尼亚人做他们的领袖,他们宁愿取消正在筹备中的舰队,也不愿由雅典人来领导。

[3] 原来早在尚未遣使去西西里求盟②的最初日子里,就曾有过将海军领导权交付给雅典人的说法。但是,当盟邦反对这一主张时,雅典人就放弃了他们的要求,认为希腊的安全最为重要,知道假如他们为争夺领导权而发生冲突,希腊就必定会遭到灭亡。他们在这方面的判断是正确的,因为内争之不如团结对外作战,就像战争之不如和平一样。有鉴于此,他们作出了让步,放弃了他们的要求;不过,如上所述,他们也只是在迫切需要别人时才如此。因为,当他们已经赶走了波斯人,战争已不再是为了他们的领土,而是为了波斯人的领土的时候,他们就以波桑尼阿专权横暴为借口,将领导大权由拉西弟蒙人手中夺了过来。但是,所有这一切都已是后话了。③

[4] 希腊人终于来到了阿提米西坞;但现在他们看到有大量敌舰停泊在阿菲提,到处都是敌人的武装,而且完全与他们的意料相反,这些异族人竟显得和他们所设想的大不相同。他们不由灰心丧气起来,开始商议由阿提米西坞向家乡希腊内地逃去。优卑亚人看见他们在作这样的打算,便央求欧律比亚德稍事停留,等他们将自己的孩子家人都迁出后再走。但是,当他们不能将他说服的时候,他们就另试他法,给了雅典海军统领泰米斯托克利三十个塔兰特④的贿赂,条件是希腊舰队应留在那里并在他们作战的时候为保卫优

---

① 斯巴达原规定在战争时由二王共同领军,但公元前506年出征雅典时因二王不一致而退兵,遂改为一王领军出战,一王留守。故此时斯巴达一王李奥倪达赴德摩比利作战,一王李奥提奇达留守本国,由非王室出身的欧律比亚德来统领海军。——译者
② 这是指希腊联盟遣使去西西里向叙拉古僭主格隆求援一事。当时雅典使节曾说,若海军领导权不归斯巴达人,则应归雅典人。——译者
③ 在公元前478年攻下拜占庭之后。
④ 希腊主要通用两种重量制度和币制单位:一为阿提卡-优卑亚制,一塔兰特等于25.86千克;一为埃吉纳制,一塔兰特等于37.8千克。此处当为阿提卡-优卑亚制,则三十塔兰特约重775.8千克。——译者

卑亚而战。

[5] 泰米斯托克利用来使希腊人留在原地不走的办法是这样的:他将那笔钱中的五塔兰特分给了欧律比亚德,装作是他自己拿出来给他的。欧律比亚德既被如此地争取了过来,其余的人也就无心反对了,只有科林斯的海军统领奥居特斯之子阿底曼图除外;他说他不愿留下,要乘船离开阿提米西坞。泰米斯托克利便向他发誓说:"不,在所有人当中,你是绝不会背离我们的,因为我要给你的礼物,比米底人的国王由于你抛弃你的盟邦而给予你的要贵重得多。"他说着就将三塔兰特的银子送到了阿底曼图的船上。所以,这两个人就都被礼物收买了过来,优卑亚人也达到了他们的愿望,而泰米斯托克利本人则是中饱者。他神不知鬼不觉地私吞了其余的钱,但那些仅分润其中一部分的人却还以为这是雅典人为了要他们留下而送给他们的。

[6] 于是,希腊人就留在优卑亚岛外并在那里作战了;战争的情况如下所述。异族人在午后不久就到达了阿菲提,他们看见只有少数原已听说过的希腊战舰停泊在阿提米西坞的外面,很想赶快进攻,以便将它们捕获。但现在他们还不想展开正面进攻,因为他们怕希腊人会由于看见他们到来而逃之夭夭,并且夜幕会在希腊人遁去时掩护他们。他们相信希腊人是会逃走的,而波斯人的目的是连希腊人的一个执圣火者①也不让生逃。

[7] 因此,他们定出了这样的计策:他们由总数中分出二百艘战舰,派它们先巡弋于斯奇托斯岛外,以便不让敌人发觉它们在绕航优卑亚岛,然后再经由喀非留斯海角,绕过格里司托斯海角前往欧里帕斯海峡;这样,他们就可以将希腊人夹在中间,由这一部分人把住水道,断其退路,而他们自己则从正面进攻。如此定计之后,他们便派那些指定好的船只起程了。至于他们自己,在当天和在看到那

---

① πυρφόρος(司圣火者)持圣火,使之一直不熄,以供军中祭祀之用,其人身神圣不可侵犯。

些绕航的战舰发出它们已经到达的信号之前,并不准备向希腊人发动进攻。他们就这样派出那些战舰去绕航,并开始清点在阿菲提的其他船只。

[8] 当他们正在点船的时候,舰队中有一个名叫斯基利亚的斯奇沃尼人,他是当时最优秀的潜水手,在舰队遭难于佩利翁山时①,曾为波斯人捞救了大量财物,同时给自己也捞得了不少。看来,这个斯基利亚早就想投到希腊人方面来了,不过他一直没有得到一个像现在这样好的机会。最后他究竟是怎样才来到希腊人那里的,我并不能说得确实。但是,要是传说果真属实,那倒的确是惊人的。因为据说他在阿菲提潜入了海内,直到他来到阿提米西坞之前,始终没有出过水面,这样他在海底就大约潜行有八十斯塔迪昂了。有许多关于这个人的传说,有些像是假的,有些又像是真的。至于目前这件事,我的意见是这样:他是乘船来到阿提米西坞的。他来到后,立刻将波斯舰队遭难和派船绕航优卑亚岛的事情都告诉给希腊的海军统领们。

[9] 希腊人听了之后,便在一起商议。会上众说纷纭,但占上风的意见是他们当天应该等候和驻扎在原地不动,等半夜之后再下海去迎击绕航而来的敌舰。而目前并没有人进攻他们,他们等到将近黄昏的时刻,就自己开动船舰向异族人进攻,想实地考察一下敌人的作战方法和突破阵线的战术②。

[10] 薛西斯的部下和将领们,看见希腊人只驾着少量的船只向他们冲来,以为他们一定是疯了,便驶出海面,想赢得一场轻而易举

---

① 薛西斯舰队未到阿菲提时,曾在马格尼西亚地方的佩利翁山外海面上遭到接连三天三夜的暴风雨袭击,损失甚巨。——译者

② 关于 διέκπλος(突破阵线)见本书卷六,第十二章。(希腊海战有新旧两种战术,旧战术为两船靠拢不动,由舰上战士交战,与陆战无甚差别。新战术兴于公元前 6 到 5 世纪之间,乃疾驶战舰对敌舰薄弱之处作忽进忽退的灵活袭击;διέκπλος 是其中主要战术之一,即以一排战舰突入敌舰阵内,穿过之,再迅速转回,攻敌后路,袭击敌舰船尾和舷侧。——译者)

的胜利。这种想法是很有道理的,因为他们看到希腊人的船只是如此之少,而他们自己的却要多上数倍,并且更能经得住风浪。他们怀着这样的信心,将希腊人团团围住。这时,那些与希腊人友好的爱奥尼亚人都不愿意参战,他们看见希腊人遭到包围,不由深为焦虑,以为他们一个都不能生还;希腊人在他们看来就是如此的无能为力。但是,那些对这件事感兴趣的人,都争先恐后,想做一个首先俘获阿提卡船只的先锋,并从国王那里领得赏赐;因为在舰队当中,大家谈论得最多的就是雅典人。

[11] 但是,希腊人一发信号,先将船尾聚拢在一起,以船首向着异族人;然后在第二次信号时,就动手奋战起来,尽管他们是被包围在狭窄的圈子里,进行着正面的战斗。他们拿获了三十艘异族的战舰,甚至还同时俘虏了菲拉翁这个在敌人水军中颇负盛名的人物,他是萨拉米①王高哥斯之弟和刻息斯之子。第一个捕获敌舰的希腊人是一个雅典人,爱斯克留之子吕可米德②;以英勇获奖的也正是他。双方在那次海战中未分胜负。夜晚的降临结束了战斗。希腊人驶回了阿提米西坞;异族人则在他们对战斗所抱的希望大为落空之后返回阿菲提。在那次战役里,国王麾下的全部希腊人当中只有雷姆诺斯岛的安提多洛一人归向了希腊人。因此雅典人给了他萨拉米岛上的一些土地。

[12] 在黑夜降临之后,由于那时正值仲夏的季节,整夜大雨滂沱,从佩利翁山上不断传来剧烈的雷声;同时,死尸和破船也都冲向阿菲提,缠住了船头,撞击着桨叶。这种声音使驻扎在那里的全体船员为之沮丧,他们把当前的灾难看成是彻底的毁灭。因为,他们还没有从佩利翁山外的覆舟之厄和狂风暴雨中获得喘息,就被迫经受一场顽强艰苦的海战,而海战后又是暴雨和倾泻入海的激流,还

---

① 此处的萨拉米并非阿提卡外的萨拉米岛,而是塞浦路斯岛上的一个城邦。——译者
② 普鲁塔克(《泰米斯托克利传》,15)说,吕可米德不是阿提米西坞海战而是萨拉米海战中第一个捕获敌舰的人。——译者

有剧烈的雷电。

[13] 这就是他们夜间的遭遇。但是,对于那些奉命绕航优卑亚岛的人,这同一个夜晚就更加残酷,因为他们是在外海受到打击的,遭到了悲惨的结局。他们在航行于"优卑亚谷"之外时遇到了暴风雨的侵袭,被风吹得不知所向,结果都撞上了岩礁。这一切全是出于天意,这样就可使波斯的力量与希腊人的更加相近,不致过分强大。

[14] 这些船就在"优卑亚谷"覆没了。阿菲提的异族人,在使他们大为宽慰的黎明来到后,仍然停船不动,因为在不幸的困境里,只要能暂时平静,他们也就很心满意足了。这时,有53艘阿提卡的战舰开来援助希腊人。它们的到来和一同带来的有关绕航优卑亚岛的异族人已在刚过的风暴中全军覆没的消息,使希腊人士气大振。于是,他们等到与前一天相同的时刻,就下海去进攻某些奇里其亚人①的船只。他们歼灭了这些船只,在夜晚来到时,返回阿提米西坞。

[15] 但是,到了第三天,异族的海军将领们觉得这样少的敌舰竟使他们受到损伤,实在是不可容忍,同时又怕薛西斯发怒,遂不再等希腊人发动进攻,约定在中午时分驶出了海面。这些海战与德摩比利的陆战恰好是在同一些日子里进行的。海军一心一意想守住欧里帕斯海峡,就像李奥倪达的部下力图捍卫陆路的通道一样。希腊人的战斗口号是不让异族人进入希腊;而波斯人的则是歼灭希腊军队和攻取海峡。所以,当薛西斯的部下摆好阵势进攻时,希腊人便在阿提米西坞外严阵以待,而外族就将他们的战舰排成半圆形,力图将希腊人全部包围在内。

[16] 希腊人就向他们冲去,投入了战斗。在那次海战中,双方

---

① 奇里其亚人(Cilicians)居住在小亚细亚东南岸,公元前6世纪下半叶成为波斯帝国的一郡,这次在波斯舰队中出战舰一百艘。——译者

的战绩相等。因为薛西斯的舰队太庞大众多了,结果自身反受其害。他们的战舰陷入了混乱,自相撞击。纵然如此,他们仍然坚持作战,不肯屈服,因为他们实在不能容忍自己被少数的船只打得败阵而逃。许多希腊人的船覆灭,士兵死亡,但是异族人的战舰和人员的损失还要大得多。他们就这样地战斗着,直到最后才各自收兵分开。

[17] 在那次海战中,薛西斯全军打得最好的是埃及人,他们不但建树了其他卓越的战功,并且还俘虏了五艘希腊战舰以及舰上的船员。在希腊人中,那天以雅典人打得最出色;而雅典人中,又以阿尔西比德之父克莱尼亚为最。他率领了二百人和一艘他私人所有的战舰来参战,全部费用都是自己负担①。

[18] 他们就这样分开了,各自都乐得迅速返回己方的停泊之处。希腊人在收兵离开战场的时候,占有了死尸和破船;但是,他们所遭受的打击是沉重的,尤其是雅典人,其战舰有一半受到损伤。现在他们的意见是逃向希腊内部的水面上去。②

[19] 泰米斯托克利自忖,假如能够把爱奥尼亚人和卡里亚人③由异族人的军队中分裂出来,希腊人的力量就足以胜过其余的敌人了。当时,优卑亚人经常将他们的畜群赶到海边去放牧。于是,泰米斯托克利就在那里将海军统领们召集在一起,向他们说,他觉得自己有一条妙计,希望以此把国王最好的同盟者分裂出来。可是他暂时只透露了这么一点,却说在当前的事态中,他们必须如此行事,

---

① 泰米斯托克利修造三列桨座舰的方法是,国家出一塔兰特的银钱去委托一富人造船一艘,若他处理不当,则国家可将钱收回(亚里士多德《雅典政制》,XXII. 7)。克莱尼亚(即后来曾在伯罗奔尼撒战争中率领雅典海军的阿尔西比德之父)全部自出费用,自然与众不同,在当时人看来,是特别光彩的。后来雅典的三列桨座舰、舰上设备以至船员的费用在原则上由国家支给,正常的保管维修费则由舰长(Trierarch,由富人充任)负担。——译者

② 我以为,这是指到更临近他们家乡的海面上去的意思。

③ 卡里亚人(Carians)相传最早居住在爱琴海地区,是希腊人迁入前当地土著居民之一,不属印欧语系。后迁至小亚细亚西南部,公元前 6 世纪下半叶为波斯人所征服。他们与小亚细亚的爱奥尼亚人关系密切,并曾参加他们反抗波斯人的起义。——译者

即让每一个人都去任意地尽量杀戮优卑亚人的畜群,因为与其让它们被敌人得去,还不如让希腊水军们得去为佳。他又劝他们各自命令部下放起火来。至于他们撤离的时间问题,他说他自己将作这样的考虑,以求将他们平安带回希腊。这一切他们都同意去做,遂立刻放火和动手杀戮畜群了。

[20]原来,优卑亚人曾经忽视过巴奇斯①的神谶,认为它没有意义,他们既未带走亦未带入任何东西来表示他们对某一敌人来犯的畏惧。因此,他们是自食其祸。巴奇斯神谶关于这件事是这样说的:

> 当一个操外方语言的人在海浪上抛下纸草的羁绊②,
>
> 那就赶快驱散优卑亚岸边的鸣声咩咩的羊群。

优卑亚人对这些诗句毫不在意,但他们在当前的和以后不久到来的灾难中就不得不注意到他们的惨祸了。

[21]当希腊人正在做着上述那些事情时,守望者从特拉奇斯回到他们这里来了。原来,在阿提米西坞有一名守望者,名叫波吕亚斯,是一个安提居拉的土著。他经常备有一艘桨船,如果舰队遭困相持不下,就负责将消息报告给德摩比利的希腊人;同样,李奥倪达身旁也有一个雅典人,吕息克利之子阿布罗尼科,如果陆军遭到任何不利,他就准备驾一艘三十桨船将消息带给阿提米西坞的希腊人。所以,这个阿布罗尼科就回来向他们宣布了李奥倪达及其部下死难的消息。希腊人获悉后,就不再拖延他们的撤退,而是按照规定的次序,由科林斯人领先,全体雅典人居后,起程而去了。

[22]不过,泰米斯托克利还挑出了一些最坚固的雅典战舰,到饮水所在的那些地方去,在岩石上刻下了文告,这些当爱奥尼亚人

---

① 巴奇斯(Bacis)是希腊传说中一些预言者的名称,其中最著名者是彼奥提亚的巴奇斯。——译者
② 这是指在海上架起用纸草绳索连成的浮桥。——译者

在第二天来到阿提米西坞时就都看到了。下面是文告的内容:"爱奥尼亚人哪,你们进攻自己祖先的国土,给希腊带来了奴役,这实在是不义之举。你们应该加入到我们这边来,那是上上之策。但是,假如你们不可能这样,则应该立即撤出战斗,并劝告卡里亚人也效法你们行事。假如这些事情一件也不可能,而你们深受束缚,不能倒戈,那我们就请求你们在交战的日子不要使出全部力量。要记住:你们是我们的子弟,我们同异族之间的冲突最初是由你们开始的。①"我认为,泰米斯托克利这样写是具有双重的目的:如果国王对文告毫不知情,那就可以使爱奥尼亚人倒戈投到希腊人这边来;如果文告被恶意地报告给薛西斯听了,那他就会因之不信任爱奥尼亚人,不让他们参加海战。

[40] 希腊舰队在离开阿提米西坞后,应雅典人的恳求,到萨拉米岛去登陆。雅典人央求他们到那里去驻扎的原因是为了他们可以亲自将他们的妇孺老幼平安运出阿提卡,并为了可以开会商议他们应该怎么办。因为,当前的事态变化既使他们的判断失望落空,他们现在就需要召开会议了。他们原以为整个伯罗奔尼撒的军队会在彼奥提亚迎击异族人的进攻,但他们现在并未发现这样的迹象。恰恰相反,他们得悉的是伯罗奔尼撒人正在修筑科林斯地峡的防御工事,对其他一切全都不管,把保卫伯罗奔尼撒看作当前最大的急务。他们知道了这些,因此请求舰队去萨拉米驻扎。②

[41] 所以,其他人就向萨拉米航去,而雅典人则驶回本国。他们到了那里,便发布公告,命令每个雅典人皆应尽力保全自己的子

---

① 指雅典人由于帮助爱奥尼亚人反抗波斯而与波斯结仇。——译者
② 萨拉米海峡极其狭窄,有利于希腊舰队以寡敌众,而且最近发现的在阿提米西坞海战前即已通过的《泰米斯托克利颁令》,曾规定派一百艘战舰留守萨拉米及阿提卡全境,因此那时泰米斯托克利等可能已具有若阿提米西坞海战不胜便在萨拉米决战的打算,并非仅由于见到伯罗奔尼撒人准备防御科林斯地峡而临时决定请舰队去萨拉米驻扎的。希罗多德的说法可能反映了雅典人攻击伯罗奔尼撒人的某种偏见。——译者

女和奴仆。于是,他们大多数人都将家人送往特罗赞。有些人则送往埃吉纳和萨拉米。他们之所以赶紧将一切都迁出险境,是因为他们愿听从神谶的指导,并且也为了另一个原因,那就是:据雅典人说,他们的神庙中居住着一条保卫雅典卫城的巨蛇,其证据是他们一直按时献上一张蜜饼作为对它的每月奉祀;这块饼以前总是被吃掉的,但现在却未被动用。女祭司公布这件事情之后,雅典人以为连他们的女神也已经抛弃了卫城,便更加准备离开他们的城市了。等全部人员都迁走之后,他们遂返回舰队。

[42] 撤离阿提米西坞的希腊人到萨拉米来驻扎之后,其他部分的希腊水军也听到了这个消息,便离开了原规定为他们集合地点的特罗赞城的波根港,来此相聚。所以,聚集在那里的战舰比在阿提米西坞作战的要多得多,并且来自更多的城邦。他们的海军主帅与在阿提米西坞时相同,还是那个欧律克莱德之子欧律比亚德,他是斯巴达人,并非王族。但是,提供战舰最多最好并远过他人的是雅典人。

[43] 参加舰队的伯罗奔尼撒人是:拉西弟蒙人提供 16 艘,科林斯人与在阿提米西坞时所出相等;西库翁人提供 15 艘,埃庇达洛斯人 10 艘,特罗赞人 5 艘,赫米沃尼的居民 3 艘。除了赫米沃尼的居民以外,所有这些人都属于多利亚族和马其顿族,是最后由伊林厄斯、品达斯和德律沃庇亚地区迁来的。赫米沃尼的居民是德律沃庇亚人,是被赫拉克勒斯和马里斯人由如今称为多利斯的地方赶出来的。

[44] 这些是舰队中的伯罗奔尼撒人。在那些由伯罗奔尼撒半岛以外的大陆上来的人当中,雅典人提供的战舰比任何其他人都多,有 180 艘,并由他们自己出全部船员。普拉提耶人并没有在萨拉米与雅典人并肩作战,这是因为当希腊人离开阿提米西坞,到达卡尔息斯之外时,普拉提耶人都在对过的彼奥提亚海岸登陆,去迁运他们的家小了。所以,他们是留在后面将家眷运往安全之处的。

当皮拉斯吉人统治着如今称为希腊的地方时,雅典人属于皮拉斯吉人①,叫作克拉纳人②。他们在凯克罗普做国王的时候,开始叫作凯克罗匹德人;当王权落入伊列克修③之手时,改名为雅典人;但当克苏托斯之子爱昂④为其军队的统帅时,又依他的名字叫作爱奥尼亚人了。

[45] 麦加那人提供的舰数与在阿提米西坞时相同。安普拉奇亚人带了7艘来加入舰队,留卡底亚人(他们属于多利亚族的科林斯分支)则带来了3艘。

[46] 在各岛民⑤当中,埃吉纳人提供了30艘。他们也给其他的舰只配备了船员,但只用以守卫自己的海岸,而用最精锐的30艘来萨拉米作战。埃吉纳人是来自埃庇达洛斯的多利亚人,他们的岛屿以前叫作俄诺尼。继埃吉纳人之后,卡尔息斯人开来了20艘,而伊里特利亚人的则还是原来参加阿提米西坞海战的那7艘——他们是爱奥尼亚人。其次是凯欧斯人,所出舰数与以前相同;他们是来自雅典的爱奥尼亚人。纳克索斯人提供了4艘;这4艘战舰原本与其他的岛民一样,是本国人派到波斯人那里去的,但他们对命令毫不听从,却应本国一位知名人士三列桨座舰长德莫克里特的邀请,径自投往希腊人方面。纳克索斯人是属于雅典支的爱奥尼亚人。斯提拉人所出数目与在阿提米西坞时相同,居司诺斯人则出一艘三列桨座舰和一艘五十桨舰——这两种人都是德律沃庇亚人。舰队中还有塞里佛斯人、息夫诺斯人和米罗斯人,这些是各岛民中

---

① 皮拉斯吉人(Pelasgians)相传是希腊地区最古老的土著居民,可能不属印欧语系。后与陆续迁入的各支希腊人融合。希腊人种的起源问题,颇为复杂,学者尚有争论。——译者
② 可能是"高地居民"之意。对于希罗多德来说,全部多利亚人以前的希腊居民都是"皮拉斯吉人"。
③ 伊列克修(Erechtheus)相传是雅典的第六个国王。——译者
④ 爱昂(Ion)相传是伊列克修之女柳莎(Creusa)在嫁给克苏托斯之前与阿波罗神所生之子,是爱奥尼亚人的始祖。——译者
⑤ 这是指爱琴海上的各岛居民。——译者

仅有的未向异族交纳土水的人。

[47] 以上所述的这些人都是从比帖斯普罗提亚和阿克朗河更近的地方来参战的：因为帖斯普罗提亚和安普拉奇亚人及留卡底亚人相接，而这两种人则是由最远的地方来的。在住得比这些人更远的人当中，只有克罗顿人在这危难的关头来援助希腊，他们出了一艘战舰，其舰长是法勒斯，派特亚赛会①的三度优胜者。这些克罗顿人属于阿加亚人的血统。

[48] 所有这些人都出三列桨座舰来参加舰队，只有米罗斯人、息夫诺斯人和塞里佛斯人除外，他们带来的是五十桨舰。米罗斯人属于拉西弟蒙人一支，出两艘；息夫诺斯人和塞里佛斯人都是属于雅典支的爱奥尼亚人，各出一艘。全部舰数，除了五十桨舰之外，共计 378 艘②。

[49] 当来自上述各城邦的统领们在萨拉米相会时，他们召开了会议。欧律比亚德将问题摆在他们的面前，让大家发表意见，说明各自认为在希腊人仍然掌握的所有地方之中何处水面最适于进行海战。他们对阿提卡已不再抱希望了，他让他们在其他的地方当中作出决定。于是，大多数发言者的意见都趋向于同一个结论，即他们应该驶往科林斯地峡，为伯罗奔尼撒的安全而进行海战，所援引的理由是：如果在萨拉米战斗失败，就会被围困在一个孤岛上，任何

---

① 派特亚赛会相传是希腊人为纪念阿波罗神斩毒蛇而在特尔斐每四年召开一次的赛会，每次在奥林匹克赛会后的第三年举行，最早大概始于公元前 586 年，以音乐竞赛为其特点。——译者

② 关于希腊舰队的总数，古代作家记载不一，近代学者亦有争论。希罗多德此处所列总数为 378 艘，但以上分别提出者共计仅 366 艘；爱斯奇勒（《波斯人》，339—340）说是 310 艘；而修昔底德（Ⅰ.76）载为 400（此数本身因抄本关系尚有争论）。希罗多德在 46 章中说埃吉纳人除了 30 艘战舰参战外，还有一些用以防守自己海岸。这些大概就是 378 和 366 之间的差数。希罗多德另外在 94 章中又说科林斯人在海战刚开始时就带领舰队（40 艘）逃走，此说虽不确，但可能科林斯人曾另有使命。带领一支分队（除科林斯的 40 艘外，应还有属于科林斯一支的安普拉奇亚人和留卡底亚人的 10 艘乃至个别其他城邦的战舰）他往，最初未参战，爱斯奇勒大概未将其计在数内，366 与 310 之间的差数可能就是这支分队的舰数。——译者

援助都不能到来；但是在科林斯地峡之外，他们却能够回到自己的海岸。

[50] 当伯罗奔尼撒的舰长们正持此论断时，来了一个雅典人，带来消息说，异族人已经到了阿提卡，正在放火烧毁那里的一切。原来，随薛西斯穿过彼奥提亚的波斯军队，已经烧毁了帖斯皮人和普拉提耶人的城市（帖斯皮人这时已离开城市，逃往伯罗奔尼撒），而且来到雅典，蹂躏其周围的全部地方了。他们之所以焚毁帖斯皮和普拉提耶，是因为他们从底比斯人那里得知，那两个城邦以前并未归向波斯。

[51] 现在，异族人在渡过了他们进军由之开始的赫勒斯滂海峡之后，用了一个月进入欧罗巴，又过了三个月才到达阿提卡，那时卡利阿德是雅典的执政官①。他们占领了雅典，当时它已被放弃，荒无一人。但是，异族人发现在神庙中尚有少数雅典人，并且还用门板及木头将卫城围圈起来自卫，以防进攻。这些人多是神庙的庙守和贫民②，他们没有撤往萨拉米，一方面是因为贫困，一方面也是因为他们自以为已经发现了特尔斐神谶所说木墙牢不可破的含意，相信预言所示的避难所就是围着木栅栏的卫城，而不是战舰。③

[52] 波斯人在卫城对面的、雅典人称之为阿雷斯山④的山丘上驻扎，将卫城中的雅典人围困起来，用包着麻屑的火箭向栅栏射去。尽管这些雅典人已陷绝境，栅栏也已使他们失望，但他们仍然死守，抵抗着围攻者。他们对于庇西特拉图族人⑤向他们提出的投降条件

---

① 希腊城邦以官名纪年，如雅典以第一执政官名，斯巴达以第一监察官名，阿果斯以赫拉女祭司名。雅典历的正月为夏至后第一个太阴月，故卡利阿德年大约开始于公元前480年7月间。——译者
②《泰米斯托克利颁令》中曾规定"司库员和女祭司留在卫城，守护神的财产"。——译者
③ 见希罗多德，Ⅶ.142。
④ 阿雷斯山乃雅典元老院（雅典最早议事会，即贵族会议）的所在地，故雅典元老院叫作阿雷斯山会议。——译者
⑤ 庇西特拉图及其子皆为雅典僭主，公元前510年僭政被推翻后庇西特拉图族人就投向波斯，劝波斯进攻雅典，企图复辟。——译者

也置之不理,采取各种对策自卫,其主要方法是当异族人来攻卫城的城门时,朝着他们将巨石推滚而下。结果,薛西斯竟在相当长时间内未能攻取卫城,并且不知所措。

[53] 但是,异族人终于在进退两难中找到了一个入口;因为神谶是必定要应验的,阿提卡的全部大陆是必定要为波斯人所征服的。在卫城的前面,和在城门及通向城门的山坡的后面,有一处无人把守也没有一个人想到会有人攀登的地方;但是,有些人就在这里由凯克罗普之女阿格劳洛丝神殿①附近爬了上来,尽管这条路是通上一陡峭悬岩的。② 雅典人看见他们已经攀上卫城,就有些坠墙而死,有些逃入内殿。那些爬上来的波斯人,先冲向城门,将它们打开,然后屠杀求降者。他们杀光了全部雅典人,随又掳掠神庙,焚烧整个卫城③。

[54] 薛西斯现在既占领了整个雅典,就派一名骑者去苏撒向阿塔巴诺宣告他当前的成就。遣走信使后的第二天,他将军中随行的雅典流亡者召集在一起,让他们登上卫城,按照他们自己的礼式进行祭祀。他所以发出这项指令,也许是由于他在睡梦中梦见某种幻象,也许是由于他对自己焚毁神庙感到后悔。雅典流亡者遂依命行事。

[55] 现在我要说明,我为什么会提起这件事。卫城中有一座人称大地所生的伊列克修的神殿,那里面有一棵橄榄树和一咸水池。据雅典人说,这是波赛顿神和雅典娜女神作为他们争夺国土的标记而设的。④ 如今这棵橄榄树已随着神庙一起为异族人所焚;但在焚

---

① 阿格劳洛丝(Aglaurus)相传是雅典王凯克罗普之女,由于偷看了雅典娜箱中所藏的秘密,或说被箱中之蛇咬死,或说因触怒雅典娜而发狂投岩自杀。——译者
② 豪和威尔斯说希罗多德的描述甚为精确。文中所说的山坡可能系卫城北墙下或北墙内的陡谷所形成;此山谷的西部入口就是"前面",与卫城的主要入口对着同一方向。此处之 μέγαρον (大厅、殿堂)等于 ἱερόν (神殿)。
③ 波斯战争后,雅典人重建了卫城,但波斯人毁城的痕迹仍存。——译者
④ 雅典娜创植橄榄树,波赛顿建咸水池;凯克罗普裁决将土地归于雅典娜。

烧后的第二天,当雅典人奉国王之命登上神庙去祭祀的时候,他们看见树干上又已长出了一腕尺长的新枝,他们报告了这件事。①

[56] 萨拉米的希腊人听说雅典卫城已经沦陷,不由大为震惊,有些舰长竟不等对他们所讨论的问题作出决定,就慌忙跑回自己的战舰,扬帆而遁。那些留在后面的人则决定,舰队应该为防守科林斯地峡而战,并在天黑时散会登船。

[57] 泰米斯托克利回到了自己的船上,有一个雅典人姆尼息非勒②问他会议的结果如何。当姆尼息非勒从他那里知道他们的方案是驶往科林斯地峡并为保卫伯罗奔尼撒而战的时候,就说:"那么,如果他们离开萨拉米下海而去,你的船舰就会连一个可以为之作战的地方都没有了。因为每个人都将返回自己的城邦,无论是欧律比亚德,还是任何人,都不能约束他们,而兵力就会分散在外,结果希腊将由于不明智而亡。绝对不能这样,如果还有一点其他办法,你就应该立刻去使这一方案作为罢论;也许你还能够说服欧律比亚德,使他改变主意,留在这里。"

[58] 这一劝告使泰米斯托克利顿时大悦,他没有回答姆尼息非勒,就径直来到欧律比亚德的船前,说自己要与他商量一件有关大家共同利益的事情。欧律比亚德让他上船,问他有什么事。泰米斯托克利就坐在他的旁边,把自己从姆尼息非勒那里听来的话都讲给他听,就像这些是他自己想出来的一样,并且又大大发挥了一番。直到最后他说服了这个斯巴达人,请他走出船来,召集各海军统领来到他们开会的地点。

[59] 据说当他们刚刚到会,欧律比亚德还没有向大家宣布所以

① 若果有此事,则可能是雅典流亡者在半年多以后的公元前 479 年随马多牛斯再度侵入雅典时看到橄榄树又长出新枝。后来雅典人于 421 年后又在卫城内重建伊列克修神庙(Erechtieum),其中有雅典娜神殿,其他神的祭坛,以及咸水池和橄榄树等。——译者
② 姆尼息非勒(Mnesiphilus)与泰米斯托克利同属一个村社,是智慧术(后发展为诡辩术)的教师,颇受泰米斯托克利的倚重。——译者

召集将领们在一块的原因时,泰米斯托克利就慷慨激昂地发表了长篇恳切的讲话。但他话还没完,科林斯的海军统领,奥居特斯之子阿底曼图,便说道:"泰米斯托克利,在竞技会上,谁在规定时间前先跑,是要挨棍子揍的。"泰米斯托克利立刻辩道:"对,不过,谁等得太久,就得不到桂冠。"

[60] 他就这样对科林斯人暂时作了一个温和的答复。于是,他转向了欧律比亚德,但绝口不谈他刚才讲的说什么如果他们离开了萨拉米,就会四散而逃等的话;因为当着盟邦的面,讲奚落他们的话是对他不利的。他转而采取了另一种说辞。他说道:"如果你们听从我的意见,在这里进行海战,而不是轻信他人之言,将战舰移往科林斯地峡,那么,拯救希腊就完全是在你们的掌中之事了。现在请听我说,并在这两种方案中作出判断。如果你们在科林斯地峡之外作战,那你们就要战斗在开阔的海面上;而那里对我们是最最不利的,因为我们的战舰比较重,数量也较少。何况,纵或我们在其他方面能够取胜,你们也必定要失去萨拉米、麦加那和埃吉纳。敌人的陆军必定追随其海军而进,结果你们就会把他们带入伯罗奔尼撒,危及整个希腊。然而,如果你们按照我的意见去做,你们将因此获得如下好处:首先,由于我们的舰队是在狭窄的海面①上以寡敌众,所以,只要战争不发生意外,我们就会取得一场伟大的胜利;因为我们在海峡中作战,其有利程度就如他们在开阔的海面上作战一样。其次,我们可以救助萨拉米,那里是我们将自己的儿女妻子迁往的所在。再次,我的方案中也已经包括了你们最主要的愿望,那就是:你们留在这里,也同样能够保卫伯罗奔尼撒,与你们在科林斯地峡外作战所能做到的并无差别;而且,如果你们聪明的话,你们是不会把敌人引到科林斯地峡去的。假若事情如我所料,则你们将永远也不会在科林斯地峡遭到异族的进攻了;他们将不会越过阿提卡前

---

① 萨拉米海峡最窄处仅宽一浬。——译者

进,而且还要在混乱中退走。我们将由于保全了麦加那、埃吉纳和萨拉米而获得利益,并且据一个神谕告诉我们,萨拉米正是我们将要战胜敌人的地方。每当人们订出合理的计划,成功就常常会归于他们;但如果他们不这样做,那么,天意就不会和人谋相合了。"

[61] 泰米斯托克利是这样说的,但科林斯人阿底曼图再度攻击他,说失去国土的人就应该默不作声,欧律比亚德不应让一个亡了国的人来参加票决;他说等泰米斯托克利有了一个城邦为后盾之后再来参加会议吧。他所以如此辱骂泰米斯托克利,是因为雅典已经为敌人攻陷了。于是,泰米斯托克利作了长篇发言,痛斥阿底曼图和科林斯人,让他们清楚地知道,只要雅典人有二百艘充分配置了船员的战舰,他们就有一个比科林斯人更为强大的城邦。因为任何希腊人都不能将他们打败。

[62] 他讲完这番话,就转向欧律比亚德,比先前更激烈地说:"如果你留在这里,这样你就是一个正直的好人;而如果你不留下,那你就要使希腊遭到灭亡。因为我们的全部作战力量就在我们的战舰之中。不,听从我的意见吧!如果你不这样做的话,我们就要立刻带领我们的家小航往意大利的赛里斯地方去了。那里很早就是我们的土地,神谕也说我们必须在那里建立一个移民地;而你,丧失了像我们这样的盟邦,自会对我刚才所说的话念念不忘的。"

[63] 泰米斯托克利的这番话,打动了欧律比亚德,使他改变了主意。我想他这样做,主要是由于害怕雅典人会因他带领舰队去科林斯地峡而撤开了他;如果雅典人离开了舰队,其余的人就根本不是敌人的对手了。于是他选择了上述的方案,即留下来在他们所在的海面上作战。

[64] 这样,希腊人在这场舌战之后就准备在他们所在的地方作战了,因为欧律比亚德已作了如此的打算。第二天日出时,在陆上和海上都发生了一次地震;他们决定向神明祈祷,并请埃亚克斯的

儿子们来支援。他们既作出了决定,便按之行事,向全体神明作了祈祷,并将埃亚斯和台拉蒙由希腊人所在的萨拉米请到他们那里去;同时又派一只船去埃吉纳请埃亚克斯和他的全家。①

[65]有一个雅典的流亡者,提奥居德之子狄奇厄斯,颇见重于米底人。这就是他讲的话。当阿提卡的土地正遭受着薛西斯军队的蹂躏,那里已没有一个雅典人的时候,他同拉西弟蒙人德马拉图走过斯赖息亚平原②,突然看见有一股尘雾由厄琉息斯那里滚滚而来,仿佛这是由于三万人奔走所引起的。当他们满腹惊异,不知引起尘雾的究竟是谁的时刻,忽又听到一种喊声,他觉得这喊声好像就是秘仪中的雅刻斯赞歌。德马拉图不熟悉厄琉息斯的仪式,就问他这是什么声音。狄奇厄斯说:"德马拉图啊,毫无疑问,大祸将临于国王的军队了。因为阿提卡既已无人居住,我们所听到的声音显然是上天所遣,并且是从厄琉息斯来援助雅典人及其盟邦的。如果这个幻象降于伯罗奔尼撒,那国王御驾及其陆军将遭凶险;如果它转向萨拉米的战舰,则国王就要有丧失舰队之虞了。至于这一节庆,那是雅典人每年为纪念母神和少女神③而举行的,任何希腊人,无论是雅典人或其他城邦的人,只要愿意都可以参加;而你所听到的声音,就是在这一节庆时所发出的'雅刻斯'喊声。"④德马拉图答道:"禁声,这种话千万不要跟任何别人谈起。因为假如有人将你的

---

① 埃亚克斯及其儿子们的神像,参阅希罗多德,V.80。(相传埃亚克斯及其家人是埃吉纳人所崇拜的地方英雄,后亦受到雅典人的尊敬。希腊人这里所请的是埃亚克斯及其家人的神像,相信请来后就有神助,可以获胜。——译者)
② 在雅典西北,距厄琉息斯约十五里。普鲁塔克说幻象见于萨拉米海战的那一天,故这次战役当在9月22日进行(即博德罗米翁月20日);因为据说幻象发生之日与厄琉息斯节庆的固定日期恰好相同。
③ 德米特尔和波息丰妮。
④ 厄琉息斯秘仪(Eleusinian Mysteries)相传是雅典人纪念农神德米特尔及其女少女神波息丰妮的庆典,每年春秋举行两次,秋季(约9月)在厄琉息斯举行者最隆重,至时秘仪参加者先沐浴祭祀,然后口唱赞歌,手拿火把,护送雅刻斯神像(Iacchus,相传是德米特尔与宙斯所生之子,被认为是女神与信徒之间的中介和秘仪的主持者)往厄琉息斯,到达后禁食行礼,演圣剧,前后共十天。——译者

话报告给国王,你就要掉脑袋了,那时无论是我还是任何别人,都无法解救你。你静下来吧! 至于军队,神明自会照应它的。"这就是德马拉图的意见。尘雾和喊声过后,天空出现了一片云,升得很高,冉冉飘往萨拉米,向希腊舰队那里去了。因此,他们知道,薛西斯的舰队必定要被歼灭。这就是提奥居德之子狄奇厄斯所讲的话,他说德马拉图和别人都能证明这是真实的。①

[66] 奉命在薛西斯舰队中服役的人,在观看拉哥尼亚人所受的伤亡②和由特拉奇斯过海回到希思提阿之后,经过了三天的等待,然后开船穿过了欧里帕斯海峡;又过了三天,便抵达法勒伦港。我认为波斯的海陆大军,在突入雅典时其数量并不比他们在来到西比亚斯海角和德摩比利山隘时为少。因为与那些在大风暴、德摩比利和阿提米西坞外海战中丧命的人相抵,又加入了这些人,他们是那时尚未归在国王麾下的马里斯人、多利斯人、罗克里斯人和彼奥提亚的全部兵力(仅帖斯皮人和普拉提耶人除外),此外还有卡律司托斯人、安德洛斯人、提诺斯人和除开我前面已经提到过的那五个国家③以外的其他岛民。因为波斯大军愈侵入希腊境内,归入他们队伍中的各邦居民就愈多。

[67] 所有这些人都来到了雅典,只有帕罗斯人除外,他们留在居司诺斯岛上,想观望一下战争的趋向究竟如何。其他的人既都来到了法勒伦港,薛西斯便亲临舰队,为的是同船员接触,听听他们的意见。当他来到和登位就座之后,其属下各城邦的僭主和海军各队的统领都应召来到他的面前,各自按照过去国王分别赐予他们的勋位等次坐了下来。首座是西顿王,其次是推罗王,然后是其他的人。他们依次坐定之后,薛西斯派马多牛斯去向他们逐一询问波斯舰队

---

① 萨拉米战役的那一天,波斯陆军也开始向伯罗奔尼撒挺进,故狄奇厄斯若真有所见,可能是陆军出动时所引起的尘雾。——译者
② 薛西斯在德摩比利战役后,曾将希腊阵亡战士的尸体及极少数异族人尸体留在战场,让海军下去观看。——译者
③ 见希罗多德,Ⅷ.46,但那里提到的是六个国家。

是否应该作战。

[68]马多牛斯从西顿人那里开始,依次向下询问;所有其他的人都异口同声说应该在海上作战;但是,阿提米西雅①言道:"马多牛斯,我求你转告国王说:我,讲这番话的人,在优卑亚附近的战斗当中,无论是在勇敢还是战绩方面,都不是最落后的。不过,主公啊,我完全应该宣布我的意见,即我认为对你最有利的意见。这就是我要向你说的:留下你的战舰,不要在海上进行任何战争。因为他们的军队在海上要比你的部下强得多,就像男子之强于女人一样。你为什么一定要不惜任何代价亲自冒险在海上作战呢?你难道没有占领雅典吗?你是为了雅典才开拔出征的。你难道没有占领希腊的其他地方吗?没有人挡住你的道路;抵抗你的人都已经陷入了他们所应有的困境。现在我要向你指出,我认为你的敌人的一切行动将会如何。如果你不急于在海上作战,而是将战舰留在这里,守候在陆地附近,或者甚至向前进入伯罗奔尼撒,那么,我的主上,你就会轻而易举地达到你此行的目的了。因为,希腊人是不能长期与你对峙的,你将使他们分离四散,他们将各自逃回自己的城邦;据我所知,他们在这个岛上并没有粮食。如果你率领军队进入伯罗奔尼撒,那些由那里来到此地的希腊人也不像是会留在这里不动的;他们将无心为雅典进行海战。但是,如果你急于在海上立刻作战,我怕你的舰队将会遭到某种损失,从而使你的陆军也同样受害。还有,国王啊,请想一想这条道理吧:好人的奴隶常常是坏的,而坏人的奴隶却常常是好的。你是天下最好的好人,因此就要有坏的奴隶;那些成为你的与国的埃及人、塞浦路斯人、奇里亚人和潘非利亚人②,都是毫无用处的。"

[69]当阿提米西雅向马多牛斯讲这番话时,她的所有朋友都为

---

① 阿提米西雅(Artemisia)是希罗多德幼年时他的祖国哈利卡纳索斯的女王。——译者
② 潘非利亚(Pamphilia)在小亚细亚的南岸。——译者

她的话担忧,以为国王将由于她劝他不要进行海战而降罪于她;但那些由于她在一切与国之中最受礼遇而对她心怀恶意和妒忌的人,都为她的答复高兴,认为那将使她遭殃。但是,当这些意见都报告给薛西斯的时候,阿提米西雅的意见却使他大为高兴;他一向认为她是一个高贵的女子,而现在就更加推崇她了。纵然如此,他还是采纳了大多数人的意见;他认为优卑亚岛外之役,是由于他未曾御驾亲临,所以部下才怯战的,而现在,他是准备亲自督战了。

[70] 下令起航后,他们就进至萨拉米岛,从容不迫地摆下了阵势。那天已不及开战,因为夜晚已经降临,他们便准备在第二天开战。但是希腊人,尤其是那些来自伯罗奔尼撒的人,都惊慌恐惧。他们所以害怕,是因为他们自己将留在萨拉米为雅典人的国家作战,而如果战败的话,他们就一定要被封锁包围在一个孤岛上,不能回去保卫自己的国土。次日傍晚,异族的陆军也开始向伯罗奔尼撒挺进了。

[71] 尽管如此,希腊人还是采用了一切办法来防止异族由陆路侵入他们的国土。伯罗奔尼撒人一听到李奥倪达部下在德摩比利阵亡的消息,就马上各自离开他们的城邦,聚集到科林斯地峡来驻扎,他们的领袖是阿纳克桑得里德之子、李奥倪达之弟克里翁布罗图。他们就在那里安营扎寨,破坏了斯奇隆路①,并于开会作出决定后着手修筑一条横贯科林斯地峡②的城墙。那里既有好几万人,全体男子都参加劳动,工程遂得以完成。他们将石头、砖块、木材和满篮的沙土不断地运来工地,聚集在那里的人则日夜施工,从不中断。

[72] 希腊人中将全部人力都聚集到科林斯地峡来的是拉西弟蒙人、全部阿卡底亚人、伊利斯人、科林斯人、西库翁人、埃庇达洛斯人、弗留斯人、特罗赞人和赫米沃尼人。这些是在那里聚集并深为

---

① 这是一条沿格拉尼亚山的正面通向科林斯地峡的羊肠小道(后开辟为正规道路),甚为险要,约长六英里,颇易切断。

② 地峡最狭处约四英里,城墙长约五英里。见狄奥多洛斯,XI. 16.3。——译者

希腊的险境担心害怕的人；但是，其他的伯罗奔尼撒人却无动于衷，而奥林匹克节和卡尼亚节这时也都已经过去了。①

[73] 有七族人居住在伯罗奔尼撒，其中有两个是阿卡底亚人和居诺里亚人，他们是本地的土著，现在仍在他们一向定居的老地方居住；有一族是阿加亚人，他们从来没有离开过伯罗奔尼撒，不过已离开他们的故乡迁到另一块地方去住了。七族中的其余四个都是由其他地方迁来的，他们是多利亚人、埃陀利亚人、德律沃庇亚人和雷姆诺斯人。多利亚人有许多著名的城邦②，而埃多利亚人只有伊利斯一处。德律沃庇亚人有赫米沃尼城和靠近拉科尼亚之卡达缪里城的阿息尼城，雷姆诺斯人则拥有帕洛里特的全部地方。居诺里亚人据说是爱奥尼亚人，是当地唯一的爱奥尼亚土著；但阿果斯人对他们的长期统治，已使他们多利亚化了。他们是奥尼亚③及其周围地方的居民。现在，这七个族中的全部城邦，除了上述的以外，都坐在一旁袖手观战；如果我可以说得无所顾忌，他们这样做就是参加了敌人的一边。

[74] 在科林斯地峡的希腊人，鉴于他们所有的一切如今都岌岌可危，就紧张地从事着这一劳动；他们对于以海军取胜并不抱任何希望。但那些在萨拉米的人，虽曾听说过这一工程，仍然非常惊恐，他们为伯罗奔尼撒的担心多于为他们自己的担心。开头一些时候，他们仅限于窃窃私语，对欧律比亚德的不明智感到奇怪，但最后这种担心终于公开爆发了出来。于是，又召开了会议，会上还是对以前的老问题争论不休，有人说他们必须驶往伯罗奔尼撒，为那片土地担当危难，而不应当留下来为一块已被敌人用枪尖从他们那里夺过去的土地作战；但是，雅典人、埃吉纳人和麦加那人要求说，他们

---

① 那就是说，已不再有任何事情作为他们不来的借口了。参阅希罗多德，Ⅶ.205。
② 如斯巴达、阿果斯、科林斯等许多著名城邦。——译者
③ 因长期受阿果斯人的统治，故奥尼亚（Orneae）的居民奥尼特人（Orneatae）就成了阿果斯人的一种隶属居民的名称。——译者

应该留在原地保卫自己。

[75] 于是,泰米斯托克利就在伯罗奔尼撒人的票数足以否决他的时候,偷偷溜出了会场,派一个人乘小船到米底人的舰队去送信。这个人名叫西奇诺斯,是泰米斯托克利的家奴和他孩子们的侍役;后来,当帖斯皮人接受外人为其公民时,泰米斯托克利使他成了一个帖斯皮人,而且还是个富人。他于是乘船来到了异族海军统领们那里,对他们讲了这样一番话:"我是雅典人的海军统帅派来的,别的希腊人一点也不知道。统帅是一个亲国王的朋友,希望是你们而不是希腊人得胜。他让我来告诉你们,希腊人已经灰心丧气,正在计划逃走,如果你们不让他们逃脱,那现在就是你们建树无比战功的时刻了。因为在他们的会议上意见不能一致,他们也不再能抵挡你们;你们将看到他们自相操戈,你们的朋友将反对你们的敌人。"

[76] 他说完这番话后便离开了。波斯人相信了这个信息,他们先派许多人在位于萨拉米岛和大陆之间的普绪塔里亚岛①登陆;然后在夜半时分调动西翼向萨拉米挺进以进行包围②,同时也将停泊于凯安斯和居诺苏拉之外的战舰向海面出动,他们用战舰控制了整个水道,一直远达穆尼奇亚。③ 他们向海面出动的目的是:使希腊人连想逃跑都不可能,而只能被围困在萨拉米岛,以惩罚他们在阿提米西坞之外的战斗。至于他们在称为普绪塔里亚的小岛登陆的目的,是为了这样他们就可以拯救自己的朋友和杀戮自己的敌人,因为此岛正当即将发生的战争的要冲,海战中落水的人和破船必定首先会被冲到这里的岛岸上来。这一切他们都是悄悄布置的,以免被

---

① 关于普绪塔里亚岛的具体位置,学者意见不一。以前一般认为在海峡入口处,即今之里普索寇塔列岛。但最近有的学者认为在海峡中间,是今日的爱俄斯-耶俄里俄斯岛。——译者
② 这支西翼大概是二百艘埃及战舰,薛西斯命他们去封锁萨拉米岛外围及其与麦加那之间的西部海道。参阅爱斯奇勒《波斯人》,363 - 371;狄奥多洛斯,XI. 17.2;普鲁塔克《泰米斯托克利传》,12。——译者
③ 关于萨拉米岛外军事活动的不同意见的概述,见本卷(指罗叶布古典丛书希罗多德一书的第四卷——译者)序言。凯安斯和居诺苏拉的位置,尚在推测之中。

敌人发觉。他们就这样地连夜进行着准备,毫不停歇。

[77] 至于神谶,我真是无法否认它们的灵验,因为它们讲得清清楚楚。并且当我看到这样的内容时,我也不想否定它们:

当他们用层层的船只,围住了
腰佩金剑的阿尔迪美丝①的圣岸,
和那海浪拍击的居诺苏拉②;
当他们毁灭了雅典的光荣,这满怀的妄想,
以恣意的骄睢,贪求完全的饱足。
那疯狂的暴怒,那绝灭百族的野心,
终必烟消雾失;因为这是天理不容。
青铜将和青铜撞击,那赫然震怒的战神,
命令用血染红四海。但是,
预见一切的宙斯和神圣的尼凯③
将把自由的曙光赐给希腊。

在看到了这样的内容并知道巴奇斯是说得多么的清楚之后,我既不敢自己在神谶这方面反对他,同时也不容许别人作如此的反对。

[78] 但是,萨拉米的海军将领们还在进行着热烈的争辩。他们不知道异族已经调动战舰将他们包围了起来,以为敌人仍然留在他们白天见其停泊的地方。

[79] 然而,在他们争论不休的时候,吕息马科之子阿里斯泰德由埃吉纳过海来到了。他是一个雅典人,不过以前曾被民众加以贝壳流放④。从我所知道的关于他的为人行事来看,我敢断言,他是全

---

① 在萨拉米岛和阿提卡海岸的穆尼奇亚双方皆有阿尔迪美丝神庙。
② 阿提卡的一个海角,面对萨拉米岛的东北端。一说在萨拉米东部,与阿提卡海岸相对。——译者
③ 即胜利女神。——译者
④ 阿里斯泰德是泰米斯托克利的政敌,被雅典人民从公元前483—前482年始贝壳流放十年。他这时回来,是为《泰米斯托克利颁令》中规定:"为使全雅典人能在防御旁人中团结一致,凡曾被流放十年者应到萨拉米,听从民众会对他们作出选定。"——译者

雅典最好、最公正的人。这时,他来到了会场,叫泰米斯托克利出来。尽管泰米斯托克利并不是他的朋友,而是他最主要的政敌,但是在国难当头的情况下,他将过去的冲突都置诸脑后,所以就叫泰米斯托克利出来,以便跟他谈话。他现在已经听说,伯罗奔尼撒人想开船到科林斯地峡去。因此,在泰米斯托克利出来时,阿里斯泰德就说:"让我们两个人现在仍像过去一样地互相竞争吧,看看我们之间究竟谁能够更好地为国家服务。现在我要告诉你,无论关于开船离开这里的事情再说多少,反正对于伯罗奔尼撒人都是一样的。因为根据我亲眼所见,我断言现在纵或科林斯人和欧律比亚德本人想开船离去,他们也已经办不到了。我们已被敌人从四面八方包围了起来,你现在赶快进去把这件事情告诉他们吧。"

[80] 泰米斯托克利答道:"你的勉励是非常有用的,你的消息也是好的,因为你来为我所希望发生的事情亲眼作证了。你要知道,米底人所做的事正是出于我的计谋。因为当希腊人自己不准备作战时,有必要不管他们愿意不愿意,强迫他们作战。可是既然你现在带来了这一好消息,那你就亲自去向他们报信吧,如果由我来说的话,他们将认为那是我自己捏造的,他们绝不会拿我的话当真,相信外族人正在做着你所说的事情。好,你亲自到他们面前去,将事情真相告诉他们。当你告诉他们的时候,如果他们相信你,那是最好的;不过,如果他们不相信你,那反正对我们都一样,因为如果我们是如你所说,四面都遭到了包围,那他们就再也不能脱逃了。"

[81] 于是,阿里斯泰德就前去告诉他们了。他说,他刚从埃吉纳来,一路上费了好大的周折才未被敌人发现而溜过了封锁,因为希腊舰队已经被薛西斯的战舰团团围住了。他说,他们最好赶快作好自卫的准备。他说完这番话后,就退场离开了。他们又争论了起来,因为大多数的海军将领都不相信这消息是真的。

[82] 但是,当他们还在怀疑不信的时候,一艘提诺斯投诚者的三列桨座舰来到了,舰长是索息美尼之子帕尼提,这个人给他们带

来了全部真相。由于这一行动,提诺斯人的名字才得以刻在特尔斐的三足鼎上,列于那些击败异族的希腊盟邦的名字之内。① 加上这艘投到萨拉米来的战舰和早已投到阿提米西坞去的雷姆诺斯人的那艘,原来缺两艘未满三百八十艘的希腊舰队,现在就凑足了整数。

[83] 希腊人终于相信了提诺斯人的话,开始准备作战了。这时天方破晓,他们召集了船上的战士②开会。会上泰米斯托克利慷慨陈词,讲得比所有其他的人都好。他讲话的要旨是列举人类天性和生活中的一切善良因素来反对邪恶,勉励大家站在善良的一面。然后他结束了讲话,吩咐大家上船。正当他们这样行事的时候,原先派去召请埃亚克斯的儿子们的三列桨座舰也回来了③。

[84] 于是,希腊人便带着那艘船全师驶出了海面。他们一出海面,异族人就直接向他们冲了过来。其他的希腊人开始倒划,使船靠岸。但巴列尼的阿米尼亚,一个雅典人,却冲向阵前,与一敌舰交锋。④ 这两艘船缠在一起,杀得难解难分,于是其他的希腊战舰遂赶来援助阿米尼亚,投入了战斗。这是雅典人关于战斗开始的说法;但是埃吉纳人说,首先开始作战的是遣往埃吉纳请埃亚克斯的儿子们的那艘战舰。另外还有这样的传说:大家忽然看见有一个女人模样的幻象,在厉声发号施令,声音响得全部希腊舰队都能听见——她首先作了这样的斥责,"喂! 你们这是发的什么疯? 你们还要倒

---

① 普拉提耶大捷后,希腊盟邦曾将十分之一战利品制造一尊黄金的三足鼎,献给特尔斐的阿波罗神,置于一青铜的三头蛇支架上。鼎上最初刻的是说此鼎乃希腊联盟领袖智波桑尼阿所献,后来斯巴达人将其改刻为战胜波斯人的希腊盟邦的名字。青铜架至今仍保存于君士坦丁堡,也刻有一个希腊盟邦的名字。——译者
② 这是指在舰上作战的战士(epibatai),不包括桨手、弓箭手等。在阿提米西坞作战时,据《泰米斯托克利颁令》规定,雅典每艘三列桨座舰上的战士是 30 名;在萨拉米作战时,据普鲁塔克(《泰米斯托克利传》,14)所说,减为 14 名。——译者
③ 参阅希罗多德,Ⅷ. 64。
④ 阿米尼亚可能是著名悲剧家爱斯奇勒的兄弟。与他交锋的是一艘腓尼基战舰(爱斯奇勒:《波斯人》,409—411)。普鲁搭克(《泰米斯托克利传》,14)说那只舰上有薛西斯之弟海军统帅阿里亚美尼(Ariamenes,但希罗多德从未提过此人),结果为阿米尼亚等所杀;而海军统帅一死,波斯舰队丧失了统一的指挥,便乱了起来(狄奥多洛斯,XI. 18. 4–5)。——译者

划多久?"①

[85] 腓尼基人排在西翼②,朝向厄琉息斯,遂与雅典人相对;爱奥尼亚人在东翼,最靠近皮里优斯港,与拉西弟蒙人相对。不过,爱奥尼亚人当中只有少数人作战不力,如泰米斯托克利所叮嘱的那样③;他们大部分人都不如此。我可以举出许多拿获希腊战舰舰长的名字来,但是除了安德洛达玛之子提奥美斯托和希思提厄之子菲拉库这两个萨摩斯人以外,我不想提别的名字。我所以单独提起这两个人,是因为提奥美斯托后来由于这一战功被波斯人封为萨摩斯的僭主,而菲拉库则被列为国王的护卫之一,得到了大量采地。国王的这些护卫在波斯语中称为"奥罗桑给"④。

[86] 这是那两个人的情况;但是大量波斯人的战舰都在萨拉米遭到了摧毁,有些为雅典人所歼,有的为埃吉纳人所毁坏。希腊人既然有条不紊地摆好阵势作战,而异族人这时却乱作一团,完全不按照原订计划行动,那他们落到其所遭受的下场,是理所当然的。不过,他们那天的表现,确比在优卑亚岛外时好得多。他们都奋力作战,惧怕薛西斯,人人都以为国王的眼睛正在监视着自己。

[87] 至于其他一些别人,不管是异族人还是希腊人,我不能确切地说出他们各自是如何作战的。不过,阿提米西雅究竟发生了什么事情,才使她甚至比以前更受到国王的尊崇,这我却知道得清清楚楚。国王这边现在已经大乱起来了,阿提米西雅当时正受到一艘

---

① 希腊人开始倒划,大概是为了引诱波斯人深入海峡狭处作战。同时也为了等到每日起风海峡内涨潮时以便向高大的腓尼基战舰的舷侧撞击(普鲁塔克《泰米斯托克利传》,14);至于女子幻象的厉声斥责,不过是军中的号令声和士兵的高呼声而已(《波斯人》,385-405)。——译者

② 这是指在萨拉米与阿提卡之间的海峡同希腊舰队作战的波斯舰队的西翼;至于第76章中所说的西翼是指在作战前夜时整个波斯舰队的西翼。现在它已经开往封锁萨拉米岛的外围及其与麦加那之间的海道,未曾参加战斗。——译者

③ 即泰米斯托克利石刻文告劝爱奥尼亚人倒戈不参加战争或至少不要出力作战一事,见希罗多德,Ⅷ.22。——译者

④ 也许来自古波斯语 var(守卫)和 Kshayata(国王)二字;或者,如劳怀森所认为,来自 Khur sangha(古波斯文),"值得赞扬或记录"(豪和威尔斯注)。

阿提卡战舰的追逐，但她无法逃脱，因为自己方面的其他船只挡住了她的去路，而她又恰好最靠近敌人。于是，她决定采取这样的行动，后来这使她得到了好处。她既被雅典人追得无路可逃，就向自己方面的一艘战舰袭去，那艘舰上载的是卡林达人①和他们的国王达马西提莫。也许当他们还在赫勒斯滂的时候，她曾经与他发生过某种冲突，但她究竟是存心这样做的，还是由于卡林达人偶然经过她的去路而与之相遇的，那我就说不出了。不过，在进攻和击沉了这艘战舰之后，她确实交了好运，为自己取得了双重的利益。因为当阿提卡的舰长看到她袭击一艘异族的战舰，他就以为阿提米西雅的船是属于希腊人的，或是一艘由异族那里投诚过来为希腊人作战的船，于是就转而对付别的船去了。

[88] 由于这一难得的好机会，她结果幸免于难了。但更幸运的，是她做的这一害人行为反倒使她在薛西斯的眼里得到了巨大的宠信。原来，据说国王在观战的时候，看到了她对那艘战舰的进攻，国王身旁的一个人就说："陛下，你看阿提米西雅打得多好，看她是如何击沉了一艘敌舰。"薛西斯便问，是否阿提米西雅真的立下了这一战功。大家都认识她战舰的徽号，就加以肯定，以为她击沉的是一艘敌舰。因为在她的上述全部好运之中，最幸运的是这艘卡林达船上的人竟无一得救，没有人来告发她。据说薛西斯在听了他们告诉他的话后，叹道："我部下的男子竟变成了女子，而我部下的女子却变成了男人。"人们说，这就是他所说的话。

[89] 在那场鏖战当中，薛西斯的弟弟，大流士之子海军统帅阿里亚比格尼②，以及许多其他著名的波斯人、米底人和与国的将士都阵亡了。希腊人死难的也有一些，但不多。因为他们既会游泳，那些失去了战舰但并未在肉搏中身亡的人，就泅水横渡到萨拉米岛去

---

① 卡林达（Calynda）在小亚细亚的东南沿海处，这时受阿提米西雅的管辖。——译者
② 阿里亚比格尼（Ariabignes）是爱奥尼亚人和卡里亚人舰队的统帅；薛西斯还有一弟名阿加美尼，是埃及舰队的统帅。——译者

了;而大部分异族人全不会游泳,在海中纷纷淹死。当最前线的敌舰掉头逃走的时候,它们的大多数都遭到了毁坏。因为后方的异族人还在开动船只,奋力向前推进,他们也想在国王的面前显示一下自己的勇敢,这样就与那些正在逃遁的船只自相碰撞了起来。

[90]在这场混乱当中,还发生了一件事:有某些舰只已被摧毁的腓尼基人来到了国王的面前,向他告发爱奥尼亚人的叛变,说正是他们的这种行为才使战舰受到了损失。但事情的结果是,爱奥尼亚人的舰长们并没有被处死,而那些告发他们的腓尼基人却如我下面所说的那样,遭到了报应。当他们还没有讲完上述那些话的时候,有一艘萨摩色雷斯的战舰向一艘阿提卡战舰进行了袭击。这艘阿提卡舰刚被击沉,忽又有一艘埃吉纳的战舰冲上前来,击沉了这艘萨摩色雷斯战舰。可是,这些萨摩色雷斯人都是标枪手,竟用一阵标枪清除掉了击沉他们的那艘敌舰上的战士,反而登上了敌舰,将它占为己有。因此,爱奥尼亚人便得救了。薛西斯一看到他们的这一卓越的战绩,就转向腓尼基人(当时他正想将满腔苦恼向人发泄一下),下令将他们斩首,以便使他们这些本身是懦夫的人不能再诬告比他们更勇敢的人。原来每当薛西斯从他的位于萨拉米对过称为埃加里欧斯山下的宝座上看到部下在战争中建立任何功勋的时候,总要问立功者是谁,而他的史官则立刻把这个舰长的名字和他的父亲及其城邦的名字都记录下来。此外,在某种程度上促使腓尼基人倒霉的是,当时正好有一个名叫阿里亚拉尼的波斯人在场,他是爱奥尼亚人的朋友。薛西斯的部下就这样地对待了腓尼基人。

[91]异族人既败,便拼命向法勒伦港逃窜;埃吉纳人守候在水路要道进行截击,建树了辉煌的战绩。在大乱之中,雅典人对于顽抗或逃亡的敌舰,猛烈追击;而埃吉纳人则对于那些正在逃出海峡的敌舰,予以痛击。凡是在雅典人手中漏网的敌人,在半路上又都落入了埃吉纳人的手中。

[92]有两艘战舰在那里相遇了:一艘是正在追逐着一艘敌舰的

泰米斯托克利的战舰；另一艘上乘着埃吉纳的克留斯之子波吕克莱特，它刚袭击过一艘西顿人的战舰。那艘西顿人的舰过去曾俘获过爱斯凯诺之子派特阿斯所乘的、守望在斯奇托斯岛外的埃吉纳战舰，当时波斯人将遍体鳞伤的派特阿斯带到自己的船上，对他的勇敢大为钦佩。① 现在，当这艘西顿舰被俘获时，派特阿斯正和波斯人同在船上，因此他又平安地回到了埃吉纳。波吕克莱特看到了阿提卡的战舰，从船上的徽号辨认出这是雅典海军统帅的座舰，便就埃吉纳人与波斯人相好一事向泰米斯托克利发出了痛骂和斥责。② 波吕克莱特是在袭击了一艘敌舰之后，对泰米斯托克利作此嘲骂的。至于那些战舰尚未毁坏的异族人，则都逃往法勒伦港，与陆上的部队躲避在一起。

[93] 在那次海战中，各族中战功最著的是埃吉纳人，其次是雅典人；就个人而言，最闻名的是埃吉纳的波吕克莱特和两个雅典人——阿纳吉洛的欧美尼斯和巴列尼的阿米尼亚，即追逐阿提米西雅的那个人。假若阿米尼亚知道她在那艘船上，那么，不是捕获她的船，就是牺牲自己的船，不这样，他绝不会罢休。雅典舰长曾接到过这样的指令，并且任何生擒她的人还可得到一万德拉克马的奖金。因为雅典人对于竟然受到一个女子的进攻，感到莫大的愤慨。可是，她逃脱了，就像我前面已经说过的那样；其他那些战舰尚未被摧毁的人也都逃到了法勒伦港。

[94] 至于科林斯人的海军统帅阿底曼图，雅典人说当战舰刚投入战斗的时候，他就吓得惊慌失措，扬帆而遁；科林斯人看见他们海军统帅的主舰一逃跑，便也同样溜之大吉了。他们接着说，可是当

---

① 这是阿提米西坞海战前夕之事。——译者
② 波吕克莱特向泰米斯托克利喊道："请看我们是多么友好地对待波斯人的。"当埃吉纳被责以亲波斯人时，雅典人曾将波吕克莱特及其父扣为人质（见希罗多德，VI. 49, 73）

科林斯人逃到萨拉米岛的雅典娜·斯奇拉斯神庙①的附近地方时，他们突然由于天意而在那里碰到了一只不知是谁派来的小船，并且科林斯人在同它靠近之前，也一点都不知道希腊舰队的战况。所以，雅典人是这样推断上天对此事之参预的：当这只小船靠近科林斯人的战舰时，船中人喊道，"阿底曼图，你带着你的舰队转身逃走，背弃了希腊人；但是，甚至这样，他们仍大获全胜，恰如他们所祈祷的要战胜敌人那样"。他们是这样说的，并且当阿底曼图不信时，进一步又说，他们准备以身作质，如果希腊人没有取得人所共见的胜利，情愿受死。因此，阿底曼图和其他的人便掉转船头，回到了舰队那里，而这时大战已经全部过去和结束了。这是雅典人关于科林斯人的传说；但是，科林斯人予以否认，说他们在战场上也是身当前列，并且全希腊也同样都证明科林斯人的说法。②

[95] 至于吕息马科之子阿里斯泰德，即我刚才曾提到其伟大品德的那个雅典人，他在这场萨拉米大捷中的功业是这样的：他率领了许多卫戍于萨拉米岛岸上的雅典重甲兵，渡海在普绪塔里亚岛登陆，将岛上的波斯人全部歼灭。

[96] 海战结束后，希腊人以为国王还要利用残余的战舰，将海上漂浮着的全部破船都拉到了萨拉米，准备着另一次新的战斗。但是，许多破船被一阵西风刮到了阿提卡的叫作柯里亚的岸边③。因

---

① 此神庙位于萨拉米岛的南端。如果波斯人在战役一开始时占领了萨拉米岛与大陆之间的整个海峡，那就弄不清楚科林斯人究竟是如何才能到达这一地点的。〔斯奇拉斯(Sciras)是雅典娜神的称呼之一，可能源出于曾建有雅典娜庙的地方斯奇隆。——译者〕

② 科林斯人望风而逃的说法可能是后来雅典人为攻击科林斯人而假造的。阿底曼图曾由于他在萨拉米战役中的功业在其墓铭上被称颂为"从全希腊得到自由之冠的人"。科林斯人很可能曾在海战开始前奉命北航，以防敌舰由萨拉米西部海峡进来前后夹攻（也许提诺斯投诚者已将薛西斯派二百艘埃及战舰封锁萨拉米外围及其西部海峡的布置都告诉给希腊舰队了）；但后来科林斯人因未见敌人来攻，便又返回战场，参加了战斗。——译者

③ 法勒伦港以南二英里半的狭窄海岬；若刮西风，船只可由战场正好刮到此处。

此,不但以前巴奇斯和缪西欧斯①关于海战所作的预言都得到了应验,并且许多年前一个名叫吕息司特拉图的雅典巫师关于破船被刮到这里岸上来的预言,也应验了。这个预言的内容还没有一个希腊人曾经注意过,它是:

> 柯里亚的妇女们也将要用桨叶
> 来烤她们的大麦了!

不过,这已是在国王离开之后发生的事情。②

(原文载于吴于廑主编《外国史学名著选》,

商务印书馆,1986 年)

---

① 缪西欧斯(Masaeus)乃阿提卡诗人,相传主持过厄琉息斯秘仪,作有许多与秘仪有关的诗歌。——译者
② 萨拉米海战后,薛西斯便奉领大部军队由原路返回了撒尔迪斯,一路冻饿伤病而死者甚多。狄奥多洛斯(XI. 19.2 - 3)说,此次海战中,波斯战舰损失达二百艘以上,而希腊战舰仅损失四十艘左右。——译者